Letter of Credit and International Trade Payment

신용장과 무역결제

김기선 저

박영사

머리말

산업혁명 후 근대적 의미의 경제의 중심에서 국제물품거래의 활성화에 견인차 역할을 수행해 왔던 신용장은 20세기 말 세계경제의 불황과 함께 산업의 중심축이 신경제로 일컬어지는 전자정보 네트워크 중심의 인터넷 경제로 진입하기 시작하면서 거래의 양태가 다기화되기 시작하였다. 이후 오늘날 산업과 경제에 밀어닥친 5차 산업혁명과 같은 이 같은 일련의 흐름들은 신용장 거래방식이 과연 앞으로의 거래질서를 지배할 수 있는 능동적 거래패러다임으로서의 역할기능을 성공적으로 수행할 수 있는지에 대한 회의를 불러일으킬 만큼 신용장은 지금 새로운 도전에 직면해 있다.

저자는 지난 1987년 Henry Harfield의 「*Bank Credits and Acceptances*」와 Boris Kozolchyk의 「*Commercial Letters of Credit in the Americas*」를 접한 후 신용장의 정교한 논리와 철학에 매료되어 이후 수없이 많은 Article을 읽으며 30여 년이 넘도록 신용장 연구에 매진해 왔다.

그간 저자가 교육현장에 근무한 이래 오랜 기간 동안 분석해온 연구물들을 정리하면서 신용장에 관한 저자의 통찰이 책으로 승화되기를 희망하게 되었다. 신용장은 전문적인 지식이 요구되는 실무적 분야이며, 다양한 학설이 대립하는 실천적 학문이다. 따라서 신용장에 관한 전문적 지식과 다양한 학술적 견해를 체계화하여 이를 세상에 내놓는 것이야 말로 학자로서의 본 저자의 사명 중 하나라 생각한다.

이 책이 세상에 빛을 볼 수 있도록 격려와 도움을 주신 박영사 안종만 회장님과 안상준 대표님, 이영조 차장님, 그리고 까다로운 편집 작업을 맡아주신 전채린 과장님께 깊은 감사의 말씀을 드린다.

찰스 다윈의 *Natura non facit saltum* 자연은 뛰지 않는다라는 통찰처럼 진화를 거듭해온 현대 무역의 산물인 신용장은 미래의 국제무역거래를 지배할 또 하나의 신용장을 낳는 모태가 될 것이다. 본 저자가 이 같은 거듭남의 자세로 독자들 앞에 내놓은 이 책이 우리나라 무역 학계와 실무계에 미력이나마 도움이 되기를 진심으로 바란다.

2020년 7월 30일
저자 씀

차 례

PART 01
무역대금결제

PART 02
제6차 개정 신용장통일규칙

PART 03
전자적제시를 위한 제6차 개정 신용장통일규칙의 보충규정(eUCP)

PART 04
개정 미통일상법전

01

무역대금결제

국제무역거래는 관세선(customs line)을 사이에 두고 상관습·법률·통화·제도 등을 서로 달리하는 원격지 국가의 수출입업자간에 이루어지는 특성을 갖고 있어 계약체결에서부터 거래의 종료에 이르기까지의 전 과정에서 매매당사자간의 이해의 대립이 국내거래와 비교하여 대단히 크다고 볼 수 있다.

특히 국제무역거래에서 그 중요성이 큰 것은 대금결제와 관련한 부분이라 할 수 있다. 아무리 다른 계약의 조건들에서 자신에게 유리하게 계약을 체결하였다 해도 궁극적으로 대금결제를 받지 못하면 아무런 의미가 없을 것이다. 따라서 영리를 목적으로 무역거래를 하는 상인 간에는 다른 무엇보다도 대금결제조건이 가장 중요하다는 것은 재론의 여지가 없다.

무역대금결제방식은 거래되는 물품과 거래선에 따라 다양하나 이하에서는 일반적으로 국제무역거래에서 가장 많이 사용되는 형태를 중심으로 무신용장결제방식과 신용장결제방식으로 크게 나누어 설명하도록 한다.

Chapter 01

무신용장결제방식

송금결제방식

송금결제(remittance)방식이란 수출업자가 물품을 인도하기 전이나 물품의 인도와 동시에 또는 물품을 인도한 후 수입업자가 수출업자에게 대금을 송금함으로써 결제하는 방식을 말한다. 수출업자가 물품을 인도하기 전에 수입업자가 미리 대금의 전액을 송금할 경우 이를 사전송금방식(또는 단순송금방식)이라 하며, 수출업자가 물품이나 서류를 인도할 때 또는 인도한 후 수입대금을 송금할 경우를 대금상환도방식이라 한다.

송금결제방식은 송금의 수단에 따라 전신송금환(telegraphic transfer; T/T), 우편송금환(mail transfer; M/T), 그리고 송금수표(demand draft; D/D) 방법이 있다.

1. 사전송금방식

(1) 전신송금환과 우편송금환

송금환이란 채무자가 채권자에게 채무를 지급하기 위하여 외국환은행에 지급을 위탁하는 방식으로 순환이라고도 한다.[1] 송금환은 지급지시를 하는 지급지시서(payment order)[2]에 의해 이루어지는데, 지급지시서에 의한 송금은 수입

---

1) 송금환과는 반대로 채권자가 자신의 채권액을 회수하기 위해 외국에 있는 채무자 앞으로 환어음이나 수표를 발행하여 추심(collection)하는 추심환의 경우에는 송금환의 순환과 대비시켜 역환(negotiation by draft)이라고 한다.

2) 지급지시서는 별도로 공통된 양식은 없으나 상대은행명, 송금액, 수취인, 의뢰인, 결제방법 등이 반드시 기재되어야 하며 지급지시의 문언이 필수적이다.

업자가 물품금액을 외국환은행에 입금시키면서 해당금액을 외국에 있는 수출업자에게 외화로 지급하여 줄 것을 외국환은행에 위탁한다. 이때 지급지시서를 전신으로 송부할 경우를 전신송금환 또는 전신환(telegraphic transfer; T/T)이라고 하며 우편으로 송부하는 경우를 우편송금환 또는 우편환(mail transfer; M/T)이라고 한다.

따라서 전신송금환이란 수입업자(송금인)로부터 송금의뢰를 받은 수입국 소재의 외국환은행(송금은행)이 수출국에 소재하는 자신의 본·지점 또는 환거래취결은행(지급은행)에게 무역대금을 수출업자(수취인)에게 전신으로 지급지시하는 것을 말한다. 반면 우편송금환이란 무역대금의 지급지시를 우편으로 수출국 소재의 지급은행에게 통지하여 지급지시하는 것을 말한다.

전신송금환은 전신에 의하여 당일 결제되므로 환율변동의 위험이나 분실의 위험이 적고 이자문제가 개입되지 않기 때문에 거액의 송금에 이용된다. 우편송금환은 지급지시서가 우편으로 직접 송달되기 때문에 소액송금의 경우에 많이 이용된다.

전신송금환 및 우편송금환의 대금결제과정을 요약하면 다음과 같다.

그림 1   전신송금환 및 우편송금환의 대금결제 과정

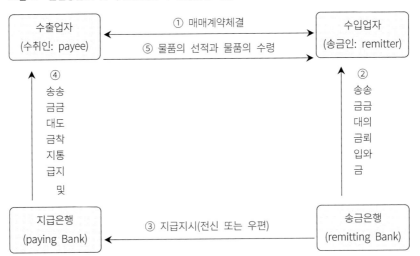

① 수출업자와 수입업자는 매매계약을 체결하고, 대금결제방법으로 전신송금환 또는 우편송금환 방식으로 결제하기로 합의한다.

② 수입업자(송금인)는 자신이 거래하는 외국환은행(송금은행)에 송금할 대금을 입금하고 송금을 의뢰한다.

③ 송금은행은 수출업자(수취인) 거주지역에 있는 자신의 환거래취결은행(지급은행)에게 수출업자에게 대금을 지급하라는 지급지시서를 전신환 또는 우편환 방식으로 전송 또는 송부한다.

④ 지시받은 수출국 소재의 지급은행은 수출업자(수취인)에게 송금액이 도착하였다는 통지를 하고 이 금액을 수출업자에게 지급한다.

⑤ 수출업자(수취인)는 계약에 약정된 물품을 선적하고 선적서류 일체를 수입업자에게 송부한다. 수입업자는 수출업자로부터 송부된 선적서류일체를 수령하고 이를 근거로 물품을 수령한다.

(2) 송금수표방식

송금수표(demand draft; D/D) 방식은 수입업자가 무역결제금액을 자신이 거래하는 외국환은행에 지급하고 그 금액만큼 송금수표를 발급받아 이를 직접 수출업자(수취인)에게 우송하고, 수출업자는 수령한 송금수표를 자신의 외국환은행에 제시하여 현금으로 교환받는 방식이다.

이 방법은 수입업자가 직접 수표를 우송하기 때문에 우송도중 도난이나 분실의 우려가 있어 이용 빈도는 그리 높지 않지만 소액의 물품거래에 종종 이용된다. 송금수표방식의 결제과정을 요약하면 다음과 같다.

① 수출업자와 수입업자는 매매계약을 체결하고, 이때 대금결제방법으로 대금의 전액을 송금수표로 결제하기로 합의한다.

② 수입업자(송금인)는 자신이 거래하는 외국환은행(송금은행)에 송금할 대금을 입금하고 외화표시 송금수표의 발행을 의뢰한다.

③ 외국환은행(송금은행)은 수출업자(수취인) 거주지역에 있는 자신의 환거래은행을 지급은행으로 하는 송금수표를 발행하여 이를 수입업자(송금

그림 2 송금수표방식의 대금결제과정

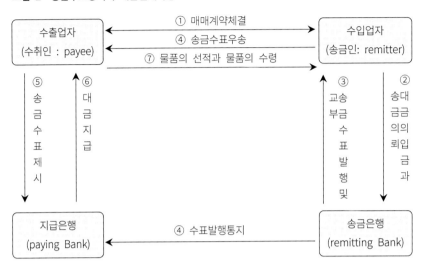

인)에게 교부한다.

④ 수입업자(송금인)는 교부받은 송금수표를 수출업자(수취인) 앞으로 우송하고 송금은행은 수출국의 외국환은행(지급은행) 앞으로 송금수표를 발행하였다는 발행통지서를 발송한다.

⑤ 수출업자(수취인)는 수입업자(송금인)로부터 우송된 송금수표를 지급은행에 제시한다.

⑥ 지급은행은 제시된 송금수표와 송금수표발행통지서를 대조·확인한 후 수출업자(수취인)에게 지급한다.

⑦ 수출업자는 계약에 약정된 물품을 선적하고 수입업자는 그 물품을 수령한다.

2. 대금상환도 방식

대금상환도 방식은 물품 또는 서류가 인도될 때 또는 인도된 후에 그와 상환으로 대금을 지급하는 방식으로 물품의 인도와 동시에 대금을 지급하는 현물상환지급방식(COD)과 서류와 상환으로 대금을 지급하는 서류상환지급방식(CAD)으로 구분된다.

(1) 현물상환지급방식

현물상환지급방식(cash on delivery; COD)이란 수출업자가 물품을 선적하고 선적서류를 수입국에 있는 수출업자의 해외지점 또는 대리인이나 수입업자의 거래은행에 송부하고 수출물품이 수입국에 도착하면 수입업자가 직접 물품을 검사한 후에 물품과 상환으로 현금을 지급하는 방식을 말한다.

현물상환지급방식(COD)은 주로 도착지에서 직접 물품을 검사하기 전에는 품질 등을 정확히 알기 어려운 고가의 상품 또는 동일 상품이라도 상품의 색상·가공 방법·순도 등에 따라 가격차이가 있는 보석류나 귀금속류의 거래에서 활용된다.

이 방식은 수입지에 수출업자의 지점 등과 같은 대리인이 있는 경우 활용될 수 있다.

현물상환지급방식의 대금결제방식을 요약하면 다음과 같다.

① 수출업자와 수입업자는 매매계약을 체결하고 대금결제방법으로 현물상환지급방식(COD)으로 결제하기로 합의한다.
② 수출업자는 계약물품을 선적한다.

그림 3 현물상환지급방식(COD)의 대금결제과정

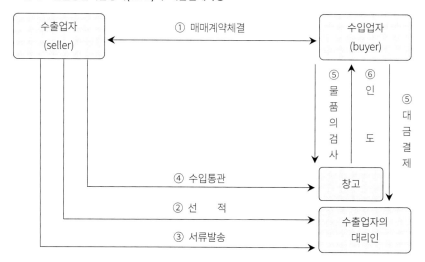

③ 수출업자는 수입국에 있는 자신의 대리인에게 선적서류를 우송한다.

④ 수입국에 있는 수출업자의 대리인은 물품을 수입통관한 후 창고에 입고시킨다.

⑤ 수입업자는 물품의 검사 후 물품을 인도받으면서 수출업자의 대리인에게 대금을 결제한다.

⑥ 수출업자의 대리인은 수입업자로부터 결제 받은 대금을 수출업자에게 송금한다.

(2) 서류상환지급방식

서류상환지급방식(cash against documents; CAD)이란 수출업자가 상품을 수출하고 선적을 증명할 수 있는 선하증권, 보험증권, 상업송장 등 선적서류를 수출지에 있는 수입업자의 대리점이나 거래은행에 제시하여 이들 서류와 상환으로 대금을 지급받는 방식을 말한다.[3]

그림 4　서류상환지급방식의 대금결제과정

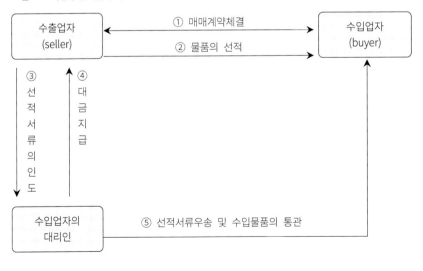

3) 서류상환지급방식(CAD)은 추심방식의 대표적 형태인 지급인도방식(document against payment; D/P)과 내용상으로는 유사하지만 지급인도방식은 환어음의 발행이 전제가 되는 환어음결제방식인 데 반해 서류상환지급방식은 송금방식으로 분류된다.

① 수출업자와 수입업자는 매매계약을 체결하고 대금결제방법으로 서류상 환지급방식(CAD)으로 결제하기로 합의한다.

② 수출업자는 수출통관한 후 물품을 선적한다.

③ 수출업자는 수입업자의 대리인에게 선적서류를 인도한다.

④ 수출업자는 물품의 대금을 결제 받는다.

⑤ 수입업자의 대리인은 수입업자에게 선적서류를 발송하고 수입물품을 통관하도록 한다.

3. 장부결제방식

장부결제방식(open account; O/A)이란 장기적이고 지속적인 거래관계가 있는 수출업자와 수입업자간에 물품매매계약을 체결한 후 수출업자가 물품을 선적한 후 선적서류 일체를 수입업자에게 송부하면 수입업자는 물품매매계약상에 정해진 선적일로부터 일정기간이 경과한 후 수출업자가 지정한 은행의 계좌로 대금을 송금하여 결제하는 선적통지부 결제방식이다.

이 방식은 서로 거래가 많은 회사들 간에 매 선적시마다 대금결제를 하려면 복잡하고 비용이 많이 들게 되므로 수출업자는 계속해서 물품을 선적하고 3개월이나 6개월 단위로 누적된 대금을 결제하게 된다.

이 방식은 경우에 따라 결산시기에 당사자간의 채권·채무를 상계한 후 차액만 결제할 수도 있는 청산결제방식, 또는 상호계산방식으로도 활용된다.

장부결제방식의 대금결제과정을 요약하면 다음과 같다.

① 수출업자와 수입업자는 매매계약을 체결하고 대금결제방법으로 장부결제방식으로 결제하기로 합의한다.

② 수출업자는 자신의 거래은행을 매입은행으로 하여 거래문의와 상담을 한다.

③ 매입은행은 거래승인과 아울러 장부결제방식의 거래약정을 체결한다.

④ 수출업자는 계약물품을 수출통관하고 선적한다.

⑤ 수출업자는 매입은행에 선적통지와 함께 채권매입의뢰를 한다.

그림 5 장부결제방식의 대금결제과정

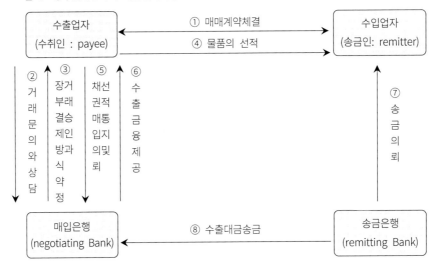

⑥ 매입은행은 수출업자에게 수출금융을 제공한다.

⑦ 수입업자는 매매계약서상에 정해진 기일에 송금은행에 송금의뢰를 한다.

⑧ 송금은행은 매입은행에 수출대금을 송금한다.

---

section 02 **추심결제방식**

추심결제방식은 신용장과 더불어 국제무역에서 널리 사용되는 방식으로서 채권자인 수출업자가 채무자인 수입업자 앞으로 수출계약대금인 채권액에 상당하는 환어음을 발행하여 이를 외국환은행을 통하여 채무자에게 제시하여 수출대금을 청구하거나 또는 외국환은행에게 환어음 매입을 의뢰함으로써 수출대금을 지급받게 된다.

이 같은 추심(collection)은 채권자가 채권액을 회수하기 위하여 외국에 있는 채무자 앞으로 환어음이나 수표를 발행하여 대금결제 받는다는 점에서 송금의 순환과 대비시켜 역환이라고도 한다.

추심결제방식은 선적서류와 같은 상업서류가 첨부되는지 그렇지 않은지에 따라 화환추심(documentary collection)과 무화환추심(clean collection)으로 구분할 수 있다.

화환추심은 상업송장, 선적서류, 권리증서 등 상업서류(commercial document)가 첨부된 추심을 의미하며, 무화환추심은 상업서류가 첨부되지 않고 단지 환어음만의 추심의 경우로 보험료, 운임 및 수수료 등의 결제에 이용된다.

보통 수출대금의 결제에는 상업서류가 첨부되어야 하므로 화환추심이 이용된다.

화환추심은 결제시기에 따라 지급인도조건(document against payment; D/P)과 인수인도조건(document against acceptance; D/A)으로 구분된다.

1. 지급인도조건

선적서류지불인도조건이라고도 불리는 이 지급인도조건(D/P)은 수출업자가 수출물품을 선적한 후 수입업자를 지급인으로 하는 일람출급화환어음(sight bill)을 발행하여 선적서류와 함께 자신의 거래은행(추심의뢰은행)에 추심을 의뢰하고 추심의뢰은행이 수입지의 환거래은행(추심은행)에게 환어음 대금을 추심의뢰하면 추심은행은 수입업자(지급인)에게 환어음을 제시하여 대금결제를 받음과 동시에 선적서류를 수입업자에게 인도하고, 당해 수출대금을 추심의뢰은행을 통해 수출업자에게 결제해주는 방식을 말한다.

지급인도조건은 환어음의 지급인인 수입업자가 선적서류를 수령하는 동시에 대금을 결제하는 일람출급의 지급인도방식이다. 따라서 수입업자는 대금지급을 하지 않고는 선적서류를 받지 못하므로 화물인도를 받을 수 없다.

수출업자는 일람불로 대금결제를 받기 때문에 인수인도조건(D/A)보다 훨씬 안전한 결제방식이라고 할 수 있으나 수입업자로 보면 신용장 결제방식보다 별로 유리한 것이 없다. 다만 수입업자의 경우 선적서류가 송부되어오는 기간 동안 금리의 혜택을 받는 것 정도이지만, 경우에 따라 화물도착 시까지 또는 화물도착 후 일정시일까지 그 대금의 결제를 연기해주는 예도 있다.[4]

---

4) 이를 편의상 D/P usance라고 하며, 일반적 형태의 지급인도조건을 D/P at sight라 하기도 한다.

2. 인수인도조건

인수인도조건(document against acceptance; D/A)이란 선적서류인수인도조건이라고도 불리며, 수출업자가 수출물품을 선적한 후 수입업자를 지급인으로 하는 기한부화환어음(usance bill)을 발행하여 선적서류와 함께 자신의 거래은행(추심의뢰은행)에 추심을 의뢰하고 추심의뢰은행이 수입지의 환거래은행(추심은행)에 환어음 대금을 추심의뢰하면 추심은행은 수입업자(지급인)에게 환어음을 제시하고, 이에 대해 수입업자가 환어음의 지불을 인수하는 약속으로 환어음상에 "Accepted"라고 쓰고 서명날인하면 추심은행이 관계 선적서류를 수입업자에게 인도해 주는 조건이다. 수입업자는 인도받은 선적서류로 화물을 찾아 판매한 후 그 대금으로 환어음의 만기일에 결제하면 추심은행은 이를 수출지의 추심의뢰은행에 송금하여 수출업자가 수출대금을 결제 받는다.[5]

3. 추심과정

무신용장 방식인 지급인도조건(D/P)이나 인수인도조건(D/A) 결제방식은 거래당사자간의 매매계약에 의거하여 화환어음을 추심(collection)함으로써 수출대금을 결제하는 형태로서 결제과정을 구체적으로 살펴보면 다음과 같다.

① 수출업자와 수입업자는 매매계약을 체결하고 대금결제방법으로 지급인도(D/P) 또는 인수인도(D/A)조건으로 결제하기로 합의한다.
② 수입업자는 수입에 필요한 모든 허가와 승인을 필한 후 수출업자에게 선적지시를 통지한다. 수출업자는 선적지시를 받는 대로 계약에 약정된

---

[5] 일반적으로 인수인도조건(D/A)으로 보아야 할 지시나 환어음조건은 "Deliver document against acceptance", "D/A 90 D/S", "90 days after arrival of the steamer(or cargo)", "D/A 90 D/S B/L", "90 days after B/L date", "at 90 days sight", "90 days after date (of draft)" 등이며, 지급인도조건(D/P)으로 보아야 할 지시나 환어음조건은 "deliver documents against payment", "D/P at sight", "90 days D/P", "at sight on arrival or vessel" 등으로 표시된다. 인수인도조건(D/A)이나 지급인도조건(D/P)의 명백한 지시가 없을 경우는 지급인도조건(D/P)으로 간주하여야 한다(박대위, 「무역실무」, 법문사, 1998, p.392 참조).

그림 6 추심결제방식의 대금결제과정

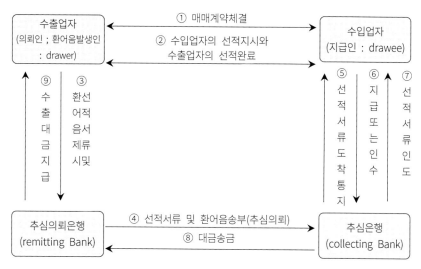

선적기일 내에 선적을 완료하고 선적서류를 구비한다.

③ 선적서류를 구비한 수출업자(추심의뢰인; 환어음 발행인)는 수입업자를 지급인으로 하는 화환어음을 발행하여 선적서류와 함께 자신의 거래은행(추심의뢰은행)에 제시하여 수입업자 앞으로 추심을 의뢰한다.

④ 수출업자로부터 추심의뢰를 받은 추심의뢰은행은 추심의뢰서(collection order)를 작성하여 수출업자가 제시한 선적서류와 함께 수입업자가 소재한 지역의 은행(추심은행) 앞으로 송부하여 추심을 의뢰한다.

⑤ 수입지의 추심은행은 수입업자에게 관계 선적서류와 화환어음이 도착했음을 통지한다.

⑥ 수입업자는 선적서류도착 통지에 따라 만약 지급인도조건(D/P)으로 계약을 체결했으면 일람불로 즉시 대금을 지급하거나, 또는 인수인도조건(D/A)으로 계약을 체결했다면 제시된 환어음에 "Accepted"라고 표기하고 서명을 한 후 은행으로부터 선적서류를 인도받는다.

⑦ 대금을 결제하는 수입상은 선적서류를 가지고 운송업자로부터 물품을 수령한다.

⑧ 추심은행은 수입업자로부터 지급받은 결제대금을 추심의뢰은행에게 송금한다.

⑨ 대금을 송금 받은 추심의뢰은행은 최종적으로 수출업자에게 당해 수출 대금을 지급한다.

4. 추심당사자

추심과정에 관여하는 당사자는 의뢰인, 추심의뢰은행, 추심은행, 지급인 등 이 있다.

(1) 의뢰인(principal)

의뢰인은 계약물품을 선적하고 거래은행에 수출대금의 추심을 의뢰하는 수출업자이다. 수출업자는 추심을 의뢰하면서 화환어음을 발행하기 때문에 발행인(drawer)이며, 또한 수입업자에 대해서 채권을 주장할 수 있는 채권자(creditor)이기도 하다.

(2) 추심의뢰은행(remitting bank)

추심의뢰은행은 고객인 수출업자로부터 추심을 의뢰받은 수출국 소재의 은행을 말한다. 수출업자가 제시한 관계 선적서류와 화환어음을 수입업자가 소재한 수입지의 환거래은행 앞으로 송부하면서 추심을 의뢰한다.

(3) 추심은행(collecting bank)

수출지의 추심의뢰은행으로부터 송부되어 온 선적서류와 추심지시서(collection order)를 수입업자에게 제시하여 수입대금을 징수하는 은행을 추심은행이라고 한다. 추심은행은 추심의뢰은행의 지시에만 따르며 환어음의 지급에 대해서는 하등의 책임을 지지 않는다.

(4) 제시은행(presenting bank)

지급인에게 직접 관계 선적서류를 제시하는 추심은행을 제시은행이라고 한다. 추심은행은 제시은행이 되지만, 만일 추심은행이 수입업자의 거래은행이 아닌 경우에는 수입업자 거래은행으로 서류를 재송부하게 될 때가 많으므로 이 경우 제시은행은 추심은행이 아닌 수입업자 거래은행이 된다.

(5) 지급인(drawee)

지급인은 추심지시서에 따라 환어음의 제시를 받게 되는 당사자, 즉 수입대금을 지급해야 할 채무자인 수입업자를 말한다. 수입업자는 지급인도조건(D/P)일 때에는 수입대금을 반드시 추심은행에 지급해야만 관계 선적서류를 인도받을 수 있지만, 만약 인수인도조건(D/A)일 경우에는 인수행위만으로도 선적서류를 인도받을 수 있다.

5. 추심당사자의 의무와 책임

(1) 추심관련은행의 의무와 책임

① 신의칙준수와 합리적 주의의무

추심관련은행은 추심업무의 수임자로서 신의칙원칙에 따라 합리적 주의를 기울여 성실히 추심업무에 임해야 한다.

② 서류 확인의 의무

추심관련은행은 접수된 서류가 추심지시서(collecting order)상의 기재와 일치하는지 여부를 확인하여야 한다. 만일 누락사항이 있을 경우에는 추심의뢰를 한 당사자에게 즉시 통지하여야 한다. 그러나 추심관련은행은 제출된 선적서류를 심사할 의무는 부담하지 않으며 단지 서류의 종류와 통수만 확인하고 전달한다.

③ 물품의 인수·보관의무의 면책

매매계약상의 물품은 추심관련은행의 사전동의 없이 당해 은행 앞으로 발송되어서는 안 되며, 발송된 경우 은행은 물품인수의 의무가 없으며 물품을 발송하는 당사자가 물품의 위험과 책임을 진다. 추심은행은 추심관련물품의 보관이나 보험가입 등의 지시를 받은 경우에는 이를 따를 의무가 없다.

④ 타 은행 서비스비용에 대한 면책

추심의뢰은행이 추심의뢰인의 지시를 이행하기 위해 타 은행의 서비스를 이용하는 경우 그 위험과 비용은 추심의뢰인이 부담한다.

⑤ 서류에 대한 면책

추심관련은행은 서류의 형식(form), 충분성(sufficiency), 진정성(genuineness), 허위성(falsification) 또는 법적효력(legal effect) 등에 대해 책임을 지지 않는다. 또한 추심관련은행은 모든 통보, 서신이나 서류의 송달 중의 지연이나 훼손, 멸실 등에 대해 책임을 지지 않으며 전문용어 등의 번역상의 오류에 대해서도 면책된다.

⑥ 불가항력 상황에 대한 면책

추심관련은행은 천재지변, 소요, 폭동, 반란, 전쟁, 파업, 직장폐쇄 또는 기타 불가항력적 사태에 기인한 업무중단결과에 대해 책임이 없다.

(2) 추심의뢰인의 의무와 책임

① 수출업자인 추심의뢰인은 추심관련은행이 자신의 지시사항을 이행하기 위해 타 은행의 서비스를 이용할 경우 발생하는 비용이나 위험을 부담한다.
② 추심에 관련된 수수료와 비용은 추심지시서(collecting order)에 기재된 대로 부담하면 되나 이에 대한 명시가 없을 경우에는 환어음발행인인 수출업자(의뢰인)가 부담한다.
③ 추심지시서상에 추심수수료 또는 비용이 지급인(수입업자) 부담으로 지시되어 있는 경우 지급인이 그 지시를 따르지 않는 경우에는 추심의뢰은행의 명백한 반대지시가 없는 한 추심은행은 수수료 또는 비용을 추심하지 않고 추심서류를 인도할 수 있다. 이 경우 추심수수료와 비용은 수출업자(의뢰인)가 부담한다.
④ 수출업자는 외국 법률 및 관습에서 오는 모든 의무와 책임을 부담하며,

이로 인해 추심관련은행이 손실을 입었을 경우에는 이를 보상하여야
한다.

6. 추심결제방식의 효용

추심결제방식인 지급인도조건(D/P)과 인수인도조건(D/A)은 매매계약서에
따라 수출입 당사자간의 신용에 따라 이루어지는 거래이다. 따라서 은행의 지급
보증이 따르지 않는다는 점에서 수출업자에게는 불리한 결제방법이다.

수출업자는 보다 확실하게 수출대금을 보장받기 위해 은행이 지급을 보증하
는 신용장방식을 선호하는 것이 사실이지만, 신용장방식은 신용장의 개설에 따
른 담보금의 적립 등 수입업자의 부담이 따르기 때문에 수입업자는 신용장방식
보다 추심결제방식을 더 선호하게 된다. 결국 신용장방식이 수출업자에게 유리
한 것이라면 추심결제방식은 수입업자에게 유리한 결제방식이라고 할 수 있다.

보다 자세하게 사용 당사자별로 추심결제방식의 효용성을 살펴보면 다음과
같다.[6]

(1) 수입업자에게 주는 효용

첫째, 신용장방식은 수입업자를 대신하여 개설은행이 지급을 보증하지만
추심결제방식은 수입업자의 신용을 토대로 당사자 간의 계약에 의해 거래가 이
루어지기 때문에 수입업자에게는 절대적으로 유리한 조건이다.

둘째, 신용장방식의 경우에는 개설은행은 신용장을 개설하기 전 수입업자
로부터 충분한 담보금이나 채권보전조치를 미리 취해놓기 때문에 신용장을 개
설하기 위한 담보금은 수입업자에게 상당한 부담이 된다.

그러나 추심결제방식은 수출업자의 신용공여로 거래가 성사되기 때문에 수
입업자 입장에서 볼 때 담보금의 적립이나 이자부담이 없다. 따라서 해외에 담
보할 만한 동산이 없거나 자금의 조달부담이 큰 해외의 현지 법인이나 해외지
사 등이 본사와 거래할 때 그 활용가능성이 높다.

---

6) 이하 박대위, 「전계서」, pp. 315-316 참조.

셋째, 추심결제방식의 수입업자는 자기자금 없이 수입을 할 수 있다. 특히 인수인도조건(D/A)으로 수입계약을 체결하면 수입업자는 수입 즉시 수입대금을 지급하는 것이 아니라 수입물품을 입수한 후 이를 판매한 대전으로 대금을 결제하기 때문에 자기자금 없이도 수입이 가능하다.

(2) 수출업자에게 주는 효용

첫째, 추심결제방식은 수출업자에게는 수출대금의 확보가 완전히 보장되지 않기 때문에 신용장방식보다는 불리한 결제방식이다. 다시 말해 신용장방식에서 수출업자가 발행하는 화환어음은 개설은행을 지급인으로 하는 은행어음(bank bill)의 형태이므로 개설은행이 지급을 보증하지만, 추심결제방식에서 수출업자가 발행하는 화환어음은 개인어음(private bill)으로써 지급상의 모든 책임은 수입업자의 신용에 달려있다.

둘째, 추심결제방식은 수입업자가 선호하는 결제형태이기 때문에 수출업자는 이 방식을 수출시장개척을 위한 전략으로 활용할 수 있다. 특히 수출상품이 수입업자 우위의 시장(buyer's market)인 경우 수입업자에게 유리한 조건을 제시함으로써 거래선을 확보할 수 있다.

셋째, 추심결제방식에 의해 수출대금을 회수할 경우에는 원칙적으로 수입업자로부터 결제가 이루어져 추심이 완료된 후에야 그 대금이 수출업자의 계정에 입금된다. 우리나라는 수출업자의 자금부담을 덜어주고 추심결제방식에 의한 수출을 장려하기 위해서 추심 전 매입을 허용하고 있다. 따라서 수출업자는 관계선적서류와 환어음을 추심의뢰은행에 제시할 때 미리 수출대금을 찾을 수 있다.

우리나라에서는 수출업자의 환어음을 미리 매입해 준 추심의뢰은행이 입을 수 있는 손실을 수출보험제도를 통해 보상해주고 있기 때문에 우리나라 외국환은행들은 추심방식하에서 발행된 환어음에 대해서도 적극적으로 매입하고 있다.

section 03 국제팩토링방식에 의한 결제

1. 국제팩토링의 정의와 특징

국제팩토링(international factoring)이란 팩터(factor)[7]가 수출업자와 수입업자 사이에 개입하여 수출업자에게는 수출대금의 지급을 보증하고 수입업자에게는 신용을 공여하는 형태의 결제방식을 말한다.

즉, 국제팩토링방식에서 수출국에 소재하는 수출팩터(export factor)는 수출 업자에게 수출대금의 지급을 보증해줌과 아울러 전도금융의 형태로 미리 자금 을 융자해줌으로써 수출상품의 생산 확보에 필요한 금융을 제공하여 수출업자 의 자금부담을 경감시켜주는 기능을 한다.[8]

반면에 수입국에 소재하는 수입팩터(import factor)는 수입업자에 대한 신용 조사 및 신용승인을 하고 수출채권을 양수받아 대금을 회수하여 송금하는 업무 등을 수행한다.

수입팩터의 신용조사결과에 따라 수출팩터는 수출업자에 대한 거래한도를 결정하므로 수입팩터의 신용조사기능은 대단히 중요하다. 수입업자는 팩터의 신용을 활용하여 기한부 조건으로 수입할 수 있으므로 자기자금이 없거나 신용 이 낮은 경우에도 수입이 가능하다. 특히 담보력이나 자금력이 부족한 중소기업 에게는 팩토링을 통한 금융서비스가 유용한 경우가 많다.

2. 국제팩토링방식의 대금결제과정

① 수출업자와 수입업자는 매매계약을 체결하고 대금결제방법으로 국제팩

---

7) 팩터는 중세 이탈리아에서 처음 등장한 무역중개업이다. 팩터는 무역당사자간의 알선뿐만 아 니라 제조업자가 구매자에게 상품을 외상으로 판매하면 제조업자의 외상매출채권을 매입하 여 제조업자에게 상품대금의 지급을 보증하는 업무를 한다. 팩터는 지급보증대리인(*del credere* agent)이라고도 한다. 팩터는 일정액의 판매수수료(sale commission) 외에 지급보증 의 대가로써 지급보증수수료(*del credere* commission)까지 추가로 수취한다.
8) 수출팩터는 신용장 매입은행과 비슷한 역할을 하지만 대금회수를 책임지고 수출업자에게 신 용조사, 회계업무 등 보다 적극적인 경영서비스를 제공한다.

그림 7   국제팩토링방식의 대금결제과정

토링방식을 합의한다.

② 수출업자는 수출팩터의 소정양식인 신용승인신청서(credit approval request; CAR)를 작성하여 수입업자에 대한 신용조사를 수출팩터에게 의뢰한다.

③ 수출팩터는 수입팩터에게 수출업자가 요청한 수입업자에 대한 신용조사를 의뢰한다. 동시에 수입팩터가 지급확약할 수 있는 신용한도를 요청한다.

④ 수입팩터는 수입업자의 신용상태를 조사하고 신용한도액을 산정한다.

⑤ 수입팩터는 수입업자에게 제공할 수 있는 신용한도액 및 신용상태에 관한 조사자료를 수출팩터에게 통지한다.

⑥ 수출팩터는 수입팩터의 통지에 따라 수출업자에게 신용승인을 통보한다.

⑦ 수출업자는 수입업자에게 매매계약에 약정된 물품을 선적한다.

⑧ 수출업자는 선적서류 일체를 구비하여 수출팩터에게 양도한다.

⑨ 수출팩터는 수출업자로부터 양도받은 선적서류 일체를 수입팩터에게 송부하고 수출물품에 대한 채권을 수입팩터에게 양도한다.

⑩ 수입팩터는 수입업자에게 선적서류 일체를 인도한다.

⑪ 수입업자는 수입물품을 찾아 만기일에 수입대금을 지급한다.

⑫ 수입팩터는 수입업자로부터 회수한 수입대금을 수출팩터에게 송금한다.

⑬ 수출팩터는 수출업자에게 수출대금을 지급하거나 또는 미리 지급한 융자금(전도융자금)이 있을 경우 이 대금을 상계한다.

3. 국제팩토링방식의 효용

(1) 수출업자에게 주는 효용

첫째, 수출대금의 회수를 수출팩터가 보증하므로 대금회수불능의 위험이 거의 없다고 볼 수 있다.

둘째, 수입업자의 신용상태를 수출팩터를 통해 사전에 파악할 수 있다.

셋째, 수출팩터의 지급보증과 수입업자에 대한 신용조사로 적극적인 신규 거래의 시도가 가능하다.

넷째, 신용장이나 추심방식(D/A·D/P)에 비해 실무상의 절차가 간단하다.

다섯째, 수출팩터로부터 수출대금의 한도 내에서 전도금융을 이용할 수 있어 기한부 거래에 따른 자금부담을 경감시킬 수 있다.

여섯째, 수출팩터를 통해 다양한 경영서비스와 해외시장정보를 얻을 수 있다.

(2) 수입업자에게 주는 효용

첫째, 수입팩터가 설정한 신용한도 내에서 계속적으로 신용구매가 가능하다.

둘째, 수입팩터의 지급보증으로 유리한 수입조건의 제시가 가능하며, 수입자금이 부족할 경우 수입팩터로부터 금융수혜를 받을 수 있다.

셋째, 수입팩터로부터 채무만기일 등의 회계서비스를 제공받을 수 있다.

넷째, 신용장이나 추심방식(D/A·D/P)에 비해 실무상 절차가 간단하고, 자금부담과 수수료비용의 부담을 경감시킬 수 있다.

section 04   **포페이팅방식에 의한 결제**

1. 포페이팅의 개념과 의의

포페이팅(forfaiting)이란 현금을 대가로 자신이 갖고 있던 채권을 포기 또는 양도한다는 뜻의 프랑스어 'a forfait'에서 유래된 용어로 무역거래에서는 수출업자가 발행한 기한부환어음을 포피터(forfaiter)라는 은행이 소구권 없이 고정금리로 할인·매입해주는 금융거래를 말한다.

포페이팅방식에서는 수출업자가 거래은행인 포피터와 수입업자 거래은행인 보증은행(avalizing bank; guaranteeing bank)이 개입하는데, 포피터는 수출국 소재의 신용장매입은행과 유사한 성격이며 보증은행은 수입국 소재의 신용장개설은행과 유사한 성격을 갖는다.

따라서 포피터는 수출업자가 발행한 연불환어음을 할인·매입하는 은행이 되며, 보증은행은 수입업자를 대신해 당해 연불환어음의 지급을 보증하고 지급보증서를 발급하게 된다.9) 보증은행의 지급보증은 취소불능한 성격의 무조건적 보증이며 양도가능하다.

포페이팅을 이용하면 수입업자는 보증은행의 지급보증으로 규모가 큰 거래를 연불조건으로 체결할 수 있으며, 수출업자는 연불조건의 외상수출이라 하더라도 포피터로부터 일람불 조건의 수출과 마찬가지로 즉시 지급받을 수 있다.

2. 포페이팅의 특징

포페이팅을 활용할 경우 수입업자가 가액이 큰 물품을 중장기 연불조건으로 수입하고자 한다면 수입업자는 자신의 거래은행으로 하여금 보증은행이 되어 수출업자가 발행한 환어음을 지급보증해 줄 것을 요청한다. 보증은행이 당해 환어음의 지급을 보증하면 수출업자 소재국의 포피터는 외상기간에 해당하는

---

9) 보증은행이 연불(기한부) 환어음을 보증할 때 환어음상에 'Aval'이라는 표현을 명기하는데 이는 보증은행이 환어음상의 수입업자의 채무를 보증한다는 것을 의미한다.

그림 8 포페이팅방식의 대금결제과정

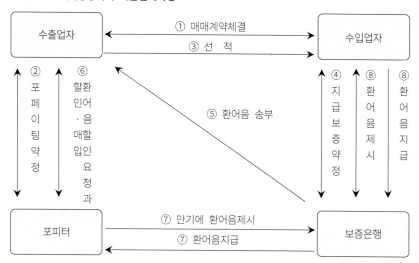

이자를 고정금리로 할인하여 수출업자에게 지급하고 포피터는 만기일에 보증은행을 통해 대금을 지급받는다.

이 같은 포페이팅의 주요 특징을 살펴보면 다음과 같다.

첫째, 포페이팅은 수출업자가 발행하는 환어음을 할인 · 매입의 대상으로 한다.

둘째, 포페이팅은 규모가 큰 3년~5년 정도의 중장기 연불조건의 거래에 주로 활용된다.[10)]

셋째, 포피터는 수출업자에게 소구권을 행사할 수 없다.[11)]

넷째, 포피터는 주로 고정금리로 환어음을 매입한다. 따라서 수출업자는 환어음의 할인금리를 사전에 알 수 있어 자신의 금융비용을 물품의 원가에 반영할 수 있다.

① 수출업자와 수입업자는 매매계약을 체결하고 대금결제방법으로 포페이

---

10) 포페이팅과 유사한 환어음 할인금융이나 국제팩토링은 주로 180일 이내의 소액거래에 사용된다.

11) 신용장거래에서 매입은행은 수출업자에게 할인 · 매입한 금액이 추후 개설은행으로부터 지급되지 않으면 수출업자에게 소구권을 행사하여 그 대금의 상환을 요구할 수 있지만 포페이팅에서는 포피터의 소구권 행사는 불가능하다.

팅방식을 합의한다.

② 수출업자는 포피터와 포페이팅 약정을 한다. 보증은행은 수입업자에게 지급보증약정을 한다.

③ 수출업자는 계약의 내용대로 수입업자에게 물품을 선적한다.

④ 보증은행은 별도의 지급보증서를 발급하거나 환어음에 'Aval'을 추가하여 환어음을 보증한다.

⑤ 보증은행은 보증이 첨부된 환어음을 수출업자에게 보낸다.

⑥ 수출업자는 지급은행이 보증한 환어음을 사전에 약정된 포페이팅계약에 따라 포피터에게 제시하여 할인·매입을 요청하고, 포피터는 환어음을 할인·매입하여 대금을 지급한다.

⑦ 포피터는 환어음의 만기일에 보증은행에게 지급을 요청하고, 보증은행은 지급보증에 따라 대금을 지급한다.

⑧ 보증은행은 포피터가 제시한 환어음을 수입업자에게 제시하여 수입업자로부터 대금을 회수한다.

Chapter 02
신용장결제방식

신용장의 본질과 의의

신용장은 그 기원이 어떤 법률에 기인하여 발생된 것이 아니고 상인들에 의한 오랜 상관습에 따라 생성되었다는 특수성을 갖고 있다.

전통적으로 신용장은 수출업자와 수입업자, 그리고 이들 사이에서 엄격한 중립성을 견지하는 은행이라는 세 당사자가 상호간의 거래위험을 공평하게 분담한다는 점에서 가장 합리적인 대금결제수단으로 인정되어 오고 있다.

국제무역거래에서 대두되는 다양한 거래위험 중에서 수입업자의 신용상태의 변화에 따른 수출업자 측면의 대금회수불능의 위험(credit risk)과 수출업자의 계약위반에 따른 수입업자 측면의 상품입수불능의 위험(mercantile risk)을 효과적으로 제거하고자 하는 수출업자와 수입업자의 합리적 기대는 은행이라는 공공성을 띤 제3자를 국제무역거래에 개입시켜 은행을 결제과정의 중심점으로 구성시키는 신용장이라는 고안물(device)을 탄생시키기에 이르렀다.

오늘날 신용장은 수출업자에게는 대금지급을 보장하고, 수입업자에게는 물품입수의 원활화를 도모하는 주요한 대금결제방식으로 평가되고 있다.

1. 신용장의 정의

신용장이란 국제무역거래에 있어 대금지불 및 상품입수의 원활을 도모하기 위해 수입업자의 거래은행(신용장개설은행)이 수입업자(신용장개설의뢰인)의 지시와 요청으로 개설한 신용장의 조건과 내용에 일치하는 서류들을 수출업자(수익자)가 신용장 개설은행 또는 당해 은행이 지정한 은행에 제시하면 반드시 대금을 지급하겠다는 신용장개설은행의 약정증서를 말한다.

현행 제6차 개정 신용장통일규칙에 규정된 신용장의 정의에 따르면 신용장이란 그 명칭이나 표현에 관계없이 취소불능적인 약정으로서 신용장의 조건과 내용에 일치하는 서류가 제시되면 대금을 결제하겠다는 개설은행의 확약을 말한다고 규정하고 있다.[1]

이 같은 신용장의 정의를 보다 구체적으로 살펴보면 다음과 같다.

첫째, 신용장거래에서는 반드시 적어도 세 당사자가 있어야 한다. 즉 신용장 개설은행, 신용장 개설의뢰인, 수익자이다.

둘째, 신용장은 그 쓰이는 국가나 지역마다 여러 가지 다양한 명칭이나 용어가 사용될 수 있지만 신용장은 그 명칭이나 용어에 상관하지 않는다. 즉 중요한 것은 신용장이라는 명칭(name)이 아니고 그 안에 포함된 약정의 내용(content)에 있다는 것이다.

셋째, 신용장에 있어 개설은행의 약정이라 함은 신용장에 명시된 제반 조건과 내용에 일치하는 서류들을 제시하면 개설은행은 수입업자(개설의뢰인)의 신용상태와는 관계없이 반드시 대금지급할 것이라는 확약을 말한다.

넷째, 이러한 지급확약은 취소불능(irrevocable)하다.

다섯째, 개설은행이 직접 대금을 지급해 줄 수도 있으나 다른 은행에게 이 권한을 수권하여 지급하게 할 수 있으며, 타 은행의 대금지급행위에 대해서도 개설은행은 대금충당을 약정한다.

여섯째, 신용장은 신용장상의 특정조건과 내용의 충족을 조건으로 하고 있으므로 조건부 약정이라고 볼 수 있지만 일단 이들 신용장 조건과 내용이 완전히 충족되면 개설은행이 반드시 대금지급의 책임을 지는 절대적 약정이다.

2. 신용장의 효용

신용장 결제방식이 세계적으로 널리 보급되고 이용된 데에는 여러 가지 유익한 기능이 인정되기 때문이다. 이미 언급한 바와 같이 무역거래는 국내거래와

---

[1] 제6차 개정 신용장통일규칙 제2조 : "Credit means any arrangement, however named or described, that is irrevocable and thereby constitutes a definite undertaking of the issuing bank to honor a complying presentation."

는 달리 거래의 당사자들이 서로 먼 거리에 위치해 있는 원격지간의 거래이기 때문에 수출업자의 입장에서는 선불을 받지 않고 자신의 물품을 수입업자에게 선적한다는 것은 극히 불안한 일이 아닐 수 없을 것이며, 수입업자의 입장에서도 물품을 입수하기 전에 대금을 수출업자에게 지불한다는 것 역시 대단히 불안한 일이다. 이러한 점에서 신용장이 이 같은 위험을 효과적으로 제거해 주는 기능을 갖고 있다는 것은 대단히 높은 효용성이 아닐 수 없을 것이다.

나아가 신용장은 매매당사자들의 금융상의 부담을 경감시켜주는 기능도 갖고 있다. 수출업자는 물품을 선적하는 즉시 수출대금을 자신의 거래은행으로부터 지급받을 수 있으며, 수입업자는 자신의 거래은행인 개설은행의 금융으로 물품의 도착과 더불어 대금을 지불해도 된다.

이하에서는 수출업자와 수입업자가 신용장을 통해 누릴 수 있는 여러 효용들에 대해 살펴보도록 한다.

(1) 수출업자의 효용

첫째, 신용장이 일단 개설되어 수출업자에게 내도되면 신용장 개설은행의 파산이나 불가항력의 경우를 제외하고는 반드시 대금결제를 받을 수 있다. 수출업자에게 있어 가장 큰 손실가능성은 수출이행 후 대금회수를 할 수 없게 되는 위험인데 신용장을 이용하면 신용장 개설은행의 지급확약에 따라 수출업자의 대금회수불능의 위험을 제거할 수 있다.

둘째, 신용장은 그것이 취소불능한 것이므로 일단 한번 발행되어 수출업자에게 통지되면 국내 사정이나 계약상품의 국제 시세에 따라 수입업자가 일방적으로 취소할 수 없다. 따라서 수출업자는 안심하고 계약상품의 제조와 가공에 전념할 수 있다.

셋째, 일단 신용장이 발급되면 그 후에 수입국의 외환사정이 악화되어 외환의 사용통제 또는 수입제한조치가 있다 해도 이미 개설된 신용장은 계속 유효하다. 더욱이 수입국 정부에서도 국제적 신용을 추락시켜 가면서까지 은행으로 하여금 지급거절을 시키는 것은 드문 일이다.

넷째, 수표나 어음에 의한 대금결제는 추심(collection)에 의하여 해결되므로 우편일수(mail date)만큼의 일정한 시일이 소요되지만 신용장에 의한 수출대금은 선적 후 제반 서류의 제시와 동시에 즉시 지급받을 수 있다. 신용장하에서 발행되는 환어음이 기한부 환어음이라 할지라도 해당 기간의 이자와 은행수수료만 공제하고 할인(discount)을 받아 즉시 대금회수도 가능하다.

다섯째, 지급도(D/P) 또는 인수도(D/A)와 같은 추심결제방식은 은행이 환어음을 매입 또는 할인을 해준다 해도 금액 전부를 지불하지 않고 수입업자가 어음대금을 완불할 때까지 수출대금의 20~30% 정도를 일종의 담보로 예치케 하는 것이 보통이다. 그러나 신용장에 의한 대금지불방식은 수출대금을 일시에 회수할 수 있다.

여섯째, 신용장이 수출업자에게 접수되면 수출업자는 우리나라의 경우에도 저율의 무역금융혜택을 받을 수 있어 수출에 따른 자금압박을 경감시킬 수 있다.

(2) 수입업자의 효용

첫째, 신용도가 낮은 수입업자 또는 수출국에 잘 알려져 있지 않은 수입업자는 자신이 원하는 상품을 수입하기란 여간해서는 쉬운 일이 아니다. 그러나 신용장방식을 채택하게 되면 자신의 신용을 은행이 대체시켜주어 현저히 신용도가 높아지기 때문에 국제무역거래에 역동적으로 참여할 수 있을 뿐만 아니라 수출업자와의 계약시에도 자신에게 유리한 조건을 내세워 높은 이윤을 얻을 수 있다.

둘째, 수입업자에게 있어 국제무역에서 가장 큰 손실 가능성은 계약상품을 입수하지 못하는 위험이다. 그러나 신용장을 이용하면 수입업자는 계약상품의 입수를 확신시켜줄 수 있는 제반 조건과 내용에 일치하는 서류의 제시를 수출업자에게 요구할 수 있고, 수출업자는 그러한 서류의 제시 없이는 수출대금을 회수할 수 없다. 따라서 수입업자는 일단 신용장에 규정된 조건과 내용에 일치하는 서류를 통해 물품입수불능의 위험을 효과적으로 제거할 수 있다.

셋째, 신용장에는 최종 선적일과 유효기일이 명시되어 있으므로 수입업자는 계약상품의 도착일시를 예측하여 당해 상품의 재판매 또는 가공 등의 일정을 조정할 수 있다.

넷째, 수입업자는 신용장개설은행에 소정의 담보만 제공하면 상품대금의 전불 없이도 관계 선적서류를 인도받을 때 대금지급을 하게 되므로 그 기간 동안 은행금융을 받는 것과 동일한 효용을 누릴 수 있다. 더욱이 기한부 신용장으로 대금결제를 하면 수입상품을 판매한 대금으로 특정 기일 후에 은행에 대금을 충당할 수 있으므로 상당기간 대금지급을 유예받는 효과를 볼 수 있다.

section 02 신용장의 당사자

신용장거래에는 여러 관계 당사자들이 개입된다. 경우에 따라 이들은 선택적으로 개입하지만 이들 당사자 관계는 신용장거래의 양상에 따라 복잡한 계약의 형태로 얽혀질 수 있다. 이하에서는 신용장거래에 개입할 수 있는 여러 당사자들을 간략하게 살펴보기로 한다.

1. 개설의뢰인

매매계약의 당사자인 수입업자는 신용장거래에서는 신용장의 개설 또는 발행을 의뢰하는 개설의뢰인(applicant)이 된다. 수입업자는 수출업자와 매매계약을 체결할 때 대금결제방식으로 신용장을 합의하면 개설의뢰인으로서 자신의 거래은행에게 수출업자 앞으로 신용장을 발행해 줄 것을 요청한다.

개설의뢰인은 importer, buyer의 명칭 외에도 수출업자가 발행한 환어음을 지급하는 궁극적인 당사자이므로 drawee, accountee 또는 account party 등으로 그 채무의 당사자가 되며, 신용장의 개설은행이 신용을 부여한다는 관점에서 accredited buyer로도 불린다. 또 화물의 수령인이라는 의미에서 consignee, 신용장개설의 책임자로서 opener, 신용장개설은행의 고객이라는 차원에서 customer 등으로 표현되기도 한다.

개설의뢰인은 신용장통일규칙에서는 applicant로, 미국통일상법전에서는 customer라는 용어로 사용되고 있다.

2. 수익자

수익자(beneficiary)란 매매계약의 당사자인 수출업자를 말한다. 이는 신용장의 개설에 의해 그 혜택을 직접 공여 받는다 해서 명명되는 신용장거래상의 용어이다. 따라서 beneficiary는 곧 exporter, seller가 되며, 신용장하에서 환어음을 발행하여 대금을 받을 권리가 있다 해서 drawer, accountor라고도 한다. 또한 신용을 공여 받았다 해서 accreditee, 화물을 선적하므로 shipper, 하주이므로 consignor, 자신의 앞으로 신용장이 내도되므로 addressee, 그리고 내도된 신용장을 활용하므로 user 등으로 표현된다.

이러한 여러 명칭의 수익자 용어는 신용장통일규칙에서는 beneficiary로 일률적으로 표현된다.

수익자는 개설의뢰인의 요청과 지시로 개설된 개설은행의 신용장을 통지받으면 신용장에 규정되어있는 제반 조건과 내용에 일치하는 관계 선적서류들을 구비해야 하며 환어음을 발행하여 대금을 회수한다.

한편 수익자가 생산시설을 갖추지 못한 무역업자이거나 또는 관계 물품을 하청계약하여 타인에게 신용장의 혜택을 양도해야 하는 당사자일 경우에는 신용장을 양도하게 되므로 transferor라고도 하며 양도받는 자에 대해 first beneficiary가 되고 양도받는 자는 second beneficiary가 된다.

3. 개설은행

자신의 고객인 개설의뢰인으로부터 신용장 개설의 지시와 요청을 받고 수출업자, 즉 수익자 앞으로 신용장을 개설하는 은행을 말한다.

개설은행은 신용장을 개설한다 하여 opening bank, 신용장을 발행하므로 issuing bank, 수입업자에게 신용을 부여한다 하여 드물게 credit writing bank 또는 grantor로도 불린다. 신용장통일규칙상의 명칭은 issuing bank로 되어 있으며, 미국의 통일상법전에서는 issuer로 표현되어 있다.

신용장개설은행은 수출업자가 발행하는 환어음을 지불할 것을 확약하는 당사자이며, 그러한 확약이 담긴 신용장을 개설하는 주체이므로 신용장거래의 핵심 당사자이자 신용장의 중심점이 된다.

우리나라에서는 외국환은행들은 신용장을 대외적으로 발급할 수 있으며, 미국과 같은 나라에서는 당국으로부터 신용장 발행의 권한을 수권받으면 어떠한 금융기관(financial institution)이라도 신용장을 개설할 수 있다.

4. 통지은행

통지은행(advising bank; notifying bank; transmitting bank)이란 개설은행이 발행한 신용장을 수익자에게 통지 또는 전달해 주는 은행을 말한다.

통지은행은 일반적으로 수익자가 위치한 나라 또는 지역에 있는 수입국 개설은행의 본·지점이나 환거래취결은행이 되며, 전달해 주는 신용장에 대해서는 별도의 책임을 지거나 약정을 하지 않는다. 그러나 통지은행은 자신이 통지하는 신용장의 '외견상 진정성'(apparent authenticity)[2]을 확인하기 위해 합리적인 주의를 기울여야 할 의무는 있다.

통지은행이 전달해 주는 신용장의 진위성의 확인은 다음과 같은 두 가지 경우로 대별해 볼 수 있다.

첫째, 신용장이 우편으로 접수된 경우 통지은행은 서명부의 서명만 확인하고 수익자에게 전달한다.

둘째, 신용장이 전신이나 텔렉스, 또는 스위프트 시스템으로 접수된 경우 통지은행은 개설은행과 교환된 비밀번호(test key)나 암호(cipher)로 그 진위성을 확인하고 수익자에게 통지한다.

만일 통지은행이 외견상의 진정성(apparent authenticity)을 확인할 수 없는 경우에는 지체없이 이를 개설은행에 통보하여야 한다. 그럼에도 진정성의 확인 없이 수익자에게 통보하게 되면 이 사실을 수익자에게 인지시켜야 한다.[3]

---

2) '외견상 진정성'이란 통지하려는 신용장이 확실히 개설은행으로부터 개설된 것인지의 진위성을 확인하는 것을 말한다. 제6차 개정 신용장통일규칙 제9조 b)항 참조.

3) 제6차 개정 신용장통일규칙 제9조 d)항 참조.

5. 확인은행

신용장의 중심점은 개설은행이다. 개설은행은 수익자가 신용장상에 명시된 제반 조건과 내용에 일치하는 관계 선적서류 일체를 제시하면 반드시 지급하겠다는 절대적인 약정의 당사자이다.

그러나 경우에 따라 개설은행이 수출지의 수익자에게 알려져 있지 않은 은행이거나 또는 그 명성의 신뢰성이 의심스러운 은행이라면 수익자는 이러한 신용장을 믿고 수출을 이행하기가 여간 불안한 일이 아닐 수 없을 것이다. 이러한 경우 수익자는 수입업자에게 재력 있고 명성 있는 은행으로 하여금 개설은행의 지급확약을 확인해줄 것을 요구할 수 있다. 이러한 요구에 따라 수입업자의 요청으로 신용장거래에 개입하는 은행을 확인은행(confirming bank)이라 한다.

확인은행이 하는 확인(confirmation)은 개설은행의 수익자에 대한 지급·인수·매입 확약의 재확약의 의미를 가지고 있기 때문에 확인은행의 개입은 또 하나의 개설은행의 존재와 동등한 결과가 된다.

확인은행의 유형에는 여러 가지가 있을 수 있는데 통상 수익자가 소재한 나라의 통지은행이 확인은행을 겸하는 경우가 대부분이며, 경우에 따라 수익자 거주국 내의 은행이 아닌 제3의 은행이 확인은행이 될 수 있다. 어떠한 유형의 은행이든 일단 그 은행이 확인을 하게 되면 개설은행의 지급확약에 대한 추가적인 확약의 형태로 인정되어 개설은행의 재력이나 존폐에 관계없이 확인은행은 수익자가 발행한 환어음의 지급·인수·매입의 책임을 지게 된다.[4]

6. 지급은행과 인수은행

신용장상에 명시된 제반 조건과 내용에 일치하는 관계 선적서류를 구비한 수익자는 개설은행으로 직접 이들 서류를 송부하여 대금을 지급 받을 수도 있지만 보통 이러한 방식보다는 수익자 자신이 위치한 국가 또는 지역에 소재한 개설은행의 환거래취결은행에 서류와 환어음을 제시하는 것이 더욱 일반적인

---

4) 제6차 개정 신용장통일규칙 제8조 a)항 참조.

관행이다.

수익자가 발행하는 환어음이 일람불환어음(sight drafts)이면 이때 개입하는 수익자 소재지의 은행은 지급(payment)을 행하는 지급은행(paying bank)이 된다.

지급방식이 신용장에서 이루어질 경우 환어음의 발행은 거래관행상 불필요한 것이므로 신용장에 특별히 환어음의 발행을 규정해 놓고 있지 않는 한 지급방식에서는 환어음이 발행되지 않는 것이 일반적이다.

따라서 지급은 수익자가 제시한 신용장상의 관계 선적서류와 상환으로 이루어지며 개입하는 지급은행은 개설은행의 본점 내지 지점, 또는 개설은행의 환거래취결은행이 되고 법률적으로 개설은행의 대리인(agent)역할을 한다. 그러므로 지급행위의 궁극적인 책임은 개설은행으로 귀착된다.

대개 지급은행에게는 개설은행의 환계정이 있으므로 수익자에게 지급함과 동시에 개설은행 구좌에 차기하게 되어 대금상환을 받게 된다.[5]

한편 지급방식과는 달리 수익자가 은행에 제시하는 환어음이 기한부환어음(usance draft)일 경우 이 기한부환어음을 인수(acceptance)하고 만기에 지급하는 은행을 인수은행(accepting bank)이라고 한다.

경우에 따라 수출대금을 서둘러 현금화 하려는 수익자에 대해서 인수은행은 환어음기간에 해당하는 만큼의 이자와 수수료를 공제하고 할인(discount)해 줄 수도 있다. 은행의 입장에서 할인이란 환어음을 대상으로 그 액면가치보다 낮은 금액으로 환어음을 매입(negotiation)하는 것을 의미한다. 차액은 주로 이자의 형태로 나타난다. 수익자의 입장에서는 현금을 미리 조달하기 위하여 표시된 금액보다 적은 금액으로 환어음을 매도하는 형태가 된다.[6]

7. 매입은행

매입(negotiation)이라는 것은 배서(endorsement)에 의해 타인에게 환어음의 금액을 이전시키는 행위를 의미하는데,[7] 신용장거래에서 대금의 지불방식이 매

---

5) 박대위, 「신용장」, 법문사, 1994, p.45.

6) Henry Harfield, *Bank Credit and Acceptaces*, The Ronald Press, 1974, pp. 121-124 참조.

입으로 되어있을 때 이때 개입하는 은행을 매입은행(negotiating bank)이라 한다.

매입행위를 하는 은행은 신용장상에 명시된 개설은행의 지급확약을 전적으로 믿고 개설은행으로부터 수익자에게 매입해준 대금의 상환을 받을 것이라는 확신하에 자기 자금으로 수익자에게 대금을 매입하여 준다.

따라서 매입은행은 환어음의 정당한 소지인(holder in due course)이 되며, 매입은행은 개설은행의 대리인(agent) 역할을 하는 지급은행과는 달리 매입행위에 대해 전적으로 자신이 책임을 지는 본인(principal)의 위치에 서게 된다. 개설은행은 자신이 발행한 신용장상의 지급확약에 따라 신용장조건과 내용에 일치하는 서류 및 환어음과 상환으로 매입해준 매입은행에게 신용장대금을 상환해 주어야 한다.

매입은행은 자기의 자금으로 수익자에게 먼저 대금을 매입해주고 일정기간 후에 대금상환을 받게 되므로 그 기간 동안의 이자와 수수료를 수익자로부터 공제하게 된다.[8]

신용장거래에 개입하는 매입은행은 크게 두 가지의 유형이 있다.

하나는, 신용장이 개설될 때 당초부터 신용장개설은행에 의해 매입을 수권받아 지정된 매입은행이고, 다른 하나는, 특별히 신용장개설은행에 의해 지정받지 않고 수익자의 선택에 의해 자유롭게 개입하는 매입은행이다.

8. 상환은행

신용장거래에서는 일반적으로 개설은행이 매입은행에 대해서 대금을 상환해 주므로 상환은행(reimbursing bank; settling bank)이 되지만, 경우에 따라 신용장의 결제통화가 수입국이나 수출국 통화가 아닌 제3국의 통화일 때는 제3국에 위치한 개설은행의 예치환은행(depository bank)이 신용장대금의 상환은행이 될 수 있다.

---

7) John F. Dolan, *The Law of Letter of Credit,* Warren, Gorham & Lamont, 1991, Section 5,03, 05－15.
8) 박대위, 「전게서」, p.46.

section 03 **신용장에 의한 결제과정**

신용장에 의한 대금결제과정은 아래와 같은 절차로 이루어진다.

① 매매계약의 체결: 수입업자와 수출업자는 매매계약을 체결하면서 대금결 제조건을 신용장방식에 의한다고 상호간에 합의한다.

② 신용장의 개설지시 및 요청: 수입업자(신용장개설의뢰인)는 매매계약의 조건 에 따라 자신의 거래은행(신용장개설은행)에게 수출업자를 수익자로 하는 신용장을 개설해 줄 것을 지시·요청한다.

③ 신용장의 개설과 통지 의뢰: 개설은행은 신용장을 개설하고 통상 수익자 소재의 국가 내지 지역에 위치한 은행에 당해 신용장을 통지해줄 것을 요청한다. 경우에 따라 개설은행은 수출업자의 요구가 있을 경우 통지 은행에 확인은행의 역할을 추가적으로 요청할 수 있다.

④ 통지은행의 신용장 전달: 통지은행은 자신의 관례적인 방법에 따라 신용 장의 진위 여부를 확인한 후 자신의 책임 없이 신용장을 수익자에게 통 지한다.

⑤ 신용장의 내도와 계약물품의 선적: 수익자 앞으로 신용장이 내도하면 수익 자는 신용장상의 제반조건과 내용을 면밀히 검토한 후 상품을 선적할 준비를 갖춘다.
수익자는 신용장의 조건과 내용에 따라 계약상품을 선적하고 관계서류 및/또는 환어음들을 구비하여 신용장에 명시된 대로 지정된 지급·인수 ·매입은행에 관계서류를 제시한다.

⑥ 은행의 서류검토와 대금의 지급·인수·매입: 수익자의 서류 및/또는 환어 음의 제시를 받은 지급·인수·매입은행은 제출된 서류 및/또는 환어음 이 신용장조건과 내용에 일치하는지 여부를 합리적 주의를 기울여 검토 한 후 신용장의 조건에 따라 지급·인수·매입한다.

⑦ 서류의 송부: 지급·인수·매입은행은 개설은행으로 관계서류 일체를 송 부한다.

⑧ 개설은행의 서류검토와 대금상환: 개설은행은 송부되어 온 서류를 면밀히

검토한 후 신용장조건과 내용에 일치한다고 판단하면 지급·인수·매입을 해준 은행에 대금을 상환한다.

⑨ 개설은행의 개설의뢰인으로의 서류인도: 개설은행은 검토를 마친 제반 관계서류를 수입업자인 개설의뢰인에게 인도하고 개설의뢰인으로부터 대금의 충당을 받는다.

⑩ 계약물품의 입수: 수입업자는 인도받은 운송서류를 운송회사에 제시하고 상품을 인도받는다.

이상과 같은 절차를 간단히 그림으로 표시하면 아래와 같다.

그림 1   신용장 결제방식에 의한 대금결제과정

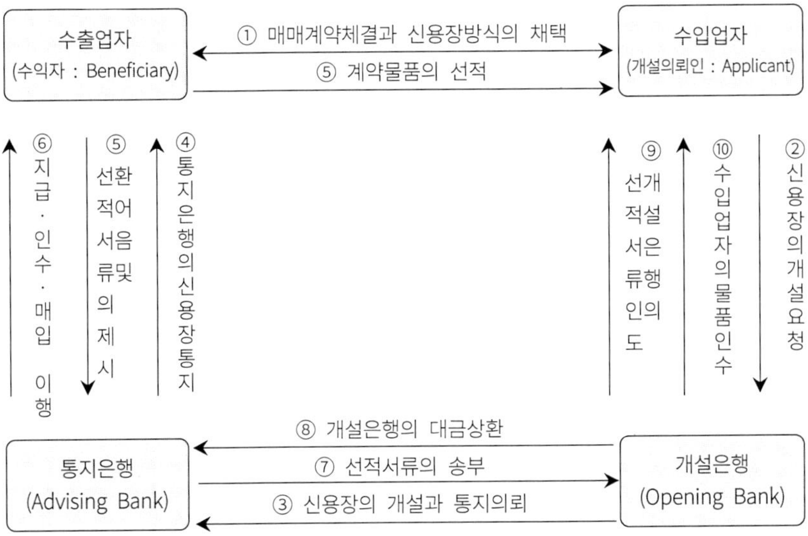

section 04   신용장의 독립·추상성의 원칙

1. 신용장의 독립·추상성의 의의

수출업자와 수입업자 상호간의 대금회수불능의 위험과 상품입수불능의 위험을 효과적으로 제거하기 위해 은행이라는 공공성을 띤 제3자가 개입하게 되는 신용장거래에서 은행이 신용장거래의 중심점으로서의 역할을 하기 위해서는 반드시 은행의 중립성이 전제되어야 한다.

나아가 은행이 수출업자와 수입업자간의 이해관계에 휘말리지 않고 자신에게 주어진 공정한 임무[9]만을 성공적으로 수행하기 위해서는 매매당사자들과는 독립적인 확고한 위치의 확보가 필요하다. 이러한 요구를 충족시키기 위해 상관습의 형태로 발전해 온 신용장거래관습의 주요 원칙이 이른바 신용장의 독립·추상성원칙이다.

신용장은 인위적인 법 이론에 의해서 만들어졌다기보다는 상인들간에 오랫동안 이용되어온 상관습에 의해 고안된 독특한 결제방법이다.

따라서 신용장은 매매계약을 이행하는 과정에서 거래당사자간에 신용장방식을 선택할 때 의미를 갖게 되지만, 일단 매매계약에 따라 신용장이 개설되면 계약의 당사자가 아닌 은행이 개입하여 당해 은행이 거래의 중심점이 되므로 신용장은 그 자체로서 독립성을 갖게 된다.

다시 말해 신용장은 어떤 특정한 매매계약에 의해서 생성되었다 할지라도 일단 신용장이 존재하게 되면 그 전의 매매계약에 대해서는 하등의 구애를 받지 않는 독자적인 법률성을 갖게 된다. 이에 따라 매매계약의 당사자가 아닌 은행이 신용장의 중심적 당사자가 되어 수출업자와 수입업자 사이에서 매매계약과는 별개의 독립적인 관계를 유지하면서 오로지 신용장 내에서만 의무와 책임을 진다. 이 같은 신용장거래원칙을 신용장의 독립성원칙이라 한다.[10]

이에 따라 신용장통일규칙에서도 "신용장은 비록 그것이 매매계약이나 기타 다른 계약에 근거를 두고 있다 하더라도 본질적으로 이러한 계약들과는 별

---

9) 은행의 개입목적은 국제무역거래에 수반되는 대금의 지급을 촉진하고 이를 보장하는 데 그 핵심이 있다; E. Eberth & E. P. Ellinger, "Deferred Payment Credit : A Comparative Analysis of their Special Problems.", *Journal of Maritime Law & Commerce*, vol. 14. 1983, p.387.

10) 신용장의 독립·추상성은 그 기본적 개념이 본래 유통유가증권(negotiable instrument)을 소지하고 있는 선의의 제3자(bona－fide holder)는 당해 유가증권에 관계해 있는 계약(underling contract)으로부터 보호해야 한다는 상거래관습에서 비롯된 것이다; Boris Kozolchyk, *Commercial Letter of Credit in the Americas,* Matthew Bender & Co., 1977, pp.454－457.

개의 거래이며, 또한 이러한 계약에 대한 참조사항이 신용장에 포함되어있다고 하더라도 그러한 계약과는 하등의 관계가 없으며 구속당하지도 않는다"고 규정하여 신용장의 독립성을 명백히 하고 있다.[11]

또한 신용장거래에 있어서 모든 관계당사자는 서류만을 근거로 거래를 행하는 것이며, 이들 서류에 관련되어 있는 상품, 용역 및 기타의 계약에 의해 거래하는 것은 아니다. 즉 신용장거래는 서류상의 거래이기 때문에 은행은 서류를 사고 파는 것이지 상품을 사고 파는 것이 아니다. 따라서 수입업자는 신용장방식을 채택하면 상품을 입수한 후 대금결제를 하는 것이 아니고 서류만을 근거로 대금지급을 해야 한다. 수출업자 역시 상품을 대표하는 서류들만을 가지고 대금을 회수해야 한다. 신용장거래의 이러한 특성을 신용장의 추상성이라 한다.

신용장통일규칙에서도 신용장거래에서의 모든 관계당사자는 서류만을 취급하는 것이지, 그 서류와 관련된 물품, 용역 및 기타의 의무이행을 취급하는 것이 아니라는 내용을 규정하고 있다.[12]

따라서 신용장거래에서는 상품, 용역 또는 계약이행의 여부에 대해 은행은 상관할 필요가 없으며 오로지 서류에만 거래의 목적을 두게 된다. 따라서 상품이 서류보다 먼저 목적지에 도착하여 수입업자가 당해 상품을 검사한 후 상품의 하자를 발견했다 해도 수익자가 제시한 신용장상의 제반 선적서류가 신용장의 조건과 내용에 일치한다면 대금을 지급할 수밖에 없으며, 반대로 수출업자도 올바른 계약물품을 선적하였다 해도 서류가 신용장의 조건과 내용에 일치하지 않는 하자를 담고 있다면 대금지급을 받을 수 없다.

결국 신용장거래에서 가장 핵심이 되는 것은 수익자가 제출하는 서류들이 신용장의 조건과 내용을 충족시키고 있느냐는 것이며, 은행은 서류만을 가지고 모든 판단과 의무이행을 해야 한다는 것이다.

---

11) 제6차 개정 신용장통일규칙, 제4조 (a)항.
12) 제6차 개정 신용장통일규칙, 제5조.

2. 신용장 독립·추상성의 필요성과 한계성

신용장거래는 매매계약과는 별개의 독립적 거래이며 서류상의 거래라는 신용장의 독립·추상성원칙이 필요한 이유는 다음과 같다.

매매계약의 당사자인 수출업자와 수입업자들은 거래의 목적인 매매계약에 대해 잘 알고 있지만 매매계약의 당사자가 아닌 신용장 개설은행이나 신용장거래에 참여하는 지급·인수·매입은행 등은 매매계약에 대해서는 알지 못한다.

따라서 신용장거래에서만 존재의미가 있는 이들 은행이 만일 자신들이 알지도 못하는 매매계약의 내용에 의해 규제를 받는다든지, 그 내용에 따라 책임을 부담할 일이 생긴다면 이는 은행에게 대단히 부당한 일이 아닐 수 없을 것이다. 따라서 은행은 자신이 관련도 없는 매매계약과는 별개의 계약관계를 유지하고 싶어 하는 것은 당연한 일일 것이다. 즉 은행은 어디까지나 자신이 알고 있고, 신용장에 약정되어 명문화된 신용장거래의 테두리 안에서만 책임을 부담하기를 원할 것이다.

또한 은행은 국제적으로 거래가 이루어지는 수없이 다양한 거래상품에 대해서는 전문적 지식이 없기 때문에 매매계약서를 본다고 해도 이를 전부 이해할 수 없는 경우가 많다. 그러므로 은행은 신용장에 명시된 서류만을 갖고 서류취급의 전문가로서 계약이행의 여부를 결정하는 것이 보다 더 효율적이라 할 수 있다.

만일 신용장의 독립·추상성이 보장되지 않는다면 신용장에 참여하는 관련은행들은 신용장에 의한 금융이나 어음매입을 회피하게 될 것이며, 이러한 은행의 위축된 자세는 국제무역거래를 위축시키게 될 것이다.

이와 같이 신용장거래에 독립·추상성이 보장되지 않으면 신용장은 국제무역의 대금결제수단으로서의 기능을 상실하게 되며, 국제물품 매매당사자들은 더 이상 신용장이 주는 효용을 누릴 수 없게 될 것이다. 결국 신용장의 독립·추상성은 신용장이 존재하기 위한 필수요건이라 할 수 있다.

한편 신용장은 독립·추상성을 바탕으로 국제무역거래를 촉진시켜주는 효율적 결제수단이지만 신용장에도 다음과 같은 몇 가지 한계점들이 있다.

첫째, 신용장은 신용장상의 조건과 내용에 일치하는 제반 선적서류가 제시되면 신용장금액을 지불하겠다는 은행의 약정이기 때문에 사실 계약의 성질을 갖고 있는 약속증서이지 이 자체가 어음이나 수표와 같이 유통 가능한 독립적 지급수단이 아니다.

둘째, 신용장 개설은행은 수입업자가 지불불능상태가 되어도 대금지급을 약속하지만, 이를 위해서는 반드시 수출업자는 신용장상의 모든 조건과 내용을 엄격하게 충족시킨 서류를 제시하여야 한다. 수익자가 제시한 서류들이 신용장의 조건과 내용에 엄격하게 부합하는지 여부에 대해 은행과 수출업자 간에 견해 차이가 있을 경우 소송 등과 같은 법률적 다툼이 발생할 소지가 있음을 유의하여야 한다.

셋째, 신용장거래는 어디까지나 서류상의 거래이기 때문에 서류상으로 신용장의 제 조건과 내용이 충족되면 은행은 대금을 지불하게 된다. 따라서 경우에 따라 수출업자가 계약과 다른 물품을 선적하고 제출할 서류만을 신용장 조건대로 작성하여 은행에게 제시하고 대금결제를 받아도 은행은 이에 대해 면책된다. 신용장거래는 이 같은 사기적 형태의 수출업자의 기망행위까지 보장해 주는 대금결제수단은 아니라는 것을 유의하여야 한다.

3. 신용장 독립 · 추상성의 효과

(1) 수익자에게 주는 효과

가장 대표적인 첫 번째 효과로는 우선, 수익자는 매매계약을 이행한다는 차원에서 일단 신용장이 내도되어 신용장상에 명시된 제반 조건과 내용에 일치하는 관계 서류를 은행에 제시하면 반드시 대금지불을 받을 수 있다. 다시 말해 수입업자인 개설의뢰인이 상품이나 계약내용을 빌미로 대금지불을 거절한다든지 또는 지급을 유예시키려 한다 하여도 서류만 신용장과 일치하면 대금지급을 받을 수 있다. 그러나 이와 반대로 신용장의 조건과 내용에 일치하지 않는 서류를 제시한다면 수익자는 대금지급을 받을 수 없게 된다.

또 다른 효과 하나는, 신용장의 독립 · 추상성원칙에 따라 수익자는 어떠한 경우에도 은행 상호간에 또는 개설의뢰인과 개설은행 간에 존재하는 계약관계를 원용해서는 안 된다.13) 왜냐하면 신용장 자체에는 그 기본이 되어 있는 매매계약을 비롯하여 신용장개설의 전 단계에 요구되는 신용장개설계약이 있고, 또 신용장거래의 수행상 필요한 은행 간의 환거래취결계약 등이 있을 수 있으며 이러한 계약관계는 각각의 당사자에게만 구속력이 있고, 나아가 신용장 자체는 이들의 계약과는 독립되어 있는 것이기 때문에 수익자는 자신이 당사자가 아닌 다른 계약을 원용할 수는 없다.

(2) 개설의뢰인에게 주는 효과

일견 신용장의 독립·추상성 때문에 가장 불리한 입장에 놓이는 당사자는 수입업자인 개설의뢰인일 수도 있다. 왜냐하면 수입업자는 상품의 확인 없이 수익자가 제출한 서류가 신용장의 조건과 내용에 일치하기만 하면 대금을 지급할 의무가 있기 때문이다.

이러한 관점에서 개설의뢰인은 자신의 권익을 보호하고, 주문한 계약물품을 제대로 인수받을 수 있도록 보장받기 위해 신용장개설시 신용장상에 과도한 명세 내지 이행의 까다로운 조건을 삽입하려 한다. 그러나 이러한 관행은 신용장거래의 효율성을 저해한다는 차원에서 신용장거래에서 금기시 되어 있기 때문에14) 바람직한 방법이 아니라 볼 수 있다.

물론 개설의뢰인은 상품을 엉터리로 선적하고 서류만 신용장에 일치시키는 부도덕한 수출업자의 계약위반 내지 사기 행각을 방지하기 위해 여러 자구책을 동원할 수도 있으나 무엇보다도 중요한 것은 엄격한 신용조회를 통해 건실한 수출업자와 거래하는 것이 가장 바람직한 방법이라 할 수 있다.

(3) 지급·인수·매입은행

신용장거래에 개입하는 지급·인수·매입은행 등은 신용장에서 요구하는 제반서류가 신용장의 조건과 내용에 일치할 경우 이를 지급·인수·매입하면 개설은행으로부터 반드시 대금상환을 받을 수 있다.

---

13) 제6차 개정 신용장통일규칙 제3조 (b)항.
14) 제6차 개정 신용장통일규칙 제5조

이들 은행들이 신용장에서 요구하는 제반 서류와 상환으로 이들 은행들이 지급·인수·매입을 한다는 것은 당해 은행에 대금상환을 해주겠다는 개설은행의 절대적 약정만 믿고 지급·인수·매입 행위를 한 것이므로 이들 은행은 수출업자가 매매계약을 위반하였다는 것을 이유로 수입업자나 개설은행으로부터 항변을 받지 않는다.[15]

(4) 개설은행

신용장거래에서는 수입업자는 상품을 입수한 후 대금결제를 하는 것이 아니라 서류만을 근거로 대금지급을 해야 하기 때문에 서류를 취급하는 최후의 보루인 개설은행에 대해 수입업자는 매매계약상의 이유 등을 들어 대급지급을 유예시키려 하는 경향이 많다.

더욱이 수입업자는 당초부터 개설은행에게 신용장개설의 지시를 할 때 이미 앞서 설명한 바와 같이 과도한 명세 내지 모호한 조건들을 신용장에 삽입하여 발행해 주도록 요구하기도 한다. 이러한 개설의뢰인의 모든 요구를 들어주게 되면 개설은행은 필연적으로 매매계약을 참고하여 대금지급을 해야 하는 상황이 발생할 수 있으므로 이는 신용장의 독립·추상성원칙을 개설은행 스스로 위반해버리는 결과가 되어 신용장거래하에서 전혀 보호받을 수 없게 된다.

따라서 개설은행은 신용장하에서 자신의 독립성과 중립성을 실현하기 위해서 오로지 서류만을 근거로 대금지급 해야만 한다는 사실을 잊어서는 안 된다.

4. 신용장과 매매계약과의 관계

신용장은 매매계약의 한 조건, 즉 대금결제조건이라는 하나의 부분이고, 신용장의 개설 근거 역시 매매계약으로부터 파생되기 때문에 매매계약은 신용장에 영향을 미칠 수 있고 매매계약과 신용장은 서로 연관된 거래라 볼 수 있다. 그러나 일단 신용장이 개설되어 수익자에게 내도되면 매매계약과 신용장은 전혀 별개의 거래가 된다.

---

15) 박대위, 「전게서」, p.28.

만일 매매계약상의 내용과 다른 내용을 담은 신용장이 개설된 경우 수출업자는 과연 어디에 근거하여 자신의 매매계약상의 의무를 이행하여야 하는가 하는 문제가 있을 수 있다. 이 경우 수출업자인 수익자는 신용장을 통해 대금을 결제받기 위해서는 매매계약의 내용이 아닌 신용장의 조건과 내용에 따라 계약을 이행해야만 한다. 이것이 바로 신용장의 독립·추상성의 전적인 예이다.

은행은 매매계약의 당사자가 아니며, 신용장은 매매계약과는 별개의 거래이기 때문에 은행은 매매계약에 근거한 이유 내지 항변에 의해서 신용장상의 권리를 침해당하지 않는다.

수출업자인 수익자 역시 일단 신용장이 내도되어 자신에게 접수되면 신용장상에 따른 자신의 의무와 책임, 즉 신용장조건과 내용에 일치하는 서류만 제시하면 개설은행으로부터 반드시 대금을 지급받을 수 있다.

신용장거래에 참여하는 은행들 역시 자신에게 제출된 서류가 매매계약의 내용과 일치하는지 여부를 확인할 의무는 전혀 없으며 오로지 신용장과 서류만을 근거로 행동해야 한다.

경우에 따라 수입업자인 개설의뢰인은 자신이 계약한 상품의 입수를 보장받기 위해 신용장상에 매매계약의 이행을 조건으로 하는 특정 내용을 삽입하는 때가 있다.

예컨대 '수입업자가 수입한 제품을 재수출하여 재수출한 상품의 대금이 수입업자에게 송금되면 대금결제한다'라는 조건이 포함된 경우 이러한 신용장을 무심코 받아들여 수출을 이행한 수출업자는 추후 재수출 대금이 송금되지 않았음을 이유로 한 수입업자의 대금지급 유예행위에 대해 항변할 수 없게 됨을 주의하여야 한다.16)

물론 신용장 개설은행은 개설의뢰인의 상품에 관련한 여러 제한조건이나 매매계약과의 연관성을 강조한 과도한 명세 등의 요구사항을 신용장 개설 전에 미리 제지시킬 필요가 있지만, 수익자 측면에서도 이 같은 신용장이 내도되면 개설의뢰인에게 이러한 과도한 조건들의 시정조치를 적극적으로 요구하여야 할

---

16) ICC, *Opinions of the ICC Banking Commission on queries relating to Uniform Customs and Practice for Documentary Credits* (1989－1991), ICC Publishing S.A., 1992, p.14 참조.

것이다.

신용장은 어디까지나 일정한 조건을 구비한 서류와 상환으로 대금의 지급이 이루어지는 결제수단이지, 상품이나 기타 매매계약에 따른 의무이행 등을 보증해 주는 직접적이고 절대적인 금융수단은 아닌 것이다.

5. 수익자와 은행과의 관계

수익자와 개설의뢰인에 의해 매매계약은 체결되지만 이로 인해 창출된 신용장은 신용장의 독립성원칙에 따라 매매계약과는 전혀 관련이 없음은 이미 앞서 설명한 바와 같다.

신용장의 수익자인 수출업자는 매매계약에 따라 개설된 신용장을 입수하였으면 당해 신용장에 따라 자신의 책임을 다하면 되는 것이지 그 신용장을 개설한 개설은행과 기타의 은행들(통지은행 또는 확인은행 등), 그리고 수입업자인 개설의뢰인과의 계약관계에 대해서는 관여할 수 없으며, 또 이들 계약관계에 대해 굳이 알 필요도 없음 또한 이미 앞서 설명한 바와 같다.

신용장거래에는 그 기본이 되는 매매계약이 있고, 개설은행과 개설의뢰인 간에는 신용장개설약정, 즉 대금충당약정(reimbursement engagement)이 있으며, 은행 간에는 신용장거래를 수행하기 위해 필요한 은행 간의 계약이 있다.

이러한 계약들은 각각의 관계 당사자에게만 구속력이 있고, 신용장 자체는 이들 계약과는 독립되어 있는 것이기 때문에 수익자는 자신이 당사자가 아닌 다른 여타의 계약을 원용할 수 없다.

제6차 개정 신용장통일규칙에서도 "수익자는 어떠한 경우에도 은행들 간 또는 개설의뢰인과 개설은행 간에 존재하는 계약관계를 원용할 수 없다"라고 수익자와 은행과의 관계를 명확히 하고 있다.[17]

한편 여기서 유의해야 할 것은 신용장이라는 것은, 특히 당해 신용장을 수익자에게 통지한다는 의미는 신용장상의 제반조건들이 충족되는 경우 신용장거

---

17) 제6차 개정 신용장통일규칙 제4조 (a)항 : "… Beneficiary can in no case avail itself of the contractual relationships existing between banks or between the applicant and the issuing bank."

래에 수반되는 서류들을 구입(purchase)하겠다는 개설은행의 수익자에 대한 일종의 오퍼(offer)의 성격도 갖고 있다는 점이다.[18] 따라서 수익자가 당해 오퍼를 수락(acceptance)하고 그에 따른 조건이행을 수행함에 있어 수익자가 원용할 수 없는 이들 계약에 근거하여 손실을 입을 경우 과연 수익자는 그들 관계에 의해 손해배상의 여지가 없는가 하는 문제가 발생한다.

현행 제6차 개정 신용장통일규칙은 이러한 경우에 대해 수익자의 구제조치 내지는 은행들의 책임한계에 대해 별다른 판단기준을 제시하지 못하고 있는바, 이에 대해 외국법원에서는 은행에게는 수익자가 신용장상의 조건이행을 위해 필요하다고 판단될 수 있는 정보를 제공할 수 있도록 당해 정보의 제공에 합리적인 주의(reasonable care)를 기울일 의무가 있고 이를 태만히 하였거나 부주의한 경우에는 그로 인해 피해를 입은 수익자에게 배상책임이 있다는 데에 견해를 같이 하고 있다.[19]

수익자는 일단 신용장이 통지되어 자신에게 내도되면 자신과는 관련이 없는 계약들에는 관여할 수 없고, 이를 원용할 수도 없음은 신용장의 독립성원칙에 따라 자명하지만 수익자가 신용장상의 약정을 믿고 행동하는 데 필요한 정보는 적기에 수익자에게 합리적으로 제공되어야 한다.

section 05   신용장의 종류

신용장은 분류 기준에 따라 다양한 종류가 있을 수 있다. 예를 들어 수출을 위한 신용장인지 수입을 위한 신용장인지 당사자 입장에서 구분될 수도 있고, 신용장의 효력에 따라서 취소가능신용장과 취소불능신용장으로 분류될 수도 있다. 또한 지불방식에 따라 지급신용장, 인수신용장, 연지급신용장, 그리고 매입신용장 등으로 구분될 수 있고, 서류가 수반되는지 여부에 따라 화환신용장과

---

18) F.M. Ventris, *Bankers' Documentary Credits,* 2nd ed., Lloyd's of London Press Ltd., 1983, p.8
19) *Donogue v. Stevenson*(1932), A.C.562; *Hedley Byrne & Co., Ltd. v. Heller and Partners Ltd.*(1963), 1 Lloyd's Law Report 485; *McInerny v. Lloyds Bank Ltd.*(1974) 1 Lloyd's Law Report 246.

무담보신용장으로 나뉠 수도 있다.

신용장은 상인들의 편의에 따라 만들어진 것이므로 그 형태나 기능이 얼마든지 다양해질 수 있으며, 심지어 기존에 볼 수 없었던 새로운 형태의 신용장이 생겨날 수도 있다.

이하에서는 무역거래에서 일반적으로 사용되고 있는 신용장을 광의로 분류해 보고, 화환신용장의 종류와 보증신용장, 국내에서 많이 활용되는 내국신용장, 그리고 신용장과 유사한 형태를 가진 유사신용장 들을 중심으로 살펴보도록 한다.

1. 광의의 분류

(1) 수출신용장과 수입신용장

신용장은 그 이용자의 입장에서 수출신용장(export credit)과 수입신용장(import credit)으로 구분될 수 있다. 이는 동일한 신용장을 놓고 수입업자 측면에서는 수입신용장이 되고, 수출업자 측면에서는 수출신용장이 되므로 본질적으로는 조금도 다를 바가 없다. 다만 실무적으로 수입용 신용장을 개설해야 하는 수입업자로서는 수입거래약정서, 담보금, 개설수수료 등이 관심의 대상이 되며, 수출용 신용장을 접수한 수출업자로서는 신용장 조건의 해석, 신용장에 요구된 서류의 작성 및 환어음 조건, 그리고 유효기일 등이 관심의 대상이 된다.

(2) 상업신용장과 Clean신용장

상업신용장(commercial letter of credit)은 매매계약의 결과 유형의 상품거래에 대한 결제를 위해 사용되는 신용장을 말하며 반드시 선적서류가 수반된다. 반면 Clean신용장은 선적서류의 제시가 필요하지 않은 상품 이외의 거래, 다시 말해 운임, 보험료, 수수료 등과 같은 용역거래의 결제를 위해 사용되는 신용장을 말하며, 경우에 따라 입찰보증, 계약이행보증, 여신공여를 위한 보증 등의 형태에도 사용된다.

(3) 개인신용장과 은행신용장

신용장에 의거하여 수출업자가 발행한 환어음이 개설은행 또는 개설은행이 지정한 결제은행을 지급인으로 하고, 이들 개설은행 또는 결제은행이 수출업자가 발행한 환어음의 지급을 확약하고 있는 신용장을 은행신용장(banker's credit)이라 한다.

초기의 신용장은 은행이 아닌 수입업자가 직접 자기명의로 수출업자에게 신용장을 개설한 개인신용장(mercantile credit)의 형태였으나 현재의 신용장은 대부분 은행이 신용장을 개설한다.

한편 수입업자 앞으로 환어음이 발행되도록 하고 있어도 이에 대한 지급의 확약을 은행이 하고 있다면 이는 넓은 의미의 은행신용장에 해당한다. 문제는 누가 신용장을 발행하고, 그 지급을 확약하느냐에 있는 것이지, 신용장하의 환어음이 누구 앞으로 발행되어야 하느냐는 분류의 중요한 결정요인이 아닌 것이다.

따라서 환어음이 누구 앞으로 발행되든 신용장의 개설은행이 신용장을 발행하고, 이에 의한 지급을 명시적으로 확약하고 있다면 신용장의 명칭이 무엇이든 그 표현에 관계없이 이는 은행신용장이며,[20] 은행신용장의 명칭으로 신용장이 개설되어도 이에 대해 개설은행이 지급을 확약하고 있지 않다면 이는 은행신용장이 아닌 것이다. 또한 수입업자가 직접 신용장을 발행하고 은행이 이에 대해 지급을 보증하는 역할만을 한다면 이것 또한 은행신용장이 아닌 것이다.[21]

결국 은행신용장이란 신용장 발행의 주체, 그리고 신용장에서의 지급의 확약의 주체가 은행이어야만 비로소 그 의미가 있다.

(4) Simple Credit과 Reimbursement Credit

이는 신용장 대금의 결제방법에 따른 분류이다. 즉, 신용장에 의하여 발행된 환어음에 대가를 지급한 매입은행 또는 지급은행이 개설은행의 예금계정

---

20) 신용장을 정의한 제6차 개정 신용장통일규칙 제2조도 이 개념을 반영하고 있다.

21) ICC, *Case Studies on Documentary Credits*, ICC Publishing S.A., 1989, pp.17–18; ICC, *Opinions of the ICC Banking Commission* (1989–1991), ICC Publishing S.A., 1992, pp.11–12.

(deposit account)을 가지고 있어 그 계정에서 매입은행 또는 지급은행이 수익자에게 지불한 금액을 차기(debit)하여 즉시 대금상환을 받을 수 있는 신용장을 Simple Credit이라고 한다.

반면에 매입은행 또는 지급은행에 개설은행의 계정이 없어 별도로 개설은행 또는 개설은행이 지정한 제3의 결제은행 앞으로 환어음을 발행하여 대금을 추심받아 상환받아야 하는 신용장을 Reimbursement Credit이라 한다. 이때 매입은행 또는 지급은행이 선적서류 일체를 함께 송부해야 하는 경우 이를 documentary reimbursement 방식이라 하고, 선적서류의 송부 없이 환어음만으로 결제가 되는 경우를 clean reimbursement 방식이라고 한다.

2. 상업신용장의 종류

(1) 취소가능신용장과 취소불능신용장

1) 취소가능신용장(revocable credit)

일반적으로 신용장에는 반드시 당해 신용장이 취소가능인지 취소불능인지의 여부를 명시하여야 한다. 그러나 만일 이러한 명시가 없으면 그 신용장은 취소불능신용장으로 간주된다[22]고 규정하고 있다.

취소가능신용장이란 그 신용장을 수익자의 동의 없이 개설은행이 수정하거나 취소할 수 있는 신용장을 말하며 이는 곧 개설은행과 수익자 사이에 있어서 법률상 구속력 있는 약정이 없는 신용장을 의미한다.

이러한 취소가능신용장이라는 용어가 주는 의미가 마치 수익자에게 취소를 통보하지 않는 한 유효한 신용장이라고 생각될 수 있으나 은행이나 법원은 그렇게 해석하지 않는다. 즉 은행은 수익자에게 취소를 통지하지 않고도 취소하거나 변경할 수 있으며 은행에게는 취소 또는 변경의 통지를 할 의무가 없다.[23]

---

[22] 제6차 개정 신용장통일규칙 제3조.

[23] *The Cape Asbestos Co., Ltd. v. Lloyds Bank Ltd.* (1992) Weekly N. 274 판례에서 수익자에 대한 취소의 통지는 개설은행의 의무(duty)라기보다는 호의의 행위(act of courtesy)라고 판시되었다. 따라서 수익자는 선적 전에 개설은행 앞으로 취소나 변경여부를 조회해 보아야 할 것이다.

미국의 개정통일상법전에도 "취소가능신용장은 고객 또는 수익자의 동의 없이도 변경 또는 취소될 수 있다"[24]고 규정하고 있다. 여기서 유의할 것은 미국의 개정통일상법전에 따르면 신용장상에 취소가능(revocable)이라는 표시가 있을 때에만 당해 신용장은 취소가능신용장으로 본다는 점이다.[25]

취소가능신용장은 수익자측면에서 볼 때 신용장을 개설하는 당사자가 언제라도 일방적으로 취소할 수 있기 때문에 이러한 위험을 줄이기 위해 신용장상에 소위 통지조항(notice clause)을 두어 신용장이 취소되면 은행이 반드시 통지해주도록 신용장을 개설할 필요가 있다.

그러나 취소가능신용장하에서 수익자가 수출을 이행한다는 것은 극히 불안한 일이며 수익자의 거래은행도 취소가능신용장을 담보로 금융을 해 줄 수는 없을 것이다. 따라서 대부분의 국가에서는 취소가능신용장의 사용을 제한하고 있으며, 우리나라에서는 취소가능신용장으로는 수출승인도 받을 수 없다.

취소가능신용장에는 다음과 같은 문언이 삽입되는 것이 보통이다.

"This credit is revocable and subject to amendment or cancellation at any moment without notice." 또는 "We advise you of this revocable without any engagement on our part."

2) 취소불능신용장(irrevocable credit)

취소불능신용장이라 함은 취소가능신용장과는 달리 개설은행과 수익자 또는 경우에 따라 그 신용장에 의거해서 발행된 환어음 또는 제시된 선적서류의 선의의 소지인(bona-fide holder)[26]과의 사이에 법률상 구속력 있는 약정을 수

---

24) 미국개정통일상법전 Section 5-106 (b)항
25) 미국개정통일상법전 Section 5-106(a)항: "… A letter of credit is revocable only if it so provides."
26) 선의의 소지인이란 실제 유통되고 있는 증권자체에 하자가 있는 것을 모르고 표면상 완전하고 정상적인 증권으로 간주하고 취득한 자를 말한다. 반대는 악의의 소지인(mala-fide holder)이라 한다.

반하는 신용장이다. 즉 개설은행이 관계 당사자의 동의가 없는 한[27] 신용장을 취소하거나 변경할 권리가 없는 신용장을 의미하며 이러한 신용장에는 개설은행의 확약이 따른다.

개설은행의 확약(definite undertaking)이라 함은 신용장에 명시된 서류가 제출되고 제출된 서류가 신용장의 조건과 내용에 일치할 경우 수익자 또는 환어음, 서류의 배서인, 선의의 소지인에 대해 지급하겠다는 약정을 의미한다.

취소불능신용장에는 개설은행의 일방적인 취소나 변경에 대한 언급은 없고 다음과 같은 확약문언이 삽입된다.

"We engage with the drawers, endorsers and bona−fide holders of drafts drawn under and in compliance with the terms of the credit that the same shall be duly honored on due presentation and delivery of documents as specified, if negotiated on or before xx(date)."

취소불능신용장이 개설되는 경우 개설은행은 일정한 내용에 대해서 확약하는 것이지만 이러한 확약은 절대적인 확약이 아니라 특정한 서류의 제시와 특정한 조건의 합치를 전제로 하는 조건부 약정이라는 점[28]에서 무조건적 지급의 어음이나 수표와는 다르다.

3) 취소가능/불능의 명시가 없는 신용장

앞에서도 언급하였지만 신용장상에 취소불능인지 취소가능인지의 여부는 반드시 신용장에 명시해야 되나 사무착오 등의 이유로 이러한 명시가 누락된 경우 그 신용장은 취소불능한 것으로 취급한다고 신용장통일규칙은 못 박고 있다.

그러나 이러한 규정은 지난 신용장통일규칙 5차 개정에 이르러서야 결정된

---

27) 제6차 개정 신용장통일규칙 제10조에 따르면 취소불능신용장의 취소 및 변경의 당사자는 개설은행, 수익자 그리고 있는 경우 확인은행으로 규정되어 있다.

28) *Maitland v. Chartered Mercantile Bank*(1869) 38 L.J. (H.I) (환어음의 소지자는 환어음의 지급은행에게 신용장의 조건에 일치하지 않는 어떤 의무도 강요할 수 없다.);   Gutteridge & Megrah, *The Law of Banker's Commercial Credits*, Europa Publication Ltd., 1984, p.21.

내용이며 당초의 신용장통일규칙(1933년)부터 4차 개정(1983)에 이르기까지는 취소가능한 것으로 규정하였다. 그 이유는 신용장의 취소가능여부가 불확실할 경우 이를 취소불능한 것으로 인정하게 되면 원래 개설의뢰인의 의도가 취소가능한 것이었다면 취소불능신용장을 취소가능한 것으로 정정하기 어렵다는 취지 때문이었다.[29]

그러나 5차 개정에서는 세계적인 관행상 신용장은 거의 대부분 취소불능신용장이며 취소가능신용장은 아주 예외적인 경우에만 개설되므로 신용장에 대한 믿음과 신뢰를 확보하기 위해서라도 그러한 명시가 없는 신용장은 취소불능한 것으로 간주한다는 결정을 보게 된 것이다.[30]

이러한 취지는 이미 미국통일상법전에서 다음과 같이 성문화되어 있었고 판례[31]와 학설[32]에 의해 다수의견으로 지지되고 있었던 내용이었다.

"별도의 반대합의가 없는 한, 매매계약상 신용장 또는 은행신용장이란 용어는 평판이 좋은 금융기관 또는 국제거래가 이루어지는 해외운송이 수반되는 경우에는 국제적으로 평판이 좋은 금융기관에 의해 개설된 취소불능신용장을 의미한다."[33]

다시 말해 신용장에 개설은행이 신용장의 조건과 내용에 일치하는 서류 및/또는 환어음이 제시되면 이와 상환으로 지급한다는 구속력 있는 확약을 하고 있으면 이는 취소불능한 신용장이라고 간주해야 한다는 취지인 것이다. 따라서 취소가능신용장을 개설하고 싶으면 반드시 신용장상에 "취소가능(revocable)"이라고 명시하여 관계당사자들의 주의를 환기시켜야 할 것이다.[34]

한편 신용장은 반드시 취소불능 또는 취소가능신용장중 하나여야만 하며

---

29) *UCP 1974/1983 Revisions Compared and explained*, ICC, Paris, 1984, p.18.

30) ICC Document No. 470-37/4, p.10.

31) *Gidden v. Anglo-African Produce Co., Ltd.*(1923) 14 Lld. L. Rep. 230(신용장이 개설되면 이는 취소불능의 의미를 가진다.)

32) A.G. Davis, *The Law Relating to Commercial Letter of Credit,* 3rd ed., London, 1965, p.46; E.P. Ellinger, *Documentary Letter of Credit,* Singapore, 1970, p.137; Gutteridge & Megrah, *op.cit.,* p.21.

33) 미국통일상법전 Section 2-325 (3)항.

34) ICC, Document No. 470-37/4 p.10.

두 가지의 성격이 혼용되어 있는 신용장은 엄밀히 말해 완전한 의미의 취소불
능신용장이라고 볼 수 없다.

이러한 신용장은 수입업자가 인도된 상품을 직접 확인한 후 대금을 지급하
겠다든지, 또는 재수출 후 재수출 대금이 입금되면 지급하겠다든지 하는 여러
가지 제약조건을 내세워 그러한 조건이 충족된 것을 조건부로 하여, 그것이 충
족되지 않을 때 그 신용장을 취소하는 경우이다.

가장 빈번히 사용되는 제약조건은 다음과 같은 것들이 있다.[35]

① 견본이 합격되는 조건: 선적 전에 보내는 견본을 수입업자인 개설의뢰인
이 만족한다는 통지가 와야 비로소 유효해지는 신용장이다.

② 선적지시를 받는 조건: 선적에 대한 상세한 내용이 추후 개설의뢰인에게
접수되고 검토되어야 유효해지는 신용장이다.

③ 도착지에서의 검사조건: 계약물품이 수입국에 도착한 후 특정 검사기관에
의해 검사된 후 수입업자가 만족한다는 통지가 와야 대금결제가 이루어
지는 신용장이다.

④ 대금상환수권서의 발급조건: IBRD나 ADB와 같은 국제기구에서 발행하는
신용장에는 대금상환수권서(authorization to reimburse)의 발급을 대금결
제의 전제조건으로 하는 신용장이다.

4) 취소불능신용장의 취소/변경의 관계 당사자

일반적으로 신용장의 관계 당사자(parties concerned)라 하면 신용장거래와
관련된 모든 당사자를 지칭하지만 취소불능신용장의 취소 내지 변경과 관련해
서는 이들 모두를 포함하지는 않는다.

따라서 신용장상의 지급확약과 직접적으로 당사자관계(privity of contract)가
성립하지 않는 개설의뢰인이나 단순히 지시를 전달하는 통지은행은 제외되며,
개설은행의 수권(authorization)을 받아 개입하는 지급·인수·매입은행도 모두
제외된다.

---

35) 박대위, 「전게서」, pp.197-199.

종래에는 신용장통일규칙에 단순히 "without agreement of all parties concerned"라고 규정하여 규정상 불명료한 점이 있었으나 4차 개정부터는 그 범위를 개설은행, 그리고 확인을 한 경우 확인은행, 수익자로 규정[36]함으로써 해석상의 혼란을 배제하였다.

개설은행은 취소불능신용장을 발행함으로써 개설의뢰인과는 별도의 지급확약에 관한 채무가 발생하며, 개설의뢰인은 신용장의 독립성원칙에 따라 신용장 자체의 조건변경 및 취소의 관계당사자에서 제외된다고 해석할 수 있다. 그러나 실무상의 관행으로 볼 때 취소불능신용장의 개설은 개설의뢰인의 결정에 의한 것이고, 실제로 개설은행은 조건의 변경 내지 신용장의 취소는 개설의뢰인과의 합의를 전제한다는 관점에서 묵시적으로나마 개설의뢰인은 취소와 변경에 개입함은 자명하다 하겠다.

또한 전대신용장(advance payment credit)의 경우 전대은행은 전대신용장을 발행한 개설은행의 지시수취인의 자격으로 수익자에게 자금을 전대금융해 준 당사자[37]가 되므로 전대신용장일 때 전대은행도 취소불능신용장의 조건변경 및 취소의 당사자가 된다고 보아야 할 것이다.

(2) 확인신용장과 미확인신용장

확인(confirmation)이라 함은 개설은행의 지급·인수·매입확약에 대해 개설은행 이외의 또 다른 은행이 추가적으로 하는 재확약을 의미한다.[38]

따라서 확인신용장(confirmed credit)이란 개설은행 이외의 은행이 수익자가 발행하는 환어음의 지급·인수·매입을 재확약하고 있는 신용장을 말하며, 미확인신용장(unconfirmed credit)이란 이러한 확인이 없는 신용장을 말한다.

확인은행의 존재는 수익자의 입장에서 볼 때는 또 하나의 개설은행이 대금지급을 보장해준다는 의미이므로 개설은행의 신용상태가 좋지 않다든지, 또는 개설은행이 수익자에게 잘 알려져 있지 않다든지, 또는 경우에 따라 개설은행

---

36) 제4차 개정 신용장통일규칙 제10조; 제5차 개정 신용장 통일규칙 제9조 (d)항; 제6차 개정 신용장통일규칙 제9조 (a)항.
37) 자세한 내용은 이하의 전대신용장에서 다루도록 한다.
38) 제6차 개정 신용장통일규칙 제8조.

소재국의 외환사정이 불안정하여 개설은행의 확약이 이행될 수 없는 불가항력적 위험이 있을 때에 수익자 측면에서 그 유용성이 크다고 볼 수 있다.

확인은행의 개입은 반드시 개설은행의 수권의 결과여야 하며 이에 대한 명시적 동의에 의해 비로소 그 의미를 갖는다.

따라서 수익자의 요구에 따라 개설의뢰인은 당초에 신용장을 개설의뢰할 때 개설은행으로 하여금 확인은행을 추가하도록 요청하며, 이러한 요청과 지시를 받은 개설은행은 자신의 거래은행 내지 제3의 평판 있는 은행에게 당해 신용장을 확인해 주도록 수권한다. 이러한 수권내용을 수락한 은행이 확인을 해주게 되면 이 은행은 확인은행이 되며 이 확인은행은 수익자 또는 서류 및/또는 환어음의 선의의 소지인에 대해 개설은행과 동등한 신용장상의 책임을 지게 된다.

확인은행의 확인에 대한 명시적 동의는 다음과 같은 문언을 신용장에 삽입함으로써 이루어진다.

"We confirm the credit and thereby undertake that all drafts, drawn and presented as above specified will be duly honored by us." 또는

"At the request of our correspondent, we confirm their credit and engage with the drawers, endorsers, and bona‐fide holders of draft drawn in conformity with the conditions of this credit that these drafts will be duly honored."

확인은행은 통상 수익자 소재국의 통지은행이 겸하는 경우가 보통이며, 경우에 따라 지급·인수·매입은행과 동일한 은행이 되기도 한다. 필요에 따라 수익자 거주국 내의 은행이 아닌 제3국에 있는 은행에 의하여 확인되는 경우도 있다.[39]

영국에서는 확인신용장과 취소불능신용장을 동일시하는 관행이 있으며, 일반적으로 확인신용장은 취소불능신용장이라고 판단한다. 왜냐하면 취소가능한 신용장을 확인해주는 은행의 관행은 찾아 볼 수 없기 때문이다.

---

39) Johannes C.D. Zahn, *Zahlung and Zahlungssicherung in Aussenhandel*, Walter de Gruyter & Co., Berlin · New York, 1976 (강갑선 역, 「무역결제론」, 법문사. 1977, p.60)

(3) 상환청구가능신용장과 상환청구불능신용장

환어음의 소지인으로서 가질 수 있는 대표적 권리는 상환청구권, 즉 소구권이다.

소구권(right of recourse)이란 유통가능한 증권을 소유한 사람이 당해 증권이 지불거절될 경우 자신에게 문제의 증권을 매도한 사람으로부터 보상받을 수 있는 권리를[40] 말한다. 환어음 거래에 관련된 당사자들에게 소구권이 의미를 갖기 위해서는 최소한 3자 이상의 당사자가 개입되어야 한다.

예를 들어 A가 환어음을 발행하고 이를 B에게 매도한 경우, B는 A에게 환어음의 대가를 지불하고 매입한 후 다시 C에게 환어음을 제시했을 때 C가 당해 환어음을 지불거절할 때 B는 A에게 자신이 지불한 금액을 되돌려 달라는 권리를 갖는다는 것이다.

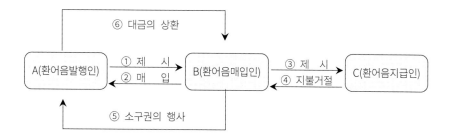

상환청구가능신용장(with recourse credit)이란 신용장에 수익자가 발행한 환어음의 소지인에게 이러한 소구권을 인정한 신용장을 말하며, 상환청구불능신용장(without recourse credit)이란 소구권을 인정하지 않는 신용장을 말한다.

일반적으로 신용장거래에 개입하는 매입은행은 일단 수익자가 발행한 환어음을 매입하면 수익자에 대해 환어음의 소지인으로서 소구권을 가지게 된다. 따라서 만일 개설은행으로부터 당해 환어음의 지불거절을 받게 되면 당초의 환어음발행자인 수익자에 대해 상환청구를 할 수 있다.

그 결과 신용장 자체가 상환청구불능신용장이거나 또는 어음면에 소구권이

---

40) Henry Harfield, *Bank Credits and Acceptances,* Ronald Press Co., 5th ed., 1974, p.217.

없음을 인정하는 무담보문구(sans recourse; without recourse)의 기재가 있거나 또는 환어음발행인인 수익자의 의무를 면제시킬 만큼 매입은행 자신의 해태(laches)[41] 기타 행위 또는 부작위(acts or omissions)로 소구권리가 박탈당한 상태가 아닌 한 매입은행은 수익자로부터 대금을 반환받을 수 있다.

매입은행이 수익자의 환어음 및/서류를 매입할 때 신용장상에서의 자신의 의무를 완벽하게 이행하고 엄격한 서류검토행위를 하였다면 개설은행으로부터 대금을 상환받지 못할 이유는 없다. 그러나 어떤 이유에서든 개설은행으로부터 대금의 지불거절이 있게 되면 매입은행은 환어음 및/또는 서류의 정당한 소지인으로서 수익자에게 소구권을 행사할 수 있다.

우리나라의 경우 어음법에서는[42] "어음발행인은 어음을 발행함으로 인하여 그 어음의 인수와 지급을 담보하는 것으로 인수나 지급이 없을 때는 스스로 지급을 할 의무를 부담한다. 그러나 이 의무 중에서 인수담보책임만은 어음면에 면책문구를 기재하여 이것을 면할 수 있다. 이에 반하여 지급의 무담보는 어떠한 경우에도 허용되지 않으며 이러한 개재를 하여도 하지 아니한 것으로 본다."고 규정하고 있어 우리나라에서 발행된 어음에 상환청구불능(without recourse) 또는 이와 유사한 문구가 기재되어 있다 해도 이는 아무런 법적 효력이 없다. 따라서 우리나라에서는 상환청구불능신용장은 인정하지 않는다.

(4) 지급신용장과 매입신용장

지급신용장(straight credit)이라 함은 신용장상의 환어음소지인이나 배서인에 대한 확약은 없고 단지 수익자에게만 지급확약을 하는 신용장을 말한다. 다시 말해 지급신용장은 신용장에 의한 환어음의 매입을 예상하지 않고 있는 상태에서 수익자가 신용장 개설은행 또는 개설은행이 지정하는 은행에 환어음을 제시하면 지급하겠다고 확약하는 신용장을 말한다.

---

41) 해태(laches)란 권리의 행사를 태만히 하는 것을 말하며 이는 형평법상 확립된 법리로 형평법은 권리행사에 있어 지연 또는 해태에 대해 보호하지 않는다. 이 법리는 원고에 대하여 피고와의 공정한 거래를 요구하는 것을 목적으로 하며 시일이 너무 경과하거나, 당사자가 사망하거나, 서류가 없어지거나 하는 등의 상황을 포함한다.; *Black's Law Dictionary*, 6th ed., St. Paul. Minn. West Publishing Co., 1990, p.875.

42) 어음법 제9조.

일반적으로 지급신용장에 있어서의 개설은행의 지급확약문언은 아래와 같다.

"We hereby agree with you(beneficiary) that all drafts drawn under and in compliance with the terms and conditions of this credit will be duly honored on delivery of documents as specified."

위의 확약문언에서 보는 바와 같이 개설은행의 지급확약은 오로지 수익자만을 대상으로 하고 있다.

이와는 달리 매입신용장(negotiation credit)이라 함은 신용장하에서 발행되는 수익자의 환어음이 매입될 것을 예상하고 환어음 발행인인 수익자뿐만 아니라 그 환어음의 배서인(endorsers), 그리고 어음의 선의의 소지인(bona−fide holders)에게도 공히 개설은행이 지급을 확약하고 있는 신용장을 말한다.

매입신용장에 있어서의 개설은행의 지급확약문언은 다음과 같다.

"We hereby agree with the drawers, endorsers, and bona−fide holders of drafts drawn under and in compliance with the terms and conditions of this credit that such drafts will be duly honored on due presentation and on delivery of documents as specified."

지급신용장과 매입신용장은 다음과 같은 몇 가지 점에서 특징적인 차이를 보인다.

첫째, 일반적으로 지급신용장에서 개입되는 중간은행은 지급은행(paying bank)이라 하고 매입신용장에서 개입하는 은행은 매입은행(negotiating bank)이라고 한다.

둘째, 개설은행은 자신이 발행하는 신용장이 지급신용장일 때는 반드시 수익자의 환어음에 지급행위를 하여줄 은행을 지정(nomination)해야 한다. 지정된 지급은행은 개설은행의 대리인(agent) 역할을 하며 지급에 대한 궁극적인 책임은 개설은행이 부담하게 된다.

그러나 매입신용장하에서 수익자의 환어음을 매입하는 은행은 어느 은행이라도 가능하며, 일단 매입을 한 은행은 단순한 대리인의 역할을 하는 것이 아니고 수익자와 개설은행에 대해 본인(principal)으로서의 법률적 위치에 선다.

셋째, 매입신용장에서의 매입은행은 자기자금으로 수익자에게 환어음 대가를 지불하고 일정기간 후에 개설은행이나 제3의 결제은행으로부터 대금의 상환을 받으므로 그 기간 동안의 이자와 매입서비스에 따른 수수료를 수익자로부터 징수한다.

그러나 지급신용장의 경우는 지급은행과 개설은행 간에 계정이 서로 교환되어 있어 지급은행의 수익자에 대한 지급 즉시 결제자금이 상환되므로 수수료는 매입에 비해 상대적으로 적다고 볼 수 있다. 지급신용장의 본질은 개설은행의 지급은행에 대한 지급의 위탁이므로 별다른 반대합의가 없는 한 지급수수료는 개설은행이 부담한다.

넷째, 지급신용장에서도 개설은행에 의해 지정된 지급은행 이외의 은행이 매입행위를 할 수 있다. 이 제3의 은행은 주로 할인은행의 형태를 띠는데, 이 은행은 개설은행의 지급확약을 받은 은행이 아니므로 자신의 위험으로 환어음의 매입행위를 하게 된다.

그러나 매입신용장에서의 매입행위는 개설은행으로부터 수권받은 것이고, 매입행위를 한 은행은 개설은행의 확약을 받고 있으므로 지급신용장에서의 매입은행과는 다른 신용장상에서의 법적 권리를 갖는다.

다섯째, 지급신용장에서의 지급통화는 지급지, 즉 수익자의 자국통화로 지급이 이루어진다. 반면 매입신용장의 경우는 그 표시통화가 수출지의 통화가 아닌 경우에도 사용할 수 있어 수출업자는 자신에게 유리한 환율을 적용해주는 임의의 은행에서 유리한 조건으로 매입받을 수 있다.

(5) 자유매입가능신용장과 매입제한신용장

매입신용장(negotiation credit)은 크게 두 가지 형태로 구분할 수 있다.

하나는 소위 어느 은행에서나 매입이 자유로운 신용장(freely negotiable credit)과, 다른 하나는 개설은행이 매입이 가능한 은행을 선별하여 그 은행에서만 매입이 가능하도록 지정해 놓은 매입제한신용장(restricted credit)이다.

자유매입가능신용장은 보통신용장(general/open credit)으로, 매입제한신용장은 특정신용장(special credit)으로 명명되기도 한다.

자유매입가능신용장은 환어음의 발행자뿐만 아니라 배서인 및 선의의 소지자 모두에게 지급을 확약하는 매입신용장의 본질을 그대로 반영한 신용장으로써 수익자는 자신에게 가장 유리한 매입조건을 제시하는 은행을 선택적으로 활용할 수 있다.

반면 매입제한신용장은 개설은행으로부터 매입이 수권된 지정은행을 통해서만 매입할 수 있으므로 형식적으로는 지급신용장과 차이가 없다.

매입제한신용장에는 보통 다음과 같은 문언이 사용되며 이러한 문언이 삽입되지 않은 신용장은 자유매입가능신용장으로 간주한다.

"Negotiation under this credit is restricted to ABC Bank."

"This credit is available through ABC Bank."

신용장 개설의뢰인은 신용장을 개설할 때 대금지급이 어떤 방식으로 행해져야 하는가를 개설은행에 지시하여야 한다. 이때 개설의뢰인이 매입방식을 선택하여 이를 개설은행에 지시할 때에는 어느 은행에서나 매입이 허용되는 자유매입신용장이 아닌 한 매입은행을 지정하여야 한다.[43] 따라서 개설의뢰인의 지시 없이 개설은행이 일방적으로 매입은행을 제한시킬 수는 없으며, 통지은행이 독단적으로 자신을 매입은행으로 제한하여 수익자에게 통지할 수도 없다.[44]

환어음의 매입을 특정은행에 제한시키는 데에는 여러 가지 이유가 있겠으나 주로 개설은행의 지점 내지 본점을 매입은행으로 한정하는 경우, 또는 개설은행이 수출지 내의 바로 그 특정은행과 유일하게 환거래취결계약을 체결한 경우, 또는 그 특정은행이 개설의뢰인과 특별한 관계가 있는 은행일 경우, 또는 개설은행이 수출지 내의 능력 있는 특정은행을 선택하고 싶을 경우, 이같이 매입을 제한하게 된다.

---

43) 신용장통일규칙 제5차 개정에서는 제9조에 이 규정이 있었으나 제6차 개정에서는 따로 이 규정이 없고 단지 제6조의 a)항에 함축되어 있다.

44) 매입이 수권되지 않은 통지은행이 매입을 하는 행위는 신용장상의 개설은행의 수권의 범주를 벗어난 것이 된다.(ICC, *Opinions of the ICC Banking Commission* (1984－1986), p.14)

수익자 입장에서는 매입은행이 특정은행으로 제한되어 있지 않아야 유리하다. 왜냐하면 매입이 자유롭게 개방되어 있어야 수익자는 자기의 거래은행을 매입은행으로 선택할 수 있으며, 자기지역에서 가장 매입률이 높은 은행을 골라 환어음을 매입 받을 수 있기 때문이다.

(6) 일람불신용장과 기한부신용장

모든 신용장은 대금지불이 일람지급(payment), 인수(acceptance), 매입(negotiation), 연지급(deferred payment) 중 어느 방식에 의할 것인지를 명시하여야 한다.[45]

일람불신용장(sight credit)이란 신용장에 의해서 발행되는 수익자의 환어음이 일람불어음(sight draft)이어서 은행이 일람지급하는 방식의 신용장을 말한다.

기한부신용장(usance credit)이란 환어음이 기한부어음(time draft)이어서 은행이 인수 후 만기일에 지급하는 방식의 신용장을 말한다.

신용장상에 지급(payment) 방식을 명시하게 되면 당해 신용장대금은 일람불(at sight)로 지급이 된다. 이때 개입하는 중간은행은 지급은행(paying bank)의 역할을 하게 된다.

지급은행의 성격은 두 가지 형태로 구분될 수 있다.

하나는 개설은행의 본·지점 또는 개설은행과 환거래취결계약이 체결되어 있는 은행이며, 다른 하나는 개설은행과 환거래취결계약이 체결되지 않은 은행이다.

전자의 은행이 개입되는 경우 지급은행은 수익자에 대해 대금지급을 함과 동시에 개설은행의 구좌에서 차기(debit)된다. 따라서 대금지급과 그에 상응하는 대금충당이 동시에 일어나게 된다.

후자의 은행이 개입되는 경우 그 신용장은 대금상환신용장(reimbursement credit)[46]의 성격을 갖게 되며 지급은행은 수익자에게 대금지급을 한 후 개설은

---

45) 제6차 개정 신용장통일규칙 제6조 b)항.

46) Burton V. McCullough, *Letter of Credit,* Matthew Bender, 1992, 1–48: 이 둘의 궁극적 차이는 개설은행과 지급은행 간에 환거래코드가 있는지 여부와 그 대금충당의 의사표시를 환어음으로 하는지 여부에 달려있다.; Henry Harfield, *Bank Credit and Acceptances,* pp.49–50.

행 앞으로 환어음을 발행하고 신용장상에 명시된 관련 서류를 송부한 후 대금 충당을 받게 된다.[47]

신용장이 일람불신용장일 때 수익자는 환어음을 반드시 발행할 필요는 없다. 즉 일람불로 지급이 이루어지는 신용장하에서는 환어음이 첨부될 수도 있으나 환어음발행에 따른 높은 인지세(stamp duty) 때문에 오히려 일람불일 때는 환어음을 발행하지 않는 것이 일반적 관행이기 때문이다.[48] 그러나 영국계 관행의 나라에서는 환어음이 일람불일 때도 반드시 제반 선적서류에 첨부되어 은행에 제시되어야 함[49]을 유의할 필요가 있다.

인수(acceptance)라 함은 수익자가 발행한 환어음이 만기가 될 때 환어음 금액을 지급하겠다는 환어음지급인(drawee)의 서명된 약속을 말한다. 인수신용장은 이러한 인수의 약정이 대금의 지급방식으로 규정되어 있는 신용장을 말한다.

인수는 반드시 환어음지불인이 정식으로 당해 환어음상에 인수의 의사표시를 해야만 비로소 무조건적 지급이 이루어지게 된다. 인수의 정식의사표시는 환어음의 지불인이 환어음의 뒷면에 "Accepted"라는 용어와 함께 만기일과 지불인의 이름, 서명으로 구체화된다.

인수신용장은 수출업자입장에서는 환어음의 만기 시에 전액을 지불받든지 아니면 사전에 이를 할인(discount)받을 수 있어 큰 불편이 없으며[50] 수입업자로서는 화물을 인도받은 후 환어음의 유예기간 동안에 수입품을 매각하여 환어음의 기한이 도래하면 대금상환을 할 수 있다는 편리함 때문에 많이 사용된다.[51]

인수신용장은 수입업자가 자금능력이 여의치 않아 화물의 도착과 동시에 대금을 지불할 수 없을 때 미리 사전에 수출업자의 양해를 구하여 발행되는 때가 많다. 이와 같이 수출업자의 양해로 신용장 개설의뢰인 자금의 유동성을 촉

---

47) ICC, *Guide to Documentary Credit Operations*, ICC Publishing S.A., 1985, p.29; M. A. Davis, *The Documentary Credit Handbook*, Woodhead · Faulkner, 1990, pp.40 – 42.

48) ICC, *Case Studies on Documentary Credits*, ICC Publishing S.A., 1989, p.26.

49) A.G. Guest, *Benjamin's Sale of Goods*, vol.2, 3rded., Sweet & Maxwell, London, 1987, p.1348.

50) 할인은 이자의 형태로 나타나며 그 나라의 통화가 강화냐 약화냐에 따라 이자율이 달라지므로 이자를 통한 이익도 획득할 수 있다.

51) 박대위, 「신용장」, 법문사, p.106.

진시킨다는 점에서 인수신용장은 usance credit, acceptance credit이라는 명칭 외에도 facility letter of credit[52]라고도 한다.

한편 인수신용장은 만기일까지의 이자를 누가 부담하느냐에 따라 크게 다음의 두 가지 형태로 구분된다.

① shipper's usance credit: 수출자 신용방식인 이 기한부 인수신용장은 수출자인 수익자가 이자를 부담한다. 따라서 수익자는 환어음의 만기일에 환어음 금액 전액을 지급받는 대신 만기일 전에 이를 미리 인수은행으로부터 매입받기 위해서는 만기일까지의 이자를 공제한 금액을 할인받게 된다.

수익자는 개설은행 앞으로 발행한 기한부 환어음을 첨부하여 수출지의 인수은행에 제시하면 인수은행은 수익자의 환어음을 할인하여 매입하고,[53] 개설은행에 당해 환어음의 인수를 요청한다. 개설은행은 당해 환어음을 인수하고 만기일에[54] 개설의뢰인으로부터 대금이 입금되면 이 금액을 매입은행에 지급한다.

② banker's usance credit: 이 은행인수 기한부 신용장은 수출지에 소재한 인수은행이 만기일까지의 이자를 부담하는 주체가 된다. 따라서 수익자가 환어음의 만기일 전에 대금을 지급받기 위해 자기 지역에 소재한 인수은행 앞으로 발행한 환어음을 첨부하여 매입을 요청하면 인수은행은 당해 환어음이 기한부라 할지라도 일람출급방식으로 환어음 금액 전액[55]을 수익자에게 지급한다.[56]

---

52) E. P. Ellinger, "Letter of Credit," *The Transnational Law of International Commercial Transaction,* ed., by Norbert Horn & Clive M. Schmitthoff, vol. 2, Kluwer, 1982, p.246.

53) 이러한 매입과정을 위해 신용장상의 환어음 관련문언은 다음과 같이 기재된다. "We hereby issue in your favor this documentary credit which is available by negotiation of your draft at 60 days after sight drawn on us."

54) 환어음의 만기일은 개설은행이 환어음을 인수한 날로부터 기산하여 정한다. 실무상으로는 선적서류를 개설의뢰인에게 제시하여 개설의뢰인이 이를 인수한 날부터 기산하여 만기일을 정하기도 한다.

55) 수익자는 일람출급과 동일한 환가료(9일~10일간)만 지급한다.

56) 이러한 매입과정을 위해 신용장상의 환어음 관련문언은 다음과 같이 기재된다. "We hereby

인수은행은 수익자에게 대금을 매입하고 개설은행에 선적서류와 함께 환어음의 만기일과 인수수수료 및 할인료(acceptance commission & discount charge; AC/DC charge)가 명시된 인수통지서(acceptance advice)를 첨부하여 송부하면[57] 개설은행은 환어음의 만기일[58]에 개설의뢰인으로부터 입금된 대금을 인수은행에 지급한다.

(7) London Acceptance credit / New York Acceptance credit

우리나라로 개설되는 대개의 신용장은 미국의 달러(dollar)나 영국의 파운드(sterling pound)로 개설되어 온다. 즉 미국이나 영국에 있는 수입업자가 아닌 제3국, 예를 들어 아프리카 내지 남미 등과 같은 나라의 수입업자들도 달러나 파운드화로 신용장을 개설한다. 이 경우 신용장 개설은행이 일급은행(prime bank)이면 그 은행에 달러나 파운드화 계정이 있을 수 있어 그 계정에서 결제가 이루어지지만, 그렇지 못한 개설은행은 뉴욕이나 런던에 있는 자신의 환예치거래은행(depositary correspondent bank) 앞으로 기한부환어음을 발행하게 하여 결제되도록 하고 있다.[59]

따라서 수출업자는 수출을 이행한 후 환어음을 발행하여 자신의 거래은행에 제시하면 그 은행은 이 환어음을 할인 매입하여 개설은행으로 서류를 송부하고 수입업자는 기한부 환어음의 유예기간 동안 수입물품을 매각한 후 그 대금을 어음의 만기일까지 런던이나 뉴욕의 일급은행으로 송금하고 이 환어음은 마지막으로 이들 은행에서 취결된다.

이와 같이 수출지의 매입은행이 할인·매입하는 기한부어음의 인수인이 런

---

issue in your favor this documentary credit which is available by acceptance of your draft at 60 days after sight drawn on (accepting bank). You must negotiate the draft on at sight basis since discount charges are for account of buyer."

57) 인수은행이 인수수수료와 할인료를 개설은행에 청구하지만, 이 비용은 개설의뢰인에 의해 개설은행으로 선지급 또는 만기에 후지급된다.

58) 환어음이 인수은행을 지급인으로 하여 발행되므로 인수은행이 인수행위를 한 때부터 기일이 기산되어 만기일이 정해진다.

59) 박대위, 「전게서」, p.106; Gutteridge & Megrah, op. cit., p.12.

던에서 최종적으로 인수될 때 London Acceptance Credit이라 하고, 뉴욕을 최종 인수·지급지로 할 때 New York Acceptance Credit이라 한다.

이러한 기한부 신용장하의 환어음은 수출지의 매입은행(또는 할인은행)이 안심하고 당해 환어음을 할인해 줄 수 있으며 비교적 유리한 할인율로 할인을 받을 수 있게 된다.

(8) 화환신용장과 무담보신용장

화환신용장(documentary credit)이란 신용장개설은행이 수익자가 발행한 환어음과 함께 계약화물의 선적을 증명하는 제반 선적서류의 제시를 조건으로 지급·인수·매입하는 것을 확약하고 있는 신용장을 말하며 가장 일반적인 형태의 신용장이다.

이에 반해 무담보신용장(documentary clean credit)이란 관계 선적서류의 첨부 없이 수익자가 발행한 환어음만의 제시로써 지급·인수·매입을 약정한 신용장을 말한다.

무담보신용장은 선적서류 일체를 수익자가 개설의뢰인 앞으로 직접 송부하게 되므로 신용장 개설은행의 입장에서는 아주 신용 있는 개설의뢰인이 아니면 이러한 신용장을 개설해 주기가 어려울 것이며, 수입업자인 개설의뢰인 측면에서도 자신의 본점 내지 지점, 또는 오랜 기간 거래를 하여 서로 믿을 만한 거래선이 아니면 무담보신용장을 제공할 수 없다.

그 이유는 신용도가 확실하지 않은 수출업자가 계약과 일치하지 않는 상품을 선적하고도 신용장 조건대로 환어음을 발행하여 은행에 제시하면 은행은 무조건적으로 지급하지 않으면 안 되고, 수입업자 역시 무조건적으로 개설은행에 대금을 충당시켜주지 않으면 안 되기 때문이다. 따라서 무담보신용장을 개설하는 개설은행은 신용도가 높은 수입업자를 대상으로도 상당한 담보를 요구하게 되고 그 신용장의 유효기간도 비교적 짧게 하여 개설하는 것이 보통이다.

한편 무담보신용장과 clean신용장은 구별될 필요가 있다. 이 들은 모두 대금결제 시에 선적서류의 첨부가 필요 없는 신용장이긴 하나, 무담보신용장은 documentary clean, 즉 선적서류가 수반되어야 할 유형의 상품의 거래이지만 그 선적서류의 제시를 면제시킨 경우이며, clean신용장은 아예 선적서류가 발급조차 되지 않는 무형의 거래, 즉 운임·보험료·수수료 등과 같은 무역외 결제에 사용되는 신용장이다.

(9) 양도가능신용장과 양도불능신용장

신용장상에 구현되어 있는 수익자의 제반 혜택을 수익자 이외의 제3자에게 양도할 수 있느냐 없느냐에 따라 양도가능신용장(transferable credit)과 양도불능신용장(non-transferable credit)으로 구분된다.

신용장은 어느 특정인에게 일정 한도의 신용장상의 혜택을 공여하는 은행의 확약이므로 통상 수출업자인 수익자를 한정시켜 제3자가 임의로 사용할 수 없는 것이 원칙이다.[60] 즉 수입업자는 자신이 선택한 수출업자를 수익자로 하는 신용장을 개설할 때 자신이 선택한 수출업자와 거래할 권리가 있으며, 이에 따라 제3자의 개입을 배제시킬 권리도 있다. 따라서 특정 수출업자 앞으로 개설된 신용장은 별다른 합의가 없는 한 모두 양도불능[61]이라고 보는 것이 일반적이다.

신용장은 그 자체가 유통가능한 증권이 아니기 때문에 환어음이나 선하증권과 같이 배서 또는 인도의 방식으로 양도될 수 없으며, 지정된 수익자 이외의 제3자가 관계 선적서류를 제시하면 은행은 이에 대해 지급·인수·매입을 거절할 수 있다.

그러나 신용장 본래의 기능을 확대하여 신용장에 의한 결제수단을 수입업자와 수출업자만의 일차적인 거래로 끝내지 않고 이것을 제3자에게까지 2차적으로 확대 이용할 필요성도 있다.

다시 말해 신용장상에 지정된 수익자는 그가 신용장하에서 이용할 수 있는 이득을 그의 공급자나 대리인들에게도 보장해 주기를 원할 때 수입업자의 사전 양해를 받게 되면, 은행 입장에서는 신용장의 개설을 요청하는 수입업자의 신용이 높고, 상품에 대한 담보의 제공이 확실하다면 신용장의 양도를 통해 신용장

---

60) A.G. Davis, *op.cit.*, p.1.

61) Henry Harfield, *Bank Credits and Acceptances*, pp.180-181; Gutteridge & Megrah, *The Law of Bankers' Commercial Credits*, pp.106-107; *Tolhurst vs. Associated Portland Cement Manufacturers Ltd.*, (1920) 2.K.B. 660.

의 효용을 확대시키지 않을 이유는 없을 것이다.

따라서 신용장의 양도는 반드시 신용장 개설의뢰인의 요청에 의해서 가능해지며 개설은행의 명시적인 수권(authorization)이 전제가 된다. 신용장의 양도는 수익자가 지급·인수·매입이 지정된 중간은행에 양도를 요청하고 이 중간은행이 명백히 동의해야 비로소 효력이 발생한다.[62]

양도가능신용장이란 신용장상에 명시적으로 "양도가능(transferable)"이란 표시[63]가 되어있는 신용장으로서 수익자가 신용장금액의 일부 또는 전부를 제3자 즉 제2의 수익자에게 양도할 수 있는 권한을 부여한 신용장을 말한다.

신용장의 양도는 다음과 같은 특징을 가진다.

첫째, 신용장의 양도는 1회에 한하여 할 수 있으며, 별도로 신용장상에 분할선적(partial shipment)에 대한 금지조항이 없으면 여러 개의 분할양도도 가능하나 이런 경우 각 분할양도의 총액은 원 신용장의 금액을 초과하지 않는 범위 내에서 1회의 양도로 간주된다.

신용장의 양도를 1회로 한정하여 그 연속성을 단절시키는 이유는 수입업자인 개설의뢰인을 보호하기 위함이다. 다시 말해 수입업자가 양도가능신용장을 허용하여 자기가 알지도 못하는 제3자에게 물품을 공급하게 하는 이유는 어디까지나 제1수익자의 성실성과 도덕성을 믿기 때문이다. 만일 양도가 1회에 한정되지 않고 계속적으로 가능하다면 경우에 따라 불성실한 업자가 개입될 수 있는 가능성이 커지기 때문이다.

둘째, 양도되는 신용장은 원신용장에 명시된 조건과 내용대로만 양도되어야 한다. 그러나 예외적으로 ① 신용장의 금액 ② 신용장의 단가 ③ 선적기일 ④ 유효기일에 대해서는 감액 또는 감축이 가능하고 ⑤ 보험금액의 부보비율의 증액이 허용된다.

셋째, 원수익자는 제2수익자가 발급한 상업송장을 자신의 것으로 대체하여 발행할 수 있다. 따라서 원수익자는 자신과 매매계약을 체결하였던 수입업자가

---

62) 제6차 개정 신용장통일규칙 제38조 a)항.

63) 이 용어의 표기가 없는 신용장은 모두 양도불능한 것으로 취급한다. 특히 제6차 개정 신용장통일규칙부터는 transferable과 유사한 용어들, 예컨대 assignable, fractional, divisible 등과 같은 용어는 허용되지 않음을 유의하여야 한다.

제2수익자를 알지 못하게 할 수 있으며, 상업송장대체에 따른 차액(원신용장의 금액이나 단가를 감액하여 양도하였을 경우)에 대해서만큼 자신의 환어음을 발행하여 그 양도차액을 취할 수 있다.

신용장을 양도하는 데는 여러 가지 이유가 있겠으나 주로 다음과 같은 경우에 양도가 필요하다.

첫째, 제1수익자가 생산시설을 갖추지 않은 무역의 알선을 주목적으로 하는 중간상일 때,

둘째, 제1수익자가 직접 생산하여 공급하는 것보다 유리한 조건으로 하청 생산계약을 체결할 수 있을 때,

셋째, 실제로 물품을 공급하는 생산업자가 직접 해외의 수입업자와 매매계약을 체결하기에는 지명도가 낮고 신용도가 높지 않을 경우, 또 특정품목의 수출창구가 일원화 되어 있어 자신의 명의로는 수출이 어려울 때 제1수익자의 명의를 빌려 대행식으로 양도받을 때 등이다.

(10) 전대신용장

수출업자가 수출을 이행하기 위해 소요되는 자금을 자기자금으로 충당할 수 없는 경우가 있을 것이다. 이러할 때 수출업자의 자금조달을 용이하게 하기 위하여 신용장 개설은행이 개설의뢰인의 요청에 따라 수출지에 소재하고 있는 거래은행에게 수출업자에 대한 전불금의 금융을 의뢰하게 된다.

이처럼 자금력이 부족한 수출업자에게 수출품의 제조, 가공, 집하 등에 소요되는 수출자금의 전불을 허용하는 신용장을 전대신용장(red clause credit; packing credit; advance payment credit)이라 한다.

원래 전대신용장은 미국상인들이 중국 등으로부터 모피(furs)를 구입하기 위하여 고안해 낸 수단으로 알려져 있다. 즉 자신의 구매대리인인 모피 상인이 모피를 수집하여 한 꾸러미씩 만들어 선적하는 데에는 모피수집 자금이 필요하였으므로 사전에 수입업자는 이 자금을 미리 주어야만 됐다.[64] 지금도 이러한 관행은 계속되어 전대신용장은 주로 호주, 뉴질랜드, 남아프리카 등지의 모피,

---

64) 박대위, 「무역사례」, 법문사, 1983, p.257.

양모 거래에 활용되고 있다.[65]

전대신용장은 수입업자의 구매대리인이 여러 군데에서 상품을 구입하여 이를 합쳐 포장한 상태로 수입업자에게 선적하므로 packing credit이라고도 한다. 또한 전대신용장은 전불을 허용함으로 advance payment credit이기도 하고, 개설은행이 거래은행에 대해 전불금의 전대를 수권하는 문언[66]을 적색으로 표기하므로 red clause credit이라고도 한다.

이러한 전대신용장은 수입업자가 전적으로 신뢰할 수 있는 수출업자 또는 자신의 구매대리인이 아니면 개설해주지 않는다.

수출업자는 선적을 마치고 수출대금을 회수할 때에는 이미 지불받은 전불금과 이를 활용한 기간만큼의 이자를 공제한 나머지 잔액에 대해서만 환어음을 발행하여 자금을 전대해준 매입은행에 제시하면 된다.

전대신용장하에서 수익자에게 전대를 해준 매입은행은 신용장 개설은행이 보증하고 있기 때문에 그 대금의 상환에 대해서는 위험성이 거의 없으며 매입수수료 이외에 상당한 이자소득을 누릴 수 있다.

한 판례[67]에서는 전대신용장상의 수익자는 전대은행에 자신의 개인구좌를 갖고 있었는데 이 수익자는 자신의 개인구좌에 자금이 부족하여 전대신용장하에서 전대받은 자금으로 자신의 개인구좌를 계속 메꿔나갔다. 그러던 중 수익자는 수출을 이행하지 못하자 문제가 발생하였는데 이에 대해 법원은 전대해준 매입은행은 수익자의 그러한 행위를 유인한 것도 아니고, 실제로 자금의 유용(defalcation)에 대해서는 인지하지 못한 상태였으며, 전불금의 전대는 순전히 수

---

65) Gutteridge & Megrah, *op.cit.*, p.12

66) 신용장에 전불금을 허용하는 문언은 보통 다음과 같은 형태로 표기된다.
"To enable the beneficiary to pay for the merchandise for the purchase and shipment which this credit is opened, xxx bank may make clean advances to him at any time or times not exceeding in all either (a) the aggregate amount of xxx or (b) the remaining unused balance of this credit (whichever is less) repayable with interest out of the proceeds of drafts which may thereafter be drawn hereunder by the beneficiary upon presentation of required documents, but of not so repaid during the currency of this credit to be changeable as withdrawals hereunder. The amount of each draft drawn under this credit and/or of each advance made under the red clause is to be endorsed on the reverse side hereof."

67) *Oelbermann v. National City Bank of New York*, 79F.2d 534(2d Cir. 1935)

입업자와 수출업자간의 문제이지 이를 의뢰받은 전대은행까지 구속하는 것은
아니라는 취지를 설시한 바 있다.

그러나 수익자의 전불금 유용을 전대은행이 고의로 유도한다든지 또는 그
러한 유용행위가 여러 번 되풀이 되어 사전에 이를 인지하고 있었다면 전대은
행은 면책이 될 수 없음[68]을 주의해야 한다.

우리나라의 경우 수출신용장을 받으면 특별한 결격사유가 없는 한 수출금
융을 받을 수 있기 때문에 매입은행의 전대금융은 별 큰 도움이 되지 않는다.

오스트레일리아의 양모거래에서는 선적 전 수출대금의 전대뿐만 아니라 창
고료까지 은행이 책임져주는 전대신용장의 확대된 형태[69]가 활용되고 있다.

(11) 회전신용장

일반적인 형태의 신용장은 신용장상에 금액과 유효기일이 정해져 있어 유효
기일 내에 수익자가 신용장조건과 내용을 충족한 서류들을 은행에 제출하고 당
해 신용장금액에 해당하는 환어음을 발행하면 그 신용장의 유효성은 종결된다.

그러나 동일한 수출업자와 수입업자가 동일물품을 계속적으로 거래할 경우
매 거래 시마다 신용장을 개설한다는 것은 비효율적일 때가 많다.

회전신용장(revolving credit)이란 이처럼 일정한 기간 동안 일정한 금액의
범위 내에서 신용장금액이 자동적으로 갱신되도록 하여 매 거래 시마다 신용장
을 개설하는 불편함을 해소시켜주는 신용장을 말한다.

회전신용장의 형태는 크게 다음과 같은 두 가지로 나누어 볼 수 있다.

첫째, 정해진 일정기간 동안 일정한 신용장금액을 수익자가 활용하게 되면
개설은행으로부터 반대의 의사표시가 없는 한, 그 금액만큼 다시 자동적으로 갱
신되는 형태로 특정한 신용장금액의 범위 내라면 환어음의 발행횟수는 제한이
없다.

둘째, 특정한 신용장금액이 일정한 기간마다 자동적으로 복구되어 갱신되

---

68) *Grace v. Corn Exchange Bank & Trust Co.*, 287 N.Y. 94, 38 N.E. 2d 449(1941)
69) 이를 허용하는 문구를 Green Clause라 한다. 따라서 이를 green cluase L/C라고도 한다;
Gutteridge & Megrah, *op.cit.*, p.13 ; 박대위, 「전게서」, p.118.

는 형태이다. 이 경우에는 그 금액이 누적식(cumulative basis)이 될 수도 있고 비누적식(non-cumulative basis)이 될 수도 있다.

누적식은 신용장금액이 갱신될 때 미사용금액이 차 회의 갱신 때 이월가산되는 방식이며 비누적식은 미사용금액이 누적되지 않는 방식을 말한다. 누적식이 실무적으로는 더 일반적인 형태이다.

회전신용장이 타 은행에 의해 확인되도록 요구될 때 확인은행은 주로 두 번째 형태의 회전신용장일 때 확인한다. 첫 번째 형태는 신용장의 유효기간 중 확인은행이 부담해야 하는 신용장의 총 금액의 확정이 어렵기 때문에 확인이라는 보증행위는 잘 이루어지지 않기 때문이다.

구태여 회전신용장을 개설하지 않더라도 적기에 신용장금액의 자동갱신 내지 신용장 유효기일의 연장을 할 수 있다면 기능과 효과 면에서 회전신용장과 크게 다를 바가 없을 것이다. 이는 주로 신용장의 조건변경(amendment)의 형태로 이루어진다.[70]

회전신용장은 아니지만 개설은행으로부터 반대의사의 서면통지가 수익자에게 전달되지 않는 한, 개설된 신용장의 유효기일이 특정한 기간만큼 1회에 한하여 자동 연장되는 신용장이 있을 수 있다. 주로 미국계 은행을 중심으로 활용되고 있는 이러한 신용장은 그 문면에 신용장의 유효기일을 자동 연장한다는 조항, 즉 이른바 evergreen clause[71]가 삽입되는 것이 보통이다.

(12) 연지급신용장

연지급이라는 용어는 신용장통일규칙이 4차 개정된 후에 소개가 되었으나 실무계에서는 이미 이러한 지급방식에 의한 신용장을 사용하고 있었다.

즉 연지급신용장(deferred payment credit)이란 수익자가 신용장의 조건과 내용에 일치하는 서류를 개설은행이 지정한 연지급은행에 제시하면 신용장에 합의된 특정 만기일에 지급한다고 약정한 신용장[72]을 말한다.

---

70) M. A. Davis, *op. cit.*, p.48.

71) Clive M. Schmitthoff, *Export Trade : The Law and Practice of International Trade*, Stevens & Sons, 9th ed., 1990, p.419.

72) ICC, Document No. 470/391, 5조 a)항.

연지급신용장은 플랜트수출 등 거액의 자본재 수출이나 외환사정이 좋지 않은 개발도상국에서 선박 등의 대금결제에 주로 이용되는 신용장으로 1974년 3차 개정 시에는 이에 대한 논란이 많아 포함시키지 않았으나 연지급 조건이 1970년대 이후 계속적으로 증가됨에 따라 새로이 규정한 것이다.[73]

기한부거래를 하는 경우 인수신용장을 사용하면 되지만 독일, 프랑스, 볼리비아 등과 같이 환어음의 발행에 따른 인지세(stamp duty)가 높은 나라의 경우에는 환어음을 발행하지 않는 기한부신용장, 즉 연지급신용장이 활발히 사용되어왔다.

따라서 연지급은 환어음이 발행되지 않는 기한부 지급방식이며, 연지급의 만기일은 신용장상에 기재하며 만기일은 주로 선하증권 발행일 후 일정 기간으로 표시된다.

연지급신용장은 수익자가 신용장상에 약정된 서류를 제출하였을 때 서류와 상환으로 즉시 지급받는 것이 아니라 신용장에서 약정한 기간이 경과한 후에 지급을 받게 되므로 통상적으로 선적이 이루어진 후 일정한 기간이 경과한 날 또는 서류가 제시된 후 특정한 일자에 지급된다.[74]

연지급신용장에 있어서 연지급 표시 문언, 유효기일 문언, 은행확약 문언은 각각 다음과 같이 기재되는 것이 보통이다.

"We herby establish this documentary credit in your favor available by payment at 60 days after bill of lading date ….."

"Credit available with xxx bank by deferred payment at xx date against the documents detailed herein."

"We hereby engage that payment will be duly undertaken against documents presented in conformity with the terms of this credit and payment will be duly made at maturity."

---

73) ICC, *UCP 1974/1983 Revisions Compared and Explained,* ICC Publishing S.A., 1984, p.23.
74) R. Eberth & E.P. Ellinger "Deferred Payment Credit : A Comparative Analysis of their Special Problems.", *Journal of Maritime Law & Commerce,* vol. 14. No. 3, July, 1983, p.390.

(13) 연장신용장

연장신용장(extended credit)이란 수출업자가 선적 전에 서류가 첨부되지 않는 무담보어음(documentary credit bill of exchange)을 개설은행 앞으로 발행하여 자신이 거주하고 있는 지역의 은행(주로 통지은행)으로부터 대금을 미리 선지급받고 일정기간 후에 해당 상품에 관련된 선적서류를 어음매입은행에 제공할 것을 조건으로 하는 신용장을 말한다.

연장신용장은 선적서류의 매입과 동시에 신용장금액이 갱신될 수 있도록 되어 있어 회전신용장의 성격을 가지고 있으며, 또한 수출대금을 선적 전에 지급받을 수 있어 전대신용장의 성격도 가진다.

연장신용장은 순전히 수출업자에게 자금조달의 편의를 제공하기 위해 수입업자의 양해로 개설되며 실질적으로 회전신용장과 전대신용장의 유용성을 결합한 형태라 하겠다.

(14) 현금신용장

현금신용장(cash credit)이란 수입업자의 요청에 따라 수입업자의 거래은행이 수출업자 소재지에 있는 자신의 본·지점 또는 환거래취결은행 앞으로 일정한 자금을 송금하고 수출업자 소재지 은행이 수출업자를 수익자로 하는 신용장을 개설한 후 수익자가 선적서류와 환어음을 제시하면 수입업자 소재지 은행으로부터 송금 받아 예치하고 있는 자금에서 현금으로 지급하도록 의뢰한 신용장을 말한다.

현금신용장하에서 발행되는 환어음은 일람불환어음이지만 경우에 따라 수익자가 환어음을 발행하지 않고 일종의 영수증(receipt)을 제시할 수도 있다. 수익자가 서명한 영수증과 상환으로 대금이 지급되도록 규정한 신용장을 Payment on Receipt Credit이라고 한다.[75]

---

75) Payment on Receipt Credit은 현금신용장과 유사하나 환어음이 사용되지 않으므로 수익자는 어음법상의 상환의무를 부담하지 않는다.

(15) 할부선적신용장

신용장에 일정기간을 두어 매 기간별로 일정량을 선적하는 할부선적을 허용할 때 이를 할부선적신용장(instalment shipment credit)이라 한다. 할부선적신용장하에서 수출업자는 물품을 일괄하여 전량을 선적할 수 없고, 또 몇 회분을 모아서 선적하는 것도 허용되지 않으며 반드시 명시된 기간에 해당 일정량의 화물이 선적되어야 한다. 만일 어느 한 할부선적분에 대하여 선적을 이행하지 못하면 당해 선적분은 물론 그 이후에 있을 모든 선적분에 대해서 신용장은 그 효력을 상실한다.[76]

(16) 통과신용장

수입업자의 요청과 지시로 신용장을 발행하는 개설은행이 수익자 앞으로 신용장을 개설해 주려 하여도 수익자 소재지 국가에 환거래취결은행이 없다든지 또는 수출지 국가의 통화가 국제적인 결제통화가 아니어서 수입국통화와 직접적인 태환성(convertibility)이 없을 경우, 수입지은행과 수출지은행이 공통적으로 환거래계약을 맺고 있는 제3국의 은행이 있다면 그 제3국의 은행이 신용장을 개설하고 결제통화도 제3국의 통화로 하여 그곳에서 대금지급이 이루어지도록 하면 대단히 편리할 때가 있다.

통과신용장(transit credit)이란 이와 같이 서로 거래가 많지 않은 이질적인 국가 간의 대금결제에 활용되는 제3국의 통화표시로 된 제3국 발행의 신용장을 말한다. 통과신용장하에서 계약물품은 신용장을 개설한 제3국을 거칠 필요 없이 직접 수입국으로 운송되어 오지만 관련서류는 제3국을 경유하여 입수된다.[77]

실제적으로 주요한 영국의 은행들은 전 세계적으로 광범위한 환거래취결계약을 체결하고 있고 신용장거래에서의 신뢰도도 높아 통과신용장하에서의 개설은행 역할을 담당하고 있다.[78]

---

76) 제6차 개정 신용장통일규칙 제32조.
77) 우리나라가 과거에 중국에 환거래계약이 없었을 때 신용장은 홍콩에서 달러화로 개설한 후, 물품을 수출한 경우가 이에 해당한다. 양영환 외, 「신용장론」, 삼영사, 1994, p.162.
78) M.A. Davis, op.cit., p.47.

(17) 연계신용장 · 기탁신용장 · 토마스신용장

국가 간에 무역불균형을 해소할 목적으로 수출과 수입을 연계한 무역거래, 즉 물물교환(barter trade), 구상무역(compensation trade), 대응구매(counter purchase) 등의 연계무역 시에는 외화의 흐름을 불필요하게 하는 특수한 목적의 신용장이 사용되는 것이 보통이다.

연계무역에 따른 대금결제 시에는 일반적으로 다음과 같은 종류의 신용장이 사용된다.

1) 연계신용장

연계신용장(back to back credit)은 어느 한 나라에서 일정액의 수입신용장을 개설할 경우 수출국에서 동액의 수출신용장을 개설해야만 그 수입신용장이 유효해 지는 신용장을 말한다. 즉 두 나라의 무역업자가 서로 수출한 금액만큼 수입하는, 또는 수입한 금액만큼 수출하는 형태의 신용장이다.

연계신용장에는 다음과 같은 문언이 삽입되는 것이 보통이다.

"This letter of credit shall not be available unless and until standard prime banker's irrevocable Letter of Credit in favor of XYZ Company, Seoul for account of ABC Company, Hong Kong for on aggregate amount of US$ 500,000 have been established pursuant to contract No. 123 for the export of the contracted goods … This Letter of Credit shall not be available, if beneficiary's Letter of Credit (for export) are established through banks other than those opening and advising this credit."

한편 이 연계신용장은 광의로 해석할 때에는 비단 연계무역뿐만 아니라 현지에 담보가 없는 모회사의 해외자회사 내지 지점에 대한 보증신용장(standby credit), 수출신용장을 견질담보로 하여 국내의 원료공급업자에게 개설해주는 내국신용장(local credit) 등을 포함하는 개념이다.

결국 연계신용장은 협의로 해석하나, 광의로 해석하나 그 핵심은 최초로 개설된 신용장을 근간으로 이를 견질로 하여 제2의 신용장이 수반되느냐의 여부에 있다.

2) 기탁신용장

기탁신용장(escrow credit)이란 수출업자가 계약상품을 수출한 후 수입업자로부터 즉시 수출대금을 지급받는 것이 아니라 수출업자 자신의 명의로 된 기탁계정(escrow account)에 기탁하여둔 채 추후에 수출업자가 수입업자로부터 대응하여 특정물품을 수입할 때 그 수입대금으로 상쇄시켜 나가도록 규정한 신용장을 말한다.

기탁신용장은 연계신용장과 마찬가지로 수출·수입에 따른 외화의 흐름을 차단시킨 채 양 국가 간의 수출입균형을 이루려 하는 데 그 목적이 있으며, 연계신용장과의 차이점은 같은 금액의 신용장이 대응적으로 발행될 필요가 없고, 물품의 선택과 기일이 자유롭다는 데 있다.[79]

기탁신용장은 수출과 수입에 있어 다소간의 차액이 발생할 경우 미결제잔액이 총액의 1% 또는 1,000달러 미만의 소액일 때에는 이의 지급이 허용될 수 있다. 수익자 명의의 기탁계정은 당사자 간의 약정에 따라 매입은행이나 개설은행 또는 제3국에 있는 환거래은행 중 어느 곳이나 설치할 수 있다.

기탁신용장은 다음과 같은 문언이 삽입된다.

"It is a further condition of this credit that the proceeds of same remain blocked at your bank in a special account in the name of the beneficiary for account of Messrs. ABC until fulfilment of irrevocable undertaking of the beneficiary to use the funds of this credit exclusively for the goods mentioned above."

---

79) 박대위, 「전게서」, p.124.

3) 토마스신용장

토마스신용장(TOMAS credit)은 연계신용장의 일종이지만 수출업자와 수입업자 양 당사가가 동시에 동액의 신용장을 개설하는 형태가 아니라 어느 한 쪽이 먼저 신용장을 개설하고 상대방이 일정기간 후에 동액의 신용장을 개설하겠다는 보증서를 발행하는 것을 조건으로 개설된 신용장을 말한다.[80]

본디 TOMAS란 용어는 최초로 이러한 방식을 사용하여 중국과 거래를 성사시킨 일본 수출업자의 전신약호에서 유래되었다.

TOMAS신용장은 수출입국가간의 수출입 대금결제 시 선수출 또는 선수입에 상응하는 물품대금을 외화로 수취 또는 지급하고 후수입 또는 후수출에 따른 물품대금을 외화로 지급 또는 수취하는 거래방식인 유환구상무역에 활용되며, 신용장을 내도 받은 자가 일정 기간 내에 신용장을 개설하겠다는 보증서를 발행하여야 그 신용장하에서의 수출대전이 결제된다.

(18) 특혜신용장

일반적 형태의 신용장은 수익자가 계약물품을 선적하고 관계선적서류와 환어음을 첨부하여 이를 은행에 제시하여 대금지급을 받게 되지만 이 특혜신용장(omnibus credit)은 계약상품을 선적하기 전에 창고에 입고시킨 후 이를 증명하는 창하증권(warehouse warrant)을 담보로 환어음을 발행하여 수출대금을 지급받을 수 있도록 한 것으로 수익자에게 일종의 특혜를 부여한 신용장이다.

창하증권은 원칙적으로 선하증권과 마찬가지로 양도가능한 것이 일반적이며, 물품에 대한 유치권적 기능을 갖고 있어 신용장거래에서는 선하증권의 보조서류로 요구되기도 하지만 이 자체가 관련물품을 대표하는 권리증권인 선하증권의 법률적 기능을 갖지 못하므로 특별히 신용도가 높은 거래선이나 수입업자의 본·지점간의 거래에만 주로 사용된다.

---

80) 어느 한 당사자를 중심으로 수출신용장을 먼저 받으면 이를 TOMAS Credit이라 하고, 수입신용장을 먼저 개설하게 되면 이를 Reverse TOMAS Credit이라 한다.

(19) Marginal Credit

이 신용장은 위조어음의 발행을 막기 위하여 신용장의 여백(margin)에 당해 신용장에 사용될 환어음용지가 인쇄되어 있거나 환어음양식이 첨부되어 있어 수익자가 수출을 이행한 후 환어음을 발행할 때 당해 신용장상에 첨부 내지 인쇄된 이 환어음만을 사용하도록 하고 있는 신용장을 말한다.

(20) Blank Credit

Blank Credit이란 신용장상에 수입되는 물품의 명세를 사전에 구체적으로 명시하지 않고 단지 일반적인 용어, 예컨대 산업설비용 기자재 등으로 표시하여 개설된 신용장을 말한다.

이 신용장은 플란트 수출입 등과 같이 거래물품의 명세를 구체적으로 명시하기 어려운 경우에 쓰인다.

(21) Collection Credit

Collection Credit이란 일반적인 형태의 신용장형식으로 발행되지만 매입은행에 대한 대금상환의 약정이 없어서 대금지급이 개설은행을 통해서만 이루어지는 신용장을 말한다. 따라서 수출지의 거래은행은 수익자 발행의 환어음을 매입해주어도 개설은행으로부터 하등의 확약을 받지 못한 상태이므로 수익자 발행의 환어음매입을 꺼리게 되어 수익자는 수출이행 후 즉각적인 대금의 회수가 곤란하다.

Collection Credit은 일견 추심결제방식과 유사하지만 차이점은 추심방식과는 달리 개설은행은 수익자에게 대급지급확약을 한다는 데 있다.

이러한 형태의 신용장은 주로 중국과의 교역에서 사용된다.

5. 유사신용장

(1) 어음매입수권서

어음매입수권서(authority to purchase; A/P)란 수입업자의 요청으로 수입지의 은행이 수출지에 있는 자신의 본·지점 또는 환거래취결은행에게 수출업자가 구비한 선적서류와 수입업자 앞으로 발행된 환어음이 제시되면 이를 매입해 줄 것을 지시하는 통지서(advice)를 말한다.

신용장은 이를 발행하는 개설은행이 수익자에게 대금의 지급을 확약하고 있으나 어음매입수권서는 수입업자가 수출업자에게 확약을 한다. 따라서 수입지의 은행, 수출지에 소재한 수입지 은행의 본·지점 또는 환거래취결은행은 수출업자에게 어떠한 책임을 부담하지 않게 된다.

수입업자의 요청을 받은 거래은행은 수입업자에 의해 환어음이 지급될 것이라는 믿음을 가지고 수출업자의 환어음을 매입해줄 뿐이며 이러한 매입도 은행자신의 계정으로 하는 것이 아니고 수입업자의 계정으로 이루어진다.

이와 같이 어음매입수권서는 은행이 수출업자가 발행한 환어음에 대해 지급보증을 하지 않고, 환어음도 수입업자 앞으로 발행되는 개인어음(private bill)의 형태이다. 만일 수입업자가 수출업자 발행의 환어음을 인수하지 않으면 수출업자는 자신에게 대금을 매입해준 은행의 상환청구를 받게 되어 대금을 반환하여야 한다.[81] 결국 수출업자는 수입업자가 환어음에 대해 지급할 때까지 은행으로부터의 상환청구 가능성을 배제하지 못하므로 대금을 수취하였다 해도 거래가 종료된 것이라 간주할 수 없다.

어음매입수권서를 이용하는 수출업자는 주로 소규모 수출업자인 데 반해 수입업자는 자신의 거래은행으로부터 상당히 높은 여신한도를 갖고 있는 것이 보통이다.

어음매입수권서는 본질적으로 은행이 인정한 수입업자의 여신을 수출업자

---

81) 이와 관련하여 어음매입수권서에는 다음과 같은 문언이 삽입된다.; "In the event of dishonor by the drawee and/or acceptor of any such draft(s) purchased by us hereunder, you shall remain liable thereon as drawer for the payment of the principal and interest owing on such honored draft(s). …"

가 활용할 수 있도록 하는 데 있으므로 수출업자로서는 자신이 발행한 환어음이 자신의 여신으로는 은행에서 할인을 받을 수 없으나 수입업자의 여신으로 자신의 환어음을 유리하게 할인받을 수 있게 된다.

따라서 수출업자 입장에서 보면 어음매입수권서는 비록 신용장방식보다는 그 효용성이 적다해도 수입업자의 여신과 재력을 믿고 자신의 선적서류를 담보로 하여 환어음을 매입할 수 있고, 지급도(D/P) 방식과 같이 서류와 상환으로 대금지급을 받을 수 있어 특히 미국과 극동지역의 국가 간에 많이 이용되고 있다.[82]

어음매입수권서는 신용장방식과는 달리 취소가능하고 상환청구가능 한 것이 일반적이나 취소불능하거나 상환청구권도 인정하지 않는 변형된 형태의 어음매입수권서도 발행될 수 있다.

(2) 어음지급수권서

어음지급수권서(authority to pay)란 수입업자의 요청으로 수입지의 은행이 수출지에 있는 자신의 본·지점 또는 환거래취결은행에게 수출업자가 구비한 선적서류와 수익자가 발행한 환어음이 제시되면 이를 지급해 줄 것을 지시하는 통지서를 말한다.

어음지급수권서와 어음매입수권서는 대동소이해 보이지만 이들의 차이점은 어음매입수권서는 환어음이 수입업자 앞으로 발행되나, 어음지급수권서는 수출지에 소재한 수입지 은행의 본·지점 또는 환거래취결은행 앞으로 발행된다는 것이며, 일단 이 은행이 지급하면 수출업자는 어음매입수권서와는 달리 지급받은 대금의 상환청구를 받지 않는다는 점이다.

어음지급수권서는 은행의 지급확약도 없지만 어음의 지급인이 은행이기 때문에 어음매입수권서보다는 안정성이 있다. 어음지급수권서는 어음매입수권서와 마찬가지로 은행의 신용과 보증 하에 발행되는 것이 아니고 수업업자의 신용에 입각하여 발행되는 것이어서 개입되는 은행은 수출업자에 대해 아무런 확

---

82) 따라서 어음매입수권서는 Far Eastern A/P라는 표현이 사용되기도 한다. 실제로 미국과 싱가포르, 필리핀 간에는 어음매입수권서의 활용이 빈번하다.

약을 하고 있지 않으므로 하등의 책임을 부담하지 않는다.[83]

어음지급수권서 역시 어음매입수권서와 마찬가지로 취소가능한 형태가 일반적이기 때문에 수출업자에게 사전에 통지 없이 취소 또는 변경될 수 있다.

(3) 어음매입지시서

어음매입지시서(letter of instruction)는 어음매입수권서와 기능면에서 동일하지만 어음매입수권서와 다른 점은 동일은행의 본점과 지점 간에만 사용된다는 것이다.

즉 어음매입지시서의 발행은행이 자신의 본점 내지 지점에 대하여 일정한 조건 아래 발행된 수출업자의 환어음을 매입하도록 지시하는 형태로 은행의 지급확약 내지 약정은 없는 단순한 매입지시서이다. 이 지시서는 취소가능한 성격을 가지며 매입한 은행은 환어음의 발행자인 수출업자에 대해 상환청구권을 행사할 수 있다.

(4) 지급보증서

지급보증서(letter of payment guarantee)란 수입업자의 거래은행이 수출업자에 대한 대금지급을 보증할 목적으로 수출업자 앞으로 발행하는 일종의 보증서를 말한다.

신용장은 수출업자가 신용장상에 규정된 제반 조건과 내용에 일치하는 서류가 제시되면 수입업자의 파산이나 채무불이행 여부에 관계없이 반드시 지급하겠다는 개설은행의 독립적이고 일차적인 확약을 의미하는 데 반해, 지급보증서는 주채무자(principal debtor)인 수입업자가 채권자(creditor)인 수출업자에 대해 대금지급을 하지 못하는 상황이 발생할 때 은행이 보증인(guarantor)이 되어 이를 지급하겠다는 부차적이고 2차적인 약정을 의미한다.

일반적으로 보증의 채무는 채권자와 주채무자간의 주계약이 무효가 되면 자동적으로 소멸한다. 즉 은행의 보증채무는 수출업자와 수입업자의 매매계약

---

83) 어음지급수권서에는 다음과 같은 문언이 삽입된다.; "This advice conveys no engagement on our part or on the part of the above mentioned correspondent … ."

이 취소되거나 무효가 되면 더 이상 의미를 갖지 않는다. 그러나 신용장은 일단 개설되면 매매계약과는 독립적인 성격을 갖기 때문에 매매계약의 존폐와 관련 없이 유효하다. 따라서 은행의 지급보증서는 신용장과 근본적으로 다른 성격을 가진다고 볼 수 있다.

수출업자의 입장에서는 단순히 수입업자의 신용만 믿고 수출하는 인수도 조건(documentary against acceptance; D/A)이나 지급도조건(documentary against payment; D/P)보다는 안정적이나 은행의 일차적이고 독립적인 지급약정을 받고 있지 못하기 때문에 실질적으로는 신용장방식에 비해 나을 바는 없다고 볼 수 있다.

6. 내국신용장

(1) 내국신용장의 개념

내국신용장(local credit)이란 외국의 수입업자로부터 수출신용장을 받은 국내의 수출업자가 완제품을 다른 제조업자 또는 공급업자로부터 공급받거나 또는 해당 수출품을 생산·가공·조립하는데 소요되는 원자재 또는 부분품을 국내의 업자로부터 조달하고자 할 때 자신의 거래은행에게 원신용장(original credit; prime credit; master credit)을 견질로 하여 국내의 납품업자 또는 하청업자를 수익자로 하는 제2의 새로운 신용장을 개설해 주도록 요청하여 개설된 신용장을 말한다.

내국신용장은 Local Credit이라는 용어 외에 국내에서 개설된다 하여 Domestic Credit, 원신용장에 부수하여 개설되므로 Secondary Credit, Subsidiary Credit, 원신용장을 견질로 하기 때문에 Back-to-Back Credit이라고도 부른다.

내국신용장의 개설의뢰인은 원신용장 하에서의 수익자, 즉 수출업자가 되며 개설은행은 그 수출업자의 국내거래은행이 된다. 내국신용장에서의 수익자는 원신용장의 수익자에게 물품을 공급 내지 조달해주는 국내의 납품업자 또는 생산업자가 된다.

그림 1 내국신용장의 개념

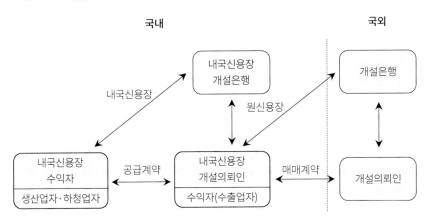

내국신용장은 수출용원자재의 국내구입을 촉진시켜 외화를 절약하고 국내 원자재의 공급을 확대시키기 위한 정부제도의 일환이며, 우리나라에서는 내국 신용장에 의한 공급실적은 원수출의 경우와 같이 동등하게 인정하고 있으며 금융·세제 면에서도 원신용장과 똑같은 혜택을 주고 있기 때문에 국내의 원료공급업자도 내국신용장에 의한 원료공급은 상당히 유리하다 할 수 있다.[84]

(2) 내국신용장의 효용

내국신용장은 수출신용장뿐만 아니라 선수출계약서(D/A와 D/P 계약서 포함), 외화표시 물품공급계약서, 외화표시 건설·용역공급계약서 및 과거 수출실적을 근거로 해서도 개설이 가능하며 원자재를 구매하기 위해서는 원내국신용장(1차 내국신용장)을 근거로 하여 2차 내국신용장의 개설도 가능하다.

이 같은 내국신용장제도는 국내물품공급업자나 납품업자에 대한 대금결제를 은행이 지급보증하기 때문에 원신용장하에서의 수출업자의 신용도를 믿지

---

84) 내국신용장과 비슷한 성격을 가지는 것으로써 구매승인서가 있다. 구매승인서라 함은 외화획득용 원료를 국내생산업자 또는 공급업자로부터 구매하고자하는 경우 내국신용장 취급규정에 준하여 외국환은행의 장이 발급하는 것으로써 내국신용장발급규정상의 제한으로 인해 원자재의 공급을 받기 어려운 수출업자를 지원하기 위한 것이다. 구매승인서는 내국신용장과는 달리 무역금융의 융자대상증빙서류로 인정되지 않는다.

못하는 국내물품공급업자나 납품업자의 불안요소를 제거해 줄 수 있다.

또한 내국신용장은 수출업자에 대해서는 수출물품 또는 수출용 원자재를 사전에 대금지급하지 않고도 간편하고 원활하게 조달할 수 있도록 하는 동시에 물품공급업자나 납품업자에 대해서는 물품공급대금의 회수에 대하여 은행이 보증하고, 무역금융의 혜택도 부여한다.

앞서 언급한 바와 같이 내국신용장에 의한 국내물품공급자의 공급실적은 원수출실적으로 인정해 주기 때문에 세제상 수출과 동등하게 부가가치세의 면세혜택을 주고 있다. 결국 내국신용장제도는 이러한 여러 효용을 공여함으로써 국산원자재의 사용을 촉진하고 수출물자의 생산 공급을 원활히 함으로써 외화의 축적 및 절약을 실현할 수 있게 된다.

(3) 내국신용장과 양도가능신용장의 비교

내국신용장은 수출업자가 국내의 또 다른 물품공급업자를 활용한다는 차원에서 양도가능신용장과 유사하지만 근본적으로 다음과 같은 본질적 차이점이 있다.

첫째, 양도가능신용장은 개설될 당시부터 제3자를 개입시킬 목적으로 신용장상에 "양도가능(transferable)"이라는 문구를 삽입하여 신용장의 조건대로 이 원신용장 자체를 제3자에게 그대로 양도하지만, 내국신용장은 수출업자가 받은 원신용장을 견질로 다시 또 하나의 신용장이 개설되기 때문에 원신용장과는 별개의 독립된 신용장이다.

둘째, 양도가능신용장의 경우 제2수익자는 수입국의 원신용장 개설은행으로부터 직접 지급확약을 받지만, 내국신용장의 경우 국내물품공급업자는 내국신용장을 개설한 국내의 개설은행으로부터 지급확약을 받는다. 따라서 내국신용장하에서의 수익자인 국내물품공급업자는 원신용장의 개설은행이나 개설의뢰인과는 아무런 계약관계가 성립하지 않는다.

셋째, 양도가능신용장은 수출업자인 제1수익자가 제2수익자에게 신용장을 양도할 때 신용장의 금액, 단가, 유효기일, 선적기일 등의 감액 내지 감축, 그리고 부보금액의 증액 등을 제외하고는 원신용장의 모든 조건과 내용을 변경 없이 양도하여야 하나, 내국신용장의 경우 원신용장하에서의 수익자인 수출업자는 원신용장을 견질로 하여 모든 조건과 내용을 임의로 변경하여 내국신용장을 개설할 수 있다.

넷째, 양도가능신용장의 경우에는 양도가능신용장을 개설한 수입지의 개설은행과 양도를 취급해주는 수출지의 양도취급은행이라는 국적을 달리하는 2개국의 은행이 반드시 개입해야 하는 국제적인 거래인 데 반해, 내국신용장은 적격성을 갖춘 원신용장이라면 이를 견질로 원신용장의 개설은행과는 아무런 관련 없이 국내에서 발급될 수 있다.

(4) 내국신용장의 결제

1) 매입의 의뢰

내국신용장의 수익자인 공급업자는 원자재 또는 완제품을 내국신용장의 개설의뢰인인 수출업자에게 내국신용장상에 명시된 기일 내에 공급하고 물품수령증을 교부받아 내국신용장에서 요구한 제반서류를 구비하여 자기가 거래하는 외국환은행에 어음의 매입의뢰를 한다.

내국신용장에 의한 어음 매입시 필요한 서류들은 다음과 같은 것들이 있다.

① 환어음

② 물품수령증명서(물품수령증명서는 세금계산서 건별로 대응하여 발급되어야 한다. 단, 내국신용장에 명시된 조건에 따라 수출용 원자재를 분할공급 받는 경우에는 그 기간 중 분할공급시마다 교부된 세금계산서상의 공급가격을 일괄하여 하나의 물품수령증명서를 발급할 수 있다)

③ 공급자 발행 세금계산서 사본(세금계산서의 교부대상과 내국신용장의 개설의뢰인은 일치하여야 하며, 내국신용장의 수혜자가 부가가치세법에 의한 세금계산서 발급대상이 아닌 경우에는 물품명세가 기재된 송장으로 대체할 수 있다)

④ 기타 필요하다고 인정되는 서류

2) 매입의 제한

국내의 외국환은행은 모두 내국신용장하의 어음을 매입할 수 있으나 내국신용장에 의하여 각종 금융이 이루어졌을 경우에는 해당융자를 해준 은행만이 내국신용장에 의한 어음을 매입할 수 있다. 이 경우 어음의 매입 시 융자금액을 차감하고 지급된다.

한편 외화표시 내국신용장에 의하여 발행된 어음은 매입할 수 없으며, 당해 내국신용장의 개설은행 앞으로 추심의뢰 하여야 한다.

3) 대금의 결제

내국신용장하에서 환어음매입을 의뢰받은 외국환은행은 원화액면금액으로 매입하지만, 환어음 매입 시 환율이 개설 시와 다른 경우에는 당해 내국신용장 개설 시 부기된 외화(미달러)금액을 매입당일의 대고객 전신환매입율로 환산한 금액으로 매입한다.

매입은행은 매입금액과 매입일을 내국신용장 이면에 기입하고 내국신용장 개설은행 앞으로 추심의뢰를 하게 된다. 내국신용장의 개설은행은 지급거절의 사유가 있지 않는 한 지급제시를 받은 날로부터 3영업일 이내에 어음을 결제해야 한다.

개설은행이 이와 같이 어음을 결제하게 되면 수출신용장, 수출계약서, 외화표시 공급계약서 또는 원내국신용장 뒷면에 그 내용을 기재하고 내국신용장개설의뢰인에게 그 지급을 청구하게 된다.

4) 지급거절의 사유

내국신용장거래에 있어서 지급거절의 사유로 볼 수 있는 경우는 다음과 같다. 다만 내국신용장의 개설의뢰인이 지급거절사유가 있는 경우에도 지급에 동의하는 경우에는 환어음을 결제할 수 있다.

① 어음의 형식 불일치 또는 지급지가 상이한 경우
② 어음의 위조·변조 또는 사고신고가 접수된 경우
③ 물품수령증명서상의 수령인의 서명인감이 개설시 신고한 서명인감과 불일치한 경우
④ 어음의 지급제시일(내국신용장어음의 매입일 또는 추심의뢰일)이 내국신용장의 유효기일을 경과한 경우

그림 2　내국신용장거래 절차

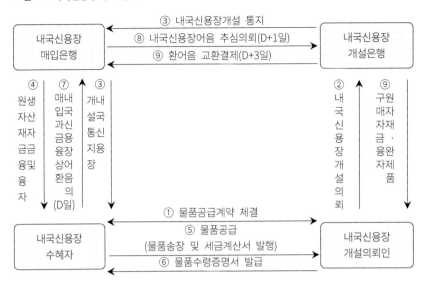

⑤ 물품수령증명서상의 물품명세가 내국신용장상의 물품명세와 상이한 경우
⑥ 제시된 어음이 내국신용장상의 조건과 내용에 불일치한 경우

7. 보증신용장

(1) 보증신용장의 개념

　　보증신용장(standby credit)이란 보증신용장의 개설은행이 외국의 은행으로 하여금 특정인에게 자금을 대여하도록 하고 일정기간이 도래한 후 그 특정인이 채무의 상환을 이행하지 않았을 경우 채권자인 외국의 은행에게 주채무자인 특정인(개설의뢰인)을 대신하여 대금을 지급하겠다는 약속증서를 말한다.

　　보증신용장은 수출입상품의 대금결제를 목적으로 하는 외환신용장이 아니고 금융조달을 위한 담보 또는 지급보증을 위해 사용되는 특수 목적의 채무보증신용장이다.

　　예를 들어 해외에 나가있는 우리나라 특정기업의 지사 내지 자회사는 담보가 적어 현지국에서 융자 혹은 신용공여를 받으려 할 때, 현지국 은행은 담보력이 미약한 이 지사 내지 자회사에게 자금을 대여해 주지 않으려 할 것이다.

이러한 경우 해외의 지사 내지 자회사는 본사에 요청하여 본사의 거래은행이 개설은행이 되어서 현지국의 은행을 수익자로 하는 보증신용장을 개설해 주면 현지국 은행은 이 보증신용장을 담보로 하여 그 지사 내지 자회사에 융자 혹은 신용공여를 해주게 된다.

만일 이 지점 내지 자회사가 지정된 일정기간 내에 채무를 이행하지 않거나 부도를 내면 보증신장하의 수익자인 현지국 융자은행은 보증신용장 개설은행 앞으로 발행한 무담보환어음(clean draft)과 지사 내지 자회사(즉 채무자)의 채무불이행진술서를 첨부하여 이를 보증신용장 개설은행에게 제시함으로써 대금의 지급을 받을 수 있다.

이와 같은 보증신용장은 원래 미국을 중심으로 크게 발달되어 왔는데 이는 미국에서는 은행이 보증업무를 하는 것은 명백한 실정법상의 월권행위(ultra vires act)로 간주되어 불법의 영업활동으로 취급되었기 때문에 이를 우회하기 위해 은행이 신용장이라는 수단을 빌어 실질적인 보증행위를 하였음에 연유한다. 물론 보증신용장은 미국에만 국한되어 활용된 것은 아니며, 실제로 용어와 정도의 차이는 있겠지만 보증의 행위는 여러 나라의 은행실무상 보편화되어 있었던 영업행위였다.

이러한 용도의 보증신용장은 1960년대를 기점으로 국제적 상품교역의 지급보증뿐만 아니라 국제적인 입찰보증, 이행보증 등의 계약 의무보증 및 기타 채무보증 등 국제경영활동에까지 확대되었다.

우리나라는 은행의 영업과 관련된 행위능력의 범위를 넓게 해석하고 있기 때문에 미국과 같이 은행의 보증행위를 법으로 금하고 있지 않으며 외환관리법상 특별히 보증신용장과 전통적인 개념의 은행보증(back guarantee)을 구분하지 않고 포괄적으로 대외외화표시지급보증으로 정의하고 있다.

(2) 보증신용장의 용도

국제상거래의 거래 당사자들에 의해 국제상거래를 활성화시키고 촉진시키기 위해 발전되어온 보증신용장은 점차 계약당사자의 신용을 은행의 신용으로 대체시키는 결과를 가져왔다.

초기단계에서 보증신용장은 수출업자가 수입업자로부터 상품대금을 직접 수취하기로 한 경우 수입업자의 지급불이행에 대비하여 은행이 대금지급을 보증해 주는 보증수단으로 사용되었으나 오늘날 보증신용장은 거의 모든 거래에서 계약의 이행을 보증하기 위한 수단으로 활용되고 있다.

보증신용장을 활용한 가장 대표적인 적용 예를 살펴보면 아래와 같다.[85]

① 해외에 진출해 있는 현지 자회사 내지 관계회사의 현지국에서의 금융의 담보를 위한 은행의 지급보증용으로 활용된다.

이는 이미 언급한 바와 같이 보증신용장의 가장 전형적인 형태로 담보력이 부족한 해외의 자회사 등이 현지국에서 자금을 조달받는다든지 신용공여를 받을 수 있도록 자국내 은행의 채무보증능력을 빌려 보증신용장을 활용하는 형태이다.

② 상품의 매매와 관련하여 수입업자의 채무불이행을 담보받기 위해 수출업자를 수익자로 하여 보증신용장을 개설하는 형태이다. 이 용도는 일반적인 화환신용장(documentary credit)의 기능과 유사한 것으로 화환신용장거래에 있어서 수반되는 서류의 구비와 서류의 검토 등 까다로운 절차를 회피할 목적으로 활용된다. 즉 수입업자가 수출업자에게 적기에 상품대금을 지불해준다면 이 보증신용장하에서의 은행의 채무상환의무는 발생하지 않으며, 단지 수입업자의 지급불능 내지 지급불이행 때에만 은행이 책임을 지게 된다.

따라서 이 형태의 보증신용장은 무담보신용장(clean credit)의 형식을 갖게 되며, 수출업자는 상품의 선적에 따른 관계선적서류의 구비없이 매매계약상의 상업송장과 수입업자가 대금을 지급하지 않았음을 증명하는 채무불이행증명서를 환어음과 함께 첨부하여 제출하면 은행으로부터 대금의 지급을 받을 수 있게 된다.[86]

③ 임대차계약(lease contract)하에서 장비 및 부동산 등의 임대 시 임대기간

---

85) Burton V. McCullough, *op.cit.*, 1−61 이하 참조; John F. Dolan, *op. cit.*, 1−17 이하 참조.

86) 이러한 형태의 보증신용장을 미국에서는 Invoice Credit이라고 한다. 이 보증신용장은 고가치의 대량화물일 경우 상당한 액수의 화환신용장의 은행수수료를 회피할 목적으로 활용된다.: *Ibid.*

만료시점에서의 시설물의 반환과 임대료의 확보를 위해 임대인(lessor)을 수익자로 하는 보증신용장을 활용한다. 이와 유사한 형태인 선박의 용선계약(charter party contract)에서도 용선에 따른 용선자의 제반 용선비용의 확보를 위해 용선주를 수익자로 한 보증신용장이 이용된다.[87]

④ 플랜트 수출이나 해외건설수출 등과 같은 대규모 경영사업에 이용되는 채무증서(bond)를[88] 대체하여 보증신용장이 사용된다. 즉 주채무자인 수주자가 계약서에서 정한 채무를 이행하지 않으면 은행이 보증인으로서 해외발주자의 청구에 따라 보증금을 지불하게 되는 입찰보증(bid bond),[89] 계약이행보증(performance bond)[90], 선수금환급보증(advance payment bond)[91]의 기능을 보증신용장이 대신한다.

⑤ 이외에도 보증신용장은 채권확보를 위해 상업어음 및 약속어음 발행의 담보증서로도 활용된다.

(3) 화환신용장과의 비교

보증신용장은 개설은행이 거래처의 의뢰에 따라 그 거래처가 제3자에게 부담하고 있는 채무의 지급을 약정하거나, 보증채무 등 장래에 부담하게 될 가능성이 있는 채무를 인수하는 기능을 갖기 때문에 일반 물품의 매매계약의 대금지급 수단으로 활용되는 화환신용장과는 본질적으로 다음과 같은 차이를 보인다.

---

87) Daniel E. Murray, "Letter of Credit in Non−Sale of Goods Transaction", *The Business Lawyer*, vol. 30, 1975, p.1104 참조.

88) 채무증서(bond)라 함은 일정금액의 지급을 약속하는 날인증서에 의한 계약 또는 그 증서를 의미하는 것으로 보통 단순한 상품거래이외의 대규모 거래 또는 장기간의 시일이 소요되는 계약 시 수입업자 내지 발주자에 대해 공신력 있는 은행이나 보험회사 등이 발행하는 보증서를 말한다.

89) 입찰보증이란 낙찰이 되었음에도 불구하고 계약을 하지 않는 경우를 대비하여 이를 담보받기 위해 활용되는 보증서를 말한다.

90) 계약이행보증이란 계약체결 후 매도인 또는 하청업자 등이 계약을 이행하지 않을 경우에 이를 담보받기 위해 활용되는 보증서를 말한다.

91) 선수금 환급보증이란 해외발주자가 수주자에게 일정한 금액을 미리 지급한 경우 수주자가 계약을 불이행할 경우 이미 지급한 선수금을 보장받고자 할 때 이용되는 보증서를 말한다.

첫째, 일반 화환신용장에 내재되어있는 계약(underlying contract)은 물품의 매매계약(contract of sale)이지만 보증신용장하의 내재된 계약은 주로 용역계약(service contract)일 때가 많다.92) 따라서 화환신용장은 물품의 거래에 따른 대금지급수단임에 반해 보증신용장은 금융거래시의 담보나 지급보증용으로 활용된다.

둘째, 신용장하에서 제출되는 서류의 종류가 다르다. 즉 화환신용장은 신용장개설은행이 수익자에 대하여 신용장 조건과 내용에 일치하는 선적서류 일체와 환어음이 제시되면 이를 지급·인수·매입하겠다는 약정을 의미하지만, 보증신용장은 선적서류 대신 환어음과 수익자 자신이 작성한 채무불이행증명서를 수익자가 제시하면 이를 지급하겠다는 보증을 의미한다.

셋째, 화환신용장하에서 발행되는 환어음은 선적서류의 구비를 전제로 하고 있는 화환어음(documentary bill of exchange)이지만, 보증신용장하에서 발행되는 환어음은 선적서류가 수반되지 않는 무담보어음(clean bill of exchange)이라 할 수 있다.

넷째, 신용장 개설은행의 지급확약과 관련하여 화환신용장거래는 수익자인 매도인이 신용장하에 내재된 기본계약을 이행하여야 대금을 지급받는 적극조건(positive condition)을 전제로 하고 있는 반면, 보증신용장거래는 개설의뢰인인 주채무자가 신용장하에 내재된 기본계약을 불이행하였을 때 채권자인 수익자가 대금을 지급받는 소극조건(negative condition)을 전제로 하고 있다.

다섯째, 화환신용장거래에서 지급을 위해 제시되어야 하는 선적서류에는 선하증권 등과 같이 계약상품을 대표하는 권리증권(document of title)이 포함되어 있어 유통성(negotiability) 내지 상업성(merchantability)을 가지지만, 보증신용장거래에서 지급을 위해 필요한 서류인 불이행증명서 내지 진술서는 단순히 개설의뢰인의 계약적 의무불이행을 입증하는 진술서에 불과하기 때문에 유통성뿐만 아니라 상업적 목적도 가지지 못한다.

또한 화환신용장거래하의 관계선적서류들은 제시되어야 할 형태가 상당히 정형화되어 있지만 보증신용장하의 제시서류는 산업 및 거래의 유형별로 다양

---

92) Burton V. McCullough, *op.cit.,* 1−57.

한 서류들이 활용됨에 따라 전형적인 서류의 양식이 결여되어 있다.93)

여섯째, 화환신용장거래에서 개설은행은 신용장에 의한 환어음을 지급한 후에 개설의뢰인에게 담보권을 행사할 수 있는 선적서류를 인도함으로써 당해 환어음금액을 충당 받을 수 있다. 즉 화환신용장거래는 개설은행이 개설의뢰인을 위해 선지급한 대금이 상대적으로 비교적 짧은 기간에 합리적으로 충당될 것이라는 것을 기대할 수 있으며, 혹시 대금충당이 이루어지지 않을 경우를 대비하여 신용장거래에 수반되는 서류에 대해 담보권을 행사한다든지 또는 미리 개설의뢰인으로부터 담보를 확보해 놓는 자기정산거래(current self-liquidating transaction)가 가능하지만 보증신용장거래에서의 개설은행은 환어음을 지급하고 나면 당해 은행은 대개가 지급불능상태의 개설의뢰인의 채권자가 될 때가 많으며, 보증신용장거래의 목적상 개설의뢰인의 계약불이행시 개설은행의 지급의 의무는 절대적인 것이 되므로 특별히 개설의뢰인으로부터 별도의 담보를 확보해 놓지 못하면 차후 담보권행사에 따른 합리적 대금충당의 기회를 상실할 가능성이 크다.94)

(4) 보증과의 비교

보증(guarantee)이란 타인의 금전채무, 채무불이행 또는 불법행위에 대하여 2차적으로 책임을 진다는 뜻의 계약을 의미한다.95) 즉 보증이란 채무자의 계약조건의 불이행 또는 위반에 대해 일정한 금액을 지급하겠다는 보증인의 약속이다.

보증이라는 행위가 성립되기 위해서는 채권자(creditor), 주채무자(principal debtor), 보증인(guarantor)이라는 세 당사자가 개입되는 것이 전제가 되며, 보증

---

93) 경우에 따라서 보증신용장거래에서는 수익자가 작성한 불이행증명서 대신 개설의뢰인 앞으로 발행한 어음에 대한 공증인에 의해 작성된 거절증서(notarial protest)가 요구될 때가 있다 이 증서의 발행목적은 수익자가 지급거절을 당했음에 대한 완전한 증거를 제공받는 데 있기 때문이다.; A.G. Guest, *Benjamin's Sale of Goods,* Sweet & Maxwell, 1987, p.1461

94) Richard J. Driscoll, "The Role of Standby Letter of Credit in International Commerce: Reflection After Iran", *Virginia Journal of International Law,* vol. 20; 2, 1980, p.469; Henry Harfield, *op. cit.,* pp.177-178.

95) *Black's Law Dictionary,* 6th ed., West Publishing Co., 1990, p.705.

인은 주채무자가 채권자에게 지급의무 등을 이행하지 못했을 때 채권자에게 주채무자의 채무를 지급하게 된다.[96]

　　보증신용장이란 개설의뢰인이 계약적 의무를 불이행할 경우 수익자에게 그 이행을 개설은행이 보증하겠다는 약정이므로 일견 보증계약과 기능적으로 상당히 유사하다고 판단할 수 있다. 그러나 보증신용장은 이미 언급한 바와 같이 미국 등과 같은 나라에서 은행의 제3자에 대한 보증을 정관목적외의 월권행위로 간주하는 독특한 법리를 우회하기 위한 방책으로 신용장의 본질적 특징을 이용하여 창출된 고안(device)이기 때문에 근본적으로 보증과는 다음과 같은 면에서 주요한 차이점을 보인다.

　　첫째, 보증계약(contract of guarantee)이란 채권자와 주채무자 간의 기본계약(underlying contract)에 부종하여 채권자와 보증인 간에 체결된 약정을 의미한다. 따라서 보증계약은 채권자와 주채무자 간의 기본계약에 부차적으로 형성되는 것이기 때문에 기본계약이 무효가 된다든지 소멸이 되면 보증인의 지급의무는 당연히 소멸되는 2차적 또는 부종적 채무계약(secondary or ancillary obligation)이라는 본질적 특징을 가진다.

　　반면 보증신용장은 소위 신용장의 독립·추상성 원칙에 따라[97] 일단 개설은행이 보증신용장을 발행하게 되면 개설의뢰인과 수익자간의 기본계약의 존폐여부에 관계없이, 그리고 그들 간의 기본계약상의 채무·채권관계와는 상관없이 독립적인 1차적 책임(primary obligation)을 지게 되며, 보증신용장상의 조건과 내용에 일치하는 서류가 제시되면 개설은행은 수익자에게 약정된 대금을 지급한다.[98]

　　둘째, 보증신용장은 화환신용장의 경우와 같이 신용장거래의 기본 원리인

---

96) *Border National Bank v. American National Bank,* 282 F. 73. 77(5th Cir. 1922); *Cargill Inc. v. Buis,* 543 F. 2d 584, 587(7th Cir. 1976); *O'Grady v. First Union National Bank,* 250 S.E. 2d 587, 593(N.C. 1978)

97) 바로 이와 같은 특징 때문에 보증신용장은 다양한 국내외거래에서 주요한 보증수단으로 각광을 받고 있다.; John F. Dolan, "Letter of Credit, Article 5, Warranties, Fraud, and the Beneficiary's Certificate," *The Business Lawyer,* vol. 41, 1986, p.355.

98) *Bank of North Carolina N.A. v. Rock island Bank,* 570 F. 2d 202(7th Cir, 1978); *Utica Mutual Insurance Co. v. Walker* 725 S.W. 2d 24(Ky. Ct. App. 1987); *Howe Richardson Scale Co. Ltd. v. Polimex – Cekap*(1978) 1 Lld. Law Rep. 161.

엄격일치의 원칙이 준용된다. 물론 보증신용장의 경우에도 이러한 서류의 엄격일치원칙이 적용되어야 하는가 하는 문제는 이론(異論)의 여지가 있을 수 있다. 왜냐하면 보증신용장거래에서 요구되는 서류는 신용장의 개설의뢰인이 수익자에 대한 채무를 불이행하였다는 것을 증명하는 단순한 진술서가 고작이기 때문이다.

그러나 보증신용장에서 제시되는 이와 같은 불이행증명서는 보증신용장거래에서의 지급청구의 가장 중요하면서도 유일한 서류이기 때문에 제출된 불이행증명서가 보증신용장의 문면상 일치하지 않는다면 은행은 지급을 거절하는 것이 일반적인 관행이다.99)

반면 채무불이행보증서(performance bond) 등과 같은 일반적 보증계약에서는 당사자 간의 반대 합의가 없는 한 제시되는 서류가 어떠한 특정의 형태를 충족시키도록 규정화된 것은 아니며, 보증신용장에서 요구되는 서류와는 본질적으로 다른 것이기 때문에 특별히 서류의 엄격일치가 적용되지 않는다.100)

셋째, 보증신용장은 화환신용장의 경우와 마찬가지로 신용장통일규칙의 적용대상이 된다. 반면 보증계약은 각국의 법률에 따라 적용을 받으며, 경우에 따라 당사자 간의 합의에 따라 보증에 관한 통일규칙(Uniform Rules for Contract Guarantees)의 적용을 받을 수 있다.

---

99) *Chase Manhattan Bank v. Equibank*, 394 F. Supp. 352, 256(1975), 550 F. 2d. 882(3rd Cir. (1977); *Insurance Co. of North America v. Heritage Bank,* 595 F. 2d 171(3rd Cir. 1979)

100) *Siporex v. Banque Indosuez* (1986) 2 Lld. L. Rep. 146; *I.E. Contractors Ltd.(GKN) v. Lloyds Bank Plc. & Rafidain Bank* (1990) 2 Lld. L. Rep.; A.G. Guest, *op. cit.*, p.1476.

Chapter 03
신용장의 주요내용

신용장통일규칙 준거문언

　전 세계의 신용장거래관습을 통일화하기 위한 노력의 일환으로 1933년 국제상업회의소(international Chamber of Commerce; ICC)에 의해 제정된 신용장통일규칙(Uniform Customs and Practice for Documentary Credit)은 1951년 Lisbon에서 개최된 제13차 국제상공회의에서 신용장통일규칙이 1차 개정되면서 신용장의 '표준양식(Standard Form)'도 채택되어 현재의 신용장의 형태를 갖추게 되었다.
　국제무역거래에 사용되는 모든 신용장에는 반드시 다음과 같은 신용장통일규칙 준거문언을 삽입하여야 한다.

"Unless otherwise expressly stated herein, this credit is subject to the Uniform Customs and Practice for Documentary Credit (2007 Revision), International Chamber of Commerce, Publication No. 600."

　신용장통일규칙 준거문언을 신용장상에 삽입하게 되면 신용장거래를 하는 모든 당사자들은 신용장통일규칙에 의하여 구속을 받게 되며, 신용장통일규칙은 신용장거래의 준거법으로서의 기능을 하게 된다.

개설은행(issuing bank)

　신용장개설은행에 의해 개설되는 대부분의 신용장은 다음과 같은 문언으로 시작된다.

「We hereby open our irrevocable letter of credit ....」

「We hereby establish our irrevocable letter of credit ....」

「We hereby issue our irrevocable letter of credit ....」

여기서 We와 Our 는 신용장개설은행을 말하며 취소불능신용장을 개설함을 명백히 하고 있다.

「We hereby authorize you to value on ....」

「You are hereby authorized to draw on ....」

여기서 You는 신용장을 받게 되는 당사자이자 신용장거래에서 환어음을 발행하는 권한을 부여받은 수익자(수출업자)를 지칭한다.

section 03 신용장 금액(L/C amount)

신용장 금액은 「for an amount of ....」, 「up to an aggregate amount of ....」, 「for a sum or sums not exceeding a total of ....」와 같이 표기된다.

이 신용장금액은 당해 신용장에 의해 발행되는 환어음의 최대한도를 뜻하는 금액이다. 여기서 "aggregate amount", "sum or sums"라는 표현은 분할선적(partial shipment)이 되어 환어음이 여러 번 나뉘어져 발행(partial drawing)될 때 신용장에 의하여 발행되는 모든 환어음의 총액이 일정액을 초과할 수 없다는 뜻이다.

section 04 수익자(beneficiary)

수익자란 수출을 이행하고 그 대전을 받기 위해서 환어음을 발행하는 자(drawer)이다. 신용장은 수익자 앞으로 발행되므로 신용장의 addressee이며, 수익자의 성명(상호)과 주소가 병기된다. 수익자 란을 별도로 두어 수익자명만 적어 넣게 된 양식도 있지만 신용장 본문 중에 기재될 경우에는 아래의 문장으로 표현된다.

「We hereby open our irrevocable letter of credit in our favor(또는 in favor of xxx) ....」

section 05   개설의뢰인(applicant)

신용장의 개설을 의뢰하는 수입업자는 대금결제의 궁극적 당사자이다. 신용장 대금은 수입업자의 계정에서 결제되므로 accountee로 표기되기도 한다.

신용장 본문에는 다음과 같이 표현된다.

「.... in your favor for account of xxx Co.,」, 「By order of xxx Co. 」We hereby authorize you to value on ABC Bank for account of xxx Co. 」

section 06   지급인(drawee)

신용장하에서 발행되는 환어음의 지급인 표시는 다음과 같다.

「Draw on xxx」
「To value on xxx」

신용장거래에서 환어음은 개설은행 앞으로 발행되고 지급인은 개설은행이 되므로 on 다음에 개설은행을 기입하거나 또는 그냥 on us라고 표시할 수도 있다.

section 07 **환어음 만기일(tenor)**

Tenor는 환어음의 만기일을 표시하는 일람불일 경우 「at sight」, 기한부일 경우 「xx days sight」로 표시한다.

section 08 **선적기일(shipment date)**

선적기일은 다음과 같이 표시된다.

「Shipment must be effected on or before xxx」
「Shipment must be effected not later than xxx at the latest」

선적기일은 수출업자가 계약물품을 선박 등과 같은 운송수단에 적재해야 하는 최종 일자를 의미한다. 선적기일의 기준은 선적선하증권의 경우 발급일자로 또는 수취선하증권의 경우 본선적재필 란의 실제 설적일자로 한다.

선적기일의 표시에 사용되는 "to", "until", "till", "from" 및 기타 이와 유사한 용어는 그 기재된 일자를 포함하며, "before" 및 "after"란 용어가 사용되면 기재된 일자는 제외한다. 그리고 최종 선적기일이 공휴일이라도 선적기일은 연장되지 않는다. 만약 선적기일의 표시가 없으면 신용장의 유효기일이 최종 선적기일로 간주된다.

선적기일과 관련하여 "prompt", "immediately", "as soon as possible" 등과 같은 표현은 사용해서는 안 되며 "on or about"라는 표현이 사용된 때에는 양끝의 일자를 포함하여 명시된 일자 이전의 5일부터 그 이후의 5일까지의 기간 동안에 선적이 이행되어야 하는 것으로 해석한다.

section 09 　유효기일(validity)

유효기일이란 수익자가 지급·인수·연지급 또는 매입을 받기 위해 지급은행·인수은행·연지급은행 또는 매입은행에 환어음 및/또는 서류를 제시하여야할 최종 기일을 말한다. 모든 신용장에는 유효기일과 지급·인수·연지급 또는 매입이 이루어지는 장소[1]가 명시되어야 한다.

신용장의 유효기일[2] 표시는 다음과 같은 형태들이 있다.

「Drafts must be presented for payment/negotiation on or before xxx」

「Drafts must be presented for negotiation not later than xxx」

「This credit expires on xxx」

「Drafts drawn under this credit must be negotiated by a bank not later than xxx」

「This credit expires on xxx for negotiation in ooo」

「This credit is valid until xxx with ooo」

유효기일은 환어음의 매입이나 지급을 위하여 지급·인수·연지급 또는 매입은행에 서류를 제시하는 최종기일을 뜻하는 것이지 당해 은행에서 환어음의 매입이나 지급을 완료하여야 하는 최종기일을 뜻하는 것이 아니다. 따라서 수익자는 유효기일이 만료되는 날 은행영업 마감시간 전에만 환어음 및/또는 제반서류를 제시하면 유효기일을 준수한 것으로 본다.

한편 신용장의 유효기일이 공휴일에 만료되면 그 다음 정상 영업일까지 연장된다.[3] 그리고 "to", "until", "till", 또는 "from" 등의 표현이 유효기일을 지정

---

1) 매입이 지정된 은행에 국한되지 않고 자유롭게 수익자가 선택할 수 있는 자유매입신용장(freely negotiable credit)은 매입장소를 특정할 수 없으므로 예외이다.

2) 유효기일은 validity date 또는 expiry date라고도 한다.

3) 그러나 이런 사유로 연장된 날에 대금이 지급·인수·연지급 또는 매입이 된 경우에는 "제6차 개정 신용장통일규칙 제29조 (b)항 규정에 의하여 연장된 기한 내에 제시되었음"이라는 문언을 Covering Letter상에 부기하여야 한다.

할 때 사용되면 그 지정된 날짜까지 포함하는 것으로 간주한다.

은행은 특별히 권한이 부여되어 있지 않는 한, 동맹파업·직장폐쇄·반란· 소요·내란·천재지변 또는 기타 불가항력으로 인한 업무중단으로 유효기간이 경과한 신용장에 대해서는 지급·인수·연지급 또는 매입을 하지 않는다.

section 10 분할선적, 할부선적 및 환적

1. 분할선적(partial shipment)

신용장상에 분할선적에 대하여 아무런 명시가 없는 경우에는 분할선적은 허용되는 것으로 간주한다. 따라서 분할선적을 금지하기 위해서는 신용장상에 「Partial shipments are not allowed(permitted)」 또는 「Partial shipments are prohibited」 등의 문언을 기재해야 한다.

분할선적의 여부에 대해 중요한 것 중의 하나는 운송서류가 비록 각각 다른 일자에 서로 다른 선적지에서 선적되었다고 표시하고 있다 할지라도 동일한 항로를 따라 동일한 운송수단에 의해 동일한 목적지를 향해 운송된다고 명시하고 있다면 이는 분할선적으로 간주되지 않는다는 점이다.[4] 반면 같은 운송방식이지만 여러 운송수단에 의해 선적된 경우 비록 여러 운송수단이 동일한 목적지를 향해 동일한 날짜에 출발하였다 하여도 이는 분할선적으로 간주됨[5]을 유의할 필요가 있다.

2. 할부선적(instalment shipment)

주어진 기간 동안 특정기일 내에 계약에서 정한 일정량을 계속 선적해 나

---

4) 예를 들어 인천을 떠나 부산을 거쳐 뉴욕으로 가는 선박에 인천에서 화물을 선적하고 또 부산에서 같은 선박에 선적을 하여 각각 다른 선하증권을 발급받았다 하여도 동일한 항해 동일한 목적지를 향하는 동일한 선박에 선적한 경우라면 분할선적으로 간주되지 않는다. 이때 가장 늦게 선적한 날이 선적일이 된다.: 제6차 개정 신용장통일규칙 제31조 (B)항 참조.

5) 제6차 개정 신용장통일규칙 제31조 (b)항.

가는 것을 할부선적이라 한다. 이와 같은 일정기간의 할부선적이 규정된 신용장의 경우 정해진 여러 차례의 선적 중 어느 한 선적분이 허용된 기간 내에 선적되지 않았을 경우에는 신용장에 별도의 명시가 없는 한 당해 할부선적분을 포함하여 그 이후의 모든 선적분에 대해 신용장의 효력은 정지된다.[6]

3. 환적(transhipment)

신용장거래에서 환적이라 함은 신용장상에 명시된 선적항(또는 물품의 인수지)으로부터 목적항(또는 최종 목적지)까지 운송과정 중 한 운송수단으로부터 물품을 양하하여 다른 운송수단으로 재적재하는 것을 말한다.

선박만을 운송수단으로 이용하는 해상운송의 경우 신용장에 별도의 환적허용 문구가 없는 한 환적은 일반적으로 허용되지 않으며, 만일 신용장에 환적을 허용하는 경우라 할지라도 반드시 하나의 동일한 선하증권(one and the same Bill of Lading)에 의해 전체 해상운송구간이 커버되어야 한다.

둘 이상의 운송수단을 이용하는 복합운송의 경우에는 복합운송의 본질상 신용장에 별도의 명시가 없는 한 환적은 일반적으로 허용된다. 물론 이 경우에도 전체 복합운송구간은 하나의 동일한 운송증권(one and the same Transport Document)에 의해 커버되어야 한다.

한편 해상운송의 경우 환적과 관련하여 다음의 두 가지 사항을 유의할 필요가 있다.

하나는 신용장이 환적을 금지하는 조건일지라도 운송인이 환적할 권리를 유보한다는 뜻의 조항이 선하증권의 이면약관으로 인쇄되어 있는 경우[7]에는 환적으로 간주하지 않는다[8]는 점이며, 다른 하나는 신용장이 환적을 명시적으로 금지하고 있는 경우라 할지라도 당해 물품이 컨테이너, 트레일러 또는 래쉬바지(LASH barge)로 선적되었다고 명백히 증명된다면 실제로 환적이 운송과정 중 일

---

6) 제6차 개정 신용장통일규칙 제32조.
7) 이를 환적유보조항이라고 한다.
8) 제6차 개정 신용장통일규칙 제20조 (d)항.

어났다 하더라도 환적으로 간주하지 않는다는[9] 점이다.

section 11 **제시되어야 할 선적서류**

제시되어야 할 선적서류는 일반적으로 다음과 같이 표기된다.

「Accompanied by the following documents.」

신용장거래에서 개설의뢰인이 요구하는 모든 서류는 상기의 문구 다음에 나열하여 명시하면 된다.

신용장에 의해 가장 많이 요구되는 서류들은 다음과 같다.

1. 운송서류(transport document)

운송서류는 운송하는 화물에 관한 운송계약의 증거이자 선적된 화물의 권리를 나타내는 증권으로써 현행 제6차 신용장통일규칙에서는 복합운송증권, 선하증권, 비유통성 해상운송장, 용선계약 선하증권, 항공운송서류, 도로·철도·내수로 운송서류, 그리고 택배영수증·우편수취증·운송증명서 등을 대표적인 운송서류 항목으로 분류하여 각각의 수리 적격사항들을 규정해 놓고 있다.[10]

이하에서는 사용빈도와 중요성이 높은 선하증권, 복합운송증권, 용선계약 선하증권, 항공운송서류에 대해 그 주요 내용들을 살펴보도록 한다.

---

9) 제6차 개정 신용장통일규칙 제20조 (c)항 ii) 참조.

10) 이는 수익자로부터 제출된 운송서류의 검토 시 은행의 수리적격사항들에 대한 운송서류 심사기준들을 말한다. 일반적인 경우 선하증권에 관한 신용장조건은 "Full Set of clean on board ocean Bills of Lading made out to the order of (issuing bank) marked 'freight collect(prepaid)' and notify accountee." 또는 이와 유사한 형태로 표시된다. 이 조건에 대한 자세한 해설은 선하증권 편을 참조.

(1) 선하증권(Bill of Lading)

선하증권의 명칭과 관련 없이 아래의 요건이 구비되어야 한다.

① 서명요건: 선하증권은 반드시 운송인의 명의가 표시되어야 하며 운송인 이나 그의 대리인, 또는 선장이나 그의 대리인에 의해 서명되어야 한다.

② 선적요건: 선하증권상에는 물품이 신용장에 명시된 선적항에서 지정된 선박에 선적되었음을 표시하고 있어야 한다. 이는 이미 인쇄된 문언으로 지정된 선박과 지정된 선적일에 선적되었음이 확인될 수 있고(선적선하증권의 경우), 본선적재필상의 실제 선적일과 선박명으로 확인될 수도 있다(수취선하증권의 경우).

③ 선적항 및 양륙항 요건: 선하증권상에는 신용장에 명시된 선적항과 양륙항이 명시되어 있어야 한다.

   만일 신용장상에 규정된 선적항이 선하증권의 문면상에 표시되어 있지 않다면 본선적재필상에 선적일, 선박명과 더불어 표시되어야 한다.

④ 전통(full set) 요건: 선하증권은 3부가 세트의 형태로 원본으로 발행되므로 그 원본 전통, 즉 3부의 원본이 모두 제시되어야 한다.

⑤ 운송약관 요건: 선하증권은 운송조건과 내용에 관한 약관이 포함되어 있어야 한다. 약식선하증권(short form B/L 또는 blank back B/L)의 경우에는 당해 선하증권의 이면에 운송증권의 출처에 관한 참조문언(reference)이 포함되어 있어야 한다.

⑥ 개품운송계약의 증거로서의 요건: 선하증권은 정기선(liner)운송을 위한 개품운송계약의 증거서류여야 하며 부정기선(tramper)의 운송을 위한 용선계약의 증거서류여서는 안 된다.

(2) 복합운송증권(Multimodal Transport Document)

복합운송증권의 명칭에 관계없이 아래의 요건이 구비되어야 한다.

① 서명요건: 복합운송증권상에는 반드시 운송인의 명의가 표시되어야 하며 운송인이나 그의 대리인, 또는 선장이나 그의 대리인에 의한 서명이 있어야 한다.

② 발송·인수·선적요건: 복합운송증권상에는 물품이 신용장에 명시된 장소에서 발송, 수탁 또는 선적되었음을 표시하고 있어야 한다. 이는 이미 인쇄된 문언으로 확인될 수 있고, 경우에 따라 물품이 발송·수탁·선적된 일자를 표시하는 스탬프 또는 부기에 의해 확인될 수 있다.

③ 발송·인수·선적지 및 최종목적지 요건: 복합운송증권상에는 신용장에 명시된 발송·인수·선적지 및 최종목적지가 명시되어 있어야 한다. 만일 복합운송서류상에 추가로 다른 발송·인수·선적지 또는 최종목적지가 표시되어 있다든지, 또는 선박, 선적항, 양륙항과 관련하여 미정(intended) 등의 의미를 표시하고 있을지라도 이미 상술한 바와 같이 당해 복합운송증권상에 명시된 발송·인수·선적지 및 최종목적지가 신용장에 명시된 발송·인수·선적지 및 최종목적지와 일치하면 요건이 충족된 것으로 본다.

④ 전통(full set) 요건: 복합운송증권은 3부가 세트의 형태로 원본으로 발행되므로 그 원본 전통, 즉 3부의 원본이 모두 제시되어야 한다.

⑤ 운송약관 요건: 복합운송증권은 운송조건과 내용에 관한 약관이 포함되어 있어야 한다. 약식복합운송증권의 경우에는 당해 선하증권의 이면에 운송증권의 출처에 관한 참조문언(reference)이 포함되어있어야 한다.

⑥ 개품운송계약의 증거로서의 요건: 복합운송증권은 용선계약의 증거서류여서는 안 된다.

(3) 용선계약 선하증권(Charterparty Bill of Lading)

용선계약 선하증권의 명칭에 관계없이 아래의 요건이 구비되어야 한다.

① 서명요건: 선하증권은 반드시 운송인의 명의가 표시되어야 하며 운송인이나 그의 대리인, 또는 선장이나 그의 대리인에 의해 서명되어야 한다.

② 선적요건: 용선계약 선하증권상에는 물품이 신용장에 명시된 선적항에서 지정된 선박에 선적되었음을 표시하고 있어야 한다. 이는 이미 인쇄된 문언으로 확인될 수 있고, 경우에 따라 본선적재필상의 실제 선적일과 선박명으로 확인될 수도 있다.

③ 선적항 및 양륙항 요건: 용선계약 선하증권상에는 신용장에 명시된 선적항과 양륙항이 명시되어 있어야 한다. 이때 양륙항은 신용장에 기재된 대로 일련의 다양한 항구 순, 또는 지리적 영역별로 표시될 수도 있다.

④ 전통(full set) 요건: 용선계약 선하증권 역시 1부 이상의 원본이 발행되므로 발행된 원본 전통이 모두 제시되어야 한다.

⑤ 운송약관 요건: 용선계약 선하증권은 다양한 운송조건의 용선계약에 의한 것이므로 선하증권과 같은 통일된 양식의 운송약관요건은 불필요하다.

(4) 항공운송서류(air transport document)

항공운송서류의 명칭에 관계없이 아래의 요건이 구비되어야 한다.

① 서명요건: 항공운송서류는 반드시 운송인의 명의가 표시되어야 하며, 운송인이나 그의 대리인에 의해 서명되어야 한다.

② 물품인수요건: 항공운송서류상에는 물품이 운송을 위하여 인수되었음을 표시하고 있어야 한다.

③ 선적일요건: 항공운송서류의 발행일은 물품의 선적일로 간주된다. 그러나 항공운송서류상에 실제 선적일자에 관한 특별 부기가 표기되어 있는 경우에는 이 특별 부기된 일자가 선적일이 된다.

④ 출발공항과 목적공항 요건: 항공운송서류상에는 신용장에 명시된 출발공항과 목적공항이 명시되어 있어야 한다.

⑤ 전통(full set) 요건: 신용장에서 원본 전통을 요구하고 있어도 송하인(consignor)용 또는 하주(shipper)용 원본 1통의 제시로 충분하다.

⑥ 운송약관 요건: 항공운송서류는 운송조건과 내용에 관한 약관이 포함되어 있어야 한다. 또는 당해 운송조건이 생략되어 있다면 운송조건의 존

재에 대한 또 다른 출처에 대한 참조문언이 포함되어 있어야 한다.

2. 보험서류(Insurance Document)[11]

보험서류는 신용장에서 요구된 대로 정규보험증권(insurance policy) 또는 보험증명서(insurance certificate)를 은행에 제시하여야 한다.[12] 이들 보험서류는 보험회사나 그의 대리인 또는 보험인수업자(underwriter)나 그의 대리인에 의해 발행되고 서명된 것이어야 하며 보험중개업자가 발행한 부보각서(cover note)는 수리되지 않는다.

보험서류는 선적일 이후에 부보된 때에는 수리되지 않으나 선적일 이후에 보험서류가 발행되었다 해도 이미 보험이 선적일 이전부터 효력이 발생하고 있다는 약관이 있는 경우에는 유효하다.[13]

모든 보험서류는 신용장에 명시된 통화와 동일한 통화 단위로 표시되어야 하며, 최저 부보금액은 부보된 물품의 CIF(또는 CIP) 가격의 110% 이상이어야 하지만 만일 이러한 가격이 결정될 수 없는 때에는 신용장에 의하여 발행되는 환어음 금액 또는 상업송장금액 중 어느 것이든 큰 금액을 최저금액으로 간주한다.

무엇보다 중요한 것은 신용장에는 요구되는 보험조건이 명확히 표시되어 있어야 한다는 것이다. 예를 들어 '통상의 위험'(usual risks), '관습적 위험'(customary risks) 등과 같은 불명확한 용어를 사용해서는 안 되며 특히 전위험(all risks) 담보와 같은 조건으로 보험서류요건을 정해 놓은 경우 은행은 하등의 책임을 지지 않고 당해 보험서류를 수리하므로 유의할 필요가 있다.

---

11) 이하 제6차 신용장통일규칙 제28조 (a)~(j)항 참조.

12) 신용장에서 보험증명서의 제시를 요구한 경우 정규보험증권을 제시해도 무방하지만, 신용장이 정규보험증권을 요구한 경우 보험증명서를 제시하는 것은 허용되지 않는다. 보험증명서는 일정기간 동안 특정물품을 동일한 거래선 간에 계속적으로 선적할 경우 체결하는 예정포괄보험(open cover)에서 발행되는 보험서류로서 당해 선적분에 보험이 발효됨을 인정해 주는 증명서를 말한다.

13) 협회적하약관(Institute Cargo Clause)상의 운송약관(transit clause)이 이에 해당한다.

3. 상업송장(Commercial Invoice)

신용장에 별도의 명시가 없는 한 상업송장은 수익자가 개설의뢰인 앞으로 작성하여야 한다.

무엇보다도 중요한 것은 상업송장상의 상품의 명세(description)인데 상업송장상의 상품의 명세는 반드시 신용장의 상품의 명세와 완전히 일치하여야 한다는 점이다.[14] 다시 말해 선적서류 중 상업송장 이외의 서류들은 신용장의 상품명세와 완전히 일치하지는 않더라도 상충되지 않는 일반적 용어(general term)로 기재될 수 있지만,[15] 수익자가 발행한 상업송장은 이 같은 여지는 인정되지 않으며 신용장과 완전히 일치해야 한다.

또한 신용장상에 별도의 지시가 없는 한 신용장금액을 초과한 금액으로 발행된 상업송장은 수리되지 않는다.[16]

---

section 12 **통지은행의 표시**

통지은행의 표시는 일반적으로 다음과 같다.

「This credit being advised by air mail through xxx bank.」
「Via air mail through xxx Bank.」

대개의 신용장에는 통지은행란이 지정되어 그 란에 통지은행명을 기입하면 된다.

경우에 따라서는 취소불능 신용장이라 하더라도 신용장 관계당사자들의 합

---

14) 제6차 개정 신용장통일규칙 제18조.
15) 제6차 개정 신용장통일규칙 제14조 (e)항.
16) 그러나 상업송장의 금액이 신용장금액을 초과하더라도 신용장금액을 초과하지 않는 금액만큼만 지정된 은행이 지급·인수·매입한다면 이는 수리가 가능하다. 이 경우 모든 신용장 당사자들은 지정은행의 이 같은 결정에 따라야 한다.

의에 따라 신용장의 조건변경이 있을 경우 원신용장의 통지은행을 통해 조건변경서를 통지하여야 한다.[17]

매입은행에 대한 지시

신용장에 의해 발행된 환어음을 매입은행 또는 지급은행 등이 매입하였을 때에는 사무착오의 방지와 선의의 제3자를 보호하기 위해 매입은행 또는 지급은행에 대해 다음과 같은 지시사항을 신용장에 명시한다.

「The amount and date of negotiation of each draft(s) must be endorsed on the reverse hereof by the negotiating bank.」

「All draft(s) under this credit should be endorsed on the back hereof.」

한편 신용장을 개설하는 우리나라 외국환은행들은 대부분 뉴욕 등에 본점을 둔 외국의 일급은행들에게 상당한 외화를 예치해 두고 있어 경우에 따라 우리나라 외국환은행이 제3국의 수출업자에게 달러($)화로 신용장을 개설해주었을 경우에는 결제은행(reimbursement bank)을 뉴욕 등에 있는 예치은행으로 지정하는 경우가 있다. 이럴 경우 매입은행 또는 지급은행은 신용장상의 모든 서류들을 개설은행인 우리나라 외국환은행 앞으로 송부하지만 상환어음(reimbursement draft)은 개설은행이 구좌를 갖고 있는 뉴욕의 예치은행 앞으로 발행하여 상환 받게 된다. 이러한 과정이 이루어질 경우[18] 환어음과 선적서류의 처리에 대해 다음과 같은 지시사항이 신용장에 명시된다.

「Please forward all documents and draft(s) negotiated directed to

---

17) 제6차 개정 신용장통일규칙 제9조 (d)항.
18) 이같이 결제은행을 달리 두어 신용장 거래를 할 경우에는 신용장 문면에 「ICC Rules for bank-to-bank reimbursement」 규정에 따라 결제가 이루어짐을 명시하여야 한다.: 제6차 개정 신용장통일규칙 제13조 참조.

xxx(opening) bank and reimburse yourselves in the amount of your nego—
tiation by drawing at sight on our account with xxx bank.」

section 14 개설은행의 지급확약문언

　개설은행은 신용장조건과 내용에 일치하는 서류가 제시되면 반드시 대급결
제 해주어야 하는 확약의 당사자이므로 개설은행이 발행하는 신용장에는 이 같
은 취지의 문언이 명시된다. 이를 개설은행의 지급확약문언이라 하는데 매입신
용장(negotiation credit)과 지급신용장(straight credit) 간에 다소의 문구상의 차이가
있다.

　매입신용장의 경우에는 신용장의 수익자가 발행하는 환어음을 자유롭게 매
입하는 선의의 제3자(bona—fide holder)가 개입되고 또 이들에 의한 배서
(endorsement)에 의해 유통되므로 환어음 발행자인 수익자뿐만 아니라 자유롭게
당해 환어음의 매입에 개입하는 이들에 대한 지급확약이 폭넓게 명시되는 반면,
매입할 수 있는 선의의 제3자의 개입이 제한되는 지급신용장의 경우에는 신용
장의 수익자에 대한 지급확약만으로 개설은행의 지급확약문언이 이루어진다.

　즉 매입신용장의 경우 개설은행의 지급확약문언은 다음과 같은 형태이다.

「We hereby engage with the drawers, endorsers, and bona—fide
holders of draft(s) drawn under and in compliance with the terms of the
credit that such draft(s) shall be duly honored on due presentation and
delivery of documents as specified.」

　반면 지급신용장상의 개설은행의 지급확약문언은 다음과 같은 형태이다.

「We hereby agree with you that the draft(s) drawn under and in
compliance with the terms of this credit shall be duly honored on due
presentation and on delivery of the documents as specified.」

Chapter 04
은행의 서류검토기준

section 01 **은행의 서류검토의무**

신용장거래는 수익자(beneficiary)가 신용장상에 명시된 제반 조건들과 일치하는 서류들을 은행에 제시함으로써 대금결제가 이루어진다. 그러므로 신용장에 명시된 조건과 일치하는 서류를 제시하지 않고서는 수익자는 대금회수가 불가능하다.

일반적인 관점에서 볼 때 수익자가 제시한 서류가 소위 엄격일치원칙(strict compliance rule)에 합치될 경우에는 은행의 업무는 단순해지지만, 제시된 서류에 하자가 있을 경우 은행의 업무에는 상당한 어려움이 따르게 된다. 즉 은행은 상당히 짧은 시간 내에 당해 서류를 수리해야 할지 거부해야 할지를 결정해야 하며 이를 위해서는 은행의 명확한 서류검토기준이 필요하기 때문이다.

신용장거래는 서류상의 거래이다. 은행은 서류를 사고 파는 것이지 물품을 사고파는 것이 아니다. 은행은 수익자와 개설의뢰인 사이에서 엄격한 중립성을 지켜야 한다. 은행은 마치 서류를 축(axis)으로 하여 매매계약당사자 사이에서 신용장상에서의 자신의 약정에 따라 그들과는 별개의 독립적인 관계를 유지하는 가운데 균등하게 배분된 계약관계의 위치에서 엄격하게 중립성을 지키면서 서류를 검토하여야 한다.

section 02 **엄격일치의 원칙**

일반적으로 무역관례상 제출되는 서류가 실질적으로만 신용장 조건과 일치한다면 대금의 지급이 이루어지는 것이 바람직할 수도 있겠지만 신용장 거래관

습은 전통적으로 서류의 엄격일치원칙을 준수하는 경향이 있다.[1]

　엄격일치의 원칙은 계약의 약정내용을 엄격히 지키지 않은 경우라도 계약의 주요부분을 성실하게 이행하고 계약의 본질적 부분에 결함이 없이 선의에 의해 이행한 경우 계약의 당사자는 계약적 의무를 충실히 수행한 것으로 본다는 '계약의 실질이행의 법리'(doctrine of substantial performance of contract)와는 대비되는 개념이다.

　신용장은 법률가들에 의해 인위적으로 개발된 계약법(contract law)의 산물이 아니라 상인들에 의해 오랜 기간 진화·발전해온 상업적 특수성(mercantile specialty)을 지닌 자생적 고안물이다. 따라서 계약법상 계약의 해석원칙 중 하나의 형태인 '계약의 실질이행의 법리'에서 파생된 이른바 서류의 상당일치기준(substantial compliance rule)은 신용장거래관습의 개념적 오염을 불러일으킬 우려가 있다.[2]

　이러한 관점에서 오랜 세월 동안 신용장거래계는 신용장통일규칙이 제정되기 전, 그리고 신용장의 상법전 형태로 존재하고 있는 미국의 통일상법전 제5편의 제정 전에 이미 서류의 엄격일치의 원칙을 확립해 놓고 있었으며[3], 이들 규칙과 법전의 제정 후에도 압도적으로 엄격일치의 원칙을 지지하고 있다.[4]

　각국 법원과 신용장거래계가 이와 같이 엄격일치의 원칙을 다수결로 지지하는 이유는 상당일치원칙을 허용하게 될 경우 오히려 서류만을 근거로 이루어져야 할 신용장거래가 와해될 수 있다는 가정도 배제할 수 없기 때문으로 풀이해 볼 수 있다. 즉 신용장거래에 전체적으로 엄격일치의 원칙이 적용되면 은행

---

1) Henry Harfield, *Bank Credits and Acceptances*, 5th ed., Ronald Press Co., 1974, pp. 70-73; Hotchkiss, "Strict Compliance in Letter-of-Credit Law: How Uniform is the Uniform Commercial Code?", *Uniform Commercial Code Law Journal* (이하 *UCCLJ*), vol. 23. 1991, pp. 290-292.

2) Henry Harfield, "Code, Customs and Conscience in Letter of Credit Law", *UCCLJ*, 1971, pp. 7-8.

3) 영미판례중 대표적인 사례는 *Equitable Trust Co. v. Dawson Partners Ltd.*, 27 Lid. L. Rep. 49. 52; *Camp v. Corn Exch. Nat'l Bank*, 285(1926) 참조.

4) James E. Byrne, "Letter of Credit", *The Business Lawyer*, vol. 43, 1988, p.1354 (…"다수결로 하더라고 엄격일치원칙은 상당일치원칙을 압도할 것이다."); Matti Kurkella, *Letter of Credit under International Trade Law*, Oceana Pub. Inc., 1985, p.298.("신용장의 존폐는 엄격일치원칙에 달려있다는 사실은 의심의 여지가 없다.")

은 단지 두 가지의 의무만 가진다. 엄격히 일치하는 서류가 제시되면 지급을 행하는 적극적 의무가 그 하나이고, 엄격히 일치하지 않는 서류가 제시되면 지급을 거절하는 소극적 의무가 다른 하나이다. 그러나 신용장거래에 상당일치원칙이 적용되어 은행에 서류검토에 관한 많은 재량권을 부여하게 될 경우 당해 은행은 신용장에 내재해있는 매매계약까지도 분석함으로써 신용장의 독립·추상성 원칙을 위배할 우려도 있으며, 결과적으로 서류검토의 기본 덕목이라 할 수 있는 최대선의의 원칙을 저버릴 수도 있다는 것이다.[5]

따라서 엄격일치의 원칙을 준수할 경우 신용장거래에는 다음과 같은 부가적 효과가 파생된다.

첫째, 엄격일치원칙은 개설의뢰인을 보호하는 수단이 된다. 개설의뢰인은 개설은행에게 서류를 엄격히 검토하게 함으로써 매매계약에서의 수익자의 사기가능성과 불완전 계약이행의 가능성을 감소시킬 수 있다.[6]

둘째, 엄격일치원칙은 개설은행을 보호할 수 있다. 개설은행은 선의에 의해 서류를 엄격하게 검토하여 객관적인 판단기준에 의해 대금을 지급하게 되면 개설의뢰인으로부터 대금충당을 받을 권리가 있다.[7]

셋째, 엄격일치원칙은 수익자를 보호하는 기능을 한다. 수익자는 신용장의 조건과 내용에 일치하는 서류를 구비하여 은행에 제출하면 반드시 대금지급을 받을 수 있다.[8]

넷째, 엄격일치원칙은 매입은행 등과 같은 중간은행을 보호할 수 있다. 중간은행이 개설은행의 단순한 대리인 역할을 하는 은행이 아닌 자신의 위험과 비용으로 매입행위를 하는 은행일 경우 당해 은행 역시 엄격일치의 원칙을 지키게 되면 개설은행으로부터 별다른 항변 없이 대금충당을 받을 수 있다.[9]

---

5) Steven T. Kolyer, "Judicial Development of Letter of Credit Law: A Reappraisal", *Cornell Law Review*, vol. 66, 1980, pp. 151−152.

6) Lazar Sarna, *Letter of Credit, The Law and Current Practice,* 2nd ed., Carswell, 1986, pp. 73−74.

7) Robert M. Rosenblith, "Letter of Credit practice: Revisiting Ongoing Problems", *UCCLJ*, vol. 24, 1991, p. 122.

8) *ibid.*

9) E. P. Ellinger, "The Relationship between Banker and Buyer under Documentary Letter

section 03   엄격일치원칙의 재정의

한편 문제는 엄격일치원칙을 적용할 경우 과연 그 일치의 정도가 무엇이냐에 있을 것이다. 경우에 따라 정도의 차이는 있겠으나 완전한 일치만이 엄격일치의 원칙에 해당되는지, 아니면 경미한 하자사항까지는 혀용이 되는지 그 기준이 어디에 있느냐에 따라 서류거래인 신용장거래의 향방이 결정되기 때문이다.

1. 완전일치기준의 배제

완전일치기준(literal compliance rule)이란 'mirror image rule',[10] 또는 'oppressive perfectionism'[11]이라고도 명명되는 서류검토기준으로써 서류의 정규성뿐만 아니라 개설의뢰인이 요구하고 있는 모든 사항에 대해 세부내용, 문구, 문법 등에 이르기까지 완벽하게 일치하는지 여부를 검토해야 한다는 것을 의미한다.

이 기준은 엄격일치원칙의 왜곡된 형태로서 개설의뢰인의 지시사항이 비록 그 중요성이 적다 하더라도 반드시 지켜져야 한다는 것을 말하며 은행의 서류검토에 수반되는 시간, 노력은 원칙적으로 고려하지 않는다.

우선 이 기준에 입각하여 행동하는 은행은 완벽한 서류검토를 위해 신용장거래에 내재해 있는 매매계약의 세부사항뿐만 아니라 무역 관련의 세부지식을 알고 있어야 할 것이다. 은행의 입장에서는 신용장거래에 내재해 있는 매매계약까지 참조하는 것은 서류검토의 완벽성을 위해서라도 필연적인 결과일 것이다. 결국 신용장의 독립·추상성 원칙은 이 시점에서 정지될 것이다. 나아가 은행이 이러한 개설의뢰인의 모든 요구를 수락하여 서류를 검토하기에는 신용장에 관

---

of Credit", *Univ. of Western Australia Law Review*, vol. 7, 1965, p. 54.

10) Boris Kozolchyk, "Strict Compliance and the Reasonable Document Checker", *Brooklyn Law Review*, vol. 56, 1990, p. 50. (Kozolchyk는 이를 '신용장의 완전반영(mirror image of the credit)'이라는 용어로 사용하고 있다.)

11) 미국의 개정통일상법전 제5편(신용장)의 공식주석에서는 이를 '권리남용적 완전일치기준(oppressive perfectionism)'으로 표현하고 있다.

련된 수수료가 상당히 낮고, 또 은행은 거래되는 상품의 기술적인 부분에도 익숙하지 않아 상당히 많은 어려움을 갖게 될 것이다. 과중한 부담을 갖게 되는 은행은 완벽을 기해도 나타날 수 있는 오류로 말미암아 결과적으로 신용장거래를 기피하게 될 것이다.

완전일치기준의 또 하나의 문제점은 은행이 서류 상호간의 관련성 여부를 판단할 때 애로 요인이 발생할 수 있다는 사실이다. 이 기준은 서류 상호간에도 문구 하나하나가 모두 일치해야 함을 시사하고 있기 때문에 제출되는 모든 서류의 작성자가 다 다르고, 또 각 발급기관마다 서류 다른 용어를 동일한 의미로 사용하는 관례가 있는 경우 실질적인 측면의 일치에도 불구하고 해당 서류들은 상호 불일치하는 것으로 판단될 수 있으므로 수익자뿐만 아니라 은행에게도 그 어떠한 유용성도 줄 수 없다는 것이다.

마지막으로 제시할 수 있는 문제점은 개설은행 또는 개설의뢰인이 악의(bad-faith)로 이 기준을 남용할 가능성이 많다는 데 있다. 예를 들어 개설의뢰인이 파산 내지 채무불이행 상태일 경우 개설은행은 자신의 손실을 줄이기 위해 콤마(,)와 같은 사소한 부호의 누락도 이 기준을 적용하여 대금지급을 기피할 수 있을 것이며, 개설의뢰인의 경우에도 계약상품의 시장성이 하락할 경우 사소한 서류상의 하자에도 불구하고 악의에 의해 대금충당 거절행위를 일삼거나, 또는 개설은행으로 하여금 고의적으로 대금지급 거절행위를 종용할 가능성도 있다. 결국 서류검토의 완전일치기준이 개설은행 또는 개설의뢰인의 신용장하에서의 채무를 제한하는 수단으로 사용된다면 신용장거래의 효용은 더 이상 기대할 수 없을 것이다.

2. 엄격일치원칙의 적용방식

신용장의 독립·추상성원칙을 견지하면서 신용장 관계당사자들 모두에게 공평한 효용을 주고자 발전해온 엄격일치원칙은 지나치게 완벽한 일치기준으로서는 그 기능을 발휘할 수 없다.

신용장거래에 있어 제출되는 서류에 하자가 있다는 것은 정상적인 것이며, 완벽한 서류의 제시는 오히려 더 예외적인 상황일 수도 있다. 따라서 엄격일치원칙을 준수하는 은행은 다음과 같은 기준하에서 판별력을 행사할 수 있어야할 것이다.

첫째, 서류의 하자 또는 불일치 사항의 중요성의 정도를 반드시 고려하여야 한다. 중요성의 정도는 당해 하자 또는 불일치로 인한 개설의뢰인 측면의 손실가능성과 직결된다. 다시 말해 서류의 하자로 인해 매매계약에서 개설의뢰인이 손실을 입게 된다면 당해 하자는 대단히 중대한 하자가 될 것이고, 개설의뢰인에게 어떠한 손실도 야기하지 않는 하자라면 이는 실질적 측면에서 볼 때 하자라고 볼 수는 없을 것이다.[12] 이 같은 판별능력은 서류검토은행에게는 필수적인 필요조건이 되며, 이는 궁극적으로 개설의뢰인의 손실가능성에 대한 추론의 능력까지를 의미한다.

둘째, 은행은 서류의 하자 또는 불일치 사항이 어떠한 상업적 영향력을 가지는지 반드시 고려해야 한다. 은행은 특정한 상품명과 동의어가 무엇이 있는지 조사할 의무는 없다. 그러나 은행은 신용장에서 요구하는 서류의 형태와 종류가 매매계약에 어떠한 상업적 연관성을 가지고 있는지는 알아야 한다. 신용장에서 요구하는 서류와 제시된 서류가 형태와 종류 면에서 같다 해도 그것이 서로 서로 다른 상업적 영향력을 가지고 있다면 이는 중대한 하자가 되며, 반대로 형태와 종류가 다르더라도 상업적 영향력이 같다면 이는 하자사항이 아닐 것이다.[13] 나아가 은행의 입장에서 전혀 중요치 않은 사항이라고 하더라고 개설의뢰인 입장에서는 대단히 중요한 상업적 영향력을 가질 수 있으므로[14] 은행은 이에 대한 판별력을 갖추어야 할 필요가 있다.

셋째, 은행은 서류가 가지는 상업적 특수목적에의 적합성을 반드시 고려하여야 한다. 특정목적이라 함은 신용장의 조건과 내용상에 명시적으로 규정되어

---

12) 우리나라에서도 이 같은 취지를 확인한 판례가 있다. 대법원 1985. 5. 28. 선고84다카 696.697. ("신용장조건을 전혀 해하는 것이 아님을 문면상 인지할 수 있을 경우에는 신용장조건과 합치하는 것으로 본다") 즉 문면상 착오기재 또는 오타가 명백하여 상당한 주의를 기울이면 쉽게 알아볼 수 있는 경미한 하자이면 이는 신용장조건에 일치하는 서류라는 의미이다.

13) Clean B/L과 Foul B/L은 서로 다른 상업적 영향력을 가진다. 마찬가지로 Shipped B/L과 Received B/L은 서로 다른 상업적 영향력을 가지지만, Received B/L에 본선적재필(on board notation)이 부기되면 이들 두 서류의 상업적 영향력은 같아진다.

14) 예를 들어 상품의 수량, 무게 등은 은행에게는 전혀 상업적 영향력이 없는 경미한 사항이지만 경우에 따라 개설의뢰인에게는 대단히 중대한 사항이 된다.

CWl_ygMAAsLBWAAAAABJRU5ErkJggg==

있는 사항뿐 아니라 묵시적으로 함축되어 있는 것까지 의미한다. 예컨대 CIF계약을 규정하고 있는 신용장하에서 양륙지에서의 품질검사증명서의 제시 요건이 명시되어 있는 경우 선적지인도조건으로서 수출국에서 수익자의 의무와 책임이 종결되는 CIF조건에서는 양륙지에서의 품질검사증명서는 특정목적에 적합하지 않은 서류인 것이다. 이 개념은 은행이 개설의뢰인과 동시에 물품에 대한 권리를 가질 때 은행이 가질 수 있는 법적 권리에 대한 고려까지도 포함한다.[15]

넷째, 은행은 전체 제출서류를 하나의 서류로 간주하고 이의 연계성을 살펴야 한다. 이 중 어느 한 서류라도 연계성의 단절 또는 결여가 있을 경우에는 이들 서류는 전체로서 하자있는 서류가 된다.

다섯째, 개설된 신용장조건과 내용이 모호할 경우 신용장개설의 주체인 개설은행은 추후 이 같은 모호성으로 말미암아 수익자로부터 제시된 서류에 하자 또는 불일치사항이 발생한 경우 대단히 불리한 위치에 서게 된다.[16] 따라서 개설은행은 신용장개설 당시 모호한 신용장조건과 내용을 개설의뢰인이 요구할 경우 이의 시정조치를 반드시 개설의뢰인에게 요구하여야 한다. 만일 이 의무를 소홀히 하여 모호한 조건의 신용장을 개설하게 되면 이에 대한 책임은 전적으로 개설은행에게 귀착되며, 소위 자신의 태만에 의해 궁극적으로 서류의 엄격일치를 주장할 수 없게 되어 고스란히 손실을 감수할 수밖에 없게 된다.

section 04 신용장의 독립·추상성 원칙과 서류의 엄격일치 원칙

신용장거래관습은 그것이 작위적이라기보다는 오히려 부단한 진화의 과정을 통하여 새롭게 적응하는 과정 속에서 형성·발전되어 온 상관습의 형태이기

---

15) 즉 경우에 따라 개설의뢰인이 개설은행에 대금충당을 거절하거나, 개설의뢰인이 채무를 불이행 상황에 있을 때 개설은행은 수익자로부터 제출받은 서류의 처분을 통해 손실을 보전해야 한다. 이러한 상황에서는 서류의 법적인 구비요건의 충족여부까지도 고려해야 할 필요가 있다.

16) 이를 「Rule of *Contra Proferentem*」이라 한다. 이는 계약의 해석원칙중 하나로 모호한 조건의 계약서는 그것을 작성한 당사자에게 불리하게 해석한다는 것을 의미한다. 신용장이라는 증서를 작성한 당사자는 개설의뢰인이 아니고 개설은행이므로 신용장조건의 모호성으로 인한 서류의 불일치는 개설은행의 책임이 될 수 있다.

때문에 자생적인 시장질서를 지향하고 있다고 볼 수 있다.

신용장거래관습을 해석할 때 반드시 고려해야 할 원칙은 신용장이 활용되는 시장의 도덕성과 시장구성원들의 편의이다. 신용장에 구현되어 있는 유용한 기능을 향유할 수 있기 위해서는 신용장을 사용하는 당사자들의 선의(good-faith)가 전제가 되어야 함은 물론이며, 반드시 신용장을 통한 대금지급이 신속하게 이루어 질 수 있도록 당사자간의 편의가 도모되어야 할 것이다.

그리고 신용장시장의 구성원 또는 참여자들의 이해관계가 불균형되어 신용장거래에서 마찰과 오해가 발생할 경우 이를 화합시키고 조정할 수 있는 공정한 행위규칙(rule of fair conducts)이 뒷받침될 필요가 있다.

신용장거래관습은 본질적으로 매매계약에서 각 당사자들이 가지는 고유한 의미로서의 리스크를 개설은행이라는 공정성 있는 기관으로 하여금 변경·이전시키는 자생적 시장질서로서의 고안물(risk-shifting device)이기 때문에 개설은행이 당해 신용장거래에서 주요한 중심점이 된다. 신용장거래에는 여러 가지 능력, 지식, 목적, 기능 등을 가진 당사자들이 참여하는 것이 일반적이므로 신용장거래관습을 규율하는 규칙들은 공정하고 형평에 맞아야 함은 당연할 것이다.

이러한 당사자들의 요구를 충족시키기 위해 상관습의 형태로 발전해 온 신용장거래관습의 대원칙이 이른바 신용장의 독립·추상성 원칙이라 하겠다. 엄밀히 말해 신용장의 독립·추상성 원칙은 그 기본적 개념이 본래 유통유가증권을 소지하고 있는 선의의 제3자는 당해 증권에 내재해 있는 계약으로부터 보호해야한다는 취지의 상관습에서 비롯된 것이다.[17]

이 같은 신용장의 독립·추상성 원칙에 따라 신용장은 매매계약의 한 부분으로서 개설되어 존재하나 신용장거래 자체는 그 선행되는 매매계약에 의해 어떠한 제약이나 위축을 받을 필요가 없으며, 나아가 신용장거래에 참여하는 은행은 거래의 공정성 실현을 위해 상품을 취급하는 것이 아니고 서류 자체만을 가지고 판단하여야 한다는 본질적 특질을 갖게 된다. 바로 이러한 신용장의 독립·추상성 원칙을 뒷받침하기 위한 논리적 귀결로서의 공정한 행위준칙이 엄격일

---

17) Boris Kozolchyk, *Commercial Letters of Credit in the Americas*, Matthew Bender & Co., 1977, pp. 454-457.

치원칙이라 하겠다.

　　신용장이라는 구조에서 가장 주축이 되는 당사자는 개설은행, 개설의뢰인, 그리고 수익자일 것이다. 개설은행은 개설의뢰인의 지시와 요청에 따라 개설한 신용장의 조건과 내용에 엄격하게 일치하는 서류에 대해 지급을 확약하며, 신용장의 독립·추상성 원칙에 의해 개설의뢰인과 수익자 사이에서 공평하게 분담된 관계를 유지하는 가운데 서류만을 근거로 신용장거래에 임하게 된다. 수익자는 개설은행의 이와 같은 신용장거래의 약정을 믿고 신용장의 조건과 내용에 엄격하게 일치하는 서류를 제시하면 정당하게 대금의 지급을 받을 수 있게 되며, 개설의뢰인은 개설은행의 정당한 지급행위에 대해 자신과 개설은행간의 대금충당 약정에 따라 궁극적으로 대금을 충당하는 의무를 수행하게 된다.

　　이러한 신용장의 효율적 구조 속에서 독립·추상성 원칙 및 엄격일치의 원칙은 가장 시장순응적인 거래질서, 즉 당사자간에 오랜 세월동안 확인되어 온 공정한 행위준칙이므로 이들 원칙으로부터의 이탈은 진정한 신용장거래관습이라고 보기 어렵고, 그 자체로서 신용장거래관습에 개념적 오염을 초래할 위험성이 있다고 하겠다.

PART

02

제6차 개정 신용장통일규칙

Chapter 01
신용장통일규칙 해설: 계약당사자 관계 일반

Article 1. Application of UCP ————————————————

The Uniform Customs and Practice for Documentary Credits, 2007 Revision, ICC Publication No. 600 ("UCP") are rules that apply to any documentary credit ("credit") (including, to the extent to which they may be applicable, any standby letter of credit) when the text of the credit expressly indicates that it is subject to these rules. They are binding on all parties thereto unless expressly modified or excluded by the credit.

제1조 신용장통일규칙의 적용 ————————————————

제6차 개정 신용장통일규칙(2007년 개정, 국제상업회의소 간행물 제600호, 이하 "신용장통일규칙")은 신용장의 문면에 본 규칙이 적용된다는 것을 명시적으로 표시한 경우 모든 화환신용장(본 규칙이 적용 가능한 범위 내에서 보증신용장을 포함한다)에 적용된다. 이 규칙은 신용장에서 명시적으로 변경되거나 그 적용이 배제되지 않는 한 모든 당사자를 구속한다.

1. 적용범위

신용장통일규칙은 신용장거래관습에 수반되는 세계 각국의 관례 및 관행을 집대성하여 이에 대해 통일적인 해석과 의의를 부여함으로써 명실상부하게 범세계적으로 채택되고 있는 신용장거래관습의 해석기준이다. 그러나 신용장통일규칙은 입법권한을 수권 받지 못한 민간단체인 국제상업회의소(International Chamber of Commerce; ICC)가 제정한 국제상관습에 불과하여 그 자체로서는 국제상법으로서의 법원성을 가질 수는 없다.

즉 신용장통일규칙은 거래상인들간에 일반적으로 준수할 것이 예상되는 행동양식인 상관습으로서의 법적 성질을 가지는 것이지, 이러한 관행을 준수하는 것이 의무화된 법적확신(*juris opinio*)에까지 도달한 상관습법 내지 상법은 아니다. 따라서 신용장통일규칙이 신용장거래에서의 준거규범으로서의 역할을 하기 위해서는 「거래당사자간의 합의」가 선결조건이 된다. 그와 같은 합의는 신용장에 명시적으로 신용장통일규칙 준거문언을 삽입함으로 충족되며 그 결과 신용장통일규칙은 모든 신용장관계 당사자들을 구속하게 되는 것이다.

신용장통일규칙의 준거문언은 다음과 같은 형태로 명시적으로 신용장상에 표기하여야 한다.

"Subject to Uniform Customs and Practice for Documentary Credits(2007 Revision), International Chamber of Commerce, Publication No. 600." 또는

"Except so far as otherwise expressly stated(또는 Unless otherwise expressly stated herein), this documentary letter of credit is subject to Uniform Customs and Practice for Documentary Credits(2007 Revision), International Chamber of Commerce, Publication No. 600."

2. 신용장통일규칙의 재조명

신용장통일규칙의 법적인 구속력 문제는 신용장통일규칙의 준거문언이 사무적 착오에 의하여 신용장상에 누락된 경우에도 신용장통일규칙이 해당 신용장거래에 적용될 수 있는가라는 문제로 집약된다.

종래에는 이에 대한 판단의 근거는 거래당사자간의 묵시적인 합의에 의해 당해 신용장거래에 신용장통일규칙이 적용될 수 있다는 추론으로 가능하였다. 다시 말해 신용장 거래당사자간에 수차례에 걸쳐 신용장통일규칙의 적용하에 거래를 해왔던 경우라면 현재의 신용장거래에 신용장통일규칙 준거문언이 누락되어 있다 할지라도 묵시적으로 당연히 신용장통일규칙의 적용을 받을 수 있었다.

앞서 언급한 바와 같이 신용장통일규칙은 법률을 제정할 권한을 수권받지 못한 민간단체인 ICC가 은행실무위원들을 중심으로 1933년 은행실무의 편의에 중점을 두어 제정한 것이므로 그 본질상 은행간의 협약에 불과하여 신용장거래

관습에 대한 단순한 인식의 차원이었다. 따라서 신용장통일규칙은 당초에는 그 자체로서 강행성이 내재되어 있지 않았다.[1]

그러나 신용장에 대한 이용도가 급증하고 신용장통일규칙의 채택이 범세계화되기 시작하자 신용장통일규칙 제3차 개정이 이루어진 1974년 이후 들어 신용장통일규칙의 지위는 점차 격상되기 시작했다. 이 같은 현상은 영연방(the British Commonwealth)을 제외하고, 미국, 독일, 프랑스 등 대부분의 국가에서 두드러지게 나타났으며 판례도 이를 뒷받침해주고 있다.[2]

이러한 추세는 제4차 개정의 '신용장통일규칙 준거문언'의 삽입이라는 의무조항으로 구현되어 신용장통일규칙은 상관습으로서의 강행성 요건을 완전히 갖추게 되었다. 물론 이를 위해서는 반드시 신용장통일규칙 준거문언의 삽입을 그 선결조건으로 하고 있다.

한편 제4차 개정 이후 제5차 개정을 지나 제6차 개정에 이르러서는 신용장통일규칙에 대한 해석시 각국 법원에서는 신용장통일규칙 준거문언이 없이도 강행규범으로서의 효력을 인정하는 경향이 나타나고 있음에 주목할 필요가 있다.[3]

신용장거래관습을 집대성한 신용장통일규칙은 확립된 독립적인 상관습으로서의 법원성을 갖는 데에 대해서는 이론(異論)의 여지가 없다.

일반적으로 신용장거래관습을 포함하고 있는 국제적 거래관습은 다음과 같이 분류할 수 있다.[4]

---

1) 물론 이 당시 신용장통일규칙의 강행성에 대한 긍정적인 평가가 없었던 것은 아니었다. 그러나 이는 주로 독일과 프랑스에 국한되어 있었고 당시 세계무역을 주도하였던 미국과 영국은 이에 대해 부정적인 견해를 가지고 있었다.: E. P. Ellinger, "Letter of Credit", *The Transnational Law of International Commercial Transactions*, ed. by Norbert Horn & Clive M. Schmitthoff, vol. 2, Kluwer, 1982, pp. 251−252.

2) *AMF Head Sports Wear, Inc. v. Ray Scott's All−American Sports Club, Inc.* 448 F.Supp. 222(D. Ariz. 1978); *Board of Trade v. Swiss Credit Bank* 25 U.C.C. Rep. Serv. 1132(9th cir. 1979); *Titanium Metals Corp. of America v. Space Metals, Inc.* 529p. 2d 431(Utah 1974); 대법원 1977. 4. 26 선고 76다 956 참조.

3) ICC의 유권해석과 각국 법원의 판결은 신용장통일규칙에 더 강력한 기능을 부여하고 있는 것으로 보인다. 미국에서는 이와 관련하여 신용장통일규칙의 적용을 강제화 한 판례가 있으며, 이탈리아, 프랑스 등의 경우도 이와 유사하다.

4) Clive M. Schmitthoff, "International and Precedural Aspects of Letter of Credit", *Studies in Transnational Economic Law*, Kluwer, 1987. p. 456 참조.

첫째, 규범적 거래관습(normative trade usages)
    ① 제정법적 거래관습(statutory usages)
    ② 보편적 거래관습(universal usages)
둘째, 계약적 거래관습(contractual trade usages)
    ① 초국가적 거래관습(transnational usages)
    ② 기타 계약적 거래관습(other contractual usages)
셋째, 사실적 거래관습(factual trade usages)

규범적 거래관습은 그 국가내에서 한 국가의 법률과 동등한 법적 효력이 있는 거래관습을 말하며, 계약적 거래관습은 당사자의 계약자유원칙에 입각하여 계약조건의 일부로 계약에 구현시키는 거래관습을 의미한다. 사실적 거래관습은 지역적 거래관습으로써 특정 항구, 특정 물품, 특정 거래에 관련된 거래관습을 말한다.

만일 신용장거래관습이 규범적 거래관습 중 보편적 거래관습의 지위에 있다면 신용장개설은행이 신용장통일규칙 준거문언을 삽입하지 않아도 당연히 이의 적용을 받게 될 것이지만, 계약적 거래관습 중 초국가적 거래관습에 해당한다면 신용장통일규칙 준거문언을 신용장에 삽입하여야만 비로소 이의 적용을 받게 될 것이다.

신용장통일규칙 제6차 개정의 결과 제1조의 마지막 문장, "They are binding on all parties thereto unless expressly modified or excluded by the credit"을 통해 볼 때 신용장통일규칙은 당해 신용장거래에 당연히 적용될 수 있다는 의도를 함축하고 있다.

신용장통일규칙은 현재 초국가적 거래관습의 성격을 갖는 계약적 거래관습의 지위에 있음은 사실이지만 제6차 개정의 결과 범세계적인 보편적 거래관습으로 점차 전이되고 있음을 추론할 수 있다.

왜냐하면 신용장통일규칙은 민간단체인 ICC가 제정한 것이지만 이는 비단 은행실무진에 의한 독단적인 규칙이 아니라 세계 각국의 무역인들의 합의에 의한 성문체이며, 궁극적으로 UNCITRAL의 승인을 받는 절차를 거친다는 차원에서 범세계적인 수락(acceptance)과 더불어 규칙으로서의 강행성(enforceability)이

하나로 통합되어지고 있는 과정 속에 있기 때문이다.[5]

---

5) 법의 입안은 입안자들의 독단에 의해 제정되는 것이 아니고 이의 적용을 받는 실무자들의 합
   의와 조화 속에 이루어진다. 법의 확립에 가장 큰 영향력을 미치는 것은 1차적으로 법에 대
   한 광범위하고 자발적인 수긍과 인정에 더불어 부차적으로 그 강행성에 있다.; William
   Howarth, "Contract, Reliance and Business Transactions", *The Journal of Business Law*,
   1987. p. 122 참조.

Article 2. Definitions

For the purpose of these rules:

Advising bank means the bank that advises the credit at the request of the issuing bank.

Applicant means the party on whose request the credit is issued.

Banking day means a day on which a bank is regularly open at the place at which an act subject to these rules is to be performed.

Beneficiary means the party in whose favour a credit is issued.

Complying presentation means a presentation that is in accordance with the terms and conditions of the credit, the applicable provisions of these rules and international standard banking practice.

Confirmation means a definite undertaking of the confirming bank, in addition to that of the issuing bank, to honour or negotiate a complying presentation.

Confirming bank means the bank that adds its confirmation to a credit upon the issuing bank's authorization or request.

Credit means any arrangement, however named or described, that is irrevocable and thereby constitutes a definite undertaking of the issuing bank to honour a complying presentation.

Honour means:

a. to pay at sight if the credit is available by sight payment.

b. to incur a deferred payment undertaking and pay at maturity if the credit is available by deferred payment.

c. to accept a bill of exchange ("draft") drawn by the beneficiary and pay at maturity if the credit is available by acceptance.

Issuing bank means the bank that issues a credit at the request of an applicant or on its own behalf.

Negotiation means the purchase by the nominated bank of drafts (drawn on a bank other than the nominated bank) and/or documents under a complying presentation, by advancing or agreeing to advance funds to the beneficiary on or before the banking day on which reimbursement is due to the nominated bank.

Nominated bank means the bank with which the credit is available or any bank in the case of a credit available with any bank.

Presentation means either the delivery of documents under a credit to the issuing bank or nominated bank or the documents so delivered.

Presenter means a beneficiary, bank or other party that makes a presentation.

제2조 정의

본 규칙의 목적상 다음과 같이 해석한다.

통지은행은 개설은행의 요청에 따라 신용장을 통지하는 은행을 의미한다.

개설의뢰인은 신용장의 개설을 요청한 당사자를 의미한다.

은행영업일이란 본 규칙이 적용되는 행위가 이루어지는 장소에서 은행이 정규적으로 영업하는 날을 의미한다.

수익자는 그의 앞으로 신용장이 개설된 자를 말한다.

일치하는 제시라 함은 신용장 조건과 내용에 일치하고, 적용 가능한 범위 내에서의 본 규칙의 제반 조항들에 일치하고, 그리고 국제표준은행관행에 부합하는 서류의 제시를 의미한다.

확인이란 일치하는 제시에 대하여 결제(honour) 또는 매입하겠다는 개설은행의 확약에 추가한 확인은행의 확약을 의미한다.

확인은행은 개설은행의 수권 또는 요청에 의하여 신용장에 확인을 추가한 은행을 의미한다.

신용장이란 그 명칭과 관련없이 취소불능한 형태로 개설은행이 일치하는 제시에 대하여 결제하겠다는 확약이 구현되어 있는 약정을 의미한다.

결제라 함은 다음과 같은 내용을 의미한다.

a. 신용장이 일람지급으로 사용가능한 경우 일람지급하는 것

b. 신용장이 연지급으로 사용가능한 경우 연지급확약을 기채하고 만기일에 지급하는 것

c. 신용장이 인수로 사용가능한 경우 수익자가 발행한 환어음을 인수하고 만기일에 지급하는 것을 말한다.

개설은행은 개설의뢰인의 요청으로 또는 그 자신을 위해 신용장을 개설한 은행을 의미한다.

매입이란 일치하는 제시에 대하여 지정은행이 상환하여야 하는 은행영업일 또는 그 전에 대금을 지급함으로써 또는 대금지급에 동의함으로써 환어음(지정은행이 아닌 은행 앞으로 발행된) 및/또는 서류를 매수하는 것을 의미한다.

지정은행이란 신용장이 사용가능한 은행을 의미하며 어느 은행에서나 사용가능한 경우에는 모든 은행을 의미한다.

제시란 신용장에서 개설은행이나 지정은행으로 서류를 인도하는 것, 또는 그렇게 인도된 서류들을 의미한다.

제시인이란 제시를 하는 수익자, 은행 또는 기타 당사자를 의미한다.

제2조는 기존의 신용장통일규칙 개정들과는 달리 신용장거래에서 일반적으로 통용되는 용어들에 대해 일일이 정의를 내리는 조항의 형태로 신설되었다. 이중 새롭게 정의된 개념을 중심으로 간략히 살펴보도록 한다.

1. 일치하는 제시(complying presentation)

(1) 신용장조건과 내용과의 일치성

신용장은 개설은행이 대금지급에 대해서 확약하는 형태를 갖추지만 이러한 확약은 절대적인 확약이 아니라 특정한 서류의 제시와 특정한 조건의 합치를 조건으로 하는 조건부 약정이라는 점에서 무조건적 지급약정인 어음이나 수표와는 다르다.

좀 더 구체적으로 설명한다면 신용장거래에서 수익자가 개설은행으로부터 대금결제를 받기 위해서는 반드시 '신용장조건과 내용에 일치하는'(in compliance with the terms and conditions of the credit) 제반서류를 개설은행에 제시하여야만

한다는 것이다. 이 같은 '신용장조건과 내용과의 일치성' 표현은 제5차 개정 신용장통일규칙에 이르기까지 줄곧 일관된 형태로 이어져 내려오다 이번 제6차 개정에 이르러서는 'complying presentation'이라는 좀 더 포괄적이고 구체적인 용어로 변화되었다.

complying presentation(일치하는 제시)이라 함은 첫째, 기존의 표현방식인 신용장조건과 내용에 일치하는 서류의 제시뿐만 아니라, 둘째, 신용장통일규칙 상의 적용 가능한 제반조항을 충족시키는 서류의 제시여야 하며, 셋째, 국제표 준은행관행에도 부합하는 서류의 제시를 말한다.

(2) 국제표준은행관행(international standard banking practice)

국제표준은행관행이라는 용어는 이미 신용장통일규칙 제5차 개정 당시 개 정작업부와 미국의 관련 전문가들의 의견에 따라 설정된 개념이다.[6]

당초 ICC에서는 서류검토의 기준을 제시하기 위해 개정작업중 합리적 서 류검토자의 검토기준(reasonable document checker standard)이라는 개념으로 상정 하였으나 '합리성'이라는 개념 자체의 해석의 복잡성과 난해성으로 인해 같은 의미를 갖는 개념으로 표준은행관행(standard banking practice)이라는 용어를 채 택한 후 차후 「국제적」이란 용어를 삽입하였다.[7]

결국 제5차 개정 신용장통일규칙에 처음 등장하였던 국제표준은행관행의 개념은 합리적 서류검토자의 검토기준을 의미했던 것으로써 이는 매매계약을 고려하지 않고 객관적으로 그리고 서류만을 근거로 하여 신용장거래 은행계에 존재하고 있는 은행관행을 준수하는 관련지식보유자로서의 서류검토기준을 의 미하였다.

한편 이 같이 국제표준은행관행이라는 것은 신용장거래관습에 있어서 은행 이 서류를 검토하는 방법론으로서의 기능을 하는 것이기 때문에 문제는 과연

---

6) 좀 더 구체적으로 부연한다면 국제표준은행관행이라는 용어는 신용장통일규칙 제5차 개정 개정위원회의 총괄책임자였던 아리조나주립대학의 Boris Kozolchyk 교수의 제안으로 채택 된 것이다.; Boris Kozolchyk, "Re UCP Article 13(a) & the ICC's National Banking Practice Initiative", *Letter of Credit Update*, vol. 11. no. 11, 1995. p. 32.

7) *ibid*., pp. 34−35.

이러한 관행이 어떠한 서류검토의 기준을 위한 구조적·운용적 틀인가 하는 부분에 있다. 이러한 난제를 해결하기 위한 최적의 접근방법으로써 ICC에서는 일상적이고 보편적인 은행관행이 국제적으로 인정되는 것을 국제표준은행관행이라고 설정하고 일단 신용장통일규칙에 구현된 신용장거래관습을 가장 기본적이고 본질적인 국제표준은행관행이라고 정의하기에 이른 것이다.

(3) 개정미통일상법전상의 표준관행(standard practice)

1996년 개정된 미국통일상법전 제5조에서는 신용장통일규칙의 국제표준은행관행이라는 용어 대신 표준관행이라는 개념을 규정하고 있다.

개정 미국통일상법전이 인정하는 표준관행은 다음과 같은 세 가지를 포함한다.[8]

첫째, 신용장통일규칙에 명시된 관행

둘째, 신용장을 정규적으로 발행하는 금융기관협회 등이 공표한 관행[9]

셋째, 지역적 관행

이때 후자의 두 관행이 모두 신용장통일규칙에 명시된 관행과 일치한다면 바람직하겠지만 만일 이들 세 관행들 간에 서로 상충하는 경우가 발생할 때에는 당사자들 간에 어떤 관행이 우선하는지를 명시적으로 표명하고 있어야만 한다.

개정 미국통일상법전 §5-108(e)항에서는 표준관행에 대해 다음과 같은 추가적인 규정도 두고 있다. 즉 "개설인[10]은 신용장을 정규적으로 발행하는 금융

---

8) 개정미통일상법전 §5-108, Comment 8.

9) 이는 개정당시의 USCIB(United States Council in International Banking)가 공표한 관행을 의미한다. 현재는 IFSA(International Financial Services Association)의 관행을 말하며, IFSA는 비영리 단체로서 187개의 국내외 은행들이 참여하여 미국내에서 국제은행업을 영위하고 있다. 주로 신용장 및 국제 추심업무를 통해 전 세계의 자금이체업무 등을 수행한다. 전신이었던 USCIB를 이어 국제금융업과 관련한 법과 관례에 중차대한 역할을 수행한다.
   IFSA와 더불어 신용장거래관습에 중요한 역할을 하는 기구로 IIBLP(Institute of International Banking Law & Practice)가 있는데, 이는 비영리 교육기관으로서 1987년에 신용장거래은행들, 법률가, 학자, 실무자들이 중심이 되어 설립된 후 미국통일상법전 제5조(신용장 편)의 개정에 필요한 법률 및 실무의 정보제공에 큰 공헌을 하였다. 이 기구의 목적은 전 세계 신용장관련 법과 관습의 합리화와 통일, 그리고 조율과 조화를 통해 신용장 관계법과 관습의 발전을 도모함에 있다.

10) 개정 미국통일상법전에서는 개설은행을 개설인(issuer)으로 표현하고 있다. 신용장통일규칙

기관의 표준관행을 준수하여야 한다. 개설인의 표준관행 준수 여부의 결정은 법원의 해석문제이다. 법원은 신용장의 당사자들에게 표준관행임을 증명할 수 있도록 합리적인 기회를 부여해야 한다"고 규정하고 있다. 보다 자세한 내용은 Part 4, Chapter 4에서 다루도록 한다.

2. 매입(negotiation)의 정의

(1) 매입관련 규정의 변동추이

일반적으로 매입이라는 것은 배서(endorsement)에 의해 상대방에게 환어음의 금액을 이전시키는 행위를 말한다.[11]

신용장통일규칙에서는 그간 매입에 대한 별도의 정의없이 단지 제3차 개정에서 매입의 경우 "개설은행은 (a) 환어음이 일람불이든 또는 기한부이든 개설의뢰인 앞으로 발행되거나, 타 지급인 앞으로 발행될 때 직접 매입하거나 (b) 타 은행에 매입을 수권할 수 있다. 이 두 경우 모두 소구권이 없이 이루어진다"고 규정하였을 뿐이었다.[12]

제4차 개정에서는 개설은행이 매입한다는 개념에서 지급한다는 개념으로 대체되었다.[13] 왜냐하면 개설은행은 수익자의 환어음을 매입하는 것이 아니라 궁극적으로 지급하는 행위를 하기 때문에 매입에서 지급의 행위로 용어를 변경한 것은 신용장거래에서의 개설은행의 지급확약약정을 보다 더 확실하게 한다는 차원에서 의미있는 개정으로 평가된다.

제5차 개정에서는 제4차 개정까지의 규정과는 달리 매입을 위한 환어음이 개설의뢰인 앞으로 발행되어서는 안 된다고 규정하였고 이는 제6차 개정에서도 같은 취지로 규정되어 있다.[14] 만일 개설의뢰인 앞으로 환어음이 발행될 경우

에서는 은행만이 신용장을 개설하고 취급할 수 있는데 반해 미국에서는 은행뿐만 아니라 금융기관(financial institution)들은 모두 신용장을 발행하거나 취급할 수 있기 때문이다.

11) John F. Dolan, *The Law of Letters of Credit, Cumulative Supplement*(1990), Warren, Gorham & Lamont, 1990, Section 5.03.

12) 제3차 개정 신용장통일규칙 제3조.

13) 제4차 개정 신용장통일규칙 제10조.

14) 제6차 개정 신용장통일규칙 제5조(c)항 ; 제5차 개정 신용장통일규칙 제9조(a)항(ⅳ) 참조.

당해 환어음은 의미 없는 서류로 취급해 버린다고 규정하고 있다.

환어음이 만일 개설의뢰인 앞으로 발행되면 엄밀한 의미로 개설은행은 최종 지급인인 개설의뢰인의 전(前)단계에 위치해 있으므로 매입행위를 하는 것이 되어버린다. 개설은행이 매입행위를 한다는 의미는 곧 소구권(right of recourse)을 가질 수 있다는 의미로 해석될 수도 있기 때문에 이는 궁극적으로는 신용장 거래관습의 본질에 어긋난다고 볼 수 있다.

신용장거래에 있어 개설은행은 소구권을 갖지 않는다. 따라서 개설의뢰인 앞으로 환어음이 발행되는 상관습은 신용장거래관습에 더 이상 존재하지 않는다.

(2) 매입의 정의

제5차 개정 신용장통일규칙을 통해 매입에 대한 정의가 처음으로 규정되었다.

즉 "매입이란 매입을 수권받은 은행이 환어음 및/또는 서류에 대해 그에 해당하는 대가를 지급하는 것을 말한다. 대가의 지급 없이 서류를 단순히 검토하는 것은 매입이 아니다"[15)라는 규정을 마련하게 되었다. 매입을 수권받은 은행이 환어음에 대한 대가를 지불할 때 또는 환어음이 없는 경우 서류에 대해 대가를 지불할 때 매입의 유효성이 실현된다는 것이다.

제6차 개정 신용장통일규칙에서는 이에 한 걸음 더 나아가 보다 구체적으로 매입에 대해 규정하고 있다. 즉 "매입이란 일치하는 제시에 대하여 지정은행이 상환하여야 하는 은행영업일 그날 또는 그 이전에 대금을 지급함으로써 또는 대금지급에 동의함으로써 환어음(지정은행이 아닌 은행 앞으로 발행된) 및/또는 서류를 매수하는 것을 의미한다"고 규정하고 있다.[16)

이 규정을 해석하기 위해서는 다음과 같은 몇 가지의 매입의 요건을 이해할 필요가 있다.

제6차 개정에서는 이에 한걸음 더 나아가 신용장이 매입방식으로 된 경우뿐만 아니라 인수 방식에서도 수익자는 환어음을 개설의뢰인 앞으로 발행할 수 없도록 규정하고 있다.

15) 제5차 개정 신용장통일규칙 제10조(b)(iii)항.

16) 제6차 개정 신용장통일규칙 제2조.

첫째, 매입은 매수(purchase) 혹은 할인(discount)이라고도 하는데, 매수라 함은 수익자가 개설은행을 지급인으로 하여 발행한 환어음에 대하여 매입은행이 대리인이 아닌 본인의 지위에서 환어음을 구매하는 것을 말한다. 할인이란 기한부 환어음의 경우 만기일이 도래하기 전에 그 기간만큼의 이자 혹은 환가료 등을 차감한 금액으로 환어음을 매입하는 행위를 말한다. 제6차 개정 신용장통일규칙에서는 이 두 행위를 모두 매입의 개념에 포괄하고 있다.

둘째, 매입은행이 수익자가 제시한 환어음을 매수 또는 할인하는 행위는 매입은행이 자신의 계좌에서 환어음 대금을 선지불하는 형태이기 때문에 매입은행이 개설은행으로부터 대금을 이미 입금 또는 충당받은 후에 매수 또는 할인하는 경우는 매입이 아니다. 다시 말해 수익자에게 매입은행이 매입을 하게 되면 은행 자신의 계좌는 비어 있어야 하는 상태여야 하는 것이지 자신의 계정에 이미 매입대금을 개설은행으로부터 충당받은 후 이를 수익자에게 지불하는 형태가 되어서는 안 된다는 것이다.

셋째, 제5차 개정 신용장통일규칙상의 '대가를 지급한다'(giving of value)라 함과 제6차 개정 신용장통일규칙상의 '대금을 지급함으로써 또는 대금지급에 동의함으로써'의 의미는 현금, 수표, 은행을 통한 이체, 구좌입금 등의 방법으로 즉시 지급하거나 또는 지급할 채무를 부담하는 것을 의미한다. 여기서 매입은행이 지급할 채무를 부담하는 것에 대한 동의라 함은 특정 일자에 수익자에게 대가를 확정적으로 지급하겠다는 무조건적이고 절대적인 채무를 약속한 경우라면 현실적인 대가의 즉시지급에 갈음할 수 있는 매입의 형태가 된다.[17]

넷째, 매입에 의해 대금결제가 이루지기 위해서는 수익자의 환어음 및 서류의 제시와 매입은행의 환어음 및 서류에 대한 매입, 그리고 개설은행의 매입은행에 대한 대금충당의 과정이 수반되는데 이때 무엇보다도 중요한 매입의 요건은 제시한 선적서류 일체가 신용장조건과 내용에 일치하여야 한다는 점이다. 만일 매입은행이 신용장조건과 내용에 일치하지 않는 서류에 대해 매입을 한 경우라면 추후 개설은행으로부터 대금충당을 받을 수 있는 권리를 상실하게 됨을 유의하여야 한다.

---

17) 대법원 2002.10.11. 선고 2000다60296판결.

Article 3. Interpretations

For the purpose of these rules:

Where applicable, words in the singular include the plural and in the plural include the singular.

A credit is irrevocable even if there is no indication to that effect.

A document may be signed by handwriting, facsimile signature, perforated signature, stamp, symbol or any other mechanical or electronic method of authentication.

A requirement for a document to be legalized, visaed, certified or similar will be satisfied by any signature, mark, stamp or label on the document which appears to satisfy that requirement.

Branches of a bank in different countries are considered to be separate banks.

Terms such as "first class", "well known", "qualified", "independent", "official", competent or "local" used to describe the issuer of a document allow any issuer except the beneficiary to issue that document.

Unless required to be used in a document, words such as "prompt", "immediately" or as soon as possible will be disregarded.

The expression "on or about" or similar will be interpreted as a stipulation that an event is to occur during a period of five calendar days before until five calendar days after the specified date, both start and end dates included.

The words "to", "until", "till", "from" and "between" when used to determine a period of shipment include the date or dates mentioned, and the words "before" and "after" exclude the date mentioned.

The words "from" and "after" when used to determine a maturity date exclude the date mentioned.

The terms "first half" and "second half" of a month shall be construed respectively as the 1st to the 15th and the 16th to the last day of the month, all dates inclusive.

The terms "beginning", "middle" and "end" of a month shall be construed respectively as the 1st to the 10th, the 11th to the 20th and the 21st to the last day of the month, all dates inclusive.

제3조 해석

본 규칙에서는 다음과 같이 해석한다.

적용 가능한 경우 단수의 용어는 복수의 용어를 포함하고, 복수의 용어는 단수의 용어를 포함한다.

신용장은 취소불능이라는 표시가 없더라도 취소불능이다.

서류는 자필, 팩시밀리서명, 천공서명, 스탬프, 상징 또는 그 외 기계식 또는 전자식 증명방법으로 서명될 수 있다.

공증, 사증, 증명 또는 이와 유사한 서류의 요건은 그 요건에 부합하는 것으로 보이는 서류상의 모든 서명, 표시, 스탬프 또는 라벨에 의하여 충족될 수 있다.

서로 다른 국가에 소재한 은행의 지점들은 별개의 은행으로 본다.

서류의 발행인을 표현하기 위하여 사용되는 "일류의", "저명한", "자격있는", "독립적인", "공인된", "능력 있는" 또는 "현지의"라는 용어들은 수익자를 제외하고, 해당 서류를 발행하는 모든 서류 발행인을 허용한다.

서류에 사용하도록 요구되지 않는 한 "신속하게", "즉시" 또는 "가능한 한 빨리"라는 용어들은 무시된다.

"무렵" 또는 이와 유사한 표현은 어떠한 일이 첫날과 마지막 날을 포함하여 특정 일자의 전 5일부터 후 5일까지의 기간 중에 이행되어야 하는 것으로 해석된다.

선적기간을 결정하기 위하여 "to", "until", "till", "from", 그리고 "between"이라는 단어가 사용된 경우 이는 명시된 일자를 포함하고, "before"와 "after"라는 단어는 명시된 일자를 제외한다.

만기일을 결정하기 위하여 "from"과 "after"라는 단어가 사용된 경우에는 명시된 일자를 제외한다.

어느 월의 "전반"과 "후반"이라는 단어는 각각 해당 월의 1일부터 15일까지, 16일부터 해당 월의 마지막 날까지로 해석된다.

어느 달의 "초(beginning)", "중(middle)", "말(end)"이라는 단어는 각 해당 월의 1일부터 10일, 11일부터 20일, 21일부터 해당 월의 마지막 날까지로 해석된다.

1. 취소불능신용장(irrevocable credit)

제6차 개정 신용장통일규칙에 따라 신용장상에 별도의 명시가 없다 할지라도 당해 신용장은 무조건 취소불능으로 취급한다. 취소불능신용장이란 개설은행이 한번 개설하면 신용장의 유효기간 내에는 그 내용을 변경하거나 취소할 수 없는 신용장을 말한다.

취소가능인지 취소불능인지의 여부가 분명하지 못한 경우 이의 결정문제는 상당히 오랜 기간 동안 규정의 역전을 거듭해온 영역이었다.

신용장통일규칙의 제4차 개정작업 중에는 취소불능 여부에 대한 분명한 언급이 없을 경우 취소불능한 것으로 본다는 개정초안을 만들었다가 다시 그 간의 3차 개정 내용으로 환원하여 취소가능한 것으로 확정되기도 하였다.[18] 신용장의 취소가능 여부가 불분명할 경우 취소불능으로 인정할 경우 원래 개설의뢰인의 의도가 취소가능한 것이었다면 이를 취소가능으로 정정할 수 없었기 때문이었다.[19]

원래 신용장통일규칙은 제정 당시부터 신용장상에 아무런 표시가 없으면 취소가능한 것으로 규정하였고, 이는 제4차 개정까지 지속되었다. 그 이유는 당시의 국제정세가 매우 불안하였기 때문에 국제정세에 민감하게 영향을 받게 되는 외국환은행들이 불안한 국제금융제도하에서 신용장이 취소불능한 것으로 간주되면 지급에 대한 모든 책임을 져야하는 것을 피하려 하여 개설은행은 개설의뢰인과 별도의 약정을 하지 않는 한 모든 신용장을 취소가능하게 하였던 것이다.[20]

---

18) ICC Document No.470/375, January, 1981.

19) *UCP 1974/1983 Revisions Compared and Explained*, ICC, Paris, 1984, p.18.

그러나 현행 제6차 개정에 이르러 국제금융제도는 안정적으로 확립되었고, 신용장의 관행상으로도 세계적으로 거의 모두 취소불능신용장을 이용하고 있어 신용장에 대한 신뢰와 신용을 확보하기 위해서라도 모든 신용장은 취소불능이어야 한다는 데 의견을 모아 현재 모든 신용장은 별도의 취소가능 표시가 없는 한 모두 취소불능신용장이다.[21]

2. 서류발행인 명칭의 모호성(ambiguity)

신용장에서 요구되는 서류의 발행인을 표시함에 있어 '일류의'(first class), '저명한'(well-known), '자격 있는'(qualified), '독자적인'(independent), '공인된'(official), '유능한'(competent), '현지의'(local) 및 이와 유사한 용어가 사용되면 당해 서류가 수익자에 의해 발행된 것이 아닌 한 어떤 발행자가 발행하였다 하더라도 허용되며 은행은 그와 같은 서류를 수리한다.

이 조항은 언뜻 보면 서류의 발행인을 표시할 때 상기의 용어들이 사용되면 조건 없이 당해 서류를 수리해 주는 것으로 판단될 수도 있지만, 궁극적으로 이 조항은 당해 서류 발행자의 실체에 대해 책임지지 않고 서류를 수리하는 것을 허용하고 있기 때문에 그로 인한 불이익은 고스란히 개설의뢰인의 몫이 된다. 따라서 이와 같은 모호한 서류발행인의 표현은 사용하지 말아야 한다.

신용장에서 요구하는 서류를 발행해 주는 기관을 표시할 때 이들 같은 모호한 형용사를 사용하는 것은 극히 위험한 일이다. 이러한 형용사는 어떤 발행기관을 '특정'하는 것이 아니고 아무런 서류라도 발급해주는 기관을 표시할 때도 사용될 수 있기 때문이다. 예컨대 신용장에 "일류의 선박회사가 발급한 선하증권"이라고 해당 선하증권의 발행인을 표시한 경우 선박 한 척도 없는 엉터리 선박회사가 서류만 그럴듯하게 "일류 선박회사"라고 인쇄하여 허위로 선하증권을 발급할 수도 있다.[22] 은행은 신용장조건대로 서류가 발급되었으므로 제시된

---

20) 박대위, 「신용장」, 법문사, 1994, p.196.

21) 취소가능신용장을 개설하려면 특별히 신용장 문면에 'Revocable'이라고 명시하여 관계 당사자들의 주의를 환기시켜야 한다.

22) *ibid.* p.273.

서류가 여타의 다른 신용장 조건과 문면상 일치하기만 하면 그대로 수리하게 된다. 이렇게 되면 결과적으로 피해는 애당초 신용장을 개설할 당시 그와 같이 애매한 지시를 한 개설의뢰인이 입게 되는 것이다. 따라서 개설의뢰인은 각종 서류를 발급하는 기관을 정확히 특정하여 명시를 하여야 하며 이와 같은 모호한 표현을 사용해서는 안 된다.

3. 날짜와 기간의 표시

(1) 모호한 기간 표시

앞서 설명한 바와 같이 서류발행인을 모호하게 지정하는 것은 바람직한 신용장거래관습이 될 수 없듯이 신용장에서 어떤 일자나 기간을 표시할 때도 모호한 표현은 사용되어서는 안 된다. 즉 확실한 날짜와 정확한 일수를 명시하지 않고, 'prompt', 'immediately', 'as soon as possible' 등과 같은 불명확한 표현은 사용하지 않는 것이 바람직하다. 그럼에도 불구하고 만일 이런 표현들이 사용되면 은행은 이를 무시해도 무방하다. 물론 가장 바람직한 방법은 신용장이 개설되는 시점에 개설은행이 개설의뢰인으로 하여금 이러한 표현을 사용하는 것을 저지시키는 것임은 당연할 것이다.

(2) 기산일 표시

영어의 '~까지', '~부터'라는 표현은 우리나라 말과는 달리 상당히 다양한 방식이 있다. 그와 같은 표현이 쓰일 경우 그날을 포함하는지 또는 제외하는지 여부도 상황에 따라 모호할 수 있으므로 이에 대한 확실한 이해가 요구된다. 이러한 해석상의 모호함을 피하기 위해 신용장상에 어느 일자를 명시할 때 'to', 'until', 'till', 'from'은 그 다음에 언급된 일자까지를 포함하며, 'before'와 'after'는 그 다음에 언급된 일자를 제외하는 것으로 해석한다.

특히 제6차 개정에서 주목할 점은 'from'의 용례이다. 'from'이 선적기간 (period of shipment)을 표시할 때 쓰이는 경우에는 그 다음에 언급된 일자를 포함하는 것으로 해석하지만 만기일(maturity date)을 표시할 때 쓰이는 경우에는 그 다음에 언급된 일자를 제외한다.

(3) 기타의 표현[23]

신용장에서 어떤 일자나 사건의 전후 기간을 표시하는 문구가 사용된 경우 다음의 규칙이 적용된다.

① not later than 2 days after … 의 의미

이는 기간의 개시일을 나타내지 않고 단지 최종일만을 나타낸다.

예를 들어 'not later than 2 days after shipment date, May 25, 2019'인 경우 선적일인 2019년 5월 25일 이후 늦어도 2일 이내이므로 결국 2019년 5월 27일이 최종일 내지 마감일이 된다. 만일 신용장에서 특정일 이전의 일자를 금지하면서 최종일까지도 제한하고자 할 때, 예를 들어 서류제시기일을 선적일 이후 10일부터 선적일 이후 20일까지로 제한하고자 한다면 다음과 같이 명시한다.

"Presentation should be made after 10 days after shipment date but not later than 20 days after shipment date."

② at least 2 days before … 의 의미

이는 어떤 사건(event)보다 늦어도 그날 전까지 어떤 일이 발생하여야 한다는 것을 의미한다. 그 일이 얼마나 빨리 발생하여야 하느냐에 대해서는 제한이 없다.

예를 들어 "copy of shipping documents should be sent to applicant at least 2 days before arrival date."이면 선박도착일 2일 전까지 선적서류사본이 개설의뢰인에게 송부되어야 한다. 만일 5월 25일이 도착일이라면 5월 23일까지는 발송하여야 한다는 의미이다. 이 발송일자가 얼마나 빨리 이루어져야 하는지에 대해서는 제한이 없으므로 5월 23일 이전의 어느 날짜라도 무방하다.

---

23) 「국제표준은행관행(ISBP745)」, 대한상공회의소·ICC Korea·한국금융연수원, 2013, pp. 39−42.

③ 기간을 산정할 때 사용되는 'within'의 의미

기간이나 일자와 관련하여 사용된 'within'이라는 용어는 독특한 용례로 쓰이므로 주의할 필요가 있다.

예를 들어 'within 2 days of May 25, 2019'의 경우 within의 기준점이 되는 일자인 5월 25일을 제외하고 전후 2일을 기산한다. 따라서 이 표현은 5월 23일, 24일, 25일, 26일, 27일의 총 5일간을 의미한다.

④ 일자 또는 사건과 함께 사용되는 'within'의 의미

within이 일자나 사건 앞에 사용될 때에는 해당일 또는 사건일이 포함된다.

예를 들어 "Presentation is to be made within May 14"인 경우 서류의 제시는 5월 14일까지 이루어지면 된다. 또 한 예로 "Presentation is to be made within credit expiry"는 유효기일 당일이 공휴일이나 휴무일이 아닌 한 해당 일까지 서류를 제시하면 된다.

⑤ 만기일 또는 제시기간을 정하기 위해 사용된 'from'과 'after'의 용례

from이나 after가 만기일(maturity date)을 표시하기 위해 사용되는 경우에는 이미 앞서 설명한 바와 같이 지정된 일자를 제외한다. 그러나 여기서 유의할 것은 이 두 단어는 제시기일을 표현할 때에도 역시 지정하고 있는 날짜를 제외한다는 점이다. 따라서 실질적으로는 다음의 두 표현은 같은 의미가 된다.

'10 days from shipment date' = '10 days after shipment date'

만약 선적일이 5월 4일이라면 만기일 또는 제시기일은 5월 14일이 될 것이다.

⑥ 일자의 표시

일자를 표시하는 방법은 국가마다 차이가 있다. 우리나라에서는 주로 연/월/일 순으로 표기하지만 미국에서는 월/일/연으로, 유럽에서는 일/월/연으로 표기한다.

ISBP745에는 의도된 일자가 해당 서류로부터 또는 제시하는 다른 서류로부

터 결정될 수 있는 경우라면 어떤 형태의 일자라도 무방하다고 규정하고 있다.

예를 들어 14th of May 2013 = 14 May 13 = 14.05.2013 = 14.05.13 = 2013.05.14. = 05.14.13 = 130514이다. 그러나 모호함을 피하기 위해서 월(month)은 문자로 표기하도록 권장하고 있다.

Article 4.　Credits v. Contracts

a. A credit by its nature is a separate transaction from the sale or other contract on which it may be based. Banks are in no way concerned with or bound by such contract, even if any reference whatsoever to it is included in the credit. Consequently, the undertaking of a bank to honour, to negotiate or to fulfil any other obligation under the credit is not subject to claims or defences by the applicant resulting from its relationships with the issuing bank or the beneficiary. A beneficiary can in no case avail itself of the contractual relationships existing between banks or between the applicant and the issuing bank.

b. An issuing bank should discourage any attempt by the applicant to include, as an integral part of the credit, copies of the underlying contract, proforma invoice and the like.

제4조 신용장과 계약

a. 신용장은 그 본질상 그 기초가 되는 매매계약 또는 다른 계약과는 별개의 거래이다. 신용장에 그러한 계약에 대한 언급이 있더라도 은행은 그 계약과 아무런 관련이 없고, 또한 그 계약 내용에 구속되지 않는다. 따라서 신용장에 의한 결제, 매입 또는 다른 의무이행의 확약은 개설은행 또는 수익자와 개설의뢰인의 사이의 관계에서 비롯된 개설의뢰인의 주장이나 항변에 구속되지 않는다. 수익자는 어떠한 경우에도 은행들 사이 또는 개설의뢰인과 개설은행 사이의 계약관계를 원용할 수 없다.

b. 개설은행은 개설의뢰인이 계약서 또는 견적송장 등의 사본을 신용장의 일부분으로 포함시키려는 어떠한 시도도 제지시켜야 한다.

1. 신용장의 독립성원칙

　제4조는 제5조와 더불어 신용장의 독립·추상성이라고 한다. 신용장의 독립·추상성은 신용장의 본질적 원리로서 신용장 존립의 근거가 된다.

신용장의 독립성원칙의 본질은 신용장은 매매계약의 한 부분으로서 개설되어 존재하나 신용장거래 자체는 그 선행되는 매매계약에 의해 어떠한 제약이나 위축을 받을 필요가 없다는 것이다

앞서 설명한 바와 같이 신용장은 이미 19세기 중엽부터 상인들에 의해 자신들의 편의를 위한 일종의 상관습의 형태로 발전되어온 것으로써 신용장은 전적으로 여타의 계약법(contract law)과는 독립적이었다.

수출업자와 수입업자 상호간의 대금회수불능의 위험(credit risk)과 상품입수불능의 위험(mercantile risk)을 효율적으로 제거한다는 차원에서 은행이라는 공공성을 띤 제3자가 개입하여 신용장거래의 중심점으로서의 역할을 하기 위해서는 반드시 은행의 중립성이 전제되어야 할 것이다. 나아가 매매계약의 주된 당사자가 아닌 은행이 수출업자와 수입업자간의 마찰에 휘말리지 않고 자신에게 주어진 업무만을 공정하게 수행하기 위해서는 매매 당사자들과는 독립적인 확고한 위치의 확보가 필요할 것이다. 이러한 세 당사자간의 요구를 충족시키기 위해 상관습의 형태로 발전해 온 신용장거래관습의 본질적 운용원리가 이른바 신용장의 독립성원칙이다.

초창기의 신용장은 수입업자가 직접 신용장을 개설하였으므로 신용장과 매매계약은 불가분의 관계가 있었으나 근대적 의미의 신용장은 수입업자의 의뢰에 의해서 은행이 발행하므로 신용장개설은행은 매매계약의 당사자가 되지 않는다.

20세기 초 신용장거래가 국제적으로 활기를 띠기 시작하면서 은행들은 신용장에 내재되어 있는 계약과는 무관하게 단지 서류만을 갖고 거래하기를 강조하여 최초의 신용장통일규칙(1933년)에서도 신용장의 독립성을 명시하게 되었다. 그 후 현재의 제6차 개정에 이르기까지 이 원칙은 계속 고수된 채 더욱더 그 의미가 보강되는 추세를 보이고 있으며, 특히 제4차 개정부터는 보증신용장(standby credit)의 경우도 포함함으로써 단지 물품거래뿐만 아니라 채권·채무와 같은 거래에서도 적용됨을 명시하고 있다.

은행은 수출업자와 수입업자의 사이에서 서류를 축으로 하여 신용장상의 자신의 약정하에서 그들과는 별개의 독립적인 관계를 유지하는 가운데 균등하게 배분된 계약 관계의 위치에서 엄격하게 중립성을 지켜야 한다. 따라서 신용

장상에 계약에 관한 참조사항(reference)이 포함되어 있더라도 신용장은 그러한 계약과는 하등의 관계도 없으며 구속당하지도 않는다. 나아가 은행의 약정, 즉 지급·인수·연지급 및 매입의 확약은 개설의뢰인과 개설은행의 관계로부터 발생하는 문제뿐만 아니라 개설의뢰인과 수익자와의 관계에서 발생하는 문제들로 인해서도 영향받지 않는다.

한편 수익자 입장에서도 매매계약에 규정된 신용장을 입수하였으면 해당 신용장조건과 내용에 따라 수출을 이행하면 되는 것이지 그 신용장을 개설한 은행과 통지은행 또는 확인은행 등 은행간의 관계에 대해서 굳이 알려고 할 필요가 없으며, 자신에게 유리하게 원용할 수도 없다.

2. 신용장의 독립성원칙의 적용방식

(1) 제4조(b)항의 의미

제6차 개정 신용장통일규칙의 제4조(b)항은 새롭게 신설된 조항이지만, 제5차 개정의 제5조의 내용을 함축하고 있다는 점에서 좀 더 상세히 살펴볼 필요가 있다.

현행 제6차 개정 제4조(b)항은 "개설은행은 개설의뢰인이 신용장의 필수부분으로 내재된 매매계약의 복사본, 견본송장 등 이와 유사한 것을 포함시키려는 의도를 제지시켜야만 한다"고 규정하고 있다.

제5차 개정의 제5조(a)항은 "신용장개설의 지시, 신용장 그 자체, 신용장의 조건변경을 위한 지시 및 조건변경 그 자체는 완전하고 정확하여야 한다. 은행은 혼란과 오해를 방지하기 위하여 다음과 같은 여하한 시도도 제지시켜야 한다. (ⅰ) 신용장이나 조건변경서에 지나치게 상세한 사항을 포함시키는 것"이라고 규정하고 있다. 신용장에 지나치게 상세한 사항(excessive detail)을 삽입하려는 시도의 한 예가 현행 제6차 개정상의 매매계약의 복사본, 견본송장 및 기타 이와 유사한 사항에 해당한다. 제5차 개정에서나 현행 6차 개정에서는 공히 개설은행에게 개설의뢰인의 그와 같은 시도를 반드시 제지시켜야 할 의무를 부과하고 있다.

신용장은 언어와 관습, 그리고 법률이 다른 많은 나라의 다양한 상인들에 의해서 이용되고 있다. 신용장을 통해 수입업자와 수출업자 모두의 이익을 최대한으로 보장하기 위해서는 신용장상의 조건과 내용은 간결·명료·정확하여야 한다. 그럼에도 불구하고 수입업자가 신용장을 개설의뢰할 때 지나치게 상세하고 복잡한 요구조건을 신용장에 삽입하려는 이유는 물품을 직접 보지 않고 서류만 가지고 대금결제를 해야 한다는 수입업자의 불리한 교섭력에 기인한다.[24] 다시 말해 수입업자는 자기 자신의 권익을 보호하고 자신이 주문한 계약물품의 인수를 보장받기 위해 자꾸 신용장에 복잡하고 과다한 조건을 명시하려 한다는 것이다.

신용장이란 근본적으로 매매계약의 일환으로 탄생한 결제수단이자 금융의 한 방편이다. 신용장은 매매당사자간의 계약상의 모든 의무를 이행시키기 위한 의무이행약정의 날인증서(covenant)가 아니다. 따라서 신용장의 조건에 매매계약의 일부 전문적 조건이나 난해한 내용들을 지나치게 많이 삽입하면 신용장의 본래 목적을 살리지 못하는 결과를 초래한다. 오히려 간결한 조건과 간단명료한 내용이 신용장거래에서 발생하는 여러 가지 복잡한 법적문제를 예방할 수 있으며, 이를 통해 확실한 금융수단으로서의 신용장의 본 기능을 제대로 발휘할 수 있게 되는 것이다.[25]

(2) Rule of *Contra Proferentem*

신용장조건과 내용이 지나치게 과다하면 필연적으로 조건의 이행은 모호함을 수반한다.

모호함이란 첫째, 지시가 과다함으로 인해 두 가지 해석이 가능하여 이로 말미암아 초래되는 모호성(ambiguity)과, 둘째, 지시 자체의 불명료성으로 인해 발생하는 모호성(vagueness), 이 두 형태가 있는바, 이는 대부분 과다한 조건으로부터 비롯된다.

제시된 서류가 신용장조건을 충족시켰는지 여부를 결정함에 있어 신용장상

---

24) 따라서 신용장조건이 까다로우면 까다로울수록 수익자가 발행한 환어음의 매각이 어려워지고, 개설은행은 제출된 서류에 조금만 하자가 있어도 지급거절을 일삼을 수 있다.; 박대위, 「전게서」, pp.190-191.

25) *ibid.*

의 모호한 조건으로 인해 문제가 발생한 경우, 신용장상의 모호한 규정은 그러한 규정을 제공한 당사자에 반(反)하여 보다 불리하게 해석한다는 원칙이 적용된다. 이러한 논리의 근거는 신용장거래도 하나의 계약이라는 데에서 출발한다.

즉 전통적인 계약해석의 원칙 중 계약서상의 모호한 규정으로 인해 계약상 대방이 불완전한 계약이행을 한 경우 이에 대한 책임소재를 따짐에 있어 그러한 모호한 계약서를 작성한 당사자에 반(反)하여 보다 엄격하게 해석한다는 불명확조항해석의 원칙(rule of *Contra Proferentem*)이 적용된다는 것이다.

신용장이라는 계약서류를 작성한 당사자는 개설은행이지 수익자가 아니므로 모호한 조건이나 내용의 해석은 개설은행에게 보다 더 강력한 의미로 불리하게 적용된다. 따라서 개설은행은 개설의뢰인의 지시가 모호하고 불완전하다고 판단될 때에는 반드시 이에 대한 시정요구를 하여야 비로소 안전판을 확보하게 될 것이다.

신용장 개설의뢰인은 자기의 수입물품의 입수를 보장받기 위해 지나친 명세를 삽입하려고 할 것이지만 개설은행은 자신의 고객인 개설의뢰인의 요구만 들어주어서는 안 되며, 반드시 개설의뢰인의 이 같은 시도를 저지시켜야만 할 것이다. 물론 수익자 측면에서 볼 때에도 신용장이 내도되면 이를 면밀히 검토한 후 신용장조건 및 내용에 불명확한 이행조건이 포함되어 있을 경우 개설의뢰인에게 이의 정정을 요구하여 신용장의 조건변경 등을 통해 적절한 조치를 취하는 것이 훗날 분쟁을 예방하는 데 도움이 될 것이다.

신용장은 현존하는 대금결제방식 중 범세계적으로 사용되고 있는 가장 효율적인 대금결제수단이자 객관적인 금융수단이다. 제6차 개정 신용장통일규칙은 제4조(b)항을 통해 신용장의 이 같은 효용은 개설은행으로부터 비롯된다고 보고 'Rule of *Contra Proferentem*'이라는 계약해석원칙을 적용함으로써 개설은행에게 그 책임을 부담시키고 있다.

Article 5. Documents v. Goods, Services or Performance ─────────

Banks deal with documents and not with goods, services or performance to which the documents may relate.

제5조 서류와 물품, 서비스 또는 의무이행 ─────────

은행은 서류를 거래하는 것이지 그 서류에 관계되어 있는 물품, 서비스 또는 의무이행을 거래하는 것은 아니다.

　　이 조항은 제4조에서 설명한 신용장의 독립성과 더불어 신용장의 추상성을 규정한 것으로써 신용장거래는 상품, 서비스 또는 기타 계약이행의 여부를 다루는 것이 아니고 오로지 서류만을 갖고 판단한다는 내용을 강조하고 있다.

　　은행은 신용장거래에 있어서의 자신의 공정성 실현을 위해 상품을 취급하는 것이 아니고 서류자체만을 가지고 판단한다는 것이다.

　　신용장거래는 상품이나 용역의 거래가 아니라 CIF 매매와 같은 서류상의 거래이다. 은행은 상품을 사고파는 것이 아니라 서류를 사고판다. 즉 거래의 목적이 상품이나 용역이 아니라 서류에 있다는 것이다. 이를 신용장의 추상성원칙(principle of abstraction)이라 한다.

　　신용장거래는 서류상의 거래이다. 신용장거래에서 가장 핵심이 되는 것은 제출된 서류가 신용장조건과 내용에 일치하는지 여부이다. 만일 서류가 신용장의 조건과 내용에 일치한다면 은행은 상품이 매매계약을 충족시켰는지 여부에 상관없이 대금을 지급하여야 하며, 개설의뢰인은 그와 같은 개설은행의 행위에 대해 반드시 대금을 충당(reimbursement)해 주어야 한다.

Article 6. Availability, Expiry Date and Place for Presentation ——————————

a. A credit must state the bank with which it is available or whether it is available with any bank. A credit available with a nominated bank is also available with the issuing bank.

b. A credit must state whether it is available by sight payment, deferred payment, acceptance or negotiation.

c. A credit must not be issued available by a draft drawn on the applicant.

d. i. A credit must state an expiry date for presentation. An expiry date stated for honour or negotiation will be deemed to be an expiry date for presentation.

   ii. The place of the bank with which the credit is available is the place for presentation. The place for presentation under a credit available with any bank is that of any bank. A place for presentation other than that of the ssuing bank is in addition to the place of the issuing bank.

e. Except as provided in sub-article 29 (a), a presentation by or on behalf of the beneficiary must be made on or before the expiry date.

제6조 사용방식, 유효기일 및 제시장소 ——————————

a. 신용장은 그 신용장이 사용가능한 은행 또는 모든 은행에서 사용가능한지 여부를 명시하여야 한다. 지정은행에서 사용가능한 신용장은 또한 개설은행에서도 사용가능하다.

b. 신용장은 그 신용장이 일람지급, 연지급, 인수 또는 매입 중 어느 방법으로 사용가능한지 여부를 명시하여야 한다.

c. 신용장은 개설의뢰인을 지급인으로 하는 환어음으로 사용가능하도록 개설되어서는 안 된다.

d. i. 신용장에는 제시를 위한 유효기일이 명시되어야 한다. 신용장 대금의 결제 또는 매입을 위한 유효기일은 제시를 위한 유효기일로 간주된다.

   ii. 신용장이 사용가능한 은행의 장소가 제시를 위한 장소이다. 모든 은행에서 사용가능한 신용장에서의 제시장소는 그 은행의 소재지가 된다. 개설은행의 소재지가 아닌 제시장소는 개설은행의 소재지에 그 장소가 추가된 것이다.

e. 제29조 (a)항에 규정된 경우를 제외하고, 수익자에 의한 또는 수익자를 대리한 제시는 유효기일 또는 그 전에 이루어져야 한다.

1. 대금결제방식의 명시와 은행의 지정

모든 신용장은 그 사용방식(availability)을 명확히 표시하여야 한다.

즉 모든 신용장에는 지급·인수·연지급 또는 매입방식 중 어느 방법에 의하여 사용가능한 지를 명시하고, 어느 은행에서나 매입이 허용되는 신용장을 제외하고는 지급·인수·연지급 또는 매입은행을 지정하여야 한다.

환어음이 일람불로 발행되어 지급방식으로 대금지불이 되는 지급신용장이나 환어음이 기한부로 발행되어 인수 후 만기에 지급되는 인수신용장은 그 성질상 지급은행(paying bank)과 인수은행(accepting bank)을 반드시 지정하여야 하지만, 대금지불방식이 매입인 매입신용장의 경우에는 매입을 특정은행에 제한하는 매입제한신용장(restricted credit)이 아닌 한 어느 은행에서라도 매입이 가능한 자유매입신용장(freely negotiable credit)이 된다. 이러한 자유매입신용장에서는 어떤 은행도 매입할 수 있는 'any bank'가 되며, 이 은행이 곧 신용장상의 지정은행(nominated bank)이 된다.

제6차 개정에서는 지정된 은행에서 사용가능한 신용장은 개설은행에서도 역시 사용가능하다는 조항을 신설함으로써 지급·인수·연지급 또는 매입을 지정받은 은행을 경유하지 않고 직접 개설은행에 서류를 송부하거나 또는 경우에 따라 이들 은행이 개설은행으로부터 수권받은 대금지불업무를 거절하거나 이행하지 않을 경우에는 개설은행이 직접 대금지급을 해줄 수 있음을 보다 명확히 해두고 있다.

2. 환어음의 지급인

제6조(c)항에서는 신용장거래에서는 개설의뢰인 앞으로 환어음을 발행할

수 없도록 규정하고 있다. 제4차 개정까지 수익자는 개설의뢰인 앞으로 환어음을 발행할 수도 있었으나 제5차 개정부터는 이와 같은 관행은 금지된다. 이러한 금지규정에도 불구하고 만일 신용장이 개설의뢰인 앞으로 환어음을 발행하도록 명시하거나, 또는 수익자가 개설의뢰인 앞으로 환어음을 발행한 경우에는 그러한 환어음은 단지 아무런 의미 없는 부가적 서류로 간주한다.

이 조항은 다음과 같은 두 가지의 이유를 함의하고 있다.

하나는, 개설의뢰인 앞으로 환어음이 발행된다 할지라도 취소불능신용장에서의 개설은행의 확약에 따라 대금결제의 궁극적 책임은 개설은행에게 있다는 사실이다. 개설의뢰인 앞으로 환어음이 발행될 때 당해 환어음이 특히 기한부 환어음이면 개설은행은 단지 추심대리인으로서만 행동하게 되므로 이는 본연의 신용장거래라 할 수 없다.

다른 하나는, 대금지불방식이 매입일 경우 환어음이 개설의뢰인 앞으로 발행되면 개설은행은 엄밀한 의미로 환어음의 지급인이 아니다. 즉 개설은행은 환어음의 발행인인 수익자와 환어음의 지급인인 개설의뢰인의 사이에 끼어있는 환어음의 매입자가 된다는 것이다. 그 결과 국내법상 개설은행은 당해 환어음에 대해 매입행위를 하게 되는 결과가 되므로 이에 따라 개설은행은 자신의 전자(前者)에 대해 소구권(right of recourse)을 행사할 수 있다는 논리가 가능해진다. 이는 신용장에서의 개설은행의 지급확약에 비추어 볼 때 신용장거래관습상 허용될 수 없는 관행이라 하겠다.

3. 신용장의 유효기일

(1) 유효기일의 본질과 의의

신용장하에서 수익자가 구비한 제반 서류들은 지급·인수·연지급 또는 매입을 위하여 언제까지 은행에 제시되어야 하는가라는 문제는 수익자, 개설은행 그리고 개설의뢰인에게 대단히 중요한 의미를 준다. 게다가 지급·인수·연지급 또는 매입을 위해 지정은행이 중간에 개입될 때에는 당해 서류가 언제까지 어느 은행에게 제시되어야 하는가 하는 문제로까지 확대되어 더욱더 그 관계는 복잡해진다.

신용장을 통해 이익을 향유하려는 모든 당사자에게는 시간적 제약이 따른다. 신용장 관계 당사자의 권리와 의무는 이러한 시간적 제약 속에서 이루어져야만 한다. 신용장거래에 있어서의 유효기일은 신용장거래의 생명선(time-bar)이기도 하면서 신용장거래의 결제메커니즘의 개시를 알리는 첫 신호(signal)라는 점에서 절대적인 중요성을 갖는다.

일반적 관점에서 유효기일(expiry date)이라 함은 수익자 측면에서는 대금의 지급·인수·연지급 또는 매입을 받기 위해 신용장상에서의 자신의 의무를 이행해야 할 최종기일인 동시에 개설은행의 측면에서는 자신의 신용장상의 대금지급확약에 의한 대금지급이행의 전제조건이 된다. 따라서 수익자가 유효기일을 엄수하지 못한 경우에는 신용장하에서 대금지급을 받을 수 있는 권리가 상실됨과 동시에 개설은행의 대금지급확약은 그 자체로써 자동소멸된다.

(2) 신용장통일규칙상의 유효기일 규정의 변동 추이

모든 신용장에는 신용장의 유효기일이 반드시 명시되어야 한다. 신용장통일규칙 제1차 개정까지 신용장 유효기일은 다음과 같이 정의되어 있다.[26]

"모든 취소불능신용장에는 선적일의 표기가 있다 하더라도 반드시 지급·인수·매입을 위한 유효기일을 명시해야 한다."

1차 개정에서는 선적일자의 표기가 있다하더라도 신용장상에 반드시 유효기일을 명시하도록 규정하고 있다. 그러나 문제는 유효기일이 지급·인수·매입이 완료되는 시점인지 아니면 지급·인수·매입을 위한 서류제시의 시점인지의 구분이 분명치 않았다. 그 후 제2차 및 제3차 개정에 들어서는 다소 이 개념이 명확해졌다. 즉 유효기일은 지급·인수·매입을 위한 서류제시의 최종기일이라고 규정하게 된 것이다.[27]

제4차 개정에 들어서는 유효기일에 대한 규정을 세분화하였다. 즉 유효기일은 지급·인수·매입을 위한 서류제출의 최종기일임과 더불어 불가항력사태

---

26) 제1차 개정 신용장통일규칙 제38조.
27) 제2차 개정 신용장통일규칙 제35조, 제3차 개정 신용장통일규칙 제37조(제3차 개정에서는 취소불능신용장뿐만 아니라 취소가능신용장에도 유효기일을 표시하도록 의무화했다).

이외의[28] 은행 정기 휴무일에 유효기일이 만료되면 그 다음 정상 영업일까지 자동연장됨을 추가하였다. 나아가 유효기일의 개념은 당일을 포함하는지 여부에 대해 유효기일은 당일을 포함한다는 용어인 'on or before'를 사용함으로써 이를 명료화하였다.

한편 제5차 개정에서는 "모든 신용장은 지급, 인수를 위한 서류제시의 유효기일과 장소, 그리고 자유매입신용장의 경우를 제외하고는 매입을 위하여 서류를 제시해야 할 장소를 명시하여야 한다. 지급·인수 또는 매입을 위하여 명시된 유효기일은 서류제시를 위한 유효기일로 해석한다. 서류는 이러한 유효기일 또는 그 이전에 제시되어야 한다"[29]고 규정하고 있다.

즉 제5차 개정에 이르러서는 모든 신용장은 지급·인수·매입은행에 서류가 제시되어야 하는 유효기일뿐만 아니라 서류가 제시되어야 하는 장소까지도 명시하도록 규정하고 있다. 당시 이 규정의 취지는 우리나라를 포함한 몇몇 국가들에서 유효기일의 개념을 지급·인수·매입은행이 지급·인수·매입행위를 완료하는 시점으로 해석하고 있다는 데 기인한다.[30]

유효기일의 본질은 수익자가 신용장에서의 자신의 의무를 온전히 다하기 위해 신용장조건과 내용에 일치하는 서류를 은행에 제시하는 최종기일을 의미하는 것이지, 수익자가 통제할 수 없는 지급·인수·매입은행의 서류취급기간까지 의미하는 것은 아니다. 금번 제6차 개정은 제4조(d)(ⅰ)항에서 다시 한 번 이 점을 강조하고 있음을 알 수 있다.

한편 이번 제6차 개정에서는 자유매입신용장의 경우 어떤 은행이라도 수익자가 선택하여 서류를 제시한 은행이 지정된 매입은행이 됨을 다시 한 번 확인

---

28) 불가항력은 유효기일 연장의 사유가 되지 못한다. 불가항력의 기간 중에 유효기일이 만료되면 그 신용장의 유효성은 그 시점부로 종료된다. 그러나 신용장 유효기간 내에 지급·인수·매입은행에 제반 서류가 제출되고 그 후에 불가항력이 발생한 경우라든지 또는 매입은행 등이 매입행위를 끝내고 제3국의 결제은행으로 서류를 송부한 후 결제은행 소재국에서 불가항력사태가 발생한 경우라면 당해 신용장은 계속 유효하다.

29) 제5차 개정 신용장통일규칙 제42조(a)항, (b)항.

30) ICC, *Opinions*(1989 – 1991) *of the ICC Banking Commission*, ICC Publication S.A., 1982, p.38(인도와 우리나라의 경우 유효기일을 오용하는 사례가 많다).; ICC, *More Case Studies on Documentary Credits*, ICC Publication S.A., 1991, p.106(유효기일의 개념은 매입에 소요되는 기간까지 의미하는 것이 아니다).

해주고 있다. 나아가 신용장상에 개설은행이 영업하고 있는 장소 이외의 장소로 서류제시 장소가 지정된 때에는, 다시 말해 개설은행 이외의 지정은행으로 서류를 제시하도록 신용장이 규정하고 있는 경우에는 개설은행과 더불어 지정은행을 추가된 장소로 본다고 규정하고 있다.

이와 같이 서류제시장소를 보다 구체화한 이유는 이제까지 어느 장소에서 유효기일이 종료되느냐가 불명확하여 많은 분쟁을 야기하였기 때문이다. 예를 들어 서류제시장소가 수익자가 소재한 수출국의 은행이 아니고 수입국의 개설은행이라면 수익자는 신용장에 지정된 대로 개설은행으로 서류를 송부해야 할 것이다. 이때 수익자가 주의해야 할 것은 유효기일의 개념은 지급·인수·매입은행에 서류가 제시되는 최종시점으로 해석되기 때문에 만일 신용장상에 이처럼 개설은행 기준으로 유효기간이 명시되어 있는 경우에는 신용장의 유효기일까지 제반 선적서류가 개설은행 앞으로 도착되어야 하므로 우편일수를 충분히 감안하여 발송할 수 있도록 해야 한다는 점이다.

유효기일과 관련하여 지정은행을 거치지 않고 직접 개설은행으로 서류가 제시된다든지, 또는 지정된 은행 이외의 은행에서 이루어지는 재매입(renegotiation), 지정은행의 해제(release) 등과 같은 독특한 거래형태는 복잡한 법률적 판단을 요하는 부분이다. 이에 대한 자세한 내용은 제29조의 해설에서 다루도록 한다.

Article 7. Issuing Bank Undertaking

a. Provided that the stipulated documents are presented to the nominated bank or to the issuing bank and that they constitute a complying presentation, the issuing bank must honour if the credit is available by:

i. sight payment, deferred payment or acceptance with the issuing bank;

ii. sight payment with a nominated bank and that nominated bank does not pay;

iii. deferred payment with a nominated bank and that nominated bank does not incur its deferred payment undertaking or, having incurred its deferred payment undertaking, does not pay at maturity;

iv. acceptance with a nominated bank and that nominated bank does not accept a draft drawn on it or, having accepted a draft drawn on it, does not pay at maturity;

v. negotiation with a nominated bank and that nominated bank does not negotiate.

b. An issuing bank is irrevocably bound to honour as of the time it issues the credit.

c. An issuing bank undertakes to reimburse a nominated bank that has honoured or negotiated a complying presentation and forwarded the documents to the issuing bank. Reimbursement for the amount of a complying presentation under a credit available by acceptance or deferred payment is due at maturity, whether or not the nominated bank prepaid or purchased before maturity. An issuing bank's undertaking to reimburse a nominated bank is independent of the issuing bank's undertaking to the beneficiary.

제7조 개설은행의 의무

a. 신용장에서 규정된 서류들이 지정은행 또는 개설은행에 제시되고, 그것이 신용장 조건에 일치하는 제시일 경우 개설은행은 다음과 같은 결제의 의무를 부담한다.

i. 신용장이 개설은행에서 일람지급, 연지급 또는 인수방식으로 사용되는 경우

ii. 신용장이 지정은행의 일람지급방식이지만 지정은행이 대금을 지급하지 않는 경우

iii. 신용장이 지정은행의 연지급방식이지만 지정은행이 연지급확약을 기채하지 않거나 또는

그와 같은 연지급확약을 기채하였으나 만기일에 대금을 지급하지 않는 경우

iv. 신용장이 지정은행의 인수방식이지만 지정은행이 자신을 지급인으로 한 환어음을 인수하지 않거나 또는 환어음을 인수하였더라도 만기일에 지급하지 않는 경우

v. 신용장이 지정은행의 매입방식이지만 지정은행이 매입하지 않는 경우

b. 개설은행은 신용장의 개설시점으로부터 취소불능한 결제의 의무를 부담한다.

c. 일치하는 제시에 대하여 결제 또는 매입을 하고 개설은행으로 서류를 송부한 지정은행에 대하여 개설은행은 신용장 대금을 상환할 의무를 부담한다. 인수신용장 또는 연지급신용장의 경우 일치하는 제시에 대한 대금의 상환은 지정은행이 만기일 이전에 대금을 선지급하였거나 또는 매입하였는지 여부와 관계없이 만기일에 지급된다. 개설은행의 지정은행에 대한 상환의무는 개설은행의 수익자에 대한 의무로부터 독립적이다.

1. 개설은행의 대금지급확약의 본질

신용장 개설의뢰인은 신용장을 개설의뢰할 때 대금결제가 어떤 방식으로 행해져야 하는가를 개설은행에 지시하여야 한다. 개설은행은 이에 따라 대금의 결제가 지급, 인수, 연지급, 또는 매입 중 어느 방식에 의할 것인지를 신용장상에 명시하여야 하며, 어느 은행에서나 매입이 허용되는 자유매입신용장을 제외하고는 지급·인수·연지급 또는 매입은행을 지정하여야 한다.

신용장이 개설되는 경우 개설은행은 대금의 지급을 확약하지만 이러한 확약은 절대적인 확약이 아니라 특정한 서류의 제시와 특정한 조건의 합치를 조건으로 하는 조건부 약정이라는 점을 잊어서는 안 된다. 개설은행의 대금지급확약의 내용을 규정한 제7조는 개설은행의 지급·인수·연지급 또는 매입에 관한 대금지급확약의 전제조건으로 "신용장조건과 내용에 일치하는 서류제시"를 다시 한 번 강조하고 있다.

이와 같은 전제조건이 충족되는 경우 개설은행은 신용장상의 규정에 따라 직접 일람지급하거나, 인수 또는 연지급하며, 이 지급·인수·연지급 또는 매입을 타 은행에게 지정·수권한 경우 당해 지정·수권된 은행이 자신의 지정된 지급업무, 인수업무, 연지급업무 또는 매입업무를 이행하지 않을 때에는 개설은행

이 책임지고 대금을 지급할 것임을 확약하고 있다. 이러한 확약은 동조(b)항에 규정한 바와 같이 개설은행이 신용장을 개설한 시점부터 취소불능한 효력을 갖는다.

이하에서는 신용장에서의 개설은행의 대금지급확약의 내용을 조목별로 살펴보도록 한다.

2. 대금지급의 유형별 약정

(1) 일람지급의 약정

1) 신용장통일규칙의 변동추이

이는 신용장이 지급조건부로 개설된 경우인데 일종의 요구불(demand draft)의 형태이다.

제3차 개정에서는 "…신용장이 지급을 규정하고 있으면 환어음에 대해 또는 환어음 없이 지급이 이루어지도록 한다"[31]

제4차 개정에서는 "…(ⅰ) 신용장이 일람지급을 규정하고 있으면 지급하거나 또는 지급이 이루어지도록 한다"[32]고 규정함으로써 지급이 약정된 신용장은 개설은행이 지정한 은행을 통해 지급하거나 또는 개설은행이 직접 지급함을 명시하고 있다.

제5차 개정에서는 다음과 같이 서류가 제시되어야 할 은행이 명시되면서 개념이 명확해지고 있다. 즉 "취소불능신용장이란 명시된 서류가 지정된 은행 또는 개설은행에 제시되고 당해 서류가 신용장의 제 조건과 내용에 일치할 경우 (ⅰ) 신용장이 일람지급을 규정하고 있으면, 일람지급한다…"고 규정하고 있다.

제5차 개정의 규정을 놓고 볼 때 '신용장이 일람지급을 규정하고 있으면 일람지급한다'라는 단순한 문구는 제4차 개정에서 '다른 은행에게 지급을 수권하는 경우 지급이 이루어지도록 한다'(that payment will be made)라는 표현이 모호하여 단순하게 '일람지급'한다는 표현이 더 바람직하다는 의견에서 비롯된 것이지만,

---

31) 제3차 개정 신용장통일규칙 제3조.
32) 제4차 개정 신용장통일규칙 제10조.

만일 지정된 은행이 대금지급을 하지 않거나 또는 경우에 따라 대금지급을 할수 없는 상황일 경우 개설은행의 책임범위는 오히려 더 모호해질 수 있었다.

이러한 점에 대해 현행 제6차 개정에서는 일단 신용장상에 타 은행이 지급하도록 지정된 경우 지정은행이 일람지급하지만, 만일 당해 지정은행이 일람지급하지 않으면 개설은행이 직접 일람지급한다고 규정함으로써 신용장상의 일람지급약정의 궁극적 책임은 개설은행에 있음을 명확히 하고 있다.

2) 지급개념의 제 문제

일반적으로 대금지불방식으로 지급(payment)을 규정하게 되면 당해 신용장대금은 일람불(at sight)로 지급된다. 이때 개입되는 은행을 지급은행(paying bank)이라 하는데, 이에는 다음의 두 가지 형태가 있다.

하나는, 개설은행과 환거래계약이 맺어져 있는 은행 또는 개설은행의 지점이며, 다른 하나는, 개설은행과 환거래계약이 체결되어 있지 않은 은행이다.

전자(前者)의 은행이 개입되는 경우 당해 지급은행이 수익자에 대해 대금을 지급하면 대금지급과 동시에 개설은행의 구좌에서 차기(debit)된다. 따라서 대금지급과 그에 상응하는 대금충당이 동시에 일어난다.

후자(後者)의 은행이 개입되는 경우 이 신용장은 대금충당신용장[33])이 되며 지급은행은 수익자에게 대금지급을 한 후 개설은행 앞으로 환어음을 발행하고 관련 선적서류를 송부한 후 대금충당(reimbursement)을 받게 된다.

한편 전자의 경우는 별문제가 없으나 후자의 경우는 지급은행이 수익자에게 대금지급한 후 일정기간 후에 대금상환을 받으므로 만일 개설은행의 결제지연으로 인하여 추가비용 또는 이자의 손실이 발생한 경우에 이에 대한 비용도 보상받을 수 있느냐는 문제가 있을 수 있다. ICC에서는 이와 같은 경우 개설은행은 부당하게 지연된 기간에 해당하는 만큼의 이자에 대해 책임이 있으며, 그 이자율은 지급지의 법정이자율이 기준이 된다는 유권해석을 내린 바 있다.[34]

[33) Burton v. McCullough, *Letter of Credit,* Matthew Bender, 1992, Section1. 05, 1−48; 이 둘의 궁극적 차이점은 개설은행과 지급은행간에 환거래취결계정이 있는지 여부와 대금충당의 의사표시를 환어음으로 하는지 여부에 있다(Henry Harfield, *Bank Credit and Acceptances,* 5th ed., The Ronald Press Co., 1974, pp.49−50).

1979년의 한 판례에서도 수익자 또는 선의의 환어음 소지인에 대해 정당한 절차와 행위로 은행이 지급·인수·매입 등을 하였다면 개설은행은 당해 은행에 결제지연으로 인한 이자와 환차손 등 추가비용을 당연히 보상해 줄 의무가 있다고 판시된 바 있다.[35] 이는 이미 100여 년 전부터 적용되어온 상관습으로[36] 개설은행의 보상범위는 수익자에 대한 결제대금, 그에 수반되는 제반 수수료, 이자비용, 그리고 물품의 시장 가치와의 차액까지 포함된다.[37] 이는 신용장거래에 있어서 개설은행은 신용장상의 약정의 위반에 대해 궁극적으로 배상책임이 있다는 원칙에 그 맥락을 두고 있다.[38]

3) 환어음의 유무

지급과 관련하여 또 한 가지 짚고 넘어가야 할 문제는 환어음의 유무에 있다. 앞서 설명한 바와 같이 지급은 환어음이 일람불일 때 요구불의 형태로 이루어지기 때문에 환어음을 발행하지 않는 경우가 많다.

이러한 관행은 이미 신용장통일규칙 제3차 개정에 반영되어 있었다. 즉 제3차 개정에서는 '… 환어음과 상환으로 또는 환어음 없이'라는 표현을 사용하여 환어음의 유무를 구태여 가리지 않는다고 규정하였다. 이후 제4차 개정부터는 환어음에 대한 표현을 아예 삭제함으로써 환어음 없이도 지급이 이루어짐을 기정사실화하였다. 이는 많은 국가에서 환어음 발행에 따른 높은 인지세를 회피하기 위해 일람불 거래에서는 단지 환어음을 부수적인 서류로 취급하여 아예 은행에 제시조차 하지 않는 관행이 지배적이었기 때문이다.[39] 반면 영국과 같은 나라에서는 환어음이 일람불일 때에도 반드시 환어음을 발행하여 은행에 제시하

---

34) ICC, *Decisions*(1975－1979) *of the ICC Banking Commission,* p.28.

35) *Ozalid Group(Export) Ltd. v. Africa Continental Bank Ltd.* [1979] 2 Lld. L. Rep. 231.

36) *Prebn v. Royal Bank of Liverpool,* L. R. 5. Ex. 92; 박대위, 「무역사례」, 법문사, 1983, pp.248－249.

37) 제6차 개정 신용장통일규칙 제13조(b)항(iii)호에도 구현되어 있다.: "만일 신용장조건과 내용에 따라 청구은행이 첫 지급청구를 하였음에도 대금의 상환이 이루어지지 않은 경우 개설은행은 발생한 여타의 비용을 포함하여 이자손실에 대해 책임진다." 이러한 논리는 지급뿐만 아니라 인수, 연지급, 또는 매입의 모든 경우에도 공히 적용된다.

38) Henry Harfield, *op. cit.,* p.110.

39) ICC, *Case Studies on Documentary Credits*(1989), p.26.

여야 한다.[40]

그러나 만일 신용장상에 환어음을 요구할 경우 수익자가 환어음을 첨부하지 않는다 할지라도 과연 신용장조건을 충족시킨 것이 되느냐는 문제가 있을 수 있다. 다시 말해 일람불 지급조건의 신용장일 경우 환어음의 발행은 필수적인 요건이 아니므로 비록 신용장에서 환어음의 첨부를 요구한다 해도 수익자의 환어음 미제시는 구제될 수 있느냐 하는 문제이다.

이 부분에 대해서는 수익자가 구제된 법원판례[41]도 있으나, 해당 신용장거래에서 일람불 지급방식임에도 불구하고 환어음을 요구하면 수익자는 반드시 환어음을 제시해야 한다[42]는 법원의 견해가 지배적이다.[43]

(2) 인수의 약정

1) 인수개념의 변동추이

인수(acceptance)라 함은 수익자가 발행한 환어음이 만기가 될 때 환어음 금액을 지급하겠다는 환어음 지불인(drawee)의 서명된 약속을 의미한다. 인수신용장은 이러한 인수약정이 대금의 지불방식으로 규정되어 있는 신용장을 말한다. 인수는 반드시 환어음 지불인이 정식으로 당해 환어음상에 인수의 의사표시를 하여야만 비로소 무조건적인 지급이 이루어진다.[44]

제3차 개정에서는 인수의 약정을 크게 (a) 신용장상에 개설은행에 의한 인수가 규정되어 있으면 개설은행이 인수하고 (b) 개설의뢰인 또는 타 지급인 앞

---

40) A.G.Guest, *Benjamin's Sale of Goods*, vol.2. 3rd ed., Sweet & Maxwell, 1987, p.1348.

41) *National Bank of N.A. v. Alizio,* 103 A.D. 2d 690, 477 N.Y.S. 2d 356(1st Dep's 1984), aff'd mem. 65 N.Y. 2d 788, 493 N.Y. 2f 111(1985)

42) Stanley F. Farrah, John F. Dolan, Charles W. Mooney, Fred H. Miller & Harold S. Burman, "An Examination of UCC Article 5(Letter of Credit)", *The Business Lawyer,* vol.45, June, 1990, pp.1555–1557; 일람불 환어음의 역할은 단지 부수적인 것이며 오히려 더 중요한 것은 제출되는 서류 자체이다. 따라서 제시된 서류가 신용장조건과 내용에 일치하면 일반적으로 대금지급이 이루어질 수 있다. 그러나 이 경우에는 신용장에 환어음을 요구하지 않는 때이다. 환어음이 특약의 형태로 요구되면 반드시 첨부하여야 한다.

43) H.C. Gutteridge & M. Megrah, *The Law of Banker's Commercial Credits*, Europa Pub. Ltd., 1984, p.90 참조.

44) 인수의 의사표시는 환어음의 지불인이 'Accepted'라고 환어음의 뒷면에 표시한 후 여기에 만기일자, 지불인 이름을 명기하고 서명하는 형태이다.

으로 기한부 환어음이 발행되면 개설은행이 인수하고 만기에 지급한다고 규정하고 있다. 제4차 개정에서도 같은 형태로 규정되어 있었으나 제5차 개정에 들어서는 다음과 같이 상당히 구체적으로 규정하였다.

"신용장이 인수를 약정하고 있을 경우 (a) 개설은행에 의한 인수: 수익자가 개설은행을 지급인으로 하여 개설은행 앞으로 기한부 환어음을 발행하면 개설은행은 이를 인수하고 만기에 지급한다. (b) 타 지급은행에 의한 인수: 신용장에 명시된 환어음지불은행이 자신 앞으로 발행된 수익자의 환어음을 인수하지 않을 경우, 수익자가 개설은행을 지급인으로 하여 발행한 환어음을 인수하고 만기일에 지급하거나, 또는 타 지급은행이 인수는 하였으나 지급하지 않은 환어음을 만기에 지급한다."

상당히 복잡한 문장의 형태로 규정된 제5차 개정의 인수약정 조항은 간단히 말해, 첫째, 기한부 환어음이 개설은행 앞으로 발행되면 개설은행이 직접 당해 환어음을 인수하고 만기에 지급하고, 둘째, 인수은행을 따로 두어 당해 인수은행이 인수하도록 하였으나 이 은행이 수익자가 발행한 기한부 환어음을 인수하지 않은 경우, 개설은행이 대신 인수하고 만기에 지급하며, 인수은행이 수익자의 기한부 환어음을 인수는 하였으나 지급을 하지 않으면 개설은행이 대신 만기에 지급한다는 것이다. 이때 위 두 번째와 세 번째 경우는 수익자는 개설은행 앞으로 기한부 환어음을 다시 발행할 것이 함의되어 있다.

현행 제6차 개정에서도 인수은행이 지정은행으로 지정 수권된 경우로 그 개념을 보다 명확히 하여 제5차 개정에서의 인수약정을 그대로 전승하고 있다.

2) 인수개념의 제 문제

제5차 개정에 이어 제6차 개정에서는 인수약정의 개념을 보다 명확하게 확정해 두고 있다.

첫째, 타 인수은행은 개설은행으로부터 인수를 지정·수권받은 은행이어야 한다는 점이다. 따라서 만일 지정·수권된 당해 인수은행이 인수의 지정·수권을 거절하거나, 또는 인수는 하였으나 수익자에게 만기에 지급하지 않으면 개설은행은 인수의 지정·수권자로서 뿐만 아니라 궁극적으로 자신의 지급확약에 따라 인수 및 만기 지급의 책임을 짐을 명확히 하고 있다.

둘째, 개설의뢰인 앞으로 기한부 환어음이 발행되는 관행은 완전히 사라지게 되었다는 점이다. 제5차 개정의 규정에도 불구하고 그간 개설의뢰인 앞으로 수익자가 기한부 환어음을 발행하는 관행이 존속되어 왔으나 이는 신용장거래에서 전혀 의미가 없는 관행이었다. 개설의뢰인이 자신 앞으로 발행된 환어음을 인수하였다 해도 만기에 지급하지 못하면 개설은행이 자신의 신용장하에서의 지급확약에 따라 궁극적으로 인수 및 만기 지급의 책임을 지기 때문이다.

사실 제5차 개정에서는 앞서 설명한 바와 같이 '매입'의 경우에만 개설의뢰인 앞으로 환어음을 발행할 수 없도록 하여 '인수'의 경우에는 적용될 소지가 없었으나 제6차 개정의 제6조(c)항, "신용장은 개설의뢰인을 지급인으로 하는 환어음이 발행되어 사용되도록 개설되어서는 안 된다"는 규정에 따라 '인수'의 경우에도 공히 개설의뢰인 앞으로 기한부 환어음이 발행될 수 없게 되었다.

개설의뢰인 앞으로 기한부 환어음이 발행되어 개설의뢰인이 당해 환어음을 인수하고, 개설은행은 단지 추심대리인으로서 그 의무가 제한된다면 이는 엄밀한 의미로 신용장거래관습으로 볼 수 없다는 차원에서 제6차 개정에서는 이점을 명백히 하고 있는 것으로 볼 수 있다.[45]

3) 인수약정의 이행과 은혜일

인수신용장은 수출업자의 입장에서는 환어음의 만기시에 전액을 지급받든지 아니면 사전에 이를 할인받을 수 있어 큰 불편이 없으며, 수입업자 입장에서도 물품을 수령한 후 환어음의 유예기간 동안에 해당 수입물품을 매각하여 환어음의 만기가 도래하면 수입대금을 결제할 수 있다는 편리함 때문에 상당히 많이 활용된다.

한편 기한부 환어음을 발행하고 만기시에 대금지급을 요구하는 수익자에게 은행은 자국법에 따른 은혜일(grace day)을 적용할 수 있는가라는 문제가 있다.

---

45) 국제표준은행관행(ISBP745) B18(a)항과 (b)항에서도 개설의뢰인을 지급인으로 하는 환어음을 발행할 수 없도록 규정하고 있으며, 만일 신용장에서 필요 서류의 하나로 개설의뢰인을 지급인으로 하여 발행된 환어음을 제시하도록 요구하는 경우에는 은행은 신용장에 명시적으로 규정된 내용에 한해서만 검토의무를 수행하며, 다만 신용장에 그러한 명시적 규정이 없으면 제6차 개정 신용장통일규칙 제14조 (f)항에 따라 심사하도록 하고 있다.

영국이나 오스트레일리아와 같은 나라의 경우 자국법에 따라 환어음의 지급에 있어 은혜일 만큼 유예하여 대금을 지급할 수 있는데 신용장거래에서는 기한부 환어음이 발행될 때 선적서류 일체가 신용장조건과 내용에 일치하면 은행은 신용장에서 환어음을 인수하고 만기일에 무조건적으로 지급을 하겠다고 약정을 하고 있기 때문에 신용장과 국내법과의 마찰이 생길 소지가 있다.

신용장거래관습이 한 나라의 국내법과 마찰이 있을 때 신용장거래관습이 국내법에 우선할 수 있는지는 의문의 여지가 많다. ICC 은행실무위원회에서는 이와 같은 상황에 대해 만일 국내법규상 환어음 지급을 위한 은혜일이 적용된다는 사실이 확실히 신용장에 명시되지 않는 한 신용장거래에서는 만기일에 반드시 대금지급이 이루어져야 하며, 만일 당해 신용장거래에 은혜일이 적용된다면 이는 엄밀한 의미로 신용장거래가 될 수 없다는 취지의 유권해석을 내린 바 있다.[46]

환어음을 규율하는 국내법은 거의 모든 국가들이 갖고 있다. 수출업자는 그 수많은 국가들과 무역거래를 하고 있기 때문에 특정 국가의 국내법을 모두 알 수는 없을 것이다. 그러나 무엇보다도 확실한 것은 해당 국내법은 관련 환어음에 적용되어 해당 환어음만을 다루는 것이지 신용장을 다루는 것은 아니라는 사실이다.

환어음이 신용장거래의 일환으로 발행되고 당해 신용장거래가 신용장통일규칙에 준거하고 있다면 해당 환어음은 신용장통일규칙에 따라 적용되는 것이 보다 합당한 법해석이 될 것이다.

(3) 연지급의 약정

연지급(deferred payment)에 대한 약정은 제4차 개정에서 새로 도입된 내용으로 환어음이 없는 기한부 신용장과 그 기능이 유사하다. 이미 사용되고 있는 기한부 신용장제도가 있음에도 구태여 이와 같은 새로운 제도를 도입한 것은 환어음 발행에 따른 높은 인지세를 피하기 위해서이다.[47]

---

46) ICC, *Opinions*(1989−1991) *of the ICC Banking Commission,* pp.17−18.
47) 독일, 프랑스, 볼리비아 등에서는 환어음발행에 높은 인지세를 부과하고 있다; 박대위, 「신용장」,

연지급신용장이란 환어음의 발행없이 일정기간이 경과한 이후 특정 만기일에 대금을 지급할 것을 약정하는 신용장을 말한다. 연지급신용장에서는 환어음을 발행하는 대신에 연지급약정서(deferred payment undertaking)를 발행하며, 만기일의 표시는 연지급신용장상에 주로 '선하증권 발행일 후 ○○일'과 같은 형태로 다음과 같이 기재된다.

"We hereby issue in your favor this documentary credit which is available by payment at 90 days after B/L date against presentation of the following documents."

(4) 매입의 약정

1) 매입의 유형

신용장이 매입방식으로 되어 있을 경우 개설은행은 매입을 확약한다. 매입(negotiation)이라 함은 환어음에 배서(endorsement)하는 형식을 통해 거래 일방이 상대방에게 환어음을 이전시키는 행위를 의미하며, 상대방은 환어음의 소지인으로서 소구권을 행사할 수 있는 위치에 서게 된다.

매입은 수반되는 환어음이 일람불이든 기한부이든 관계없이 이루어질 수 있다. 매입은 매입신용장에서 이루어지지만 일람불 또는 기한부 신용장에서도 매입은 이루어질 수 있다.

보통 일람불 신용장에서 매입이 이루어질 경우 일반적으로 매수(purchase)라고 하고, 기한부 신용장에서 매입이 이루어지면 할인(discount)이라고 한다. 이는 앞서 설명한 바와 같이 단지 용어상의 차이에 불과하며 매입과 대동소이한 개념이다.[48)]

일람불 또는 기한부 신용장에서 매입방식을 사용할 경우 일반적으로 개설은행은 수익자 소재 국가의 통화로 대금을 지급하게 되고, 매입신용장일 경우에

---

p.214.
48) 제6차 개정 신용장통일규칙 제2조 매입의 해설 참조.

는 개설은행 소재 국가의 통화로 대금을 지급하게 된다. 이때 수익자는 자국의 매입은행을 통해 자국통화로 바꿔 대금을 획득할 수 있다.

2) 매입개념의 변동추이

매입신용장에서 배서는 필수적인 요건이다. 신용장하에서 매입이 이루어지기 위해서는 반드시 환어음의 배서가 이루어진 후 매입은행으로 전달되어야 하며 이 요건이 구비되어야만 비로소 개설은행은 지급의무가 생기며 매입은행은 환어음의 선의의 소지인으로서의 권리를 갖게 된다.

제3차 개정에서는 매입의 경우 개설은행은 (a) 환어음이 일람불이든 또는 기한부이든 개설의뢰인 앞으로 발행되거나, 타지급인 앞으로 발행될 때 직접 매입하거나 (b) 타 은행에 매입을 수권할 수도 있다. 이 두 경우 모두 개설은행의 소구권 없이 이루어진다고 규정하고 있다.

제4차 개정에서는 개설은행이 매입한다는 개념에서 지급한다는 개념으로 대체하였다. 개설은행은 수익자의 환어음을 매입하는 것이 아니라 궁극적으로 자신에게 제시된 경우 지급하는 행위를 하기 때문이다.

제5차 개정에서는 제4차 개정까지의 규정과는 달리 매입을 위한 환어음이 개설의뢰인 앞으로 발행되어서는 안 된다고 규정하고 있다. 그럼에도 불구하고 만일 개설의뢰인 앞으로 환어음이 발행될 경우 당해 환어음은 의미없는 부가적 서류로 취급해버린다고 규정하였다.

제6차 개정에 이르러서는 매입방식의 경우뿐만 아니라 아예 신용장거래에서는 환어음은 개설의뢰인 앞으로 발행되어서는 안 된다는 규정을 제6조(c)항에 따로 둠과 아울러 개설은행은 매입을 타 은행에 지정·수권하여 당해 지정은행으로 하여금 매입할 수 있도록 할 수 있지만 당해 지정 매입은행이 매입을 하지 않을 경우 책임지고 지급할 것임을 규정하고 있다.

이미 앞서 설명한 바와 같이 매입방식이 규정된 신용장에서 환어음이 개설의뢰인 앞으로 발행되면 엄밀한 의미로 개설은행은 매입행위를 하는 것이 되어버린다. 개설은행이 매입행위를 한다는 의미는 곧 소구권을 가질 수 있다는 의미로 해석될 수 있으므로 이는 신용장거래에서의 중심점 역할을 하는 개설은행의 대금지급확약에도 배치된다.

신용장거래관습에 있어 개설은행은 소구권을 가지지 않는다는 대 전제를
해치지 않기 위해라도 개설의뢰인 앞으로 환어음이 발행되는 관행은 완전히 배
제되었다고 해석하여야 할 것이다.

3) 소구권

매입은행이 환어음의 소지인으로서 가질 수 있는 권리의 대표적 형태는 소
구권이다.

소구권(right of recourse)이란 유통가능한 유가증권을 매입한 자가 당해 증
권이 지급불이행 될 경우 자신에게 문제의 증권을 매도한 당사자로부터 보상받
을 수 있는 권리를 말한다.[49] 소구권이 의미를 갖기 위해서는 최소한 세 명 이
상의 당사자들이 개입되어야 한다.

신용장거래에서 유통성(negotiability)이 생기는 이유는 신용장 자체가 유통
가능한 증서라는데 있는 것이 아니라 신용장하에서 발행되는 환어음이 유통가
능하기 때문이다.[50] 따라서 소구권을 갖기 위해서는 반드시 유통가능한 증서,
즉 환어음을 배서를 통한 매입의 형태로 소지하고 있어야만 한다. 환어음이 발
행되지 않는 일람불 신용장에서는 유통가능한 권리증권(document of title)에 배
서하면 충분하다. 이러한 권리증권의 대표적 형태가 선하증권이다.

신용장하에서의 매입행위는 개설은행의 약정에 따라 이루어지는 것이기 때
문에 반드시 매입은행은 제출된 제반 선적서류가 신용장의 조건과 내용에 일치
하는지 여부를 확인하여야 하며, 일치하는 서류에 대하여 매입을 행해야만 비로
소 개설은행에 대금충당을 요구할 수 있는 권리를 가진다. 개설은행 역시 매입
은행이 소위 엄격일치원칙에 따라 문면상 신용장조건과 내용에 일치하는 서류
에 대해 정당하게 매입을 하게 되면 개설은행 자신의 신용장상에서의 대금지급
확약에 따라 반드시 대금을 충당해 줄 의무가 있다. 따라서 신용장거래에서 매
입이 정상적인 과정을 통해 이루어지면 매입은행의 소구권은 구태여 행사될 필

49) "Recourse is the right of a holder of a dishonored negotiable instrument to redress from
the party who sold it to him.", (Henry Farfield, *op. cit.*, p.217).
50) *ibid.*

요는 없다.

그러나 매입은행이 자신의 서류검토의무를 불완전하게 이행했다든지 또는 개설은행이 파산하는 등의 이유에 의해서든지 개설은행으로부터 대금의 상환을 받지 못할 경우에는 매입은행은 환어음의 정당한 소지인으로서 수익자에게 소구권을 행사할 수 있다. 신용장거래에서 매입은행이 소구권을 행사할 수 있는 상황은 다음과 같다.

첫째, 제출된 서류 자체의 허위성(falsification)에 대해 수익자가 책임을 회피하지 못할 만큼 고의적이거나 부주의 하여 전적으로 허위서류에 대해 수익자가 책임이 있을 때,[51]

둘째, 제출된 서류에는 허위가 없으나 신용장에서 요구하는 서류가 아닌 경우, 이때 매입은행은 매입시에 당해 사실에 대해 인지하지 못한 상태이나 수익자가 대금지급을 받을 수 있다는 선의의 확신으로 서류를 제시한 때,

셋째, 제출된 서류에는 허위가 없으나 실제로 불일치 사항이 포함된 경우, 매입은행의 입장에서는 추후 당해 서류가 개설은행으로부터 수리 거절되면 수익자에게 소구권을 행사하겠다는 판단으로 매입한 때,[52]

넷째, 매입은행과 개설은행의 서류에 대한 판단기준이 달라 개설은행이 서류의 불일치를 통보해 온 경우, 이때 수익자는 자신이 제출한 서류가 개설의뢰인이 요구하는 서류와 일치하지 않는다는 사실을 알고 있을 때,[53]

이상과 같은 상황에서 매입은행은 환어음 발행인인 수익자에게 소구권을 행사할 수 있다.

---

51) *Bank Russo−Iran v. Gordon Woodroffe & Co. Ltd.*[1972], 116 S.J. 921, *The Times,* Oct, 4, 1972, Current Law, 419.

52) 이때 매입은행이 L/G Nego 또는 유보조건부로 매입한 때에는 소구권을 행사할 수 없다. 환어음의 정당한 소지인(holder in due course)으로서의 소구권 행사를 위해서는 반드시 수익자에게 무조건적인 대가의 지급이 이루어진 상태여야 한다. 보다 자세한 내용은 *infra,* Part 4, Chapter 2 「신용장의 사기」 참조.

53) H.C. Gutteridge & M. Megrah, *op. cit.,* pp.86−87 참조.

Article 8 Confirming Bank Undertaking

a. Provided that the stipulated documents are presented to the confirming bank or to any other nominated bank and that they constitute a complying presentation, the confirming bank must:

  i. honour, if the credit is available by

    a) sight payment, deferred payment or acceptance with the confirming bank;

    b) sight payment with another nominated bank and that nominated bank does not pay;

    c) deferred payment with another nominated bank and that nominated bank does not incur its deferred payment undertaking or, having incurred its deferred payment undertaking, does not pay at maturity;

    d) acceptance with another nominated bank and that nominated bank does not accept a draft drawn on it or, having accepted a draft drawn on it, does not pay at maturity;

    e) negotiation with another nominated bank and that nominated bank does not negotiate.

  ii. negotiate, without recourse, if the credit is available by negotiation with the confirming bank.

b. A confirming bank is irrevocably bound to honour or negotiate as of the time it adds its confirmation to the credit.

c. A confirming bank undertakes to reimburse another nominated bank that has honoured or negotiated a complying presentation and forwarded the documents to the confirming bank. Reimbursement for the amount of a complying presentation under a credit available by acceptance or deferred payment is due at maturity, whether or not another nominated bank prepaid or purchased before maturity. A confirming bank's undertaking to reimburse another nominated bank is independent of the confirming bank's undertaking to the beneficiary.

d. If a bank is authorized or requested by the issuing bank to confirm a credit but is not prepared to do so, it must inform the issuing bank without delay and may advise the credit without confirmation.

제8조 확인은행의 의무

a. 신용장에서 규정된 서류들이 확인은행 또는 다른 지정은행에 제시되고, 그것이 신용장 조건에 일치하는 제시일 경우,

   i. 확인은행은 다음과 같은 경우 결제(honour)의 의무를 부담한다.

      a) 신용장이 확인은행에서 일람지급, 연지급 또는 인수방식으로 사용될 수 있는 경우

      b) 신용장이 다른 지정은행의 일람지급방식이지만, 당해 지정은행이 대금을 지급하지 않는 경우

      c) 신용장이 다른 지정은행의 연지급방식이지만, 당해 지정은행이 연지급확약을 기채하지 않거나 또는 그와 같은 연지급확약을 기채하였으나 만기일에 대금을 지급하지 않는 경우

      d) 신용장이 다른 지정은행의 인수방식이지만 당해 지정은행이 자신을 지급인으로 한 환어음을 인수하지 않거나 또는 환어음을 인수하였더라도 만기일에 대금을 지급하지 않는 경우

      e) 신용장이 다른 지정은행의 매입방식이지만 당해 지정은행이 매입하지 않는 경우

   ii. 신용장이 확인은행의 매입방식인 경우에는 확인은행은 상환청구권 없이 매입하여야 한다.

b. 확인은행은 신용장에 확인을 추가하는 시점으로부터 취소불능한 결제 또는 매입의 의무를 부담한다.

c. 일치하는 제시에 대하여 결제 또는 매입을 하고 그 서류를 확인은행에 송부한 다른 지정은행에 대하여 확인은행은 신용장 대금을 상환할 의무를 부담한다. 인수신용장 또는 연지급신용장의 경우 일치하는 제시에 대한 대금의 상환은 다른 지정은행이 신용장의 만기일 이전에 대금을 선지급하였거나 또는 매입하였는지 여부와 관계없이 만기일에 지급된다. 확인은행이 다른 지정은행에 대해 상환하기로 한 확약은 확인은행의 수익자에 대한 확약과는 독립적이다.

d. 개설은행으로부터 신용장을 확인하도록 요청이나 수권받은 은행은 그와 같은 확인에 준비가 안 된 경우에는, 지체 없이 개설은행에게 그 사실을 알려주어야 하며 이 경우 신용장에 대

한 확인 없이 통지만을 할 수 있다.

1. 확인의 본질

개설은행은 통지은행에게 신용장을 단순히 '통지'만 해줄 것을 넘어 당해 신용장을 '확인'해 줄 것을 수권하거나 요청할 수 있다. 이 같은 개설은행의 요구에 응하여 확인을 수락하고 수익자에게 신용장을 전달해 주면 당해 통지은행은 확인은행의 지위를 갖게 된다.

확인(confirmation)의 첫 번째 본질은 개설은행의 지급·인수·연지급 또는 매입에 관한 대금지급확약의 재확약이다. 따라서 확인은행의 존재는 또 하나의 개설은행의 계약적 위치를 창출시킨다. 확인은행은 광의의 중간은행에 해당되지만 확인의 결과 개설은행의 지위에 올라서게 되는 독특한 형태의 계약관계를 갖는다.

확인은행의 개입은 반드시 개설은행의 명시적 수권(authorization)의 결과여야 하며, 확인은행의 명시적 동의에 의해 비로소 그 의미를 갖는다.

신용장통일규칙의 규정을 통해 볼 때 확인은행은 통상 통지은행이 겸하는 형태이며, 많은 경우 지급·인수·연지급 또는 매입은행과 동일한 은행이 되기도 한다. 확인은행의 확인은 개설은행의 확약에 대한 추가적인 확약을 의미하기 때문에 제7조에 규정된 개설은행의 대금지급의 확약에 따른 의무를 그대로 승계 받는다. 다만 매입의 경우 확인은행에 의해 매입이 가능하도록 되어 있는 신용장일 경우 확인은행은 개설은행과 마찬가지로 소구권 없이 매입하도록 규정하고 있다.

확인이란 그 자체로써 개설은행의 위치에 서게 되는 재확약을 의미하기 때문에 신용장거래관습에서 개설은행이 소구권을 가지지 않듯이 확인은행도 또 하나의 개설은행으로서 소구권을 가질 수 없다.54) 결국 확인이란 소구권행사 가능

---

54) 그러나 개설은행 앞으로 환어음이 발행되어 이를 확인은행이 매입할 경우 과연 확인의 효력이 매입은행의 매입자로서의 권리를 상쇄시키는지에 대해서는 의문의 여지가 있다(Henry Harfield, *op. cit.,* pp.219-220). ICC 은행실무위원회에서는 어떠한 경우라도 확인은행은 소구권이 없다는 것을 강조하고 있다. 신용장통일규칙이 수익자가 발행한 환어음을 확인은행

성에 대한 원천적 봉쇄의 효력을 갖는다는 또 하나의 본질적 의미를 갖는다.

2. 확인은행의 계약적 위치

신용장통일규칙상 확인은행은 통지은행이 겸한다. 물론 통지은행은 개설은행의 확인업무 수권에 대해 반드시 이를 수용할 의무는 없다. 따라서 통지은행은 개설은행의 확인수권을 거절할 수 있으며 개설은행에게 명시적으로 거절통보를 한 후 단순히 통지업무만을 수행할 수 있다.

그러나 통지은행이 확인을 수락한 경우 확인은행으로서의 지급 · 인수 · 연지급 또는 매입의 확약은 수익자로부터 제출되는 서류가 신용장조건과 내용에 일치하는 경우에는 절대적이다.

확인은행의 개입은 신용장거래에서 새로운 계약관계를 창출시킨다.

확인은행은 개설은행의 대금지급확약을 보증(guarantee)하는 보증자가 아니라 확인은행 독자적으로 개설은행의 대금지급확약을 추가로 재확약하는 형태이므로 수익자는 개설은행과 확인은행에 의해 공히 두 개의 보장(double assurance)을 받게 된다.

확인은행의 확인행위는 수익자 측면에서 볼 때에는 자신에 대한 직접적이고 추가적인 신용장상의 재확약을 의미하므로 수익자는 확인은행의 계약적 위치를 개설은행과 동일하게 봄은 당연하다. 지급 · 인수 · 연지급 또는 매입은행이 보는 확인은행에 대한 관점도 마찬가지일 것이다.

그러나 여기서 유의할 것은 확인은행은 개설은행이 아니라는 사실이다. 즉 확인은행은 개설은행이 수권하고 요청한 결과로 신용장거래에 개입하여 지급 · 인수 · 연지급 또는 매입의 확실성을 자신을 통해 확신할 수 있도록 하는 중간은행의 하나이다. 개설의뢰인의 측면에서 볼 때도 마찬가지이다. 개설은행의 고객은 개설의뢰인이지만 확인은행의 고객은 개설은행이다. 개설의뢰인의 입장에서는 확인은행은 단지 중간은행에 불과하다.

이 매입한 경우 소구권을 가지지 못하게 하는 것은 신용장거래관습의 특수성을 반영한 결과이다.

결국 확인은행의 계약적 위치는 다음과 같이 정의된다.

즉 확인은행은 개설은행의 수권과 요청의 결과로 개입하는 중간은행 (intermediary bank)이자 지정은행(nominated bank)으로서 개설은행의 대리인의 성격을 갖는다. 그러나 확인은행은 수익자에게는 또 하나의 개설은행으로 간주되며 이들과는 본인으로서의 계약적 지위를 갖는다. 이는 마치 개설의뢰인과 개설은행과의 관계와 유사하며, 확인은행이 개설은행으로부터 대금충당을 받기 위해서는 반드시 신용장조건과 내용에 일치하는 서류와 상환으로 지급·인수·연지급 또는 매입한 경우여야만 한다.

한편 확인은행의 확인이 개설은행으로부터 수권된 것이 아니라 수익자의 요청에 의해 이루어질 경우도 있다. 즉 미확인 취소불능신용장이 개설된 후 수익자가 개인적인 필요에 의해 주로 통지은행 또는 자신의 거래은행에 신용장의 확인을 요청할 때가 있다. 이를 'Silent Conformation'이라 하는데, 이때 수익자의 요청에 따라 신용장을 확인한 당해 은행은 개설은행과는 아무런 계약관계가 없으며, 개설은행의 신용장상의 확약에 따른 수권범위를 벗어나 있으므로 당해 확인은행은 자신의 위험과 비용으로 개입하게 되며 단지 자신의 개입을 요청한 당사자인 수익자에게 의존할 수밖에 없다.

ICC 은행실무위원회에서도 Silent Conformation은 신용장의 법률적 효력범위 밖에서 이루어지는 수익자에 대한 추가적인 보증이기 때문에 이는 수익자와 당해 은행간에만 관련이 있을 뿐 신용장거래에 어떠한 영향도 미치지 않는다는 유권해석을 내린 바 있다.[55]

---

55) ICC, *More Case Studies on Documentary Credits* (1991), pp.22－23 참조.

Article 9 Advising of Credits and Amendments ————————————————————

a. A credit and any amendment may be advised to a beneficiary through an advising bank. An advising bank that is not a confirming bank advises the credit and any amendment without any undertaking to honour or negotiate.

b. By advising the credit or amendment, the advising bank signifies that it has satisfied itself as to the apparent authenticity of the credit or amendment and that the advice accurately reflects the terms and conditions of the credit or amendment received.

c. An advising bank may utilize the services of another bank ("second advising bank") to advise the credit and any amendment to the beneficiary. By advising the credit or amendment, the second advising bank signifies that it has satisfied itself as to the apparent authenticity of the advice it has received and that the advice accurately reflects the terms and conditions of the credit or amendment received.

d. A bank utilizing the services of an advising bank or second advising bank to advise a credit must use the same bank to advise any amendment thereto.

e. If a bank is requested to advise a credit or amendment but elects not to do so, it must so inform, without delay, the bank from which the credit, amendment or advice has been received.

f. If a bank is requested to advise a credit or amendment but cannot satisfy itself as to the apparent authenticity of the credit, the amendment or the advice, it must so inform, without delay, the bank from which the instructions appear to have been received. If the advising bank or second advising bank elects nonetheless to advise the credit or amendment, it must inform the beneficiary or second advising bank that it has not been able to satisfy itself as to the apparent authenticity of the credit, the amendment or the advice.

제9조 신용장 및 신용장 조건변경의 통지 ————————————————————

a. 신용장 및 신용장조건변경서는 통지은행을 통하여 수익자에게 통지될 수 있다. 통지은행이

확인은행이 아닌 한 통지은행은 결제나 매입에 대한 어떤 의무도 부담하지 않고 신용장 및 신용장조건변경서를 통지한다.

b. 통지은행은 신용장 또는 신용장조건변경서를 통지함으로써 신용장 또는 신용장조건변경서가 외견상 진정성을 충족하였다는 사실과 아울러 당해 통지가 신용장 또는 신용장조건변경서의 조건과 내용을 정확하게 반영하고 있다는 사실을 방증한다.

c. 통지은행은 수익자에게 신용장 및 신용장조건변경서를 통지하기 위해 다른 은행(이하 "제2통지은행")을 통해 신용장을 통지할 수 있다. 제2통지은행은 신용장 또는 신용장조건변경서를 통지함으로써 신용장 또는 신용장조건변경서가 외견상 진정성을 충족하였다는 사실과 아울러 당해 통지가 신용장 또는 신용장조건변경서의 조건과 내용을 정확하게 반영하고 있다는 사실을 방증한다.

d. 신용장을 통지하기 위해 통지은행 또는 제2의 통지은행을 이용하는 은행은 신용장조건변경서를 통지할 때에는 동일한 은행을 이용하여야만 한다.

e. 은행이 신용장 또는 신용장조건변경서를 통지하도록 요청받았으나 이를 수락하지 않을 경우 신용장, 신용장조건변경서 또는 통지를 의뢰한 은행에 지체 없이 이 사실을 알려주어야 한다.

f. 은행이 신용장 또는 신용장조건변경서를 통지하도록 요청받았으나 신용장, 신용장조건변경서 또는 통지의 외견상 진정성이 충족되었다는 사실을 증명할 수 없는 경우에는 지체 없이 그 지시를 의뢰한 은행에게 그 사실을 알려주어야 한다. 그럼에도 불구하고 통지은행 또는 제2의 통지은행이 신용장 또는 신용장조건변경서를 통지하기로 결정한 경우에는 당해 은행은 수익자 또는 제2의 통지은행에게 자신이 통지하는 신용장, 신용장조건변경서는 외견상 진정성에 대한 요건을 충족하였는지를 확인할 수 없었다는 사실을 알려주어야 한다.

1. 통지은행의 의무와 책임

제5차 개정에서는 통지은행의 의무와 책임을 다음과 같이 규정한 바 있다.
"신용장은 타 은행(통지은행)을 통하여 통지은행 측의 약정 없이 수익자에게 통지될 수 있다. 그 은행이 신용장을 통지하기로 결정한 때에는 통지하는 신용장의 외견상 진정성을 확인하기 위해 상당한 주의를 기울여야 한다…"[56]

제6차 개정에 들어와서는 제5차 개정상의 통지은행 측의 '약정 없이'(without any undertaking honor or negotiate)라는 의미를 '지급·인수·연지급 또는 매입에 대한 확약없이'(without any undertaking to honor or negotiate)로 규정하여 보다 명료화한 것을 알 수 있다.

나아가 제5차 개정의 '외견상 진정성을 확인하기 위해 상당한 주의를 기울여야 한다'는 의미는 제6차 개정에 들어와 일단 통지은행이 수익자에게 통지를 한다는 행위 자체만으로도 ① 신용장의 외견상 진정성에 대한 확인을 이미 충족시켰다는 사실뿐만 아니라 ② 통지하는 신용장이 원신용장의 조건과 내용을 정확하게 반영하고 있다는 사실을 수익자에게 인지시키는 것이라고 규정하고 있다. 즉 제5차 개정에서 통지은행에게 명시적으로 요구하였던 외견상 진정성의 확인의무가 제6차 개정에 들어서는 수익자에 대한 통지 그 자체가 이미 외견상 진정성의 확인업무를 완료하였음을 함의한다.

2. 신용장의 외견상 진정성

한편 신용장의 '외견상 진정성'(apparent authenticity)을 확인한다는 것은 다음의 두 가지 요소를 확인한다는 것을 의미한다.

하나는, 신용장의 원천(source, origin)을 확인하는 것이고, 다른 하나는, 자격있는 개설은행의 행위(authorship)인지 여부를 확인하는 것을 말한다. 다시 말해 통지은행 앞으로 도착한 신용장이 과연 올 데서 온 것인지, 그리고 보낼 자격이 있는 개설은행이 개설한 신용장이 맞는지 여부를 확인함을 말한다.

많은 경우 신용장의 통지은행은 개설은행과 환거래취결계약을 맺고 있기 때문에 우편신용장의 경우에는 서명감(signature book)이나 마이크로피시(microfiche)에 의해서 신용장의 외견상 진정성을 확인하며, SWIFT신용장과 같은 신용장인 경우에는 암호(test key, cipher)에 의하여 신용장의 외견상 진정성을 확인한다.

---

56) 제5차 개정 신용장통일규칙 제7조(a)항.

3. 통지은행의 선택권과 통보책임

환거래취결계약관계가 없는 개설은행으로부터 통지요청을 받은 경우에 통지은행은 당해 신용장을 수익자에게 통지해 줄 것인지 아니면 통지를 거절할 것인지 여부를 명확히 선택하여야 한다.

통지은행은 수익자에게 신용장을 통지해 줄 때 사후에 야기될 수 있는 문제로부터 면책되기 위해 다음과 같은 면책문언을 삽입하여 통지하는 것이 관례화되어 있다.

"We assume no responsibility in regard to this credit, since we have no correspondent relationship with the issuing bank and therefore, cannot verify the apparent authenticity of this credit."

만일 위의 문언이 없이 통지은행이 수익자에게 당해 신용장을 통지하면 수익자는 당연히 통지은행이 신용장의 외견상 진정성을 확인하고 통지해주는 신용장으로 간주할 것이기 때문에 이러한 오해를 방지하고 추후 문제가 발행할 경우 통지은행이 면책되기 위해서라도 수익자에 대한 이 같은 취지의 통보는 필수적이라 하겠다.

제6차 개정에서도 제9조(e)항과 (f)항에서 이 같은 행동기준을 명확히 하고 있다.

첫째, 외견상 진정성을 확인할 수 없는 신용장을 통지하도록 의뢰받은 통지은행은 반드시 개설은행에게 당해 신용장의 외견상 진정성을 확인할 수 없다는 사실을 지체없이 통보하여야 한다. 그리고 동조(e)항에 따라 통지를 하지 않기로 결정하면 또한 역시 지체없이 개설은행에게 그와 같은 사실을 통보해주어야 한다.

둘째, 외견상 진정성을 확인할 수 없는 신용장임에도 불구하고 수익자에게 당해 신용장을 통지하기로 결정한 경우에는 통지은행은 수익자에게 외견상 진정성을 확인할 수 없는 신용장임을 반드시 통보해 주어야 한다. 수익자가 당해 신용장을 받아들일지 여부를 스스로 결정하게 하기 위함이다.

Article 10 Amendments

a. Except as otherwise provided by article 38, a credit can neither be amended nor cancelled without the agreement of the issuing bank, the confirming bank, if any, and the beneficiary.

b. An issuing bank is irrevocably bound by an amendment as of the time it issues the amendment. A confirming bank may extend its confirmation to an amendment and will be irrevocably bound as of the time it advises the amendment. A confirming bank may, however, choose to advise an amendment without extending its confirmation and, if so, it must inform the issuing bank without delay and inform the beneficiary in its advice.

c. The terms and conditions of the original credit (or a credit incorporating previously accepted amendments) will remain in force for the beneficiary until the beneficiary communicates its acceptance of the amendment to the bank that advised such amendment. The beneficiary should give notification of acceptance or rejection of an amendment. If the beneficiary fails to give such notification, a presentation that complies with the credit and to any not yet accepted amendment will be deemed to be notification of acceptance by the beneficiary of such amendment. As of that moment the credit will be amended.

d. A bank that advises an amendment should inform the bank from which it received the amendment of any notification of acceptance or rejection.

e. Partial acceptance of an amendment is not allowed and will be deemed to be notification of rejection of the amendment.

f. A provision in an amendment to the effect that the amendment shall enter into force unless rejected by the beneficiary within a certain time shall be disregarded.

제10조 조건변경(Amendments)

a. 제38조에서 규정한 경우를 제외하고 신용장은 개설은행, 또는 있는 경우 확인은행, 그리고 수익자의 동의 없이는 조건변경되거나 취소될 수 없다.

b. 개설은행은 신용장조건변경서를 발행한 시점부터 변경 내용에 대하여 취소불능한 책임을 진다. 확인은행은 신용장조건변경서에 대해 확인을 연장할 수 있으며, 당해 신용장조건변경서를 통지한 시점부터 취소불능한 책임을 진다. 그러나 확인은행이 신용장조건변경서에 대해 확인을 연장하지 않고 통지만을 하기로 결정한 때에는 지체 없이 개설은행에 그 사실을 알려주어야 하며, 당해 신용장조건변경서를 통지할 때 수익자에게도 그 사실을 알려주어야 한다.

c. 원신용장(또는 이전에 조건변경이 수락된 신용장)의 조건과 내용은 수익자가 신용장조건변경서를 통지한 은행에게 당해 조건 변경된 내용을 수락한다는 의사를 통보하기 전까지는 수익자에 대하여 효력을 가진다. 수익자는 조건변경 내용에 대한 수락 또는 거절의 뜻을 알려주어야 한다. 수익자가 위 수락 또는 거절의 의사를 통보하지 않은 경우, 신용장 및 아직 수락하지 않고 있는 조건변경 내용에 부합하는 서류를 제시하면 수익자는 그러한 조건변경 내용을 수락한다는 의사를 통보한 것으로 간주한다. 이 경우 그 시점에 신용장은 조건 변경된다.

d. 신용장조건변경서를 통지하는 은행은 신용장조건변경서를 송부한 은행에게 당해 신용장조건변경서를 수락할지 또는 거절할지 여부를 통보하여야 한다.

e. 조건변경에 대한 일부 수락은 허용되지 않으며, 이는 조건변경에 대한 거절의 의사표시로 본다.

f. 수익자가 특정 시간 내에 조건변경 내용을 거절하지 않는 한 당해 조건변경은 효력이 발생한다는 규정이 신용장조건변경서에 포함된 경우 이는 무시된다.

1. 취소불능신용장의 조건변경의 당사자

이미 앞서 신용장의 종류 중 취소불능신용장의 특성에 대해 설명한 바와 같이 양도가능한 신용장의 경우를 제외하고는 취소불능신용장은 개설은행, 확인은행(있는 경우) 그리고 수익자 전원의 합의 없이는 그 내용을 변경하거나 취소할 수 없다.

실무적 관점에서 좀 더 자세히 설명하도록 한다.[57]

첫째, 개설의뢰인은 자신의 요청과 지시로 개설된 신용장이라 할지라도 신

---

57) 박대위, 「전게서」, pp.221－223 이하 참조.

용장조건의 변경이나 취소를 강요하지는 못한다. 일단 취소불능신용장이 개설되면 개설의뢰인과는 별도로 개설은행의 책임하에 신용장거래가 이루어지기 때문이다. 제5차 개정과 제6차 개정을 놓고 볼 때 개설의뢰인은 신용장조건변경 또는 취소의 당사자에서 제외되어 있다. 그 이유는 실질적으로 취소나 변경을 요구하는 자가 곧 개설의뢰인이므로 군이 개설의뢰인으로부터 별도의 합의를 얻을 필요가 없기 때문이다. 그러나 이보다 더 중요한 본질적 이유는 신용장의 독립성 원칙에 의해 개설의뢰인은 신용장거래의 계약당사자관계(privity of contract)에 놓여 있지 않기 때문에 논리적으로 신용장의 취소나 변경에 개입할 수 없다는 데 있다.

둘째, 같은 의미로 개설의뢰인이 신용장의 조건변경을 요구해도 개설은행은 수익자의 동의 없이는 신용장을 변경할 수 없다. 또한 개설은행은 수익자가 신용장의 조건변경을 요구한다 하더라도 개설의뢰인의 동의 없이는 이에 응할 수는 없다. 비록 제10조(a)항의 규정에 따라 개설의뢰인이 신용장조건변경의 당사자가 아니라 할지라도 개설은행은 자신의 고객인 개설의뢰인의 동의 없이 수익자와 확인은행(있는 경우)과의 합의만으로 신용장을 취소하거나 변경할 수는 없을 것이다.

또한 개설의뢰인과 수익자가 합의하였다 해도 신용장금액을 증액시키는 것과 같이 개설은행 자체의 대외여신에 영향을 미칠 수 있는 상황이 초래될 때에는 개설은행은 반드시 동의할 필요는 없을 것이다.

셋째, 확인은행은 수익자에게 개설은행과 똑같은 확약을 한 당사자이기 때문에 수익자와 개설은행은 확인은행의 동의 없이 확인은행에 의해 확인된 신용장을 취소하거나 변경할 수 없다. 특히 신용장의 유효기간을 연장하거나 신용장금액을 증액하고자 할 때에는 확인은행의 동의 없이는 불가능하다. 반대로 확인은행 역시 개설은행과 수익자의 동의 없이는 자신이 확인한 신용장의 조건과 내용을 변경하거나 취소할 수 없음은 당연하다.

넷째, 신용장의 다른 모든 당사자가 다 취소 또는 변경에 동의하여도 수익자가 이에 동의하지 않으면 원신용장은 그대로 유효하다. 심지어 개설의뢰인은 매매계약 후 국제시세가 폭락하면 매매계약을 파기하고 선적취소를 요구할 때가 있는데 수익자는 이에 구애받지 않고 신용장조건에 따라 선적하고 대금결제를 요구할 수 있다. 경우에 따라서는 수익자 측에서 선적시기를 놓쳐 선적일과 유효기일을 연장해 주도록 요구할 수 있는데 대개의 경우 개설의뢰인은 이에 응해주어 개설은행을 통해 신용장조건을 변경해주지만 확정기매매 형태의 물품58)일 경우에는 신용장의 조건변경에 동의해주지 않는다.

다섯째, 자금이 없는 수출업자에게 수입업자가 개설은행을 통해 수출국에 소재한 개설은행의 지점 또는 코레스은행에 수출에 필요한 자금을 전대(advance payment)해 주는 전대신용장(red clause L/C)의 경우, 해당 전대은행의 동의 없이는 신용장의 취소나 변경은 불가능할 것이다. 물론 우리나라의 무역금융제도와 같이 수익자에게 수출대금을 융자해준 은행은 수익자와의 사적인 관계에서만 의미를 갖기 때문에 신용장의 관계당사자가 될 수는 없다. 그러나 신용장의 취소나 변경과 관련하여 수익자가 의사결정에 깊이 개입하므로 융자은행이 수익자의 결정에 동의하지 않을 때에는 사전에 융자금을 갚은 후 신용장의 취소나 변경의 의사결정권을 행사해야만 한다.

2. 조건변경의 합의의 시점

제6차 개정 제10조(b)항에서는 개설은행과 확인은행(있는 경우)이 조건변경에 합의할 경우 그 구속되는 시점에 관해 규정하고 있다. 즉 개설은행은 신용장조건변경서를 발행하는 시점에, 확인은행은 신용장조건변경서를 통지하는 시점에 당해 신용장조건변경서에 합의한 것으로 간주한다. 그러나 수익자의 합의의 시점은 좀 더 복잡한 과정을 거침을 유의하여야 한다.

첫째, 수익자는 신용장조건변경서를 수락할지 거절할지 여부에 대해 반드시 통지은행에 통보하여야 한다고 규정함으로써, 수익자가 조건변경의 수락의사를 명시적으로 표명하는 경우에만 조건변경이 유효하게 된다. 따라서 수익자의 경우에는 신용장조건변경서를 통지한 은행에 당해 신용장조건변경서를 수락한다는 의사를 전달할 때까지는 원신용장의 조건과 내용은 계속 유효하다.

---

58) 확정기매매란 계약의 성질 또는 당사자의 의사표시에 따라 일정한 시기나 기한 안에 계약을 이행해야 하는 매매를 말한다. 유행에 민감한 품목 등이 이에 해당한다.

둘째, 그럼에도 불구하고 수익자가 그와 같은 의사표시를 하지 않을 경우 그 합의의 시점은 제10조(c)항의 규정과 같이 수익자의 서류제시 시점이 된다. 즉 신용장조건변경서의 내용을 충족시킨 서류를 제시하면 그 시점에 조건변경에 합의한 것으로 보며 만일 원신용장조건에 일치하는 서류를 제시하면 조건변경의 거절로 간주한다.

셋째, 수익자의 조건변경합의의 시점이 서류를 제시하는 시점까지 가능하다라는 의미는 신용장관련 당사자 모두 유효기일까지 기다려야만 수익자의 동의 또는 거절의 의사표시를 알 수 있게 된다는 것을 말한다. 개설은행은 수익자의 조건변경에 관한 의사표시를 보다 빨리 알기 위해 자신이 발급한 신용장조건변경서상에 특정기일을 지정하여 이 기간 내에 '수익자의 거절의사표시가 없는 한 수락으로 봄'과 같은 문구를 삽입하고자 할 수도 있다. 그러나 이와 같은 문구는 유효하지 않으며 신용장통일규칙에서도 인정하지 않는 행태라 하겠다.

끝으로, 제5차 개정에서는 조건변경의 일부수락(partial acceptance)과 관련하여 '하나의 동일한 조건변경사항의 부분적인 수락은 허용되지 않으며 따라서 어떠한 효력도 없다'고 규정하여 동일한 신용장조건변경서 내에서 수익자의 취사선택에 의한 조건변경의 부분적 수락은 효력이 없다고 규정하고 있었으나 현행 제6차 개정에 이르러서는 일부 수락은 아예 조건변경의 거절의 통지로 간주한다고 하여 보다 더 강력한 규정으로 개정되었다.

그러나 여기서 주의할 것은 별도로 시간을 달리하여 여러 차례 보내온 조건변경서(a series of separate amendment)의 경우에는 일부는 받아들이고 나머지는 거절할 수 있다는 점이다. 이는 각각의 신용장조건변경서를 별개의 조건변경으로 보기 때문이다.

Article 11 Teletransmitted and Pre-Advised Credits and Amendments ──────

a. An authenticated teletransmission of a credit or amendment will be deemed to be the operative credit or amendment, and any subsequent mail confirmation shall be disregarded. If a teletransmission states "full details to follow" (or words of similar effect), or states that the mail confirmation is to be the operative credit or amendment, then the teletransmission will not be deemed to be the operative credit or amendment. The issuing bank must then issue the operative credit or amendment without delay in terms not inconsistent with the teletransmission.

b. A preliminary advice of the issuance of a credit or amendment ("pre-advice") shall only be sent if the issuing bank is prepared to issue the operative credit or amendment. An issuing bank that sends a pre-advice is irrevocably committed to issue the operative credit or amendment, without delay, in terms not inconsistent with the pre-advice.

제11조 전신 및 사전통지 신용장과 신용장조건변경서 ──────

a. 진정성이 확인된 전신방식의 신용장 또는 전신방식의 신용장조건변경서는 유효한 신용장 또는 신용장조건변경서로 간주된다. 따라서 뒤이어 추가적으로 보내온 우편확인서는 무시된다. 다만 전신의 내용에 "세부사항 추후 통지함"(또는 이와 유사한 표현), 또는 우편확인서가 유효한 신용장 또는 신용장조건변경서라고 표현되어 있다면 이러한 전신은 유효한 신용장 또는 신용장조건변경서로 보지 않는다. 이 같은 경우 개설은행은 지체없이 전신과 일치하는 내용으로 유효한 신용장 또는 신용장조건변경서를 개설하여야 한다.

b. 신용장 또는 신용장조건변경서의 개설에 대한 예비적인 통지(이하 "사전통지")는 개설은행이 유효한 신용장 또는 신용장조건변경서를 개설할 준비가 되어 있을 경우에만 보낼 수 있다. 사전통지를 보낸 개설은행은 이와 일치하는 내용으로 지체 없이 유효한 신용장 또는 신용장조건변경서를 개설할 것임을 취소불능하게 약속한 것으로 본다.

1. 전신으로 개설된 신용장

(1) 제11조의 의의

비약적인 전기통신수단의 발달은 신용장의 개설형태를 변화시켰다.

1974년의 제3차 개정에서는 Cable, Telegram 그리고 Telex에 의한 신용장 개설만 언급하였으나 제4차 개정에서는 이들에 추가하여 계속 개발되고 있는 통신수단을 포괄하여 전신(teletransmission)이라는 표현을 도입하게 되어 현재에 이르고 있다.

본 조항에서 규정하고 있는 전신방식에는 모사전송(telefacsimile)과 SWIFT 시스템을 포함하지만 전화는 배제된다.

본 조항이 신용장거래에 주는 의의는 정보통신기술의 발달에 따라 신용장의 개설형태가 바뀌고 있는 현실을 적시에 반영하고자 하는 의도로도 볼 수 있겠지만, 무엇보다도 중요한 것은 보다 정확하고 완벽해진 전신 신용장의 발행에 따라 추후 우편방식으로 개설되어 송부된 신용장을 함께 이용하여 이중으로 신용장을 악용할 가능성을 차단하기 위함에 있다.

사실상 Cable, Telegram 그리고 Telex로 신용장을 개설할 경우 이들 방식은 골자(骨子)만을 타전하기 때문에 신용장의 모든 내용을 완벽하게 갖출 수 없다. 이같은 방식으로 개설된 신용장은 수익자의 독촉에 따라, 또는 개설의뢰인의 요청으로 급히 신용장이 개설될 때 단지 정보용으로서의 기능만을 할 뿐이었다. 따라서 개설은행은 추후 완벽한 신용장의 형태를 갖춘 우편확인서(mail confirmation), 즉 우편으로 송부된 신용장을 반드시 발행해 주어야만 했다. 그러나 정보통신기술의 발달로 모사전송과 SWIFT시스템이 도입되면서 실시간으로 완벽한 형태를 갖춘 전신신용장을 전송하면 신용장의 기능을 다할 수 있으므로59) 추후 우편신용장을 보낼 필요는 없을 것이며, 더더욱 이중 사용을 막기 위해서라도 우편신용장을 보내서도 안 될 것이다.

---

59) 전신으로 개설된 신용장 자체가 신용장의 구실을 다할 수 있다면 구태여 같은 내용의 신용장을 우편으로 확인할 필요도 없으며, 또 이중으로 개설될 필요가 없어 수익자에 대한 이중 nego도 있을 수 없게 된다(박대위, 「전게서」, p.230).

따라서 진위성이 확인된 전신신용장은 유효한 신용장(operative credit)으로 간주되며 추후 우편신용장을 보내서는 안 되며, 보낸다 하더라도 이는 무시된다.[60]

(2) 정보용 신용장의 적용방식

전신신용장을 유효한 신용장으로 개설하지 않고 단지 정보용으로 취급하려 한다면 당해 전신신용장상에 '세부사항 통지함' 또는 이와 유사한 표현 내지는 '우편신용장이 유효한 신용장이 됨' 등과 같은 단서조항을 명시하여야 한다. 이 같은 경우 전신으로 통지되어온 신용장(조건변경서 포함)은 유효한 신용장(조건변경서 포함)으로 간주되지 않는다. 개설은행은 추후 지체 없이 전신신용장(조건변경서 포함)과 모순되지 않는 유효한 신용장(조건변경서 포함)을 개설하여야 할 것이다.

이와 같은 예비통지 또는 사전통지는 개설은행이 유효한 신용장(조건변경서 포함)을 개설할 용의가 있는 경우에만 보내져야 한다. 즉 예비통지를 행하는 개설은행은 지체 없이 사전통지와 모순되지 않는 조건으로 유효한 신용장(조건변경서 포함)을 개설하여야 할 의무를 부담한다는 점을 유의하여야 한다.

이 같은 의무가 중요한 이유는 개설은행이 신용장의 개설을 예비통지한 후 추후에 신용장을 개설해 주지 않는다면 사전통지를 믿고 이에 대비하여 수출절차를 밟던 수익자가 불이익을 당할 수 있기 때문이다.

한편 현행 제6차 개정에서는 규정되어 있지 않지만 유의해야 할 점 중의 하나는 신용장 원본의 전달은 반드시 처음 전신으로 통지를 해준 바로 그 통지은행을 통해서 이루어져야 한다는 것이다. 이는 신용장의 조건변경을 추후에 통지할 때 반드시 원신용장을 통지한 통지은행을 이용해야 하는 것과 같은 논리이다. 따라서 사전통지신용장(pre-advised credit)과 우편신용장(mail confirmation), 그리고 원신용장(original credit)과 조건변경서(amendment)는 모두 동일한 은행을 통해 수익자에게 통지되어야 한다.

---

60) 별도의 우편확인이 없이 전신에 의한 개설통지가 유효한 수단이 될 경우에는 통지해 줄 때에 'NO ORIGINAL ISSUED'라는 것을 명시하여 우편신용장이 별도로 없다는 것을 강조하기도 한다.; *ibid.*

12 Nomination

a. Unless a nominated bank is the confirming bank, an authorization to honour or negotiate does not impose any obligation on that nominated bank to honour or negotiate, except when expressly agreed to by that nominated bank and so communicated to the beneficiary.

b. By nominating a bank to accept a draft or incur a deferred payment undertaking, an issuing bank authorizes that nominated bank to prepay or purchase a draft accepted or a deferred payment undertaking incurred by that nominated bank.

c. Receipt or examination and forwarding of documents by a nominated bank that is not a confirming bank does not make that nominated bank liable to honour or negotiate, nor does it constitute honour or negotiation.

제12조 지정(Nomination)

a. 지정은행이 확인은행이 아닌 한 결제 또는 매입에 대한 수권은 당해 지정은행에 대하여 결제 또는 매입에 대한 어떤 의무도 부과하지 않는다. 다만 당해 지정은행이 결제 또는 매입에 대하여 명백하게 동의하고 이를 수익자에게 통보한 경우에는 예외이다.

b. 개설은행은 환어음을 인수하거나 또는 연지급확약을 기채할 은행을 지정함으로써 개설은행은 당해 지정은행이 대금을 선지급하거나 또는 인수된 환어음을 매수하거나, 또는 그 지정은행이 연지급확약을 기채할 수 있도록 수권한다.

c. 확인은행이 아닌 지정은행의 서류 접수 또는 심사 및 발송은 당해 지정은행에게 결제 또는 매입에 대한 책임을 부담시키는 것이 아니고, 또한 그것이 결제 또는 매입을 성립시키는 것도 아니다.

1. 개설은행의 지정과 수권

개설은행은 자신이 직접 지급하도록 되어 있거나 어느 은행에서도 매입이 가능하도록 허용하고 있는 자유매입 신용장이 아닌 한 반드시 지급·인수·연지급 또는 매입은행을 지정(nomination)하여야 한다. 본 조항은 개설은행에 의해 지정되고 지급·인수·연지급 또는 매입을 수권(authorization)받은 중간은행은 수익자가 서류를 당해 은행에 제시하면 반드시 지급·인수·연지급 또는 매입을 해주어야 할 것으로 생각되지만 실은 그와 같은 의무가 없다는 내용을 규정하고 있다.

이 조항은 이미 제5차 개정에서 추가·신설된 조항으로써 제6차 개정에서 보다 구체적으로 세분화하여 규정하고 있다. 즉 ① 신용장상에 지정된 은행이 확인은행이 아닌 한, ② 지정된 은행에 의해 명시적으로 합의되지 않는 한, 그리고 ③ 당해 지정은행이 지급·인수·연지급 또는 매입에 대한 책임을 지겠다는 분명한 의사표시를 수익자에게 전달하지 않는 한 개설은행의 지정은행에 대한 지급·인수·연지급 또는 매입의 '수권'은 당해 지정은행에게 해당 의무를 부과하는 것은 아니라는 것이다.

나아가 지급·인수·연지급 또는 매입이 지정된 은행이 확인은행이 아닌 경우 수익자의 서류를 접수하고, 이를 검토한다든지 또는 심지어 당해 서류를 검토한 후에 개설은행으로 송부한다고 해서 이 행위 자체가 지급·인수·연지급 또는 매입을 해주겠다는 것을 의미하지는 않는다고 규정하고 있다.[61]

신용장거래에 참여하는 중간은행은 개설은행으로부터 지급·인수·연지급 또는 매입을 지정·수권받지만 이는 당해 중간은행의 확약이 아니다. 신용장거래에 있어 개설은행의 지정·수권은 지급·인수·연지급 또는 매입의 권리부여인 것이지 의무부과를 의미하는 것은 아니다. 즉 해 줄 의무가 있다는 것과 할 권리가 있다는 것은 별개의 문제인 것이다. 지정·수권은 '할 권리'의 부여를 의미함을 유의하여야 한다.

---

61) 만일 지정된 은행이 지급·인수·연지급 또는 매입을 거절하는 경우 수익자는 개설의뢰인이나 개설은행과 이를 시정할 시간적 여유가 없을 경우에는 관계서류를 개설은행에 직접 송부해야 할 것이다. 신용장거래에서 모든 책임의 당사자는 개설은행이므로 수익자의 서류가 신용장의 조건과 내용에 일치하면 수익자는 문제없이 대금지급을 받을 수 있다.

2. 인수·연지급 은행의 매입행위

(1) 지정은행의 계약적 위치

신용장상에 환어음 소지인이나 배서인에 대한 확약은 없고 단지 수익자에게만 개설은행이 지급확약을 하는 신용장 중에 대금지불방식이 '인수'인 경우 이를 인수신용장이라 하고, 환어음 없는 '연지급'인 경우에는 이를 연지급신용장이라 한다.

반면에 신용장상에 개설은행이 환어음의 발행인인 수익자뿐만 아니라 그 환어음의 배서인, 그리고 환어음의 선의의 소지인에게도 공히 지급을 확약하고 있는 경우 이를 매입신용장이라 한다.

인수(연지급)신용장과 매입신용장의 궁극적 차이점은 개설은행의 대금지급 확약이 누구를 대상으로 하고 있느냐에 있다.

소위 Straight Credit의 하나인 인수(연지급)신용장은 수익자에게만 그 확약의 범위가 미치며 다른 당사자의 개입이 있다 하더라도 이는 개설은행의 확약의 범위를 벗어난 것이 되므로 타 당사자는 자신의 위험과 비용으로 신용장거래에 참여하게 된다. 같은 의미로 신용장상에 인수(연지급)은행이 개설은행으로부터 지정되면 이 은행 이외의 타 은행의 개입은 개설은행의 확약의 범위를 벗어나게 되므로 그 결과 타 은행의 개입은 원천적으로 봉쇄되는 효과가 발생한다.[62]

Straight Credit에서 인수(연지급)은행의 지정은 개설은행의 의도상 타 은행의 개입을 봉쇄한 것이므로 지정된 인수(연지급)은행의 인수 후 만기에 지급하는 행위는 개설은행의 수익자에 대한 확약을 그대로 전승받은 것이라고 볼 수 있다. 이 개념은 당해 인수(연지급)은행이 개설은행의 지점이든지 여부에 관계없이 적용되는 대리관계의 결과이다. 따라서 지정된 인수(연지급)은행은 엄밀한 의미

---

[62] 개설은행에 의해 지정된 은행 이외의 은행이 수익자의 환어음 및/또는 서류에 대해 지급·인수·연지급을 한 경우 당해 은행이 개설은행으로부터 대금의 상환을 받기 위해서는 반드시 제반 선적서류 일체가 신용장의 조건과 내용에 일치해야 한다. 만일 신용장조건과 내용에 일치하지 않은 경우에는 개설은행으로부터 대금의 상환을 받을 수 없게 된다. 이 같은 개설은행의 확약대상이 아닌 은행은 오로지 수익자에게만 의존할 수밖에 없으며 만일 수익자가 대금을 반환하지 않게 되면 결국은 자신의 손실로 귀착된다.

로 개설은행의 대리인 역할을 하게 되므로 당해 지정은행의 신용장거래에 따른 리스크는 궁극적으로 개설은행이 부담한다.

　　(2) 인수 · 연지급은행의 매입행위

　　한편 Straight Credit하에서 지정된 인수(연지급)은행이 수권받은 인수(연지급)행위를 하지 아니하고 수익자의 요청에 따라 매입행위를 할 경우가 있다. 즉 수익자가 자신이 발행한 기한부 환어음에 대해 선지급(prepay) 또는 매수(purchase)를 요청하게 되면 지정은행은 일종의 할인(discount) 또는 매입(negotiation)을 할 수도 있다는 것이다.

　　이는 앞서 설명한 바와 같이 개설은행의 수권범위를 벗어나는 행위이므로 개설은행의 대금지급확약의 대상이 되지 못한다.

　　수권의 궁극적 의미는 수권자의 권리 내에 있는 일정한 행위를 수권자의 명의로 제3자에게 할 수 있도록 수권자가 실질적인 자격을 부여하는 행위를 말한다. 나아가 수권의 결과로 합당한 행위를 한 당사자는 수권을 부여한 당사자의 권한 또는 권리를 부여받는 것까지 포함한다. 그러나 수권받은 지정은행이 개설은행의 수권범위를 벗어난 행위를 하게 되면 개설은행의 대금지급확약의 범주에서 이탈하는 결과를 초래하며, 그에 따라 개설은행에 대한 권리주장에 제약을 받게 된다.

　　인수(연지급)은행이 개설은행으로부터 당초에 수권받은 인수(연지급)행위가 아닌 매입행위를 하게 되면 개설은행의 신용장상의 수권에 따른 관계는 종결되고, 당해 인수(연지급)은행은 더 이상 개설은행의 대리인이기보다는 그 계약당사자관계상 수익자의 대리인으로 전환되어 버린다. 그 효과는 마치 신용장상에 지정되지 않은 타 은행이 개입한 것과 똑같은 결과가 된다. 이를 그림으로 알기 쉽게 도해하면 다음 [그림 1]과 같다.

　　Straight Credit하에 있어서 개설의뢰인과 개설은행의 대금충당약정에 따른 계약관계는 개설의뢰인과 수익자와의 매매계약에 따른 계약관계와 독립적이다(각각 별도의 실선표시). 개설은행은 수익자와 지정은행에 신용장상의 약정을 기반으로 각각의 당사자에게 직접적인 지급확약을 한다(별도의 실선화살표 표시). 개설은행으로부터 수권받은 지정은행은 개설의뢰인과 아무런 계약관계도 성립하지

그림 1   Straight Credit 하에서의 지정은행의 계약당사자관계

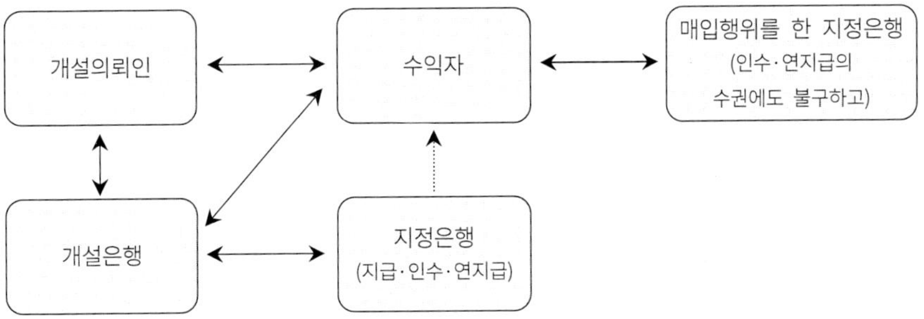

않으며 개설은행과의 계약당사자관계만이 성립한다. 이때 지정은행은 개설은행의 수권을 반드시 수락할 의무는 없으며(화살표의 일방표시), 만일 명시적으로 수락할 경우 개설은행과 대리관계에 들어서게 된다. 지정은행은 수익자와의 관계에 있어서도 수익자에게 인수(연지급)가 아닌 수권받지 아니한 매입행위를 한 경우, 이는 개설은행의 확약의 범주를 벗어난 것이므로(개설은행과 화살표가 연결되어있지 않음), 개설은행과의 계약당사자관계는 단절되며 단지 수익자와 환어음 및/또는 서류에 입각한 법률관계만을 가질 뿐이다. 따라서 Straight Credit 하에서 매입을 한 은행은 단지 수익자와의 관계에서만 그 의미를 찾을 수 있을 뿐이므로 개설은행의 대금지급확약에 의존할 수 없다.

(3) 제12조 (b)항의 효과

제6차 개정에서 새롭게 규정된 본 조항은 Straight Credit 하에서 인수(또는 연지급)은행을 지정할 경우 "개설은행은 당해 인수(또는 연지급)은행이 인수한 환어음(또는 연지급약정서)에 대해 선불이나 매수하는 것을 함께 수권한다"고 규정하고 있다.

본 조항은 앞서 설명한 Straight Credit 하에서의 지정은행이 매입행위를 할 경우 법률적으로 지정은행이 당해 신용장거래에서 개설은행의 신용장상의 약정으로부터 이탈되는 결과를 방지하는 중요한 기능을 하고 있음에 주목할 필요가 있다. 따라서 비록 수익자의 요청에 따라 당해 지정은행이 매입행위를 하였다 하더라도 이 매입행위 역시 개설은행의 수권범위 내에 있음을 강조함으로써 Straight Credit하에서의 지정은행의 매입행위는 여전히 개설은행과 직접적인 계약당사자관계 속에서 이루어지는 행위임을 명확히 규정하고 있다.

본 조항은 수익자가 환어음을 지정된 인수(연지급)은행 앞으로 발행한 경우 뿐만 아니라 환어음을 개설은행 앞으로 발행한 경우에도 공히 적용된다. 다만 본 조항에서와 같이 Straight Credit하에서 인수(연지급)은행이 매입할 때에는 인수·연지급의 상황과 마찬가지로 개설은행의 약정에 따라 수권의 범주 내에서 행동하는 것이므로 그 법률상 지위는 본인으로서의 매입은행의 위치가 아니고 개설은행의 대리인으로서의 계약관계에 머문다. 따라서 수익자의 환어음 및/또는 서류의 소지자 또는 배서자로서의 소구권을 갖지는 못한다.

그 결과 Straight Credit하에서 인수(연지급)은행이 매입행위를 수권받았다 해도 이는 개설은행으로부터 비롯된 것이지 인수(연지급)은행이 직접 수익자에게 인수·연지급·매입을 확약한 것은 아니기 때문에 수익자가 신용장조건과 내용에 일치하는 환어음 및 서류를 제출하였다 하더라도 당해 인수(연지급)은행은 매입을 거절할 수 있다. 이 경우 수익자는 환어음 및 제반 선적서류를 개설은행으로 송부할 수밖에 없을 것이다.

지정은행은 앞서 설명한 바와 같이 개설은행의 대리인에 불과하며 개설은행의 수권에 대해 수익자에게 명시적으로 이를 수락한다는 통보 없이는 수익자와 어떤 계약당사자관계도 성립하지 않는다. 수익자의 권리행사 및 항변은 개설은행에만 유효한 것이다.

(4) 매입신용장 하에서의 매입은행의 계약적 위치

1) 매입은행의 본질

매입신용장(negotiation credit)이라 함은 수익자에게만 지급을 확약하고 있는 Straight Credit과는 달리 개설은행이 환어음의 발행인(drawer)인 수익자뿐만 아니라 환어음의 배서인(endorser), 그리고 선의의 소지인(bona-fide holder)에게도 모두 지급을 확약하고 있는 신용장을 말한다.[63]

---

63) Negotiation Credit과 Straight Credit의 구분은 그간 일반적이지 않았으나 이의 중요성은 1982년 Harfield에 의해 제기된 바 있고, 1991년 미국통일상법전 제5편(신용장) 개정위원회에서 본격적으로 논의되었다. Henry Harfield, "Identity Crises in Letter of Credit Law", *Arizona Law Review*, vol. 24. 1982, p.239; Gibray, Chapman, Doub. Gabriel, Hisert,

매입신용장은 크게 두 가지 형태로 구분할 수 있다.

하나는 소위 어느 은행에서나 매입이 자유로운 신용장인 자유매입신용장 (freely negotiable credit)과 다른 하나는 매입이 하나의 은행으로 지정되어 그 은행에서만 매입이 가능한 매입제한신용장(restricted credit)이다. 일반적으로 매입신용장이라 함은 매입의 수권이 개방적인 자유매입신용장을 일컫는다.

매입신용장하에서의 매입은행은 수익자의 환어음 및/또는 서류를 매입함으로써 1차적으로는 어음법상의 권리를 가지게 되며, 또 한편으로는 개설은행의 확약에 따른 수권의 범주 내에 있게 됨으로 인해 개설은행의 권리와 의무를 대행하게 된다.

매입은행은 자신이 특별히 지정되어 제한되지 않는 이상 자신의 위험과 비용으로 개설은행의 확약을 믿고 신용장거래에 참여하므로 완전한 의미의 수익자의 대리인은 아니며, 또 개설은행의 지급이행보조자도 아니다.[64] 따라서 당해 매입은행은 수익자의 환어음 및/또는 서류를 매입하고 이에 대해 대가를 지불하게 되면 그 자체로써 개설은행의 수권에 따른 확약이행을 통해 개설은행의 지위를 대위(代位)한 개설은행의 위치에 서게 되고, 또 한편으로는 개설은행으로부터 대금의 충당을 받기 위해 개설은행의 확약에 따라 개설은행에 환어음 및/또는 서류를 제시한다는 관점에서 수익자를 대위하여 수익자의 지위에 서게 된다.

한편 매입제한신용장에서 매입이 제한된 지정은행은 위에서 설명한 매입은행의 계약적 위치를 그대로 승계하지만 자신이 매입행위를 거절할 경우, 또는 수익자의 요청이 있는 경우 자신의 매입제한 상태를 해제(release)할 수 있다.

즉 매입신용장에서의 매입은행의 지정은 Straight Credit하에서의 지급·인수은행의 지정의 경우처럼 타 은행의 개입을 원천적으로 차단하는 효과가 있는 것이 아니라 단지 매입이 지정된 은행이 개설은행을 대신하여 매입행위를 해달라고 하는 요청에 불과하다. 따라서 매입신용장의 본질상 어느 은행이라도 매입

Luttrell & Wunnicke, "UCC Survey : Letters of Credit", *Business Lawyer*, vol. 46, 1991, p.1579 이하 참조.

64) John F. Dolan, "The Correspondent Bank in the Letter−of−Credit Transaction", *Banking Law Journal*, vol. 109, No.5, 1992, pp.413−414.

을 위해 자유롭게 당해 신용장거래에 참여할 수 있으며, 이들은 언제나 개설은행의 확약에 따른 수권범위에 있다고 보아야 할 것이다.

  2) 매입은행에 대한 세 가지 견해

  매입신용장하에서 매입이 지정되어 있는 은행이든 또는 매입에 자유롭게 참여한 은행이든 이들 은행은 단순한 수익자의 대리인이 아니며, 개설은행의 대리인도 아니다. 매입신용장하에서의 매입행위는 의당 개설은행의 지급확약에 의해 매입은행으로서의 권리행사를 할 수 있음은 자명하나 매입은행의 계약적 위치와 관련해서는 다음과 같은 세 가지 견해로 나눌 수 있다.

  첫째, 매입은행은 개설은행의 대리인으로서의 계약당사자관계를 갖는다는 견해이다. 매입은행은 개설은행의 지급확약문언에 의해 매입행위를 한 결과, 신용장조건과 내용에 일치하는 서류에 대해 매입하라는 개설은행의 지시를 충족시켰다는 것을 보여야 대금의 충당을 받을 수 있다. 이때 매입은행은 개설은행에 대해 매입을 수권받은 대리인으로서의 권리와 의무만 있을 뿐 수익자의 환어음의 소지자로서의 권리주장은 제한받는다는 견해이다.

  둘째, 매입은행은 수익자의 환어음을 배서의 형식으로 매입한 결과 환어음의 정당한 소지인으로서의 권리를 가지며, 이에 따라 수익자의 신용장에서의 권리를 완전히 이양 받는다는 견해이다. 물론 당해 매입은행은 수익자가 제시한 서류가 신용장의 조건과 내용에 일치한다는 것을 보여야 궁극적으로 개설은행에 대금충당을 요구할 수 있으나 개설은행의 대금충당약정과는 관계없이 환어음의 소지자로서 권리행사를 할 수 있다는 견해이다.

  셋째, 매입은행은 개설은행과 수익자 누구에게도 치우치지 않는 중간자의 위치에 선다는 견해이다. 즉 매입은행은 매입신용장하에서 매입행위를 하는 결과로 수익자의 환어음에 배서하고 수익자에게 대가를 지불하느니만큼 개설은행의 수권범위 내에서 개설은행을 대리한 관계에 서게 되며, 또 한편으로는 수익자의 서류를 인수받아 개설은행에 제시함으로써 수익자가 신용장상에서 가지는 대금청구의 권한을 이양 받은 형태로 수익자를 대리한 위치에 동등하게 올라서게 된다는 것이다.

  이 견해는 첫 번째 견해와 두 번째 견해를 결합시킨 형태이며 결국 매입은

행은 준개설은행(quasi-issuer), 준수익자(quasi-beneficiary)의 계약적 위치에 선
다는 논리이다.

3) 정당한 소지인의 요건

한편 여기서 유의해야 할 것은 위 세 경우 모두 매입은행은 환어음의 정당
한 소지인의 자격을 갖추고 있어야 한다는 점이다.

환어음의 정당한 소지인(holder in due course)이 되기 위해서는 다음과 같은
두 가지 필요충분조건이 충족되어야 한다.

첫째, 환어음의 정당한 소지인이 되기 위해서는 수익자가 발행한 환어음
및/또는 제반 선적서류에 하자가 없음을 전제로 이를 취득한 선의의 소지인
(bona-fide holder)이어야 하는바, 이는 당해 유통가능한 환어음 및/또는 서류에
하자가 있음을 '통보'받지 아니한 선의(good faith)의 상태를 의미한다.

둘째, 매입행위의 결과로 매입은행은 반드시 수익자의 환어음 및 또는 서
류에 대한 대가를 지불한 상태여야 한다는 것이다. 만일 매입은행이 수익자에게
보증장부 매입(negotiation against indemnity; L/G nego) 또는 유보조건부지급
(payment under reserve) 형태로 매입을 해주게 되면 단서를 달고 조건부로 대가
를 지불한 것이므로 완벽한 의미의 매입행위가 아니기 때문에 환어음의 정당한
소지인으로서의 권리를 갖지 못한다.

정당한 소지인으로서의 대가지불의 요건에 대한 거증책임은 자신이 정당한
소지인이 됨을 증명하는 매입은행에 있지만, 정당한 소지인으로서의 선의의 요
건은 정당한 소지인의 권리를 주장하는 매입은행이 입증할 필요는 없다. 선의의
소지자로서의 거증책임은 이를 주장하는 개설은행이나 개설의뢰인에게 있다.[65]

4) 매입은행의 계약당사자 관계

지금까지 설명한 매입신용장하에서의 매입은행의 계약당사자관계를 간단
히 그림으로 표현하면 다음과 같다.

---

65) John F. Dolan, *The Law of Letter of Credit, Warren,* Gorham & Lamont, 1991, 18-4 참조.

그림 2 매입신용장하에서의 매입은행의 계약당사자관계

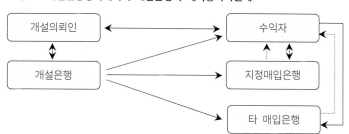

매입신용장하에서는 개설은행은 수익자뿐만 아니라 자신이 지정한 매입은행, 그리고 타 매입은행 모두에게 개방적인 지급확약(open promise)을 한다(실선화살표의 일방적 방향표시). 이때 지정된 매입은행은 개설은행의 수권을 반드시 수락하여 이를 따를 의무는 없지만 만일 개설은행의 수권을 명시적으로 수락하고 이 사실을 수익자에게 명시적으로 통보한 후 매입행위를 하게 되면 (점선으로 표시) 수익자와 직접적인 계약관계에 들어서게 된다. 그 결과 당해 매입은행은 환어음법상의 권리를 갖게 된다. 따라서 환어음이 개설은행으로부터 지급거절되면 매입은행은 수익자에게 소구권을 행사할 수 있다. 매입은행의 소구권 행사가 있게 되면 수익자는 당해 매입은행에 대금을 반환해야 한다(실선화살표의 일방적 방향표시).

한편 지정된 매입은행이 자신을 지정으로부터 해제(release)한 경우 수익자는 직접 개설은행으로 서류를 송부할 수도 있지만 타 매입은행에 매입을 의뢰할 수 있다. 이때 개입하는 매입은행도 지정된 매입은행과 똑같은 계약당사자관계를 갖는다.

여기서 반드시 유의해야 할 점은 신용장상에 지정된 매입은행이 매입하지 않고 수익자가 타 은행을 선택할 수 있느냐는 것과 이때 개입하는 타 은행은 어떤 유형이 있으며 어떠한 계약당사자관계가 창출되느냐는 것이다.

① 지정된 매입은행이 해제의사를 표명한 경우

지정된 매입은행 자신이 해제의사를 표명하는 경우는 주로 개설은행과 환거래 취결계약이 체결되어 있지 않은 경우이거나, 또는 체결되어 있다 하더라도 신용장 금액이 소액일 경우이다. 물론 수익자의 입장에서 지정 매입은행과 거래

경험이 없거나 지역적으로 멀리 떨어져 있을 때 자신의 편의를 위해 당해 지정 매입은행에 지정해제를 요청할 수도 있다.

지정매입은행이 매입의 지정을 해제하게 되면 수익자는 직접 관련 선적서류를 개설은행으로 송부할 수 있으나 일반적으로 자신의 거래은행을 활용하게 된다.

이때 지정매입은행은 자신의 해제의사를 개설은행에 반드시 알려야 하는지 여부는 논의의 여지가 있다. ICC은행실무위원회에서는 지정된 은행이 자신을 지정으로부터 해제할 경우에는 개설은행에 반드시 통보하고 이에 대한 승낙을 얻어야만 해제가 가능하다는 유권해석을 내린 바 있고,[66] 나아가 매입제한신용장에서는 제한된 지정은행 이외에는 어느 은행도 개설은행의 수권의 범위에 있지 않으므로 신용장상의 개설은행의 지급확약에 따른 혜택을 볼 수 없다는 취지를 밝히고 있다.[67] 그러나 매입이 지정된 은행이라 할지라도 당해 은행은 개설은행의 매입수권에 반드시 따라야 할 의무는 없으며,[68] 이에 한걸음 더 나아가 수익자의 환어음 및/또는 서류의 매입을 거절한다 해도 이에 대해 책임이 없다는 신용장통일규칙 제12조(c)항의 규정에 의해 지정은행의 매입해제 의사표시는 의무의 형태로 부여될 수는 없다. 이는 지급·인수·연지급의 해제의사표시에도 마찬가지로 적용된다.

특히 매입의 경우 지정된 매입은행이 지정해제를 한 경우 그 은행 이외의 타 은행에 개설은행이 수권한 것은 아니라는 ICC은행실무위원회의 견해는 매입신용장에서의 개설은행의 '개방적 약정'(open promise)의 본질을 외면한 판단이라고 보여진다. ICC은행실무위원회의 이러한 견해는 지정의 해제를 표명한 매입은행과 새로이 개입한 매입은행으로부터 개설은행으로 매입된 서류가 이중으로 송부될 수 있다는 우려가 크게 작용한 것으로 판단된다.

결론적으로 지정은행과 개설은행의 계약관계상 지정은행은 개설은행의 지급·인수·연지급 또는 매입의 수권에 반드시 따라야 할 의무는 없으므로 구태

---

66) ICC, *More Case Studies on Documentary Credits,* ICC Pub. S. A., 1991, p.38.

67) *ibid.*

68) 제6차 개정 신용장통일규칙 제12조(a)항.

여 자신의 해제의 내용을 통보하지 않았다 해도 그로 인한 책임은 없다고 해석해야 할 것이다.

한 가지 간과해서는 안 될 중요한 사실은 지급·인수·연지급의 경우에는 지정이 해제되거나 타 은행이 개입하면 이 은행은 개설은행의 수권범위 밖에 있어 개설은행과 어떠한 계약관계도 형성되지 않지만 매입제한신용장에서의 지정은행의 해제는 그와는 성격이 다르다는 점이다. 즉 매입신용장에서의 매입은행의 지정은 Straight Credit하에서의 지급·인수은행의 지정과는 달리 타 은행의 개입을 원천적으로 차단하는 효과가 있는 것이 아니고 단지 지정된 매입은행이 개설은행을 대신하여 매입행위를 해달라는 요청에 불과한 것이기 때문에 어느 은행이라도 매입신용장의 본질상 당해 매입신용장거래에 참여할 수 있으며, 이들은 언제나 개설은행의 확약에 따른 수권범위 내에 있다고 보아야 할 것이다.

② 지정된 매입은행의 해제의사 없이 재매입은행이 개입한 경우

매입이 특정 은행에 제한된 매입제한신용장의 경우에 그 지정된 은행이 수익자의 거래은행이 아닌 때에는 수익자는 환어음 및/또는 서류를 자신의 거래은행에서 일단 매각하고 그 거래은행이 지정된 매입은행에 재차 매입하는 경우가 있다. 이를 재매입(renegotiation)이라고 하며, 이때 개입하게 되는 수익자의 거래은행을 재매입은행(renegotiation bank)이라고 한다.

개설은행이 지정한 매입은행이 매입의 의사가 있음에도 불구하고 수익자의 거래은행이 매입을 하게 될 경우 이 은행은 개설은행의 수권범위를 벗어난 은행이 됨은 명백하다. 이와 같은 형태의 은행이 개입할 때는 지정된 매입은행을 거치지 않고 직접 개설은행으로 자신이 매입한 수익자의 환어음 및/또는 서류를 송부하는 경우도 있지만 주로 지정매입은행에 재매입하는 방식이 보다 일반적이다. 재매입이 이루어지는 경우 계약당사자관계를 그림으로 살펴보면 다음과 같다.

재매입을 의뢰하는 수익자의 거래은행은 수익자의 환어음 및/또는 서류를 지정된 매입은행에 제시할 때 단순히 수익자의 대리인 역할을 하는 은행에 불과하며 지정 매입은행이 유효하게 존재하는 이상 비록 당해 신용장이 매입신용장이라 할지라도 개설은행의 확약에 따른 수권범위 내에 있는 은행이 아니다.

그림 3   매입제한신용장에서 재매입은행의 계약당사자관계

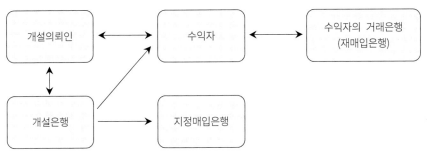

    만일 지정 매입은행이 수익자의 환어음 및/또는 서류를 매입한 수익자 거래은행의 재매입의뢰를 거절할 경우 당해 수익자 거래은행은 개설은행에 서류를 직접 송부하는 수밖에 없다. 지정된 매입은행이 자신을 지정으로부터 해제하지 않은 상태에서 개입하는 이 재매입은행은 [그림 3]에서 보는 바와 같이 개설은행의 수권범위를 벗어난 은행이 되며, 단지 수익자의 대리인으로서의 계약당사자관계만을 갖는다.

    재매입은행은 개설은행으로부터 환어음의 지급이 거절될 때[69] 수익자에게 의존할 수밖에 없다.

---

69) 예를 들면 송부한 서류가 신용장조건과 내용에 일치하지 않는다든지, 또는 유효기일을 넘겼다든지 하는 경우일 것이다. 그러나 개설은행은 비록 수권하지 않은 재매입은행이 서류를 제시한다 하여도 개설은행 앞으로 당해 서류가 유효기간 내에 도착하고, 당해 서류가 신용장조건과 내용에 일치한다면 대금을 지급할 의무는 여전히 유효하다. 이와 같은 재매입 또는 지정의 해제는 우리나라의 경우 일반화된 관행이므로 각별한 주의가 요망된다.

Article 13 Bank-to-Bank Reimbursement Arrangements ────────

a. If a credit states that reimbursement is to be obtained by a nominated bank ("claiming bank") claiming on another party ("reimbursing bank"), the credit must state if the reimbursement is subject to the ICC rules for bank-to-bank reimbursements in effect on the date of issuance of the credit.

b. If a credit does not state that reimbursement is subject to the ICC rules for bank-to-bank reimbursements, the following apply:

  i. An issuing bank must provide a reimbursing bank with a reimbursement authorization that conforms with the availability stated in the credit. The reimbursement authorization should not be subject to an expiry date.

  ii. A claiming bank shall not be required to supply a reimbursing bank with a certificate of compliance with the terms and conditions of the credit.

  iii. An issuing bank will be responsible for any loss of interest, together with any expenses incurred, if reimbursement is not provided on first demand by a reimbursing bank in accordance with the terms and conditions of the credit.

  iv. A reimbursing bank's charges are for the account of the issuing bank. However, if the charges are for the account of the beneficiary, it is the responsibility of an issuing bank to so indicate in the credit and in the reimbursement authorization. If a reimbursing bank's charges are for the account of the beneficiary, they shall be deducted from the amount due to a claiming bank when reimbursement is made. If no reimbursement is made, the reimbursing bank's charges remain the obligation of the issuing bank.

c. An issuing bank is not relieved of any of its obligations to provide reimbursement if reimbursement is not made by a reimbursing bank on first demand.

제13조 은행간 상환약정 ────────────

a. 신용장에서 지정은행(이하 "청구은행")이 다른 당사자(이하 "상환은행")에게 청구하여 상환을 받도록 규정하고 있다면, 당해 신용장은 상환이 신용장 개설일에 유효한 '은행간 상환에 대한 국제상업회의소 규칙'의 적용을 받는지 여부를 명시하여야 한다.

b. 다만 신용장이 상환과 관련하여 '은행간 상환에 대한 국제상업회의소 규칙'의 적용을 받는다는 사실을 명시하지 않으면 아래 내용이 적용된다.

   i. 개설은행은 신용장에 명시된 사용가능성에 부합하는 상환권한을 상환은행에 수권하여야 한다. 상환에 관한 수권은 유효기일의 적용을 받지 않는다.

   ii. 청구은행은 신용장의 조건에 일치한다는 일치증명서를 상환은행에 제시할 의무는 없다.

   iii. 신용장의 조건에 따른 상환은행의 최초 지급청구시에 상환이 이루어지지 않으면, 개설은행은 그로 인하여 발생한 모든 비용과 함께 이자의 손실에 대하여도 책임을 부담한다.

   iv. 상환은행의 수수료는 개설은행이 부담한다. 그러나 당해 수수료를 수익자가 부담하기로 한다면, 개설은행은 신용장과 상환수권서에 그러한 사실을 명시할 책임이 있다. 상환은행의 수수료를 수익자가 부담하여야 한다면, 그 수수료는 상환이 이루어질 때에 청구은행에 지급하여야 할 금액으로부터 공제된다. 상환이 이행되지 않는 경우 상환은행의 수수료는 개설은행이 부담하여야 한다.

c. 최초 지급청구시에 상환은행에 의한 상환이 이행되지 아니한 경우, 개설은행은 상환을 해주어야 하는 자신의 어떤 의무로 부터도 면제되지 않는다.

1. 대금상환신용장

신용장은 개설은행이 환어음을 매입한 은행에 대금을 상환해주는 방법에 따라 Simple Credit과 Reimbursement Credit으로 구분된다.

Simple Credit은 매입은행의 예치환거래은행(depositary correspondent bank)인 개설은행이 개설한 신용장으로 매입은행은 개설은행에 당좌계정(current account)을 가지고 있기 때문에 매입은행의 당좌계정에 대기(貸記; debit)시켜 주기만 하면 대금상환이 되는 신용장을 말한다.

Reimbursement Credit이란 매입은행이 개설은행의 예치환거래은행이 아니어서 매입은행이 개설은행이 아닌 별도의 제3국의 상환은행으로부터 대금의 상환을 받게 되는 신용장을 말한다.

본 조항은 두 번째, 즉 Reimbursement Credit에 해당하는 경우로 개설은행은 대금상환은행(reimbursement bank) 앞으로 적기에 매입은행에게 적절한 대금상환을 할 수 있도록 지시를 해 두어야 하며, 추후 매입은행으로부터 상환청구가 오면 곧 그 청구에 응할 수 있도록 준비시켜야 한다는 것을 규정하고 있다.

이 Reimbursement Credit이 사용될 경우 당해 신용장에는 신용장개설 당시에 개설일자 기준으로 법률적 효력을 갖고 있는 'ICC Rules for Bank-to-Bank Reimbursement'(은행 간 상환에 관한 ICC규칙)에 준거하는지 여부를 반드시 표기하여야 한다.

2. 대금의 상환

Reimbursement Credit이 'ICC Rules for Bank-to-Bank Reimbursement'에 준거하지 않을 때에는 다음과 같은 내용이 적용된다.

첫째, 개설은행은 상환은행에게 신용장에 명시된 대금상환조건과 일치하는 대금상환의 권리를 수권하여야 한다. 수권에 따른 대금상환은행의 권리행사는 유효기일에 영향을 받지 않는다.

Reimbursement Credit에서는 수입지와 환어음대금의 결제지가 다른 경우가 대부분이므로 신용장이 지시하는 바에 따라 환어음 대금을 상환받기 위해 매입은행은 대금상환은행 앞으로 Reimbursement draft를 발송하게 되는데, 선적서류는 수입지의 개설은행으로, 그리고 Reimbursement draft는 상환은행으로 발송한다.

이때 수입지로는 대금상환을 위해 Reimbursement draft를 발행했다는 문언을 기재한 Covering Letter를 발송하고, 결제지로는 환어음 및/또는 부속서류의 Covering Letter를 발송하는데 이러한 Covering Letter의 송부는 통상 유효기일이 경과한 후 해당은행에 도착된다. 본 조항은 그와 같은 유효기일의 경과여부에 관계없이 대금상환은행이 자신의 상환업무를 할 수 있도록 해야 한다는 것이다. 대금상환은행에 대한 상환수권은 제6차 개정에서 새로 신설된 조항이다.

둘째, 대금상환을 해 줄 경우 개설은행은 매입은행(상환청구은행)이 신용장의 제 조건과 일치하는 서류를 매입하였다는 일치증명서(certificate of compliance)를 상환은행에 제공할 것을 요구해서는 안 된다.

이 규정은 제3차 개정부터 도입된 조항으로 미국 측의 강력한 주장으로 실현된 내용이다.

　제2차 세계대전 이후에 무역결제의 수단이 파운드에서 달러로 바뀌면서 전 세계의 많은 외국환은행이 뉴욕의 일급은행과 예치환거래(depositary correspondent) 계약을 체결하면서 많은 달러자금을 미국에 예치하게 되었고, 신용장을 통해 제3국에 결제를 해주어야 할 때에는 개설은행은 뉴욕 일급은행에 있는 자신의 외화구좌에서 제3국의 매입은행이 직접 상환받도록 Reimbursement Credit을 발행하였다.

　Reimbursement Credit하에서 개설은행은 매입은행으로부터 송부받은 서류를 검토한 후 이를 다시 미국 뉴욕의 일급은행으로 보내야 한다면 이는 대단히 번거로운 일이 아닐 수 없을 것이다. 매입은행의 측면에서도 자신이 매입한 서류를 개설은행으로 보내고 대금의 결제는 미국의 상환은행에서 직접받는 것이 훨씬 간편하고 편리할 것이다. 미국 뉴욕에 있는 상환은행 측면에서도 매입은행의 대금상환수권서상에 신용장조건을 충족시켰다는 증명서가 첨부된다면 이를 확인하고 결제하기 위해서는 불필요한 노력과 경비가 소요될 것이다. 따라서 미국의 상환은행들은 매입은행의 대금상환요청만 있으면 무조건 이를 결제할 수 있도록 대금상환절차가 간소화되어야 한다고 주장한 결과 이를 제도적으로 뒷받침하기 위해 제3차 개정 신용장통일규칙에 이 규정이 삽입되었다.

　Reimbursement Credit하에서 매입은행은 대금상환을 받기 위해 제3국의 상환은행에 신용장조건과 내용에 서류가 일치한다는 증명서를 첨부할 필요가 없음은 제6차 개정에서도 확인되고 있는 신용장거래관습이다.

　셋째, 상환은행이 최초 지급청구시에 상환을 하지 않으면 개설은행은 그로 인한 모든 비용과 이자손실 등을 책임진다.

　Reimbursement Credit 하에서는 수익자로부터 선적서류를 매입한 매입은행은 이 선적서류와 상환용 환어음을 따로 구분하여, 앞서 설명한 바와 같이 선적서류는 개설은행으로 송부하고 상환용 환어음(reimbursement draft)은 상환은행으로 보낸다.

　상환은행은 개설은행에서 이미 보내온 대금상환수권서(debit/reimbursement authorization)의 내용에 따라 신용장금액을 개설은행 계좌에서 차기하여 매입은행계좌로 대기하는 방법으로 대금의 상환을 하게 된다.

이때 환어음 매입은행이 대금상환은행에 대금의 상환을 요청하였으나 대금 상환은행이 대금의 상환을 하지 못할 때에는 결국 개설은행이 대금상환의 의무를 부담한다. 매입은행이 대금상환요청을 하였으나 최초의 지급청구(on first demand)에 상환이 이루어지지 않으면 이날 이후에 발생하는 이자에 대해서도 개설은행이 책임진다.

넷째, 상환은행은 상환금액 외에 별도의 수수료를 개설은행에 청구할 수 있다. 만일 상환수수료를 수익자에게 부담시키려면 이 사실을 신용장 및 대금상환수권서에 명시해야 한다. 이 경우 상환은행은 매입은행에 대금을 상환할 때 해당 수수료를 공제하고 지급한다.

Reimbursement Credit하에서 상환은행의 비용은 개설은행의 부담이다. 만일 이러한 비용을 다른 당사자가 부담하도록 약정하는 경우에는 그러한 내용이 신용장과 대금상환수권서상에 분명하게 명시되어야 한다. 또한 상환은행의 상환비용을 수익자가 부담하도록 신용장상에 약정한 경우에는 대금상환이 이루어질 때 매입은행(청구은행)에게 그 비용만큼을 공제하고 지급한다. 만일 신용장상에 상환은행의 비용에 대한 명확한 약정이 없는 경우에는 이에 대한 궁극적 책임은 개설은행에게 있다.

Article 14 Standard for Examination of Documents

a. A nominated bank acting on its nomination, a confirming bank, if any, and the issuing bank must examine a presentation to determine, on the basis of the documents alone, whether or not the documents appear on their face to constitute a complying presentation.

b. A nominated bank acting on its nomination, a confirming bank, if any, and the issuing bank shall each have a maximum of five banking days following the day of presentation to determine if a presentation is complying. This period is not curtailed or otherwise affected by the occurrence on or after the date of presentation of any expiry date or last day for presentation.

c. A presentation including one or more original transport documents subject to articles 19, 20, 21, 22, 23, 24 or 25 must be made by or on behalf of the beneficiary not later than 21 calendar days after the date of shipment as described in these rules, but in any event not later than the expiry date of the credit.

d. Data in a document, when read in context with the credit, the document itself and international standard banking practice, need not be identical to, but must not conflict with, data in that document, any other stipulated document or the credit.

e. In documents other than the commercial invoice, the description of the goods, services or performance, if stated, may be in general terms not conflicting with their description in the credit.

f. If a credit requires presentation of a document other than a transport document, insurance document or commercial invoice, without stipulating by whom the document is to be issued or its data content, banks will accept the document as presented if its content appears to fulfil the function of the required document and otherwise complies with sub-article 14 (d).

g. A document presented but not required by the credit will be disregarded and may be returned to the presenter.

h. If a credit contains a condition without stipulating the document to indicate compliance with the condition, banks will deem such condition as not stated and will disregard it.

i. A document may be dated prior to the issuance date of the credit, but must not be dated later than its date of presentation.

j. When the addresses of the beneficiary and the applicant appear in any stipulated document, they need not be the same as those stated in the credit or in any other stipulated document, but must be within the same country as the respective addresses mentioned in the credit. Contact details (telefax, telephone, email and the like) stated as part of the beneficiary's and the applicant's address will be disregarded. However, when the address and contact details of the applicant appear as part of the consignee or notify party details on a transport document subject to articles 19, 20, 21, 22, 23, 24 or 25, they must be as stated in the credit.

k. The shipper or consignor of the goods indicated on any document need not be the beneficiary of the credit.

l. A transport document may be issued by any party other than a carrier, owner, master or charterer provided that the transport document meets the requirements of articles 19, 20, 21, 22, 23 or 24 of these rules.

제14조 서류검토기준

a. 지정에 따라 행동하는 지정은행, 있는 경우 확인은행 그리고 개설은행은 단지 서류만을 근거로 당해 서류가 문면상 일치하는 제시인지 여부를 검토하여야 한다.

b. 지정에 따라 행동하는 지정은행, 있는 경우 확인은행 그리고 개설은행은 각각 제시된 서류가 일치하는 제시인지 여부를 결정하기 위하여 제시일의 다음날로부터 기산하여 최대 5일간의 은행영업일을 갖는다. 이 기간은 유효기일 또는 서류제시기일 당일의 도래 또는 경과 여부에 의해 단축되거나 달리 영향받지 않는다.

c. 제19조, 제20조, 제21조, 제22조, 제23조, 제24조 또는 제25조에 따라 하나 이상의 운송서류 원본이 포함된 제시는, 이 규칙에서 정하고 있는 선적일 후 21일보다 늦지 않게 수익자에 의해 또는 그를 대리하여 제시되어야 한다. 그러나 어떠한 경우라도 신용장의 유효기일보다

늦게 제시되어서는 안 된다.

d. 신용장, 서류 그 자체 그리고 국제표준은행관행의 전체적인 맥락에 따라 서류상의 정보는 그 서류나 다른 적시된 서류 또는 신용장상의 정보와 반드시 일치할 필요는 없으나, 이들과 상충되어서는 안 된다.

e. 상업송장 이외의 서류에 물품, 서비스 또는 의무이행의 명세가 기재되어 있다면 그 명세는 신용장상의 명세와 상충되지 않는 일반적인 용어로 기재될 수 있다.

f. 신용장이 운송서류, 보험서류 또는 상업송장 이외의 다른 서류의 제시를 요구하면서 당해 서류의 발행인이나 정보내용을 요구하지 않는다면, 은행은 당해 서류의 내용이 요구된 서류의 기능을 충족하고 그외 제14조 (d)항에 부합하는 것으로 보인다면 그러한 서류를 수리한다.

g. 신용장에서 요구되지 아니한 서류가 제시되면 당해 서류는 무시되고 제시자에게 반환될 수 있다.

h. 신용장에 조건과 일치함을 보여줄 서류를 명시함이 없이 특정 조건만을 기술하고 있는 경우 은행은 그러한 조건이 기재되지 아니한 것으로 보고 무시한다.

i. 서류는 신용장 개설일 이전 일자에 작성될 수 있다. 그러나 서류의 제시일자보다 늦어서는 안 된다.

j. 신용장에 규정된 특정 서류상에 나타난 수익자와 개설의뢰인의 주소는 신용장 또는 다른 요구 서류상에 기재된 주소와 동일할 필요는 없으나 신용장에 기재된 각각의 주소와 동일한 국가 내에 있어야 한다. 수익자 및 개설의뢰인의 주소의 일부로 기재된 연락처명세(팩스, 전화, 이메일 및 이와 유사한 것)는 무시된다. 그러나 개설의뢰인의 주소와 연락처명세가 제19조, 제20조, 제21조, 제22조, 제23조, 제24조 또는 제25조의 적용을 받는 운송서류상의 수하인 또는 통지처의 일부로서 나타날 때에는 신용장에 명시된 대로 기재되어야 한다.

k. 모든 서류상에 표시된 물품 선적인 또는 송하인은 신용장의 수익자와 같아야 할 필요는 없다.

l. 운송서류가 이 규칙 제19조, 제20조, 제21조, 제22조, 제23조 또는 제24조의 요건을 충족하는 한 그 운송서류는 운송인, 소유자, 선장, 용선자 이외에 모든 다른 당사자 의해서도 발행될 수 있다.

1. 제14조 (a)항: 은행의 서류검토기준

신용장거래는 수익자가 신용장에 명시된 제반 조건과 내용에 일치하는 서류들을 은행에 제시함으로써 대금결제가 이루어지는 서류상의 거래이다. 그러므로 신용장에 명시된 조건과 내용에 일치하는 서류를 제시하지 않고서는 수익자는 대금회수가 불가능하다.

일반적으로 수익자가 제시한 서류가 소위 엄격일치원칙(strict compliance rule)에 합치될 경우에는 은행의 업무는 단순해지지만 제시된 서류에 하자가 있을 경우 은행의 서류검토업무에는 상당한 어려움이 따르게 된다. 즉 은행은 상당히 짧은 기간 내에 당해 서류를 인수해야 할지 거부해야 할지를 결정해야 하며, 불일치서류임에도 불구하고 은행이 그러한 서류를 인수하게 되면 법적인 문제가 야기될 수 있다.

은행의 서류검토기준에 대해서는 이미 앞서 자세히 설명하였으므로[70] 이하에서는 본 조항을 중심으로 해설하기로 한다.

(1) 서류검토기준의 변동추이

제1차 개정 제9조에서는 "은행은 모든 서류 및 증서가 문면상 정규성을 가지는지 확인하기 위하여 주의깊게 검토할 필요가 있다"라고 규정되어 있었다.

제2차 개정[71]에 들어서는 '주의'(care)에 '합리적'(reasonable)이라는 개념을 추가하였고 '신용장조건과 내용과의 일치성'(accordance with the terms and conditions of the credit)개념을 삽입하고 '증서'(paper)를 삭제하였다.

제3차 개정을 거쳐 4차 개정[72]에 이르러 은행의 서류검토기준은 다음과 같은 문구로 재조정되었다. 즉 "은행은 모든 서류가 문면상 신용장의 모든 조건과 일치하는지 여부를 확인하기 위하여 합리적인 주의를 기울여 검토하여야 한다. 문면상 상호 모순되는 서류는 신용장의 제 조건과 문면상 일치하지 않는 것

---

70) 은행의 서류검토기준에 대해서는 *supra*, Part 1, Chapter 4 Ⅰ장 참조.
71) 제2차 개정 신용장통일규칙 제7조.
72) 제3차 개정 신용장통일규칙 제7조, 제4차 개정 신용장통일규칙 제15조.

으로 간주한다"고 규정하였다.

　제5차 개정[73])에 이르러서는 은행의 서류검토기준은 새로운 전기를 맞게된다. 즉 "은행은 신용장에 명시된 모든 서류가 문면상 신용장의 제 조건과 일치하는지 여부를 확인하기 위하여 합리적 주의를 기울여 검토하여야 한다. 명시된 서류가 문면상 신용장의 제 조건과 일치하는지 여부는 본 규칙에 반영된 국제표준은행관행에 따라 결정되어야 한다. 또한 제출된 서류 상호간에 문면상 일치하지 않는 서류는 신용장의 제 조건과 문면상 일치하지 않는 것으로 간주한다. 신용장에 명시되지 않은 서류는 은행은 검토하지 않는다. 은행이 그러한 서류를 접수하였을 경우에는 그것을 제출자에게 반송하거나 아무런 책임없이 그대로 송부하여야 한다."

　이상의 개정 흐름에서 볼 때 은행의 서류검토와 관련하여 가장 핵심적인 개념은 '합리적 주의'와 '문면상 일치'에 있음을 알 수 있다.

　이미 앞서 설명한 바와 같이 합리적 주의(reasonable care)는 성실한 은행이 당연히 기울여야 할 선량한 관리자의 주의를 갖고 서류를 검토해야 한다는 것을 함의하고 있을 뿐만 아니라 은행의 태만은 용납될 수 없는 서류검토의무에 있어서의 엄격한 기준를 제시하고 있다.

　일반적 관점에서 볼 때 합리적 주의라 함은 현명하고 주의 깊은 상인이 유사한 상황이라면 당연히 기울여야 할 주의의 의무를 말한다. 또한 합리적 주의는 공정의 개념을 전제로 하므로 반드시 어느 일방에 치우친 희망적 해석을 해서도 안 된다.

　이때 기울여야 할 주의의 정도는 고도의 주의가 아니고 평상적 주의라는 것에 더 큰 의미가 있다. 은행의 서류검토는 반드시 공정하고 부주의가 없어야 할 것이지만 그 기준은 평상적인 수준에 머문다는 것이다. 다시 말해 은행은 신용장거래에 내재된 매매계약 등의 거래에 고도로 숙련된 지식을 보유한 자로 판단해서는 안 되며, 단지 일반적인 평상수준의 지식 보유자로만 평가되어야 한다는 것이다. 따라서 은행에 대해 고도의 주의의 의무를 강요하는 것은 신용장통일규칙의 기준을 벗어나는 것이며, 은행은 그러한 요구에 따를 필요도 없다.

---

73) 제5차 개정 신용장통일규칙 제13조(a)항.

이러한 취지는 제6차 개정에도 계속 이어지고 있다.

제6차 개정 제14조(a)항에 따르면 "지정에 따라 행동하는 지정은행, 있는 경우 확인은행 그리고 개설은행은 서류에 대하여 문면상 일치하는 제시가 있는지 여부를 단지 서류에 근거하여 검토하여야 한다"라고 규정하면서 서류와 신용장의 제 조건과의 일치여부는 오로지 서류만을 근거로 판단하도록 요구함으로써 신용장거래에 내재된 매매계약이나 기타 거래에 대한 고려여부를 전적으로 배제하고 있다.

(2) 문면상(on their face) 일치기준의 범위

한편 신용장통일규칙 제정 당시부터 계속 이어져 내려온 문면상 일치기준은 제2차 개정까지는 제시된 서류가 신용장의 조건과 내용에 일치하는지 여부에 대한 판단기준이었다. 그러나 제3차 개정부터는 그 개념이 서류상호간의 연계성(linkage) 여부로 그 범위가 확대되었다. 이에 대해 ICC은행실무위원회에서는 모든 서류는 동일하게 표기되어야 할 필요는 없지만 서류는 전체로써 검토되고 판단되어야 한다는 데 의견을 모으고 서류 상호간의 일치의 개념은 각각의 서류들이 문면상으로 상호 연계성을 갖고 서류 상호간에 모순이 있어서는 안 된다는 취지를 적시한 바 있다.[74] 법원에서도 제시된 모든 서류는 마치 하나의 서류처럼 은행이 검토해야 한다는 견해를 이미 밝힌 바 있고,[75] 이 원칙은 제3차 개정의 제32조(c)항, 제4차 개정의 제41조(c)항과 23조, 제5차 개정의 제13조(a)항, 그리고 현행 제6차 개정의 제14조(d)항에 구현되어 있다.

특히 제6차 개정에 이르러서는 서류 상호간의 연계성 판단을 위한 서류검토의 기준까지 제시하고 있음은 주목할 만하다. 즉 서류에 기재된 내용은 신용장의 제 조건과 서류 그 자체, 그리고 국제표준은행관행과의 전체적인 맥락에서 반드시 똑같을 필요는 없지만 서류 상호간 상충되지 않아야 한다는 것이다.

---

74) ICC, *Decisions*(1975－1979) *of the ICC Banking Commission*, p.23 참조; Clive M. Schmitthoff, "Discrepancy of Documents in Letter of Credit", *The Journal of Business Law*, 1987, pp.101－102 참조.

75) *Midland Bank v. Seymour*(1995) *Lld. L. Rep.* 529,535,576("화환신용장거래에서 서류는 전체적으로 검토되고 해석되어야 한다는 것은 이미 확정된 사실이다").

제5차 개정에서는 서류 상호긴의 문면상 일치여부는 '신용장통일규칙에 반영되어 있는 국제표준은행관행'에 따라 결정된다고 규정한 것에 한걸음 더 나아가 제6차 개정에서는 ① 서류 그 자체 내에서 모순점이 있는지, ② 신용장의 제조건을 충족하고 있는지, ③ 신용장통일규칙을 비롯한 제반 국제표준은행관행에 합치하는지 그 전체적인 관점에서 문면상 일치의 판단기준을 확대하였고, 문면상 일치의 정도는 문구, 수치 등 모든 것이 똑같아야 하는 완전일치기준이 아닌 실질적 차원에서의 상호 모순없는 상태임을 명확히 천명하고 있다.

(3) 합리성 기준의 삭제와 문면상 일치기준의 보전

신용장통일규칙이 개정을 거듭할수록 과거보다 더욱 더 정교하고 치밀해지고 있음에도 불구하고 신용장 관련 분쟁의 건수는 더 많아지고 복잡해지고 있다는 현실은 신용장거래관습의 안정성과 유용성에도 불구하고 대단히 역설적이라 아니할 수 없다.76)

그간 신용장통일규칙의 제반 조항 중 불확실성이 가장 많이 내재되었던 부문은 서류검토시 기울여야 하는 은행의 주의수준의 합리성의 판단기준이었다. 신용장조건과 서류의 일치성 여부는 신용장 당사자들의 판단의 기준에 따라 괴리가 있을 수 있어 서류의 일치성에 대한 기준이 관련 당사자간에 희망적으로 합치되지 않는 한 이들간의 마찰요인을 종식시키기란 대단히 어려운 과제임에는 틀림이 없다.

일반적으로 은행은 잘못된 서류검토에 따른 책임으로부터 자신을 보호하기 위해서라도 방어적으로 행동하게 된다. 따라서 서류상의 사소한 하자만 있어도 대금의 결제를 거부하게 되고, 조금만 의심스러워도 은행의 검토기준과는 관계

---

76) 신용장제도의 중심이라 할 수 있는 미국의 경우 1920년부터 1975년까지 300건도 채 미치지 못하였던 신용장 관련의 소송건수는 1975부터 제5차 개정 신용장통일규칙이 발효되었던 즈음의 1990년대에 이르기까지 1,400여 건을 넘고 있었고, 이 중 서류검토와 관련된 부분은 350여건에 이르렀다(*Documentary Credit Insight*, "Expert Commentary by Boris Kozolchyk", ICC Pub. S. A., Winter, 1997, p.5). 그리고 제6차 개정 신용장통일규칙의 개정이 이루어진 2007년 무렵까지도 약 70%에 달하는 수익자 제출서류들이 1차 제시에서 은행으로부터 수리 거절되었다는 통계가 보고되었다(*UCP*, 6th Revision, Introduction, 2007); 김기선, "신용장거래관습 최적편성방안의 모색", 「무역상무연구」, 한국무역상무학회, 제49권, 2011, 2, p.112 참조.

없이 수익자에게 L/G Nego만을 하게 된다. 이러한 상황임에도 불구하고 신용
장통일규칙은 제5차 개정까지 은행으로 하여금 제출된 모든 서류를 합리적 주
의를 갖고 문면상 일치하는지 여부를 검토하도록 요구하였으나 '합리적 주의'와
'문면상 일치'의 정도가 구체적으로 어느 범위까지를 의미하는지는 여전히 불확
실하였다.

사실 서류검토와 관련된 문제의 해결은 통상 법원의 사법판결(judicial decision;
court law)에 의존하는 경우가 대부분이고 이러한 사법판결의 결과로 엄격일치의
원칙이 확립된 것은 주지의 사실이다. 그러나 문제의 본질은 경우에 따라 법원
에서는 반드시 엄격일치원칙만을 적용하는 것은 아니라는 데 있다. 왜냐하면 엄
격일치의 원칙은 여러 가지 법적 근거 및 은행 자체의 관행 등에 따라 그 엄격
성이 완화되는 경향이 많기 때문이다.[77] 법원 역시 신용장거래에 있어 서류검
토시 제시된 서류가 신용장의 조건과 내용에 완전히 일치한다는 것은 불가능
할 수도 있으며, 또 실무적으로도 큰 의미가 없다고 판단할 경우에는 완화된 의
미의 서류검토기준을 적용할 수도 있다는 견해를 배제하지 않고 있다.

결국 은행은 자신의 서류검토의무와 관련하여 서로 상반되고 일관성이 결
여된 이 같은 서류검토기준 사이에서 효과적인 서류검토 의사결정을 하기란 거
의 불가능할 것이며, 그 결과 은행이 중심이 되고 있는 신용장거래관습은 딜레
마에 빠지게 될 것은 자명한 일이 될 것이다. 물론 지금까지 은행은 자신의 서
류검토의무와 관련하여 엄격일치원칙을 견지하면서도 혹시 모호한 신용장조건
이 있을 경우 자신의 재량권을 발휘하여 융통성 있는 해석을 하기도 하였고, 개
설은행의 경우 자신의 고객인 개설의뢰인에게 서류의 수리여부를 문의하여 개
설의뢰인의 결정통보내용에 따라 행동해온 것은 사실이다.

물론 은행은 판례의 흐름을 통해 자신의 서류검토기준을 결정할 수도 있을
것이다. 그러나 그 흐름조차도 일관성이 결여되고 있고 국가마다 법원의 사법판
결이 상이하여 법원의 판례에만 의존하는 운영방식(modus operandi)은 실로 위
험한 것일 수도 있다.[78]

---

77) Gerald T. McLaughlin, "On the Periphery of Letter of Credit Law : Softening the Rigors of Strict Compliance", *The Banking Law Journal*, 1989, p.5 참조.

신용장통일규칙 제6차 개징은 이러한 여러 가지 문제를 고려하여 제5차 개정까지 모호성과 주관성으로 논란의 중심에 있어 왔던 '합리적 주의'의 개념을 과감히 삭제하기에 이르렀다.

제6차 개정에서는 신용장거래관습의 기본 원리인 공정성·형평성·선의의 원칙을 기반으로 신용장통일규칙의 제반 규정에 구현된 국제표준은행관행과 신용장의 제 조건의 충족여부에 따라 서류를 검토하는 것이야말로 문면상 서류일치의 판단기준이 됨을 천명하게 되었다.

제6차 개정 신용장통일규칙이 지향하는 문면상 서류일치기준은 문언해석의 원칙을 의미한다. 즉 은행은 신용장조건과 내용에 따라 그 문면상에 표현된 바대로 문언의 진의를 객관적이고 정당하게, 그리고 보편타당하게 해석하고, 관계당사자 어느 일방에게 치우친 희망적 해석을 배제한 채 수익자와 개설의뢰인 사이에서 엄격한 중립성을 견지하여야 한다. 은행은 서류를 축으로 하여 매매당사자 사이에서 그들과는 별개의 독립적인 관계를 유지하는 가운데 균등하게 배분된 계약관계의 위치에서 엄격한 중립성을 지키면서 오로지 서류만을 근거로 서류를 검토하여야 한다. 바로 이 기준이 곧 문면상 일치를 결정하는 문언해석 원칙의 본질이다.

제6차 개정 신용장통일규칙이 지난 70여 년간 신용장통일규칙에서 고수해 왔던 '합리적 주의' 개념을 과감히 폐기하고 국제표준은행관행과 신용장통일규칙의 제반 규정에 입각한 문면상 서류일치기준을 은행의 서류검토의무의 전면에 내세운 이유는 이제 서류검토는 신용장거래에 있어 숙련된 지식 보유자로서의 은행이 서류만을 근거로 객관적 서류검토요령에 따라 서류를 취급하여야 한다는 시대적 요청과 실무적 요구를 반영한 결과라 할 수 있다.

2. 제14조 (b)항: 은행의 서류검토기간

(1) 서류검토기간 조항의 변동추이

은행은 서류를 접수한 후 이를 검토하고, 서류를 인수할지 거절할지의 의

---

78) ICC Document No. 470-37/4, pp.22-24 참조.

사결정을 하는 데 필요한 서류의 취급기간을 갖는다.

제1차 및 제2차 개정에서는 단지 서류를 검토하기 위한 합리적 기간 (reasonable time)만을 의미하였으나 제3차 개정에 들어 서류검토 후 이의를 제기할 때까지의 기간까지 포함하게 되었다.[79]

제4차 개정에서는 은행의 서류검토 완료 후 서류거절 통보 상대방을 서류송부은행 또는 수익자로 그 범위를 확대하여 수익자가 직접 서류를 개설은행 앞으로 제시할 때를 대비하도록 규정하였고, 통보의 내용에 반드시 서류의 불일치 내역을 기재하도록 의무화하였다.[80]

제5차 개정에서는 그 당시까지 ICC은행실무위원회에서 계속 결정을 유보하였던 '합리적 기간'에 대한 구체적 결정이 이루어졌다.[81] 즉 "개설은행, 있는 경우 확인은행 또는 그들을 대리하는 지정은행은 각각 서류를 검토하고 그 서류를 수리 또는 거절할 것인지를 결정하고, 서류를 송부해온 관계당사자에게 결정내용을 통보하기 위하여 서류접수 익일로부터 제7은행영업일을 초과하지 않는 합리적 기간을 갖는다"고 규정하기에 이르렀다.[82]

여기서 말하는 합리적인 기간은 현명하다고 판단되는 평균적 은행원이 통상적으로 근면하게 업무를 수행하는데 소요되는 시간이라는 개념이지만 나라마다 관행의 차이가 있어 상당한 융통성이 부여되는 기간이다. 영국에서는 그간 통상 5일 내지 6일로 간주하고 있었고 서류가 복잡하고 많은 경우 8일을 넘기지 않는 것으로 보았다.[83] 미국은 현재 개정된 통일상법전 제5편에서 7일로 규정하고 있지만 제5차 개정 당시 구(舊)법전에서는 3일로 규정하고 있었으며 라

---

79) 제3차 개정 신용장통일규칙 제8조 d)항, e)항.

80) 제4차 개정 신용장통일규칙 제16조 c)항, d)항.

81) ICC는 1962년 신용장통일규칙 제2차 개정시 질의응답 결과 통상 24시간이라고 이해하고 있었으나 제4차 개정 작업중 합리적 기간의 설정문제는 신용장거래에 있어서의 모든 서류가 일률적이지 않고 또 각 거래마다 소요되는 시간이 상이하여 은행마다 관행이 다르기 때문에 이는 사실의 문제(question of fact)라 하여 기간 설정작업을 유보한 바 있다. ICC Publication No. 411, p.33; Clive M. Schmitthoff, *op. cit.,* p.98("합리적 기간은 36시간부터 30일까지도 의미할 수 있다").

82) 제5차 개정 신용장통일규칙 제13조 (b)항.

83) E. P. Ellinger. "Reasonable time for the Examination of Documents," *Journal of Business Law*, 1985, p.407.

틴아메리카, 아시아, 아프리카 등지에서는 이보다 연장된 기일도 인정하고 있었고, 우리나라의 경우 약 7일정도로 간주되어 왔었다.

(2) 합리적 서류검토기간과 서류치유원리의 충돌

당시 제5차 개정 신용장통일규칙 제13조(b)항의 서류검토기간 7일은 합리성(reasonableness)을 근간으로 하고 있기 때문에 이는 지체 없이 이루어지는 서류검토기간이었다. 따라서 이 기간중의 고의적 지연은 정당화될 수 없었다. 다시 말해 비록 은행이 7일간이라는 서류검토기간을 갖고 있다고는 하지만 이 기간중에 계속 서류검토를 미루거나 서류검토 완료후 의사결정을 유보하다가 그 마지막 날 자신의 서류인수 여부의 의사결정을 통보해서는 안 된다는 것을 함의하고 있었다. 합리적 기간과 합리적 기간 내의 지연은 다른 의미를 갖기 때문이다. ICC은행실무위원회의 유권해석도 이와 같은 취지였다.[84]

서류취급에 있어서의 이 같은 엄격한 해석기준을 은행에 적용하는 까닭은 은행의 서류검토기간은 본질적으로 수익자에 대한 서류치유원리를 상정하고 있기 때문이다.

서류치유원리(doctrine of documentary cure)라 함은 수익자가 제출한 서류가 신용장 조건과 내용에 일치하지 않을 경우 수익자로 하여금 당해 서류의 하자사항을 보완하여 신용장의 유효기일까지 재제시하도록 하는 은행의 순수한 목적으로서의 상업적 배려행위를 말한다.

신용장조건과 제출된 서류와의 일치성 여부는 당사자들의 판단기준에 따라 차이가 있을 수 있어 이 판단기준이 서로 희망적으로 합치되지 않는 한 해결되기 어려운 문제이다. 서류치유원리는 이 같은 서류일치성의 불확실성을 제거할 수 있는 신용장거래관습 특유의 역할기능을 수행한다.

서류치유원리가 서류일치성 판단기준의 보완적 역할을 제대로 수행할 수 있기 위해서는 신용장 유효기일(expiry date)이 절대적인 기준점이 된다.

다시 말해 은행이 자신에게 부여된 서류검토기간 7일 모두를 소진한 후 서류의 불일치사항을 수익자에게 치유·보완케 할 경우 이미 유효기일이 경과한

---

84) ICC *Opinions*(1989－1991) *of the Banking Commission,* 1992, pp.21－22 참조.

후라면 수익자의 서류치유노력은 아무런 의미가 없기 때문에 은행의 서류검토기간은 반드시 7일 범주 내에서 합리적으로 단축될 필요가 있었다. 이것이 바로 제5차 개정 신용장통일규칙이 꾀하고 있었던 합리적 서류검토기간 7일의 본질이었다고 볼 수 있다.

(3) 합리적 서류검토기간과 국제표준은행관행[85]

지난 70여 년간 신용장통일규칙의 핵심 개념이었던 서류검토기간의 합리성 요건은 수익자에 대한 서류치유원리 적용을 기본 전제로 하고 있음은 상술한 바와 같다. 즉 신용장의 유효기일이라는 시간적 제약 속에서 당해 유효기일의 경과 또는 도래 전에[86] 은행 측면의 서류검토의 완료와 수익자 측면의 서류의 보완이 이루어져야만 한다는 은행과 수익자간의 실무적 공동협조행위 실현과정이 서류검토기간의 합리성 요건의 핵심이었다.

결국 은행의 서류검토기간 활용이 합리적이었는지 여부는 과연 은행이 수익자에게 서류의 치유·보완기회를 충분히 부여할 만큼 노력하였는지의 검증을 수반하게 되며, 아울러 수익자 측면에서는 서류의 치유·보완을 성공적으로 완료할 만큼 충분한 치유기간을 상정하고 서류를 제출하였는지 여부가 서류검토기간 합리성 판단의 기준이 될 것이다. 따라서 본 조항은 다음과 같은 은행과 수익자간의 이해관계의 충돌을 해결할 수 있어야만 했다.

첫째, 수익자가 치유기간의 확보없이 유효기일 당일에 서류를 제시하거나 또는 경우에 따라 제출된 서류의 하자가 유효기일 도래 전에 치유·보완이 불가능할 만큼 그 하자의 양이 많은 경우라면 은행의 서류치유원리 적용을 위한 서류검토기간의 단축유인이 존재하는지 여부,

---

85) 이에 관한 보다 자세한 내용은 김기선, "서류치유원리 적용과 하자면제교섭권 활용이 서류검토행위의 합리성에 주는 효과분석: 신용장거래관습 해석의 법경제학적 접근", 「무역학회지」, 제23권 2호, 한국무역학회, 1998, 10, pp.435−438; 김기선, "UCP600 합리성 행위기준의 적용방식", 「무역상무연구」, 제57권, 한국무역상무학회, 2013, 2, pp.114−117; 김기선, "신용장거래관습 최적편성방안의 모색", 「무역상무연구」, 제49권, 한국무역상무학회, 2011, 2, pp.111−116 참조.

86) 신용장에 선적서류제시기일이 유효기일보다 빠른 기일 내에 도래하는 것으로 규정되어 있는 경우에는 선적서류제시기일이 서류제시유효성의 판단기준이 됨을 유의할 필요가 있다.

둘째, 제5차 개정 신용장통일규칙 제13조(b)항이 은행에게 부여하고 있는 합리적 서류검토기간의 최대치는 은행에게 보장된 기간인지, 경우에 따라 은행에게 주어진 당해 서류검토기간 7일을 완전히 활용한다 하여도 이는 은행 고유의 보장된 권리인지 여부,

셋째, 수익자가 유효기일 전 적절한 치유기간을 확보하고 서류를 제시한 경우에는 은행에게 주어진 서류검토기간 7일은 은행고유의 보장된 기간이라기보다는 이를 단축해주어야 할 강한 유인이 작용하는지 여부.

이러한 물음에 대해 제5차 개정 신용장통일규칙 제13조(b)항은 실제 그 해석적용에서는 당초의 제정목적과는 달리 실무적으로 충돌하는 당사자들의 분쟁을 효과적으로 해결해 주지 못함으로 인해 신용장거래질서의 교란을 초래해왔다.

은행 중심의 논리로 해석해본다면 유효기일 당일에 맞춰 서류를 제출한 수익자는 남아 있는 유효기일의 여유분이 없어 추후 서류를 치유·보완할 수 있는 기회를 스스로 포기한 것과 마찬가지로 유효기일에 충분한 치유기간의 확보 없이 서류를 제출한 수익자는 혹시 불일치서류의 우연한 수리로 특별한 의미의 부당이득을 보지 않는 한, 자신의 신용장거래의 목적은 달성 불가능할지라도 모른다는 손실의 불확실성에 노출된 것이며, 그 결과 당해 서류의 하자사항의 경중이나 과다에 관계없이 서류를 치유·보완할 수 있는 기회를 박탈당하는 리스크를 부담할 수밖에 없을 것이다. 왜냐하면 수익자가 활용할 수 있는 서류치유원리는 상당히 근면한 수익자임을 전제로 하는 개념이며, 이의 유용한 적용을 위해서는 충분한 치유기간을 고려해야 하기 때문이다.

그러나 수익자 입장에서 볼 때에는 합리적 서류검토기간 7일은 절대적 개념으로서의 은행의 고유한 권리 영역이 아니라는 점을 강조하여 왔다. 예컨대 유효기간 종료를 앞두고 상당한 서류치유기간을 확보하고 제출한 서류에 대해 은행의 7일이라는 서류검토기간은 당연히 단축되어야 한다는 것이다.

은행의 실무적 입장에서 볼 때에는 현실적으로 은행의 서류검토요원이 당해 은행에 제출된 서류들을 검토함에 있어 그 업무량이 과다하기도 하고, 또 업무처리방식은 제출된 순서에 따라 선착순으로 각각의 서류들을 검토하고 있기 때문에 많은 경우 제출된 서류의 검토에는 2~3일간의 지연은 있을 수 있다.

이 같은 논란의 와중에 "은행의 서류검토절차는 일단 서류가 접수되면 접수된 당시의 은행의 관련업무 정황에 따라 어느 정도의 지연은 불가피함에도 불구하고 소위 서류치유원리로 말미암아 은행이 자신이 준수하는 국제표준은행관행에서 이탈해서까지 황급히 서둘러 서류를 검토 완료하는 것을 종용하거나 강제할 수 없다"는 취지의 USCIB공식의견서(1996)가 법원에 보충의견서로 제출되는 등 신용장통일규칙이 5차 개정된 후 서류검토기간 7일을 놓고 은행과 수익자간의 갈등이 증폭되었다.[87]

개정을 거듭하며 70여 년이 지나는 동안 수익자와 은행간의 '이해의 균형'을 위한 부단한 노력에도 불구하고, 서류검토기간과 이를 뒷받침하는 서류치유원리의 적용이 소위 사실의 문제로 귀착됨으로 인해 신용장거래질서에서 더 이상의 효율적 해석기준으로서의 역할을 할 수 없었던 신용장통일규칙의 이 같은 구조적 모순은 드디어 제6차 개정 신용장통일규칙에 이르러 획기적인 조항의 마련으로 새로운 신용장거래관습의 모습을 갖추게 된바, 제14조(b)항이 바로 그것이다.

⑷ 제6차 개정 신용장통일규칙 제14조(b)항의 본질

본 조항에 따르면 "개설은행의 지정에 의해 행동하는 지정은행, 있는 경우 확인은행, 그리고 개설은행은 제시된 서류가 일치하는지 여부를 결정하기 위하여 서류가 제시된 날 익일로부터 최대 제5은행영업일을 갖는다. 당해 기간은 유효기일 또는 서류제시를 위한 최종일의 당일 도래 또는 경과가 초래되는 경우라도 단축되거나 다른 방식으로 영향 받지 아니한다"라고 규정하고 있다.

앞서 설명한 바와 같이 제5차 개정에 이르기까지 신용장통일규칙이 제시하였던 은행의 서류검토기간은 합리적 행위를 담보하고 있어 이 기간중의 고의적 지연은 정당화될 수 없었다. 그러나 오히려 이같은 서류검토기간의 합리성 요건으로 말미암아 은행과 수익자간의 분쟁이 끊이지 않자 제6차 개정에 이르러서는 그간 신용장통일규칙에 면면히 이어져왔던 서류검토기간의 합리성 요건을 폐기하고 「서류검토기간 5일」을 은행의 부존적 권리영역으로 인정하기에 이르

---

87) *Letter of Credit Update*, vol.12, no.2, Feb., 1996, pp.26−36 참조.

렀다.

그 결과 현재 제14조(b)항과 관련한 판단기준은 다음과 같다. 즉 서류검토기간이 은행 고유의 권리부존영역으로 확정됨으로써 당해 서류검토기간의 단축유인은 더 이상 존재하지 않으며, 은행의 서류검토기간과 수익자의 서류치유기간과의 이해의 충돌은 사안에 따라 판단하여야 할 사실의 문제(question of fact)가 아니라 수익자 스스로 서류치유원리를 적용받기 위해 서류치유기간을 확보해야 하는 자율적 대처영역으로 변화하였다는 사실이다.

한편 일각에서는 본 조항의 개정에서 '합리적 기간'(reasonable time)이라는 문구가 삭제되고 '최대기간'(maximum period)이라는 용어로 대체되는 과정에서 이 기간을 소위 '고정기간'(fixed period)이라고 규정하지 않은 것은 5일이라는 기간이 오로지 고정된 최대값으로만 존재하는 것이 아니라 범위의 탄력성이 미치는 5일이라는 개념을 함축하고 있다는 이른바 서류검토기간의 '내재적 합리성' 견해도 있다. 그러나 이 같은 견해는 오히려 은행전반에게 지나치게 부담을 줄 우려가 크다고 보겠다. 즉 제5차 개정의 7일에서 2일이나 단축된 기간 속에서 서류를 검토해야 하는 은행에게 충분한 서류치유기간조차 확보하지 않고 신속한 서류검토를 종용해왔던 수익자에게 어떠한 개선노력도 촉구하고 있지 않는 이 같은 견해는 신립가능한 해석기준으로 채택하기는 어렵다고 보인다.

그간 적절한 수준의 서류치유기간(유효기일 며칠 전)의 확보만으로도 서류의 치유·보완·재제시가 가능하였던 수익자의 경우 본 조항의 개정결과 이전과 동일한 만큼의 서류치유기간을 확보하고 서류를 제시하여도 은행이 서류검토기간 5일 모두를 활용함으로써 서류치유원리를 적용받지 못할 것이라고 판단함에 따라 서류에 내재된 하자의 유무나 경중에 관계없이 오히려 서류치유기간을 전혀 할애하지 않은 채 유효기일 당일 서류를 제출하는 행위를 선택할 가능성도 높다.[88]

본 조항의 개정에 따라 수익자의 선택행위는 다음의 두 가지 유형의 수익자 계층으로 양분되어 고착화될 우려가 있다. 하나는, 위험회피적이고 근면한 수익자 집단으로 유효기일 전 5일 이상의 충분한 서류치유기간을 확보하고 서류를

---

88) 이하 김기선, "UCP600 합리성 행위기준의 적용방식", pp.130－131 이하 참조.

제출함으로써 서류치유기회 전부를 보장받으려는 서류치유전부보장계층군(full assurance tier)이며, 다른 하나는, 서류하자의 유무나 경중에 관계없이 유효기일 당일 서류를 제출하는 수익자 집단으로써 추후 서류하자가 판명되어 더 이상의 서류치유기회를 갖지 못할 경우 유보조건부지급·보증장부매입 또는 추심결제 방식으로의 결제방식변경 등 후발적으로 사후에 문제를 해결하려는 사후보장의 존계층군(reverse assurance tier)이다. 그 결과 기존의 제5차 개정 신용장통일규칙 하에서 유효기일 1~6일 전까지 서류를 제출함으로써 은행의 합리적 서류검토 기간의 활용을 촉구하여 서류치유를 보장받고자 했던 서류치유분담보장계층군 (partial assurance tier)은 신용장거래에서 사라지게 되거나 위의 두 계층군 중 하나에 편입되게 될 것으로 판단된다.

이와 같은 수익자 집단의 양분화는 신용장이라는 대금결제시스템의 유용성을 떨어뜨리고 그 운용방식을 경직화시킴으로써 오랜 세월 동안 진화·발전해왔던 신용장거래관습의 효율성을 저해할 우려가 있음은 부인할 수 없는 사실이다.

그러나 은행에게 확정적인 서류검토기간을 부여하여 은행과 수익자간의 서류검토기간 관련의 마찰과 분쟁을 효과적으로 회피할 수 있도록 강제 조정함으로써 미시적 관점에서는 비효율이 발생하긴 하겠지만, 장기적 관점에서 볼 때에는 이들 간에 안정적으로 분쟁방지효과를 거둘 수 있을 것으로 판단해 볼 수 있다.[89)]

3. 제14조(c)항: 유효기일과 서류제시기일

신용장거래에서는 서류제시를 위한 유효기일 외에도 일정기일 내에 지급·인수·연지급 또는 매입을 위해 은행에 운송서류가 제시되어야 할 서류제시기일도 신용장상에 명시하여야 한다.

제6차 개정 제14조(c)항에 따라 복합운송증권(제19조), 선하증권(제20조), 비

---

89) 제6차 개정 신용장통일규칙하에서는 더 이상 합리성 개념에 의존하여 '의무'의 차원에서 은행에게 서류검토기간 단축행위를 강제하거나 강요할 수는 없다. 단지 희망적으로 신용장거래의 목적을 달성하기 위해 은행의 '배려행위'로 서류치유원리 적용을 위해 은행의 공동협조노력을 요청할 수 있을 뿐이다(김기선, "신용장거래관습 최적편성방안의 모색", pp.132−133 참조).

유통 해상운송장(21조), 용신계약 선하증권(제22조), 항공운송장(제23조), 도로·철도·내수로 운송서류(제24조)와 우편수취증 및 우송증명서(제25조)가 이 서류제시기일의 적용대상이다.

원래 제2차 개정에서는 제41조에서 운송서류의 발급 후 은행에 제시되어야 하는 기간을 'within a reasonable time after issuance'로 규정하였지만 제3차 개정부터 21일로 확정하였다.

나아가 제4차 개정까지는 운송서류의 '발행일'이 기준이었으나 제5차 개정부터는 21일을 산정하는 기준일자가 '선적일'로 변경되었다.

본 조항의 규정에 따라 만일 신용장상에 운송서류의 제시일에 대한 명시가 없다면 선적일 이후 21일이 경과하여 은행에 제시된 운송서류는 은행으로부터 수리거절된다. 이때 「선적일 후 21일」과 「유효기일」간에 서로 다른 날짜로 모순이 있는 경우에는 어느 것이든 먼저 도래하는 기일이 우선하며, 이 기간 이내에 은행에 운송서류들이 제시되어야 한다.

원래 선하증권과 같은 운송서류들 역시 다른 여타의 서류들과 마찬가지로 서류로서의 법적인 유효기간이 존재하는데 이 법적 유효기간이 선적일 후 21일 이내라는 것이 본 조항의 취지이다. 선하증권이 발급되고 21일이 경과하면 이를 Stale B/L이라 하는데 무역에서 Stale B/L이라 하면 지급·인수·연지급 또는 매입은행과 개설은행간에 통상적으로 소요되는 우편일수와 선적항과 도착항 사이에 통상적으로 소요되는 항해일수를 감안하여 화물이 목적항에 도착하기 전에 당해 선하증권을 개설은행을 통해서 개설의뢰인에게 전달할 수 없을 정도로 지연되어 제시된 선하증권을 말한다.[90]

선하증권이 Stale되면 수입업자 입장에서는 서류를 통한 전매기회를 잃게 되며, 양륙지에서 창고료를 추가로 부담하거나 해상보험기간이 종료되는 등 여러 가지 위험과 손해를 부담하게 된다. 또한 수출업자 입장에서는 매매계약이나 신용장조건에 조금도 위반되지 않는 서류들을 신용장 유효기일 안에 제시하였음에도 불구하고 지급·인수·연지급 또는 매입은행으로부터 선하증권이 부당하게 지연되어 제시되었다는 이유로 지급이 거절되면 수출업자인 수익자는 보증

---

90) Gutteridge & Megrah, *op. cit.*, p.89; 박대위, 「전게서」, p.343.

장부매입(negotiation against indemnity; L/G Nego) 또는 유보조건부 지급(payment under reserve) 조건으로 대금결제를 받아야 하는 등[91] 여러 불이익을 당하게 된다.

신용장거래 당사자들이 이 같은 피해나 불이익을 받지 않기 위해서는 선적 서류가 Stale되는 명확한 기준을 제시해 줄 필요가 있는데, 신용장의 유효기일 과는 별도로 신용장에는 선적서류가 지급·인수·연지급 또는 매입은행에 언제 까지 제시되어야 한다는 기일을 명시하여야 하고, 이러한 제시기일의 명시가 없 으면 선적서류가 발급되고 난 후 21일 이내에 제시되어야 한다고 신용장통일규 칙은 규정하고 있다. 물론 선하증권이 발급된 후 21일 이내라고 해도 신용장의 유효기간이 지나서 제시되어도 된다는 것은 아니다. 여하한 경우이든 신용장 관 련 서류는 유효기일 이내에 제시되어야 하기 때문이다.

한편 여기서 주의할 점은 제14조(c)항에 나열되지 않은 운송관련 서류는 본 조항의 적용을 받지 않는다는 것이다. 즉 이들 서류들은 선적일(shipment date)의 개념이 적용되지 않기 때문에 '신용장에서 선적일 후 일정기간 이내에 제시하라는 지시' 또는 본 14조(c)항에서 규정하고 있는 '선적일 후 21일 이내에 제시되어야 한다'는 조항을 적용할 수 없다. 따라서 본14조(c)항에 포함되지 않 는 운송관련 서류들은 신용장의 유효기일 이전에만 제시되면 된다.[92]

본 14조(c)항의 적용을 받지 않는 운송관련 서류에는 인도지시서(delivery order), 또는 운송주선인 발행의 수령증명서(forwarder's certificate of receipt), 선적 증명서(forwarder's certificate of shipment), 또는 운송증명서(forwarder's certificate of transport), 그리고 본선수취증(mate's receipt) 등이 포함된다.[93]

끝으로 본 14조(c)항에 적용되는 제반 운송서류들은 하나 또는 둘 이상의 운송서류의 원본이 포함된 제시에만 적용됨을 유의하여야 한다.[94]

---

91) *ibid.*, p.344.
92) ISBP745, A18(b)(ⅰ)항.
93) ISBP745, A18(b)(a)항.
94) ISBP745 A18(b)(ⅱ)항.

4. 제14조(d)항: 서류의 연계성과 신용장조건의 검토

본 조항에 따르면 서류를 검토함에 있어 무엇보다도 중요한 것은 첫째, 신용장조건과 내용과의 일치성 여부의 판단은 ① 신용장의 조건과 내용 ② 서류 그 자체 ③ 국제표준은행관행 이 세 가지의 전체적인 맥락에서 결정되어야 한다는 것이며, 둘째, 서류 속에 나와 있는 정보 또는 자료들[95]은 바로 그 서류 자체 속에 나와 있는 정보(자료)들과 똑같은 필요는 없지만 상충되거나 상호모순이 있어서는 안 된다는 것이다. 셋째, 나아가 한 서류속의 이 같은 정보(자료)들은 다른 여타의 서류들과 역시 똑같을 필요는 없지만 상충되거나 상호모순이 있어서는 안 되며, 신용장조건과 내용과도 역시 똑같을 필요는 없지만 상충되거나 상호모순이 있어서는 안 된다는 것이다.

제시된 서류가 신용장조건과 내용을 충족시키고 있는지 여부는 신용장 자체뿐만 아니라 제시된 서류들 상호간의 연계성과도 밀접한 관계가 있다. 이미 앞서 설명한 바와 같이 ICC에서는 신용장과의 문면상 일치여부는 모든 서류가 그 내용면에 있어서 동일하게 표기되어야 할 필요는 없지만, 서류는 전체로서 검토되고 판단되어야 하며, 서류들이 문면상 서류 상호간에 모순이 있어서도 안 된다는 유권해석을 내린 바 있다.[96]

나아가 이미 제5차 개정 13조(a)항에서는 "신용장에 명시된 서류가 문면상 신용장의 제 조건과 일치하는지 여부는 본 규칙에 반영된 국제표준은행관행에 의해 결정된다"고 규정함으로써 문면상 서류일치여부의 판단기준은 국제표준은행관행에 준한다고 명시하고 있다.

따라서 서류의 문면상 일치여부는 신용장의 제 조건과 내용, 제시된 서류 그 자체, 그리고 확립된 국제표준은행관행의 전체적인 맥락에서 결정된다고 볼 수 있다.[97]

---

95) 본 조항의 data, 즉 정보(자료)라 함은 물품과 관련한 제반 숫자나 수치를 의미할 수도 있으나 광의로는 문서의 본질적 내용(substance)을 의미한다.

96) ICC, Doc(470/328, 470/330) Meeting on April, 1978.

97) 예를 들어 은행은 상업송장을 비롯한 서류상의 수리적 계산(mathematical calculation)을 점검하지 않는다. 은행은 단지 금액이나 수량, 중량, 포장의 개수와 같은 수치에 관하여 기재된

참고적으로 오타나 오자는 그 단어나 문장의 의미에 영향을 주지 않는다면 서류의 하자로 간주하지 않는 것이 국제표준은행관행이다.[98]

5. 제14조(e)항 : 상업송장과 그 외의 서류에 관한 서류검토기준

상업송장은 수출업자인 수익자가 작성하는 서류로써 거래상품의 명세서인 동시에 대금청구서의 역할을 한다. 수입업자인 개설의뢰인에게 선적한 물품이 바로 매매계약상의 계약물품이라는 사실을 증명하는 서류가 바로 상업송장이다. 따라서 상업송장상에 표시된 물품의 명세는 개설의뢰인이 요구한 물품, 즉 신용장상의 물품명세와 완전히 일치하여야 한다.[99]

그러나 상업송장 이외의 다른 서류들은 본 14조(e)항의 규정에 따라 신용장상의 물품명세와 상호 모순되지 않는 한 일반적인 용어로 표시하여도 무방하다. 상업송장 이외의 서류들이라 함은 운송서류, 보험서류, 원산지증명서, 검사증명서 등을 말한다. 이들 서류들은 상업송장과는 달리 매매계약이나 신용장거래의 당사자가 아닌 선박회사, 보험회사, 기타 서류 발행기관이 발행하는 것이기 때문에 일일이 서류를 발행할 때마다 신용장상의 물품명세에 엄격하게 일치하는 용어를 정확히 기재하기는 어려운 일이며, 나아가 신용장상에 표시된 물품의 표현과 똑같은 전문적인 용어나 명칭을 사용하도록 기대하는 것 또한 무리이다.

따라서 상업송장 이외의 서류들에 있어 물품의 명세는 신용장상의 물품의 명세와 상충되지 않는 일반적 용어로 기재되어도 이는 서류의 하자가 아니다. 그러나 여기서 주의할 점은 서류 상호간 문면상 상호 모순되는 서류는 신용장

총계가 신용장이나 기타 다른 서류와 상충하는지 여부만을 검토한다(ISBP745 A22조).

98) 예를 들어 물품명세서 'machine' 대신에 'mashine', 또는 'fountain pen' 대신에 'fountan pen', 또는 'model' 대신에 'modle'이라고 표기되더라도 이는 하자로 간주하지 않는다. 그러나 물품명에 있어 'model 321' 대신에 'model 123'이라고 기재된 경우에는 전혀 다른 제품군을 의미하므로 이는 하자로 간주된다(ISBP745 A23조).

99) 실제 선적된 물품이 매매계약상의 물품과 일치하더라도 상업송장 상에 기재된 물품명세가 신용장상의 물품명세와 일치하지 않으면 은행은 물론 개설의뢰인 역시 대금지급을 거절할 수 있다.; Henry Harfield, op. cit., p.73.

조건에 일치하지 않는나는 본 제14조(d)항의 규정에 따라 일반적인 용어로 표시되었다 해도 여타 다른 서류 상호간에 표현상의 모순이 있으면 이는 전체적인 맥락에서 불일치 서류로 간주되어 은행이 수리 거절할 수 있다는 것이다.

6. 제14조 (f)항 : 기타 서류발급자 또는 서류내용의 불특정에 대한 처리기준

신용장거래에서 요구되는 서류 중 상업송장, 선하증권 등과 같은 운송서류, 그리고 보험서류는 필수서류로 간주된다. 그러나 그 외의 서류들, 예컨대 원산지증명서, 포장명세서, 검사증명서, 중량 및 용적증명서 등은 소위 부수적 서류로 분류된다.

개설의뢰인이 신용장상에서 요구하는 부수적 서류가 있다면 이는 특별한 목적이 있는 서류임에 틀림없을 것이다. 따라서 신용장상의 부수적 서류에 대한 조건은 개설의뢰인이 어떠한 발급기관으로부터 무슨 내용으로 발행되어야 하는지 특정해 두어야 할 것이다. 그럼에도 불구하고 이들 특정목적의 부수적 서류에 대해 신용장상에서 그 발급기관이나 내용에 대해 특정하지 않는다면 은행은 그러한 서류에 대해서까지 책임질 이유는 없을 것이다.

따라서 이 같은 부수적 서류의 발급기관이나 내용이 명시되지 않았다든지, 또는 본 규칙 제3조에서와 같이 모호한 발급기관을 뜻하는 용어를 사용하는 경우100)에는 은행은 제시된 서류의 표시가 신용장조건과 문면상 일치만 하면 비록 그것이 특정한 의미가 없더라도 그대로 책임없이 수리한다.

개설의뢰인은 신용장을 개설한 후 예기치 않은 불이익을 받지 않으려면 신용장에서 요구하는 모든 서류들의 요건을 명료하게 특정하는 것이 중요하다.

---

100) 신용장에서 요구되는 서류의 발급자를 표시하는데 '일류의', '저명한', '자격있는', '독자적인', '공인된', '유능한', '현지의' 등과 같은 용어를 사용하는 경우를 말한다.

7. 제14조(g)항: 요구하지 않은 서류의 처리방식

신용장상에서 요구하지도 않은 서류가 제시된 경우 당해 서류는 무시되며 은행은 제시자에게 이들 서류를 반송할 수 있다.

신용장에서는 신용장에 명시되지 않은 서류가 수출서류 매입을 위해 신용장상의 요구서류와 함께 제시되는 경우가 종종 있다. 실무상 수출업자의 매입은행이 신용장상의 요구서류로 명시되지 않은 추가서류를 매입서류와 함께 동봉하여 개설은행 앞으로 발송해온 경우 개설은행은 신용장상에서 요구되지 않은 추가서류를 매입은행에 반송할 수도 있지만 이를 개설의뢰인에게 책임없이 인도할 수도 있다. 이와 같은 경우의 선택권은 개설은행에 있다.[101]

8. 제14조(h)항: 서류미지정조건

(1) 서류미지정조건의 정의와 문제점

본 조항은 신용장상에 서류미지정조건이 포함된 경우 이의 처리방식에 대해 규정하고 있다.

서류미지정조건(non-documentary condition)이란 신용장에 제시되어야 할 서류의 명칭은 표시하지 않은 채 조건만을 기술한 것을 말하는 것으로써, 신용장상에 대금지급의 조건중의 하나로 서류미지정조건이 명기되면 이의 이행여부가 제시된 서류의 검토를 통해서 판단되는 것이 아니라 조건의 실제적 이행이라는 사실관계에 대한 파악으로서만 확인이 가능한 상태가 된다.

본 조항은 이 같은 서류미지정조건이 포함되면 은행은 그러한 조건은 기재되지 않은 것으로 간주하고 무시하도록 그 처리 기준을 제시하고 있다.

서류미지정조건에 대해서는 다음과 같은 몇 가지 개념에 대한 이해가 선행될 필요가 있다.

---

101) 강원진, 「신용장분쟁사례」, 두남, 2013, p.188; 경우에 따라 일부 개설의뢰인은 신용장을 개설한 후 개설은행에 공식적으로 신용장조건변경을 의뢰하지 않은 채 수익자에게 직접 추가적인 서류를 요청하기도 한다. 수익자는 이 같은 요청에 따라 추가 서류를 은행에 제시하게 되는데 이는 바람직한 신용장거래관행이 아니다.

우선 신용장상의 소건(condition)과 내용(term)의 구별이다. 조건이라 함은 미래에 발생하는 상황이 반드시 충족되어야만 대금지급이 이루어지는 요건을 말하며 이에는 반드시 불확실성이 수반된다. 이에 반해 내용이라 함은 미래에 발생하는 상황에 불확실성은 존재하지 않고 이행의 확실성이 수반되는 요건[102]을 의미한다.

예를 들어 유효기일은 신용장의 조건이 아니다. 왜냐하면 유효기일의 도래는 확실성이 있기 때문이다.[103] 그러므로 은행은 서류화되지 않은 조건은 이의 충족여부가 불확실하므로 당해 조건을 무시하게 되고 받아들이지 않는 것이다.

신용장상의 조건을 이행하기 위해서는 다음과 같은 두 가지 이행방법이 있다. 하나는, 조건의 이행여부를 서류로 구체화시키는 형태이다. 예를 들어 신용장상에 '선적선하증권'을 요구하면 이는 신용장의 조건이 되는 것이며 소위 서류지정조건(documentary condition)의 방식이 된다.

다른 하나는, 다음과 같은 조건, 즉 '화물은 반드시 선령이 10년 이하인 선박에 적재되어야 한다'라고 규정하고 있다면 이 조건은 그 사실을 증명할 수 있는 서류의 형태를 구체적으로 지정하지 않은 서류미지정조건(non-documentary condition)의 방식이다.

본 조항이 다루고 있는 은행의 서류처리방식은 바로 후자의 조건을 의미한다.

신용장거래는 신용장의 독립·추상성원칙에 의해 이루어진다. 은행은 서류만을 취급하는 것이지 당해 서류와 관련된 상품이나 용역, 기타 매매계약과 관련된 조건의 이행에 관여할 필요가 없고, 관여하여서도 안 된다. 만일 은행이 서류와 관련된 계약의 이행여부를 고려하여 대금지급을 하게 되면 그 시점부터 신용장의 독립·추상성은 소멸되고 신용장의 유용성은 와해되어 버릴 우려가 있다.

신용장조건에 서류미지정조건이 포함되어 있을 경우 은행은 필연적으로 계약의 이행여부를 고려하여 대금을 지급하여야 하기 때문에 문제는 더욱더 심각

---

102) Black's Law Dictionary, p.203, p.1470 참조.
103) ICC Document No. 470-37/4, p.24.

해진다. 나아가 은행은 수익자가 제시한 서류가 서류미지정조건을 충족시켰는지 여부를 점검하기 위해 많은 시간을 소비하여야 할 것이다. 게다가 수익자와 제3자와의 계약, 수익자와 개설의뢰인 간의 매매계약 등을 참고하여 서류를 검토한 결과 수익자가 신용장상의 서류미지정조건을 충족시키지 못하였다고 판단하여 대금지급을 거절하게 되면 수익자는 은행의 이러한 행위에 대해 부적절한 대금지급거절(improper dishonor)이라고 항변할 수도 있다.

(2) 서류미지정조건에 대한 처리기준

신용장상에 서류미지정조건이 포함된 경우 이를 처리하는 은행의 처리기준에 대한 법원의 판례의견은 다음과 같이 크게 다섯 부류로 나누어진다.[104]

첫째, 서류미지정조건은 신용장과는 다른 계약형태를 창출해 낸다는 견해이다. 즉 신용장에 서류미지정조건이 포함되면 이는 보증계약의 성격을 갖게 된다는 것이다. 신용장하에서의 은행의 보증업무는 월권행위(ultra vires action)로 간주된다. 서류미지정조건이 신용장에 삽입되면 그 자체가 보증계약으로 바뀌기 때문에 은행이 대금지급을 이행할 경우 월권행위에 의해 불법이 된다는 것이다. 따라서 은행은 이 경우 의당 대금지급을 거절하여도 부적절한 대금지급거절이 아니라는 입장이다.

둘째, 서류미지정조건은 보증계약의 성격을 가지게 하지만 보증계약으로서 강행되어야 한다는 견해이다. 이는 첫 번째 견해와는 반대로 서류미지정조건이 포함되어 있는 신용장이 개설된 후 수익자가 실질적으로 서류미지정조건을 충족시킨 서류를 제시했음에도 불구하고 은행의 월권행위라는 이유로 은행이 대금지급을 거절하는 것은 부당하다는 입장이다. 따라서 은행은 비록 대금지급행위가 불법적 월권행위라 해도 이와 관련 없이 당해 신용장 계약을 보증계약의 일환으로 간주하고 대금지급을 해야 한다는 견해이다.[105]

---

104) 이하 Stanley F. Farrah, John F. Dolan, Charles w. Mooney, Fred H. Miller & Harold S. Burman, "An Examination of UCC Article 5(Letters of Credit)", *The Business Lawyer*, vol. 45, 1990, pp.1549－1550 ; John F. Dolan, *op. cit.*, Section 2. 05; Albert J. Givray, "UCC Survey : Letter of Credit", *The Business Lawyer*, vol. 44, 1989, pp.1589－1592; Burton v. McCullough, *op. cit.*, Section 4. 05(6) 참조.

105) 이는 standby L/C와 혼동해서는 안 될 것으로 본다. 은행의 보증업무는 특히 미국의 경우

셋째, 서류미지정조건은 신용징조건의 일부로서 반드시 충족되어야 한다는 견해이다. 즉 신용장상에 서류미지정조건이 삽입되었다고 해도 그 자체가 신용장의 본질을 변경시키는 것은 아니므로 당해 조건은 신용장계약의 이행차원에서 강행되어야 한다는 것이다. 즉 매매계약의 당사자인 개설의뢰인과 수익자간에 신용장을 대금결제방식으로 채택한 이상 이들 간에 명시적인 반대합의가 없는 한 수익자는 개설의뢰인이 신용장조건으로 서류미지정조건을 삽입하는 것을 배제시킬 의사는 없었던 것이므로 수익자는 일단 신용장이 개설되면 당해 조건을 이행하여야 하며, 은행은 서류이외의 타 요소를 고려하더라도 이는 신용장의 조건에 의한 것이므로 정당하다는 입장이다.

넷째, 서류미지정조건이 신용장조건으로 규정되면 이의 이행여부는 제시되는 관련서류, 또는 서류 상호간의 연계성으로 판단해야 한다는 견해이다. 예를 들어 신용장에 '계약화물은 동맹선에 선적되어야 한다'라는 서류미지정조건이 있을 때 제출되는 관련 서류에 상기조건의 충족 내용이 명시되어 있지 않거나 또는 서류 상호간에 상기 조건의 충족과 관련한 연계성이 없을 경우 은행은 이를 증명할 수 있는 서류의 제시를 수익자에게 요구할 수 있으며, 수익자가 관련 서류를 제시하지 못할 경우 은행은 대금지급을 거절할 수 있다는 입장이다. 물론 이러한 경우에서 서류미지정조건을 정확히 반영한 서류없이 여타 서류와의 연계성만으로 은행이 대금지급할 경우 당해 서류미지정조건 충족 서류가 제시되지 않았다는 이유로 개설의뢰인은 대금충당을 거절할 수 있는 위험이 있어 이 같은 은행의 행위는 궁극적으로 법원의 판단에 의존해야 하는 경우를 배제할 수 없다.

다섯째, 서류미지정조건은 신용장조건 중 큰 의미를 갖지 않는 부가조건으로 간주하고 이를 무시하고 신용장거래를 이행해야 한다는 견해이다. 즉 이 조건은 신용장거래의 유용성과 신용장의 독립·추상성이라는 대원칙을 와해시킬 우려가 크기 때문에 애당초 신용장조건의 일부로 구현될 여지를 주지 않겠다는 의도이다. 그러나 간혹 이와 같은 조건이 신용장상에 삽입된 경우 은행이 전적

명백한 월권행위로 간주되어 불법의 영업활동으로 취급되었기에 은행의 영업능력의 향상과 융통성 부여의 차원에서 standby L/C는 우회적인 수단으로 발달되어온 합법적 보증의 형태이기 때문이다.

으로 이를 무시하는 것도 문제점은 있을 것이다. 개설은행이 당초부터 이 같은 조건을 삽입하여 신용장을 개설한 데에도 책임이 있다는 것이며, 이 조건의 일 방적 무시는 개설의뢰인의 대금충당거절의사를 부추길 수도 있기 때문이다.

이상에서 살펴본 서류미지정조건의 처리기준은 그 어느 것도 개설은행에게 일방적으로 유리하게 작용하는 것은 없다고 볼 수 있다. 따라서 개설은행은 본 신용장통일규칙 제4조(b)항의 취지에 따라 신용장 개설 당시 당해 조건의 삽입 을 자제해야 하며, 개설의뢰인의 삽입의사나 요구가 있다 할지라도 이러한 의도 를 제지시켜야 할 것이다.

신용장통일규칙은 서류미지정조건의 처리라는 난제를 해결하기 위해 제5 차 개정에 이르러서부터 상술한 처리기준 중 다섯 번째 기준을 도입하여 다음 과 같이 규정하고 있다. "만일 신용장상에 제시되어야 할 서류에 대한 조건을 명시하지 않은 경우 은행은 당해 조건이 명시되지 않은 것으로 간주하고 이를 무시한다."

9. 제14조(i)항 : 서류의 발행일과 신용장 개설일

일반적으로 신용장은 매매 당사자간에 계약이 체결된 후 개설되는 것이 보 통이다. 다시 말해 신용장의 개설은 신용장이 근거해 있는 계약의 체결을 전제 로 한다는 것이다. 그러나 무역을 하다보면 신용장이 개설되기 이전에 물품이 선적되고 이에 따라 운송서류가 발급되는 경우가 있을 수 있다. 좀 더 구체적으 로 말한다면 CIF거래에서는 이미 운송 중에 있는 물품(goods afloat)을 구입하기 위해 신용장이 개설될 수도 있으며, 또한 보세창고도거래(bonded warehouse transaction; BWT)인 경우에는 물품이 이미 수입국 보세창고에 입고되고 난 후에 매매계약이 체결되고 그 후 신용장이 개설되므로 이러한 상황에서는 운송서류 를 비롯한 제반 무역관련 서류들은 신용장 개설일 전에 이미 발급된다.

본 조항은 이러한 거래를 수용할 수 있도록 제정된 규정이다. 따라서 수출 업자인 수익자는 신용장이 계약조건대로 발행될 것을 전제로 계약에서 요구하 는 서류들을 사전에 구비할 수 있다. 그러나 주의할 것은 이러한 서류가 정당하 게 수리되려면 다음과 같은 조건이 충족되어야 한다는 점이다.

첫째, 신용장상에 신용장이 개설되기 이전에 발급된 서류는 수리하지 않는다는 특약이 없어야 한다.

둘째, 신용장의 유효기일 내에 서류가 제시되어야 한다.

셋째, 신용장상에 서류제시기일이 별도로 명시되어 있지 않으면 운송서류의 발급일 후 21일 이내에 제시되어야 한다.

10. 제14조(j)항: 수익자 또는 개설의뢰인의 연락처 명세

실제 무역거래에서는 계약은 본사가 있는 지역에서 체결되지만 계약물품은 지방의 공장에서 제조되는 경우가 많다. 그때 발행되는 무역관련 서류들은 계약이 체결된 지역과는 주소지가 다를 수 있다. 본 조항은 이러한 상황을 고려하여 신용장에 나와 있는 수익자 및 개설의뢰인의 주소는 서류에 표시된 이들의 주소와 동일할 필요는 없으며, 다만 신용장에 표기된 주소지와 동일 국가이면 이로써 충분하다고 규정하고 있다.

나아가 수익자 또는 개설의뢰인의 주소의 일부로 사용되는 연락처명세(contract details), 즉 팩스번호, 전화전보, 이메일주소 등은 신용장상의 이들 연락처 명세와 달라도 무방하다.

그러나 여기서 주의할 점은 '개설의뢰인의 주소와 연락처 명세'가 운송서류상의 수하인(consignee) 또는 통지선(notify party)의 일부로서 표시된 경우 신용장상에 명기된 것과 같아야 한다는 사실이다. 그 이유는 운송서류상의 수하인은 목적지에서 운송인으로부터 계약물품을 인도받아야 할 당사자이고, 통지선은 계약물품의 도착사실을 통보받아야 할 당사자이므로 주소나 연락처가 신용장상의 이들 주소 또는 연락처 명세와 상이하다면 많은 혼란이 있을 수 있기 때문이다.

11. 제14조(k)항: 송하인 등의 표시

본 조항은 모든 서류상에 표시된 물품을 선적하는 자(하주: shipper) 또는 물품을 송부하는 자(송하인: consignor)는 신용장상의 수익자와 동일한 사람일 필요는 없다고 규정하고 있다. 대개의 경우 신용장거래에서는 신용장상의 수익자가 운송서류에 송하인으로 기재되나[106] 최근의 관행상 수익자의 전속통관사가 자기명의로 운송서류를 작성하고 있고, 또 경우에 따라서는 수입국 실수요자에게 실제조업자의 이름을 밝히기를 꺼려하는 수입업자 또는 중간 대리인의 요청으로 제3자 명의의 운송서류(third party B/L)가 작성·발급되기도 한다.[107]

나아가 국가간 국경없는 거래(borderless transaction)에 따라 다국가간 무역 거래가 흔한 일이 된 지금 신용장을 받은 수익자가 소재한 국가와 실제 물품을 제조해서 선적하는 국가가 다를 수 있고, 수출업자와 제조업자가 다를 수도 있다. 이러한 경우 수익자가 제시하는 운송서류뿐만 아니라 원산지증명서를 비롯한 각종 무역관련 서류상에 표시된 송하인이 신용장의 수익자와 다른 것은 문제가 될 것이 없다. 이미 제5차 개정부터 운송서류에만 한정했던 이 내용을 모든 서류(any document)로 그 범위를 확대하였다.[108]

그러나 운송서류를 포함하여 이러한 제3자 명의의 서류가 유효하게 수리되기 위해서는 신용장상의 수익자가 그 서류의 정식 소유자인 경우에 한함을 유의할 필요가 있다.[109]

12. 제14조(l)항: 운송서류의 발급자

본 조항은 운송서류가 운송서류 관련조항, 즉 제19조부터 제24조의 수리요 건을 충족하는 경우에는 운송인(carrier), 선주(owner), 선장(master) 또는 용선자 (charterer) 이외의 다른 자에 의해서 발행될 수 있다고 규정하고 있다.

복합운송증권, 선하증권, 해상운송장은 운송인, 선장 또는 이들의 대리인에 의해 발행되고 서명된다. 용선계약선하증권은 선장, 선주, 용선인 또는 이들의

---

106) 원래 신용장통일규칙 제1차 개정시부터 신용장에 특별한 명시가 없으면 선하증권은 수익자 명의로 작성되도록 규정되어 왔으나 제3차 개정에서는 이러한 규정이 불필요하여 삭제되었다.

107) 박대위, 「전게서」, p.312.

108) 신용장통일규칙 제6차 개정 제14조(k)항에 따라 "third party documents acceptable"과 같은 문구를 신용장에 삽입하는 것은 불필요한 일이다.

109) ICC, Document No. 470/273, 470/278.

대리인에 의해서 발행될 수 있으며, 항공·도로·철도·내수로 운송서류는 운송인 또는 이의 대리인에 의하여 발행될 수 있다.

본 조항은 제5차 개정의 제30조를 승계한 조항으로써 소위 운송주선인(freight forwarder)[110]이라 불리는 자들도 운송서류를 발행할 수 있다는 것을 확실히 하고 있다.

그동안 운송주선인들은 운송조직망을 갖고 있으나 재력의 뒷받침이 없어 사고발생시 보상책임을 감당할 능력이 부족하여 전 세계적 운송주선인들의 연합체인 FIATA발행의 운송서류가 아닌 한 은행으로부터 수리가 거절되었다. 그러나 최근 운송조직망뿐만 아니라 국제적으로 공인된 NVOCC(non-vessel operating common carrier)[111]와 같은 운송주선인들이 등장함에 따라 다음과 같은 요건을 갖추면 이들이 발행한 운송서류도 적격운송서류로서 은행으로부터 수리가 가능하다.

첫째, 운송주선인의 명의가 운송인(carrier)으로 표시되어 있고, 당해 운송주선인이 운송인으로 서명하였거나 기타의 방법으로 확인한 경우,

둘째, 운송주선인이 발행한 운송서류상에 운송인의 명의가 표시되어 있고, 운송주선인이 당해 운송인의 지명된 대리인으로서 서명하였거나 기타의 방법으로 확인한 경우,

이와 같이 은행은 운송주선인이 운송인의 자격으로 서명하고 발행한 운송서류나 운송인의 대리인 자격으로 서명하고 발행한 운송서류는 적격운송서류로써 수리한다.

---

110) 본인이 직접 운송수단을 보유하고 있지 않지만 송하인과 운송인간에 운송을 알선·주선해 주는 것을 업으로 하는 자를 말한다.

111) 공공운송인(common carrier)으로서 스스로는 운송수단을 가지지 아니하나 하주에 대하여는 자기의 운임요율표(tariff)에 의하여 운송을 인수하고 선박회사를 하청인으로 하여 운송을 행하는 비선박운항업자를 말한다.

Article 15 Complying Presentation

a. When an issuing bank determines that a presentation is complying, it must honour.

b. When a confirming bank determines that a presentation is complying, it must honour or negotiate and forward the documents to the issuing bank.

c. When a nominated bank determines that a presentation is complying and honours or negotiates, it must forward the documents to the confirming bank or issuing bank.

제15조 일치하는 제시

a. 개설은행은 제시된 서류가 일치한다고 결정하면 결제하여야 한다.

b. 확인은행은 제시된 서류가 일치한다고 결정하면 결제 또는 매입하고 당해 서류들을 개설은행에 송부하여야 한다.

c. 지정은행은 제시된 서류가 일치한다고 결정하고 결제 또는 매입할 경우 당해 서류들을 확인은행 또는 개설은행에 송부하여야 한다.

본 조항은 신용장조건과 내용에 일치하는 서류의 제시가 있는 경우 개설은행, 확인은행 그리고 지정된 은행의 의무를 규정하고 있다.

1. 개설은행의 의무

개설은행은 신용장통일규칙의 제반 조항을 충족하고 국제표준은행관행과 부합하며, 신용장의 조건과 내용에 일치하는 서류가 제시되면 일람지급으로 사용되는 신용장에서는 지급, 연지급으로 사용되는 신용장에서는 연지급확약을 기채하고 만기일에 지급, 그리고 인수로 사용되는 신용장에서는 기한부환어음을 인수하고 만기일에 지급하여야 한다.

2. 확인은행의 의무

확인은행은 개설은행이 파산 등의 이유로 자신의 신용장하에서의 채무를 이행할 수 없을 때 개입하여 신용장통일규칙의 제반조항을 충족하고 국제표준은행관행과 부합하며, 신용장의 조건과 내용에 일치하는 서류가 제시되면 개설은행과 동일한 의무를 반드시 이행하여야 함과 아울러 매입방식으로 사용되는 신용장의 경우에는 소구권 없이(without recourse) 당해 일치서류를 매입하고 서류를 개설은행으로 송부하여야 한다.

3. 지정된 은행의 의무

지정된 은행은 신용장통일규칙의 제반조항을 충족하고 국제표준은행관행과 부합하며, 신용장의 조건과 내용에 일치하는 서류가 제시되면 지급·연지급·인수 또는 매입하고 당해 서류를 개설은행 또는 확인은행으로 송부하여야 한다.

Article 16 Discrepant Documents, Waiver and Notice ──────────

a. When a nominated bank acting on its nomination, a confirming bank, if any, or the issuing bank determines that a presentation does not comply, it may refuse to honour or negotiate.

b. When an issuing bank determines that a presentation does not comply, it may in its sole judgement approach the applicant for a waiver of the discrepancies. This does not, however, extend the period mentioned in sub-article 14 (b).

c. When a nominated bank acting on its nomination, a confirming bank, if any, or the issuing bank decides to refuse to honour or negotiate, it must give a single notice to that effect to the presenter.

The notice must state:

   i. that the bank is refusing to honour or negotiate; and

   ii. each discrepancy in respect of which the bank refuses to honour or negotiate; and

   iii. a) that the bank is holding the documents pending further instructions from the presenter; or

   b) that the issuing bank is holding the documents until it receives a waiver from the applicant and agrees to accept it, or receives further instructions from the presenter prior to agreeing to accept a waiver; or

   c) that the bank is returning the documents; or

   d) that the bank is acting in accordance with instructions previously received from the presenter.

d. The notice required in sub-article 16 (c) must be given by telecommunication or, if that is not possible, by other expeditious means no later than the close of the fifth banking day following the day of presentation.

e. A nominated bank acting on its nomination, a confirming bank, if any, or the issuing bank may, after providing notice required by sub-article 16 (c) (iii) (a) or (b), return the documents to the presenter at any time.

f. If an issuing bank or a confirming bank fails to act in accordance with the provisions of this article, it shall be precluded from claiming that the documents do not constitute a complying presentation.

g. When an issuing bank refuses to honour or a confirming bank refuses to honour or negotiate and has given notice to that effect in accordance with this article, it shall then be entitled to claim a refund, with interest, of any reimbursement made.

제16조 불일치서류, 권리포기 및 통지

a. 지정에 따라 행동하는 지정은행, 있는 경우 확인은행, 또는 개설은행은 제시된 서류가 일치하지 않는다고 결정한 때에는 결제 또는 매입을 거절할 수 있다.

b. 개설은행은 제시된 서류가 일치하지 않는다고 결정한 때에는 자신의 독자적인 판단으로 서류하자의 권리포기 여부를 개설의뢰인과 교섭할 수 있다. 그러나 이로 인하여 제14조 (b)항에 규정된 기간이 연장되지는 않는다.

c. 지정에 따라 행동하는 지정은행, 있는 경우 확인은행, 또는 개설은행이 결제 또는 매입을 거절하기로 결정하는 때에는 제시자에게 그러한 취지를 한 번에 통지하여야 한다.

통지에는 다음 사항을 기재하여야 한다.

    i. 당해 은행은 결제 또는 매입을 거절한다는 사실, 그리고

    ii. 당해 은행이 결제 또는 매입을 거절하는 것과 관련한 각각의 하자사항, 그리고

    iii. a) 제시자의 추가지시가 있을 때까지 은행이 서류를 보관할 것이라는 사실, 또는

        b) 개설의뢰인으로부터 권리포기를 받고 이를 받아들이기로 동의하거나, 또는 권리포기를 받아들이기로 동의하기 이전에 제시자로부터 추가지시를 받을 때까지, 개설은행이 서류를 보관할 것이라는 사실, 또는

        c) 당해 은행은 서류를 반환할 것이라는 사실 또는

        d) 당해 은행은 사전에 제시자로부터 받은 지시에 따라 행동할 것이라는 사실

d. 제16조 (c)항에서 요구되는 통지는 전기통신수단(telecommunication), 또는 그것이 불가능하다면 다른 신속한 수단으로 서류제시 익일로부터 기산하여 제5영업일의 종료시보다 늦지 않게 이루어져야 한다.

e. 지정에 따라 행동하는 지정은행, 있는 경우 확인은행 또는 개설은행은 제16조 (c) (iii) (a) 또는 (b)에서 요구되는 통지를 한 후에는 언제라도 제시자에게 서류를 반환할 수 있다.

f. 개설은행 또는 확인은행이 상기 조항들에 따라 행동하지 못할 경우 당해 은행은 제시된 서류들이 일치하는 서류제시가 아니라고 항변할 수 있는 권리로부터 배제된다.

g. 개설은행이 결제를 거절하거나 또는 확인은행이 결제 또는 매입을 거절하고 본 조항에 따라 그 취지를 통지를 한 때에는 당해 은행은 이미 지급한 상환 대금을 이자와 함께 반환 청구할 권리를 갖는다.

신용장거래에서 수익자가 신용장조건과 내용에 일치하는 서류를 제시하면 은행은 지급하는 것 이외에는 다른 대안이 있을 수 없다. 그러나 제시된 서류가 신용장조건과 내용에 일치하지 않은 경우에는 여러 복잡한 문제들이 발생한다. 본 조항은 제시된 서류가 신용장조건과 내용에 불일치할 경우 은행이 반드시 취해야 할 행동요령에 대해 그 기준을 제시하고 있다.

1. 제16조(a)항: 은행의 서류수리 거절

서류가 은행에 제시되면 개설은행, 확인은행 그리고 개설은행의 지정에 의해 지급·연지급·인수 또는 매입하는 은행은 당해 서류가 문면상 신용장의 제 조건과 일치하는지 여부를 서류만을 근거로 하여 결정하여야 한다. 만일 제출된 서류가 문면상 신용장의 제 조건에 일치하지 않는다고 판단되면 이들 은행들은 서류의 수리를 거절할 수 있다.

개설은행과 확인은행은 개설의뢰인이 파산 등과 같은 지불불능을 이유로 대금지급을 거절할 수 없다. 또한 개설의뢰인이 매매계약을 불이행했다는 이유로, 또는 도착한 계약물품이 저급품이라는 이유로 서류의 수리를 거절한다고 해도 개설은행은 제시된 서류가 신용장 조건과 내용에 일치한다면 자신이 지정한 지급·연지급·인수 또는 매입은행에 대한 상환의무를 거부할 수도 없다.[112]

112) 박대위, 「전게서」, p.247.

개설은행의 지정에 따라 개입한 지급·연지급·인수 또는 매입은행 역시 수익자와의 관계 악화 또는 개설은행의 대금상환 불확실성 등을 이유로 수익자가 제시한 서류를 거절할 수는 없다.

신용장거래에서 대금지급의 거절사유는 오로지 서류만을 근거로 이루어지며, 그 거절의 판단근거는 제출된 서류가 신용장조건과 내용에 불일치할 때에만 정당하다.

2. 제16조(b)항: 개설은행의 개설의뢰인에 대한 서류하자면제교섭권

(1) 서류하자면제교섭권의 의의

개설은행은 지급·연지급·인수 또는 매입은행으로부터 서류가 송부되어 오면 이들 서류를 검토하게 된다. 이때 당해 서류들이 문면상 신용장조건과 일치하지 않는다고 판단한다면 개설은행은 개설의뢰인과 접촉하여 하자서류의 인수여부를 협의할 수 있다. 이를 개설은행의 서류하자면제교섭권(right of seeking a waiver of documentary discrepancies)이라 한다.

개설은행이 송부되어온 서류를 검토한 후 서류불일치사항을 발견하여 서류를 거절하기에 앞서 개설의뢰인에게 인수여부를 문의할 수 있다는 것은 비록 제5차 개정에 이르러서야 신용장통일규칙에 규정되었지만[113] 이는 그간 관례적으로 행해져온 절차 중 하나였다.

일반적으로 이러한 하자서류가 개설은행에 접수되면 개설은행은 일단 개설의뢰인에게 이 사실을 통지하고 인수여부를 문의한다. 즉 ① 제출된 서류가 개설의뢰인이 원하였던 서류와 다름이 있는지 여부, ② 제출된 서류에 다소 불일치가 있어도 당해 서류를 인수할 의사가 있는지 여부, ③ 이미 지정된 지급·연지급·인수 또는 매입은행으로부터 하자있는 서류에 대해 보증장부매입(negotiation against indemnity; L/G nego)이 이루어진 상태여서 당해 서류를 최종적으로 인수 거절할지 여부 등의 결정을 개설의뢰인과 상의하게 된다.

신용장통일규칙에서 개설은행에게 이 같은 서류하자면제교섭권을 부여하

---

113) 제5차 개정 신용장통일규칙 제14조(c)항.

는 데에는 특별한 상업적 이유가 있다. 시장상황에 따라 개설의뢰인의 태도가 바뀔 수 있기 때문이다. 즉 물품의 시장성이 없고 당해 계약물품에 특별한 수요가 없으면 문면상의 사소한 불일치만 있어도 개설의뢰인은 대금지급을 거절하려할 것이지만, 시장이 호황이고 수익성이 높으면 사소한 서류의 불일치는 양해해주고 서류를 인수하여 대금결제를 해주게 될 것이다.

이는 제출된 서류가 신용장조건과 일치하지 않는다 하더라도 개설의뢰인이 그와 같은 하자서류를 인수한다는 것은 결국 개설의뢰인이 신용장거래에서 가지는 대금결제거절권이라는 권리를 의도적으로 포기하고 하자서류를 면제해 준 형태가 되므로 이는 매매계약에 적용되는 권리포기의 법리(doctrine of waiver)를 신용장거래에 적용한 것이라 볼 수 있다.

또 하나는 서류가 신용장조건과 내용에 불일치한다 하더라도 개설의뢰인이 이를 양해하고 당해 하자서류를 인수한다는 것은 개설의뢰인이 신용장의 조건을 정정내지 변경하여 이를 일치시키는 것과 같은 의미를 갖게 해주므로 소위 계약의 정정원칙(rule of reformation of contract)을 적용한 것과 같다.

(2) 서류하자면제교섭권과 수입화물선취보증서 발급과의 관계

개설의뢰인이 선박회사로부터 수입화물을 인도받기 위해서는 선하증권의 원본을 선박회사에 제시하여야만 한다. 그러나 수입화물은 이미 수입국 항구에 도착하였지만 관계 선적서류가 아직 채 도착하지 않는 경우가 있을 수 있다. 특히 수출지에서 수입지까지 항해 일수가 짧은 거리에 있거나, 또는 항공운송으로 물품을 수입하는 경우 이러한 상황이 빈번한데 이러한 경우에는 수입화물이 통관될 수 없어 창고료 등의 추가비용이 발행할 수도 있고, 심한 경우 물품판매의 기회를 상실할 수도 있어 수입업자로서는 여러 가지 손해를 보게 된다.[114]

이러한 문제점을 해결하기 위한 방법이 바로 수입화물선취보증제도인데, 이는 선적서류의 내도 이전에 수입업자인 개설의뢰인이 개설은행으로부터 연대보증받은 증서를 선하증권의 원본 대신 선박회사에 제출하고 수입화물을 인수

---

114) 박대위, 「전게서」, pp.509-514.

하는 제도를 말한다.[115] 이때 선하증권 대신 선박회사에 제출하는 은행의 연대보증서류를 수입화물선취보증(letter or guarantee; L/G)이라고 한다.[116]

신용장거래에서 계약물품은 이미 개설의뢰인의 소재국인 수입국 항구에 도착하였으나 선하증권이 아직 수입국 개설은행 앞으로 도달되지 않아 개설의뢰인이 자신의 물품을 입수하지 못하는 경우 개설의뢰인은 개설은행에 수입화물선취보증서(L/G)의 발급을 요청하여 선하증권(B/L) 대신에 수입화물선취보증서를 제출하여 물품을 인도받을 수 있다.

수입화물선취보증서(L/G)가 수반되는 신용장거래에서 무엇보다 중요한 것은 개설의뢰인은 신용장하의 계약물품을 미리 인수하고 사후에 서류의 제시를 받게 되므로 추후 개설은행 앞으로 도착한 서류가 신용장의 제 조건과 일치하지 않는다 할지라도 개설의뢰인은 당해 불일치 서류를 거절할 수 없다는 점이다. 왜냐하면 개설의뢰인은 수입화물선취보증서(L/G)를 은행으로부터 발급받아 선하증권 대신 계약화물을 우선적으로 취득한다는 사실은 추후 개설은행 앞으로 도착한 서류상에 하자가 있더라도 이를 수리하겠다는 일종의 권리포기(waiver)로 간주되기 때문이다.

이러한 수입화물선취보증제도는 신용장거래에 있어 개설은행의 서류하자면제교섭권 제도와 정반대의 방식을 택하고 있으나 궁극적으로는 물품대금의 실질적 지불자인 수입업자가 모든 위험부담을 지고 서류를 인수하겠다는 동일한 목적을 지향하고 있다고 볼 수 있다.

(3) 서류하자면제교섭권의 적용방식

신용장거래관습에 있어 수익자의 제출서류가 경미한 하자사항을 포함하고 있다든지 또는 하자사항이 신용장의 유효기일 내에 치유될 수 없는 것이어서 이의 거절결정을 내리기에 앞서 개설은행은 개설의뢰인에게 이의 수리여부를

---

115) *ibid.*

116) 수입화물선취보증서는 수하인인 수입업자가 선박회사 앞으로 발행하는 것으로써 인도받을 화물의 명세를 기재하고 화물선취에 관한 일정한 약정을 하며 은행은 보증인으로 서명하는 데 불과하나 이 서류는 오히려 은행이라는 보증인의 존재가 서류의 효력발생의 중추적 기능을 하기 때문에 실질적으로 은행이 발행하는 증서 역할을 한다.; *ibid.*

문의하여 개설의뢰인으로부터 이의 면제를 받아 당해 하자서류를 받아줄 수 있는가라는 문제는 논란의 대상이 될 수도 있다. 왜냐하면 신용장거래는 수익자와 개설의뢰인간에 체결된 매매계약과는 관련이 없는 소위 독립성원칙과 아울러 신용장거래는 서류만을 근거로 이루어진다는 추상성원칙, 즉 신용장의 독립·추상성이라는 대원칙을 그 근본으로 하는데 이와 같은 행위를 명문화한 제16조(b)항의 규정은 일견 이 독립·추상성원칙에 위배될 소지가 크기 때문이다.

그러나 이러한 행위가 독립·추상성을 견지하는 가운데 개설은행의 독자적인 판단으로(in its sole judgement) 이루어진다면 이는 더 이상 편법에 의한 은행관행이 아니라 오히려 서류의 엄격일치원칙을 보완하는 신용장거래관습의 하나가 될 수 있을 것이다.

개설은행의 서류하자면제교섭권은 개설은행의 권리인 것이지 의무사항이 아니다. 따라서 만일 개설의뢰인으로부터 하자면제의 의사표시가 있었다 하여도 개설은행은 이를 받아들이지 않고 자신의 독자적인 판단에 따라 제시된 불일치 서류를 거절할 수도 있다.

사실 개설은행의 서류하자면제교섭권의 저변에는 소위 이중적 서류검토기준(bifurcated standard)이 반영되어 있다. 이중적 서류검토기준이라 함은 개설은행과 수익자간에는 신용장약정을 중심으로 신용장거래관습의 일반원칙인 서류의 엄격일치원칙이 적용되고, 개설은행과 개설의뢰인간에는 대금충당약정을 중심으로 한 실질이행의 원리, 즉 계약의 실질적인 부분을 충족시키면 계약을 이행한 것으로 간주한다는 전통적인 계약해석의 원칙을 반영하는 상당일치원칙이 적용된다는 서류검토기준이다.[117]

신용장이란 본질적으로 매매계약에서의 수익자와 개설의뢰인이 갖는 거래리스크, 즉 수익자측면의 대금회수불능의 위험과 개설의뢰인 측면의 상품입수불능의 위험을 개설은행으로 하여금 변경·이전시키는 수단이다.

개설은행은 수익자와 개설의뢰인의 신용장거래 참여목적에 따라 수익자와

---

117) 자세한 내용은 John F. Dolan, "Letter-of-Credit Disputes between the Issuer and its Customer: The Issuer's Rights under the Misnamed Bifurcated Standard", *Banking Law Journal*, vol.105, 1988, pp.380-415; Boris Kozolchyk, *Commercial Letters of Credit in the Americas*, Matthew Bender & Co., 1977, pp.257-258 참조.

의 계약관계와 개설의뢰인과의 계약관계로 이분화된 계약구조118)속에서 엄격한 중립성을 견지하는 가운데 합리성과 선의의 요건을 충족시킨 상태에서 자신이 확약한 대금지급의 의무를 이행하여야 한다.

개설은행은 자신이 개설한 신용장의 조건에 엄격하게 일치하는 서류를 수익자가 제시하면 반드시 대금을 지급하겠다는 신용장상의 약정을 통해 수익자와는 신용장 계약당사자관계에 서고, 자신의 고객인 개설의뢰인과는 대금충당 계약당사자관계에 서게 된다.

개설은행과 수익자와의 신용장약정관계는 신용장거래관습의 중추적 원칙인 신용장의 독립·추상성원칙과 서류의 엄격일치원칙에 지배를 받는 계약당사자관계라 할 수 있다. 반면 개설은행과 개설의뢰인간의 대금충당약정관계는 일반적인 계약의 실질이행의 원칙이 재배하는 계약당사자관계이다. 따라서 개설은행은 수익자에게 엄격일치원칙에 부합하는 의무이행을 강제할 수 있지만 개설의뢰인에 대해서는 자신과의 계약관계상 개설의뢰인의 양해가 합의의 형태로 도출된다면 더 이상 엄격일치원칙만을 주장할 수는 없다. 따라서 일단 서류의 하자사항을 면제 또는 권리포기할지 여부를 개설의뢰인에게 문의하는 그 시점부터 개설은행의 엄격일치기준은 상당일치기준으로 전이되기 시작하는 것이며, 그에 따라 엄격일치기준의 준수라는 서류검토원칙은 개설의뢰인이 수용하는 만큼 계약의 실질이행의 원칙으로 대체되는 효과가 있다.119)

이러한 해석이 유효하기 위해서는 서류하자면제교섭권의 행사는 반드시 개설은행의 독자적 판단과 선의에 의해 이루어져야 한다는 전제가 뒷받침되어야 한다. 신용장의 독립성원칙을 와해시키는 악의에 의한 개설의뢰인과의 공동의 사결정은 본 규정의 취지를 벗어나는 행위이다.

나아가 개설은행의 이와 같은 행위는 주어진 서류검토기간 5일을 초과할 수 없다. 신용장거래의 상업적 효용성의 하나인 대금지급의 신속성을 개설은

---

118) Robert M. Rosenblith, "Seeking a Waiver of Documentary Discrepancies from the Account Party : Unexplored Legal Problems", *Brooklyn Law Review*, vol.56, 1990, p.81; 김기선, "서류치유원리적용과 하자면제교섭권활용이 서류검토행위의 합리성에 주는 효과분석: 신용장거래관습해석의 법경제학적 접근, 「무역학회지」, 제23권2호, 한국무역학회, 1998, pp.439-440.

119) *ibid.*

행의 권리행사로 인해, 또는 개설의뢰인의 요청에 의해 침해할 수는 없기 때문이다.

3. 제16조(c)·(d)·(e)항: 은행의 불일치서류 취급요령

개설은행을 비롯하여 확인은행 또는 지정은행은 자신에게 송부되어온 서류를 검토한 후 서류를 인수할지 또는 거절할지의 의사결정을 내려야 한다. 서류가 신용장조건과 내용에 일치한다면 은행은 대금을 지급하면 그만이지만 서류가 불일치하여 이를 거절할 경우에는 정해진 절차와 방법에 따라 행동하여야 한다.

불일치서류 취급요령을 규정한 본 조항들은 서류를 거절하는 은행에게 있어 대단히 중요한 규정이다.

(1) 불일치 의사결정의 표시와 각 서류별 하자사항의 명기

서류를 거절하기로 결정한 은행은 서류를 거절한다는 의사표시를 서류거절통지서(notice)에 명확히 표시하여야 한다.[120] 또한 이들 은행이 서류를 거절하게 된 이유를 모든 불일치서류별로 그 불일치사항을 총망라하여 명기하여 무엇이 신용장조건과 불일치하고 있는지를 분명히 하여야 한다. 이는 대금지급을 거절하게 된 서류의 불일치사항에 대하여 하자가 있다는 이유(reason)를 기술함과 아울러 불일치사항(discrepancies)을 각 서류별로 구분하여 구체적으로 일일이 적시하여야 함을 의미한다.

이 같은 각 서류별 하자사항의 명기는 단 1회(single notice)에 한한다. 은행의 서류거절통지를 단 1회에 국한하는 이유는 수익자에 대한 서류치유원리를 보전해주기 위함이다. 이미 앞서 설명한 바와 같이[121] 은행의 수익자에 대한 순수한 상업적 목적의 배려행위인 서류치유원리에 따라 수익자는 신용장의 유효기

---

120) 서류거절의 통지는 구두로도 가능하지만 대부분 문서화하여 이를 팩스 등으로 전달하는 것이 일반적이다.

121) *supra*, 본 절 「제14조 (b)항: 은행의 서류검토기간」 참조.

일까지 은행으로부터 수리거절된 서류의 불일치사항을 치유·보완하여 은행에 재차 제시할 수 있는 기회를 갖는데, 이때 은행이 최초의 서류거절통지서상에 적시하지 않은 불일치사항을 추가적으로 다시 통지하게 된다면 수익자는 이를 다시 치유·보완하여 재차 관련 은행에 제시할 경우 이미 정해진 유효기일이 경과해 버리게 되어 결국 수익자의 서류치유노력은 무의미해질 수 있기 때문이다.

이상과 같은 상황을 고려해 볼 때 유효기일을 엄격히 준수하는 가운데 수익자가 불일치서류를 치유·보완하는 기간은 상당히 촉박함을 알 수 있다. 서류치유의 원리는 엄격한 유효기일의 준수를 전제로 비로소 그 의미를 갖는다. 따라서 수익자 입장에서는 서류를 치유한 후 은행으로부터 추가적인 불일치사항을 또다시 지적받는다면 이를 재차 치유하는 과정에서[122] 유효기일이 경과해버리면 이는 곧 유효기일 경과 후 제시(late presentation)로 간주되어 수익자는 더 이상 자신의 권리주장을 할 수 없게 될 것이다.

따라서 은행은 서류치유권리가 제대로 작동될 수 있도록 수익자의 불일치서류에 대해 불일치사항을 총망라하여 단 1회에 통지해 주어야 함을 잊어서는 안 된다.

(2) 불일치서류에 대한 행방표시

개설은행이 서류를 거절하고 이를 정식으로 인수하지 않는 이상 당해 신용장하에서 거래되는 물품의 소유권은 개설은행으로 이전하지 않는다. 비록 서류는 물리적으로는 개설은행이 보유하고 있으나 대금결제를 하지 않은 이상 관련된 서류는 서류제시자의 소유가 된다.[123]

따라서 개설은행은 불일치를 이유로 거절한 서류를 임의로 처분할 수 없으므로 서류제시자의 지시에 따라 이를 보관하든지, 또는 그냥 서류를 반환함으로써 자신의 의무를 이행하여야 한다. 이에 대해 본 조항은 다음과 같이 규정하고 있다.

---

122) 여기서 유의할 점은 최초로 적시한 불일치사항에 또 다시 추가하여 새로운 불일치사항을 제시하는 것을 말하는 것이지 최초로 적시한 불일치사항의 치유·보완이 불완전하여 다시 보완하라는 지시에까지 적용되는 것은 아니다.

123) 박대위, 「전게서」, p.251.

첫째, 은행이 서류제시자로부터 추가적인 지시가 있을 때까지 서류를 보관하고 있다는 사실,

둘째, 개설은행이 개설의뢰인으로부터 하자서류의 권리포기의사를 수령하고 이에 동의할 때까지 서류를 보관하고 있다는 사실, 또는 권리포기의사를 개설은행이 동의하기 이전에 서류제시자로부터 지시가 있을 때까지 서류를 보관하고 있다는 사실,

셋째, 은행이 서류를 반송중이라는 사실,

넷째, 은행이 이미 서류제시자로부터 수령한 지시에 따라 행동하고 있다는 사실 등에 대해 반드시 서류제시자에게 분명히 해주어야 한다.

이때 은행이 위의 첫 번째 경우와 두 번째 경우의 행동을 취하고 있음을 서류제시자에게 통보한 경우에는 언제라도 서류를 서류제시자에게 반송할 수 있다.124)

(3) 불일치서류 거절통지기간

만일 개설은행이나 확인은행 또는 지정은행이 제출된 서류가 신용장조건과 내용에 일치하지 않는다는 사실을 이유로 대금지급을 거절하기 위해서는 전기통신수단(telecommunication),125) 또는 이것이 불가능할 경우 기타 신속한 다른 수단으로 서류 제시자에게 통지하여야 한다. 통지의 기간은 서류제시자로부터 서류가 제시된 다음날로부터 제5은행영업일 마감시간보다 늦지 않아야 한다.

---

124) ICC에서는 불일치서류를 거절할 경우 서류제시인의 처분을 기다리고 보관중에 있다는 사실을 통보한 경우에는 서류제시자에게 당해 서류를 반환할 수 있다는 유권해석을 내린 바 있다(ICC Banking Commission, *Collected Opinions*(1995–2001), ICC Publication No.632, 2002, p.324). 이러한 방법으로 서류행방을 표시해주고 거절통보를 보낸 은행은 서류제시자로부터 추가적인 지시가 오기 전까지는 은행의 임의대로 서류를 처분할 수 없다. 단 본 조항에 따라 언제라도 은행은 서류제시자에게 당해 서류를 반송하는 것은 무방하다. 나아가 개설은행이 개설의뢰인에게 하자면제교섭권을 행사한 경우 개설의뢰인이 하자를 용인한다면 개설의뢰인에게 서류를 인도하여야 할 것이다. 그러나 개설의뢰인이 하자를 용인하기 이전에 서류제시자가 먼저 서류처분의 지시를 보내오는 경우에는 반드시 그 지시를 우선적으로 따라야 한다.

125) 전기통신수단은 사실확인이 가능한 전화(properly authenticated telephone call)를 포함하며, 이러한 전기통신수단의 사용이 불가능하게 되었을 경우에만 기타 신속한 수단이 허용됨을 유의하여야 한다.: ICC, *Case Studies on Documentary Credits*(1989), pp.55–56.

이러한 통지는 서류를 송부해온 은행에게, 또는 서류를 수익자로부터 직접 수령한 경우에는 수익자에게 통지한다.[126]

4. 제16조(f)항: 개설은행(확인은행)의 권리자동소멸의 법리

(1) 제16조(f)항의 의의

실질적인 관점에서 볼 때 개설은행뿐만 아니라 지정은행 역시 개설은행을 대리하든 또는 자신의 이익을 위해서든 수익자로부터 제시된 서류를 검토하는 것이 통례이므로 지정은행이 신용장거래에 참여한다면 개설은행과 똑같은 요령으로 서류를 취급하여야 함은 당연한 일이다.

그러나 1933년 제정된 당초의 신용장통일규칙부터 1983년의 제4차 개정 신용장통일규칙에 이르기까지 서류검토의 주체와 서류의 수리·거절 여부결정의 당사자는 유일하게 개설은행 한 당사자만으로 규정되어 있었다.

제4차 개정까지 지급·인수·매입은행은 수익자로부터 제시된 서류를 검토한 후 개설은행으로 서류를 송부할 때 서류의 하자사항에 대해 언급할 의무는 없었다. 하자사항에 대한 언급은 단지 매입은행의 관례적 행위였을 뿐이다.[127]

이 같은 신용장거래관습은 제5차 개정 신용장통일규칙에 이르러 개설은행 및 개설은행과 똑같은 지급의무를 지는 확인은행은 물론이고 지정은행까지도 동일한 서류취급절차를 밟아야 할 당사자로 규정하게 되었고, 아울러 서류를 거절하기로 결정한 경우에는 지정은행 역시 개설은행과 마찬가지로 엄격한 의미의 불일치 서류취급요령을 준수하도록 「의무」로 강제하고 있다.[128]

---

126) 수익자에게 불일치통지를 직접 할 수 있다는 내용은 제4차 개정부터 추가되었는데 그 이유는 다음과 같은 경우에는 수익자가 서류를 직접 개설은행에게 송부할 수 있기 때문이다.
① 개설은행이 직접 지급·연지급·인수은행으로 지정되는 경우 ② 선적서류의 하자유무와는 관계없이 신용장상에 지정된 은행이 지급·연지급·인수 또는 매입을 거절하는 경우 ③ 지정된 은행이 본 규칙 36조 불가항력적 사유에 따라 은행업무가 중단된 경우 ④ 어느 은행에서나 매입 가능한 자유매입신용장(freely negotiable credit)하에서 수익자가 적절한 매입은행을 찾지 못한 경우 등이 이에 해당한다.: 박대위, 「전게서」, p.250 참조.

127) ICC, *Case Studies on Documentary Credits(1989)*, pp.51-52 참조.

128) 김기선, "서류검토의 기술적 효율과 은행의 선택행위 결정", 「무역학회지」, 제24권3호, 한국무역학회, 1999, 12, pp.229-230.

한편 이에 추가하여 제16조(f)항에서는 "개설은행 및 확인은행은 상기 조항들에 따라 행동하지 못할 경우 제시된 서류들이 일치하는 서류제시가 아니라고 항변할 수 있는 권리로부터 배제된다"고 규정하고 있다.

본 제16조(f)항은 서류를 검토하는 은행이 서류를 거절하기로 결정한 경우 불일치서류취급요령에 따라 거절하는 사유가 되는 서류하자사항을 총망라한 상태에서 당해 불일치서류의 행방이나 처치사항을 명시하여 지체없이 서류의 제시자에게 통보해 주어야 할 의무를 제대로 이행하지 못했을 경우에는 당해 서류검토은행은 불일치서류임에도 불구하고 이의 수리를 추인(ratification: 追認)한 것으로 간주되어 대금지급을 강제 이행당한다는 강한 의미의 권리소멸규율(preclusion rule)이다.[129]

본 조항의 해석적용에 있어 반드시 주의할 것은 불일치서류를 취급하는 요령을 규정한 제16조(c)항과 (d)항, 그리고 (e)항과 관련한 절차의 불완전 이행에 대한 책임은 개설은행과 확인은행에게만 국한되며, 지정은행은 제외되어 있다는 점이다.

이는 이미 제5차 개정 신용장통일규칙이 공표된 후 국제상업회의소의 개정논평[130]에서도 확인된 바 있듯이, 지정은행은 자신이 확인은행을 겸하지 않는 한 언급한 바와 같이 불일치서류 취급요령의 불완전이행 및 그 절차의 이행지체에 대한 책임을 지지 않는다. 이러한 취지는 1997년 개정·발효된 개정미통일상법전 제5조에 공식주석으로도 확인되어 있다.[131]

결국 지정은행은 신용장거래에 있어 참여자로서의 의무는 있으나 책임은 부

---

129) 예를 들어 개설은행이 대금지급을 거절할 의사가 있었음에도 서류를 임의로 처분한다든지 또는 그 서류에 대해서 어떤 조치를 취하였다면 이는 당해 서류를 수리한 것과 동일한 것으로 간주되며, 개설은행은 자동적으로 지급의무가 발생하게 되어 대금결제를 거부할 수 있는 권리를 상실하게 된다.: 박대위, 「전게서」, pp.251-252. 나아가 서류를 되돌려 보내는 것은 정당한 기일 내에 이행되어야 한다. 만일 너무 지체되면 서류를 인수한 것으로 간주되어 역시 대금지급거절권을 상실할 수 있다(*Westminster Bank Ltd. vs Banca Nazionale di Credito*(1928) 3 Lld. L. Rep. 306; *ibid*). 또한 접수된 서류에 대해서 아무런 조치도 취하지 않은 것은 개설은행이 서류를 수리하는 것으로 간주된다(*Bank Melli Iran vs Barclays Bank*(1951) 2 Lld. L. Rep. 369).; Gutteridge & Megrah, *op. cit.*, p.207; *ibid*).

130) Charles del Busto, *Documentary Credits: UCP500 & 400 Compared*, ICC Pub.S.A., 1993, pp.47-48 참조.

131) 개정미국통일상법전 제5-108조 Comment 6 참조.

담하지 않는 보조역할자일 뿐이고, 궁극적인 책임의 당사자는 신용장거래의 중심점인 개설은행뿐이라는 것이 법규로 확인된 신용장거래관습이라 할 수 있다.[132]

(2) 개설은행과 지정은행의 책임범위

실무적 관점에서 볼 때 지정은행은 통상적으로 수익자와 상당기간 동안 지속적인 거래를 해오고 있는 관계가 대부분이고, 실제로 지급·인수·매입 등의 단계에서 수익자가 제시한 서류가 신용장조건과 내용에 일치하는지 여부에 관해 신용장 업무에 전문적 지식과 기술을 갖춘 은행으로서 자신의 고객인 수익자가 성공적으로 대금의 회수를 받을 수 있도록 조언자적인 역할을 한다. 이에 따라 이들 지정은행이 단지 불일치서류 취급요령의 불완전이행으로 인한 책임의 당사자가 아니라는 일종의 면책특권이 있다는 이유만으로 본 신용장통일규칙 제16조(c)항, (d)항 그리고 (e)항에 부합하지 않은 행위를 일삼을 것이라고는 판단되지 않는다. 다만 다음과 같은 상황을 가정해 볼 수는 있을 것이다.

즉 지정은행, 예컨대 매입은행은 수익자로부터 서류를 접수한 후 서류를 검토한 결과 몇 가지의 서류불일치 사항을 발견하고 이를 수익자에게 통보하였고, 수익자는 유효기일 내에 이를 보완하여 당해 매입은행에 보완된 서류를 제시하였으나 추후 개설은행이 매입은행으로부터 송부되어온 서류를 검토한 후 매입은행이 간과하였거나 또는 매입은행의 관점에서 불일치 사항이라고 판단하지 않았던 내용을 추가적으로 통보해온 경우이다.

만일 개설은행이 수익자로부터 서류를 직접 제출받아 서류의 하자를 수익자로 하여금 보완케 한 후 재차 제출된 보완서류에 대해 이전에 통보해준 하자사항 이외의 부가적인 하자사항을 이유로 대금결제를 거절하였다면 이는 본 제16조(f)항, 즉 권리자동소멸의 법리(preclusion rule) 내지는 금반언 법리(doctrine of estoppel)에 의해서 용납될 수 없는 행위임은 자명하다. 그러나 지정은행이 이러한 행위를 한 경우에는 당해 지정은행은 면책된다는 것이다.

다시 말해 예로 들은 상기의 상황에서 서류가 개설은행으로부터 지정은행으로 반송되어 온 까닭은 개설은행이 지정은행보다 더 많은 하자사항이 서류에

---

132) 김기선, "전계논문", pp.230-231.

포함되어 있다고 판단했기 때문이다 이 같은 경우 개설은행과 지정은행간의 서류검토수준의 차이로 결과적으로는 지정은행이 서류상의 하자를 총망라하여 수익자에게 통보하지 못한 결과를 초래했다 하여도 당해 지정은행은 수익자에 서류를 반려하고 대금의 반환을 요구하여도 면책된다는 해석이 가능해진다.

이는 환어음법 상에 규정되어 있는 소구권(right of recourse)이나 은행관례로 행해지고 유보조건부지급 또는 보증장부매입[133] 등에 의해 지정은행이 보호되는 권리와는 전혀 별개의 보호기능을 수행한다.

(3) 제16조(f)항의 효과[134]

제16조(f)항은 책임의 주체에서 지정은행을 제외함으로써 개설은행과 지정은행의 서류검토에 있어서의 의무와 책임에 미묘한 경계를 두고 있다. 이는 곧 신용장거래에 있어서 두 은행의 서류검토 행태에 다음과 같은 특유한 맥락구조를 파생시키는 대단히 중요한 근거규정의 하나가 된다.

즉 지정은행의 서류검토의 결과와 개설은행의 서류검토결과가 서로 달라 추후 개설은행으로부터 서류가 반려된다면, 이미 수익자에게 대금을 지급해버린 지정은행의 입장에서는 수익자로부터의 대금회수가 불가능해질 위험에 노출된다. 만일 지정은행에게 제16조(f)에서의 면책특권을 부여하지 않는다면 지정은행은 신용장거래에서의 이 같은 손실위험을 제거하기 위해 애당초 수익자가 자신에게 서류를 제출하면 서류와 신용장조건과의 완벽한 일치를 요구하는 소위 권리남용적 완전일치기준(oppressive perfectionism)을 행사할 가능성이 농후함으로 인해 개설은행으로 수익자의 서류가 전달되기도 전에 아예 지정은행의 서류검토단계에서 신용장거래가 강제 종료되어 버릴 우려가 있다. 본 조항은 개설은행은 서류검토에 임함에 있어 지정은행보다 더 위험회피적 효용을 가짐에

---

133) 수익자가 소재한 수출지의 지급·인수·매입은행은 수익자가 제출한 서류가 신용장의 조건과 내용에 상이할 때에는 수익자로부터 일종의 각서를 제출받고 대금을 지급하는 경우가 있다. 수익자는 서류의 하자가 있음에도 불구하고 지급·인수·매입은행으로부터 대금을 우선 지불받게 되지만 추후 개설은행으로부터 서류가 거절되어 반송되어오면 그 서류하자에 대해 전적으로 책임지고 지급·인수·매입은행에 대금을 반환하여야 한다. 이를 보증장부매입(L/G Nego)이라고도 한다.

134) *ibid.*, pp.245 – 246.

따라[135] 필연적으로 개설은행의 하자사항의 명세화는 지정은행의 명세화보다 더 포괄적이고 엄밀해질 수 있기 때문에 지정은행에게 하자사항 명세화에 있어 권리자동소멸 규율 또는 금번언 법리의 예외를 인정해 줌으로써 지정은행으로 하여금 자신의 서류검토행위 효과가 확실하든 또는 불확실하든 관련 없이 자신에게 손실이 발생하지 않을 것이라는 확신을 주어 보다 적극적으로 신용장거래에 임하게 하는 기능을 한다.

요컨대 이같은 손실의 불확실성으로부터 지정은행이 자유로워짐에 따라 서류검토에 있어서의 지정은행의 위험회피도를 개설은행보다 낮게 유지시킴으로써 지정은행의 서류검토수준이 소위 권리남용적 완전일치기준까지 비약되지 않게 유도함과 동시에 수익자에게는 신용장거래에서의 대금지급의 신속성과 확실성에 대한 합리적 기대를 충족시켜줄 수 있다는 것이다.

5. 제16조(g)항: 대금의 환불요구권

제5차 개정부터 강화되어온 이 조항은 만일 개설은행이나 확인은행이 사전에 지급·인수·매입은행에 결제대금을 송금하고 추후에 서류를 제출받아 검토할 경우 서류의 불일치로 서류의 수리를 거절할 때 지급·인수·매입은행으로부터 이미 지급한 결제자금은 물론 이자까지 되돌려 받을 수 있다는 것을 규정하고 있다.

---

135) 신용장거래에 있어 서류의 불일치라는 특유의 불확실성이 완벽하게 제거될 수 없는 경우라면 이 같은 거래리스크는 관계당사자 사이에 효율적으로 분담되거나 어느 당사자 일방이 해결하여야 한다. 개설은행은 서류검토이행과 절차의 준수에 있어 「의무와 책임」의 당사자라는 사실과 지정은행은 단지 「의무」의 당사자이지 「책임」의 당사자가 아니라는 사실에서 개설은행은 지정은행에 비해 좀 더 위험회피자로서의 행위를 선택하게 된다. 그 결과 개설은행의 서류검토수준은 지정은행의 서류검토 수준보다 더 엄격해지게 된다.

Chapter 02
신용장통일규칙 해설: 서류일반 및 기타조항

Article 17 Original Documents and Copies ————————————

a. At least one original of each document stipulated in the credit must be presented.

b. A bank shall treat as an original any document bearing an apparently original signature, mark, stamp, or label of the issuer of the document, unless the document itself indicates that it is not an original.

c. Unless a document indicates otherwise, a bank will also accept a document as original if it:

  i. appears to be written, typed, perforated or stamped by the document issuer's hand; or

  ii. appears to be on the document issuer's original stationery; or

  iii. states that it is original, unless the statement appears not to apply to the document presented.

d. If a credit requires presentation of copies of documents, presentation of either originals or copies is permitted.

e. If a credit requires presentation of multiple documents by using terms such as "in duplicate", "in two fold" or "in two copies", this will be satisfied by the presentation of at least one original and the remaining number in copies, except when the document itself indicates otherwise.

제17조 원본 서류와 사본 ————————————————

a. 신용장에 명시된 모든 서류는 적어도 원본 한 통은 제시되어야 한다.

b. 서류 자체가 원본이 아니라고 표시하고 있지 않은 한, 은행은 외견상 서류 발행인의 자필서명, 표식, 스탬프 또는 라벨을 포함한 서류를 원본으로 취급한다.

c. 서류에 달리 표시가 없는 한 은행은 또한 다음과 같은 서류를 원본으로 수리한다.

i. 서류 발행인의 손으로 작성, 타이핑, 천공서명 또는 스탬프된 것으로 보이는 서류 또는,

ii. 서류 발행자의 원본 문구류 용지 위에 작성된 것으로 보이는 서류 또는,

iii. 원본이라는 표시가 제시된 서류에는 적용되지 않는 것으로 보이지 않는 한

원본이라는 표시가 있는 것.

d. 신용장이 서류 사본의 제시를 요구하는 경우, 원본 또는 사본의 제시가 모두 허용된다.

e. 신용장이 "in duplicate", "in two folds" 또는 "in two copies"와 같은 용어를 사용하여 복수의 서류의 제시를 요구하는 경우, 이 조건은 그 서류 자체에 달리 표시하고 있지 않는 한 적어도 한 통의 원본과 나머지 부수의 사본을 제시함으로써 충족된다.

1. 원본의 제시

(1) 제17조(a)항: 제시되어야 할 원본의 부수

제17조(a)항은 신용장에 명시되어 있는 모든 서류는 최소한 1부 이상은 원본으로 제시되어야 함을 규정하고 있다. 그러나 만일 신용장상에 제출되어야 할 모든 서류를 원본으로 규정하고 있으면 신용장에서 요구하는 대로 모두 원본서류를 제출하여야 한다. 또한 원본서류를 제출해야 하는지 사본서류를 제시해야 하는지 여부에 대해 아무런 명시가 없는 때에도 모두 원본서류가 제시되어야 한다.[1]

(2) 제17조(e)항: 복수의 서류제시와 원본의 부수

만일 신용장이 여러 통의 복수의 서류를 요구하고 있는 경우에는 적어도 한통의 원본과 나머지는 사본으로 제시해도 된다.

특히 서류 복본을 요구하는 "in duplicate", "in two copies", "in two fold"와 같은 조건이 신용장상에 명시된 경우 적어도 한 부는 원본이어야 하며, 두

---

1) "Invoice", "one Invoice" 또는 "Invoice in 1 copy"등과 같은 조건은 원본 송장 1부를 제시해야 한다. ISBP745 제A29 d(i)항.

부수 모두 원본이어도 무방하나 두 부수 모두 사본은 허용되지 않는다.

따라서 "Invoice in 4 copies" 또는 "Invoice in 4 folds" 등과 같이 신용장에 명시되어 있으면 최소 원본 송장 한 부와 나머지 송장은 사본을 제시해도 된다.[2]

(3) 운송서류 및 보험서류와 원본의 부수

신용장거래에서 필수적인 서류로 구분되고 있는 운송서류와 보험서류의 경우에는 원본의 제시요건이 필수적일 경우가 많다.

운송서류 또는 보험서류상에 원본이 복수로 발행되었다고 표기된 경우에는 신용장상에 원본 1부를 제시하라는 조건이 있는 경우라도 원본 모두가 제시되어야 한다.[3] 또한 신용장상에 복수로 발행된 운송서류 원본 전통(full set)을 요구하지 않은 경우라 할지라도 당해 운송서류는 원본 전통이 제시되어야 한다.

그러나 만일 원본 전통 중 잔여 원본에 대해 명확한 처분지시가 있을 때에는 요구된 원본의 부수만을 제시하여도 된다. 예를 들어 신용장조건에 "All Original B/Ls must be sent to the applicant within 2 days after shipment accompanied by beneficiary's certificate to this effect."(모든 선하증권 원본은 선적 후 2일 이내에 개설의뢰인에게 송부되어야 함. 이때 그러한 내용이 이행되었다는 수익자의 증빙이 첨부될 것), 또는 "1/2 original B/L should be sent to the applicant within 2 days after shipment accompanied by beneficiary's certificate to this effect."(운송서류 원본 전통중 1부는 선적 후 2일 이내에 개설의뢰인에게 송부되어야 함. 이때 그러한 내용이 이행되었다는 수익자의 증빙이 첨부될 것)[4] 등과 같은 경우에는 원본 전통의 제시는 오히려 신용장조건과의 불일치 사항이 된다.

---

2) ISBP745 제A29 d(ii)항.

3) 예를 들어 신용장상에 「보험서류 원본 1부」를 제출하라는 조건이 있는 경우라도 당해 보험서류가 복수의 원본으로 발행되었다고 표시되어 있다면 발행된 원본 모두가 제시되어야 한다. 이 경우 보험서류 1부만 원본으로 제시하면 신용장조건을 충족한 것으로 보지 않는다.

4) 「국제표준은행관행 ISBP745」, 대한상공회의소·ICC Korea·한국금융연수원, 2014, p.75 참조.

2. 서명 요건

서류는 발행자의 육필, 표식, 스탬프, 상징[5] 또는 라벨 및 그 외 기계식 또는 전자식 증명방법에 의해 서명될 수 있다. 이때 이들 서류에 원본이 아니라는 표기가 없는 한 이들 서명된 서류는 모두 원본으로 취급한다.

이 조항은 제4차 개정부터 추가된 내용으로 자동화된 컴퓨터시스템에 의해 출력된 서류라 할지라도 원본이라는 표시가 있고 언급한 방식의 서명이 있는 경우에는 원본으로 간주한다는 내용이다.

예를 들어 신용장에 "signed and stamped(서명되고 스탬프 된)"라는 조건이 있는 경우 반드시 서류에 스탬프를 사용하여 서명을 해야 하는 것은 아니다. 당해 서류는 타자되거나, 스탬프, 또는 육필로 기재되거나 이미 인쇄된 형태로 기업명이 나타나 있고, 육필, 표식 등 본 조항의 서명방식으로 서명되면 충분히 신용장조건을 충족한 것으로 본다.

---

5) 상징(symbol)이라 함은 우리나라와 같은 지역에서 사용되고 있는 도장을 의미한다.

Article 18 Commercial Invoice

a. A commercial invoice:

   i. must appear to have been issued by the beneficiary (except as provided in article 38);

   ii. must be made out in the name of the applicant (except as provided in sub-article 38 (g));

   iii. must be made out in the same currency as the credit; and

   iv. need not be signed.

b. A nominated bank acting on its nomination, a confirming bank, if any, or the issuing bank may accept a commercial invoice issued for an amount in excess of the amount permitted by the credit, and its decision will be binding upon all parties, provided the bank in question has not honoured or negotiated for an amount in excess of that permitted by the credit.

c. The description of the goods, services or performance in a commercial invoice must correspond with that appearing in the credit.

제18조 상업송장

a. 상업송장은 :

   i. (제38조가 적용되는 경우를 제외하고는) 외견상 수익자가 발행한 것이어야 한다.

   ii. (제38조 (g)항이 적용되는 경우를 제외하고는) 개설의뢰인 앞으로 발행되어야 한다.

   iii. 신용장과 같은 통화단위로 발행되어야 한다. 그리고,

   iv. 서명될 필요는 없다.

b. 지정에 따라 행동하는 지정은행, 있는 경우 확인은행 또는 개설은행은 신용장에서 허용된 금액을 초과하여 발행된 상업송장을 수리할 수 있으며, 당해 은행이 신용장에서 허용된 금액을 초과한 금액을 결제 또는 매입하지 않는다면 당해 은행의 결정은 모든 당사자를 구속한다.

c. 상업송장상의 물품, 서비스 또는 의무이행의 명세는 신용장상의 명세와 일치하여야

한다.

1. 상업송장의 발행자와 명의

거래하는 계약물품의 명세서인 동시에 대금청구서의 역할을 겸하는 상업송장은 수출업자인 수익자가 수입업자인 개설의뢰인 앞으로 작성한다. 제4차 개정까지는 신용장개설의뢰인이 아닌 제3자 앞으로 상업송장이 작성될 수도 있으며, 이러한 경우에는 신용장에 그러한 언급이 있으면 정당하게 수리하도록 규정하였다. 그러나 제5차 개정부터는 신용장에 별도의 명시가 없으면 반드시 수익자가 개설의뢰인 앞으로 상업송장을 발행하도록 하고 있다. 여기서 주의할 것은 본 규칙 제38조에 규정된 양도가능신용장의 경우에는 신용장을 양도한 신용장상의 제1수익자와 상업송장의 실제 작성자인 제2수익자가 서로 다를 수 있고, 제1수익자가 신용장을 양도할 때 개설의뢰인의 명의를 자신의 명의로 대체할 수 있기 때문에 실제 신용장상의 수입업자인 개설의뢰인과 상업송장상의 개설의뢰인은 서로 다를 수 있다는 점이다. 따라서 제18조(a)(ⅰ)항에서는 이를 예외규정으로 두고 있다. 보다 자세한 내용은 「신용장의 양도」 부문에서 다루도록 한다.

2. 상업송장의 구성요건

(1) 상업송장의 표제어

신용장에서 "송장"(invoice)의 제시를 요구하면서 더 이상의 명시가 없는 경우에는 상업송장(commercial invoice), 세관송장(customs invoice), 영사송장(consular invoice) 등 어느 송장이 제시되더라도 무방하다.[6] 그러나 임시송장(provisional invoice) 또는 견적송장(proforma invoice) 등은 허용되지 않는다.[7] 나아가 신용장에서 "commercial invoice"의 제시를 요구함에도 "commercial"이라

---

6) ISBP745 제C1 (a)항.

7) *ibid.*

는 용어가 빠진 채 "invoice"라는 표제어를 가진 송장을 제시해도 무방하다.[8]

(2) 상업송장의 통화단위

상업송장의 통화단위는 신용장에 표시된 통화단위와 동일한 통화단위로 발행되어야 한다.

상업송장은 이미 체결한 매매계약서상의 바로 그 물품임을 증명해주는 서류이기 때문에 반드시 매매계약상의 물품명과 물품가격이 일치하여야 한다. 또한 신용장은 매매계약서에 근거해 발행된 대금결제방식이므로 신용장상의 물품명과 물품가격은 매매계약서의 그것과도 일치하여야 한다. 따라서 상업송장상의 물품명, 물품가격은 매매계약서와 신용장상의 물품명, 물품가격과 반드시 일치하여야 하므로 물품가격을 표시하고 있는 통화단위는 당연히 이 세 서류 모두 일치하여야 할 것이다.

(3) 상업송장의 서명요건

제18조(a)(ⅳ)항에서 규정하고 있는 바와 같이 신용장에서 상업송장의 발행과 관련하여 특별히 서명을 요구하고 있지 않다면 제출하는 상업송장에는 서명하지 않아도 된다.[9] 그러나 신용장조건으로 "signed invoice"와 같이 서명을 요구할 때에는 반드시 당해 상업송장에는 서명이 있어야 한다.

3. 신용장상의 금액과 상업송장상의 금액

제18조(b)항은 신용장에 표시된 금액 이상으로 발행된 상업송장의 수리 여부에 대해서 은행이 재량권을 행사하여 당해 상업송장을 수리하면 그러한 결정은 모든 관계 당사자들을 구속한다는 내용이다.

매매계약에 따른 대금청구서 역할을 하는 상업송장의 금액이 신용장 금액을 초과하여 발급될 수 없다는 것은 상식이다. 따라서 신용장에 별도의 규정이

---

8) ISBP745 제C1 (b)항.
9) ISBP745 제C10항: "송장은 서명되거나 날짜의 표시가 될 필요는 없다."

없는 한 원칙적으로 상업송장은 신용장의 금액을 초과하여 작성되어서는 안 된다. 그러나 경우에 따라서는 매매계약에 따른 결제수단으로 신용장 이외의 방법으로 물품대금의 일부가 선불 또는 후불될 수도 있으며, FOB계약에서 매도인이 매수인을 대신하여 운임을 지급하고 이를 추심하는 경우에는 신용장금액을 초과하는 상업송장이 발급될 수도 있다.[10]

이와 같이 수익자가 물품대금 이외의 부대비용을 한꺼번에 청구하기 위해 신용장금액을 초과한 상업송장을 작성해 올 때 이를 수리할 것인지 또는 거절할 것인지의 결정은 전적으로 은행에게 달려있다.[11] 만일 은행이 이러한 상업송장을 수리한다면 은행의 이러한 결정은 본 조항의 규정에 의해 이후 모든 당사자를 구속하게 된다.

본 조항의 적용에 있어 무엇보다도 중요한 것은 지급·인수·연지급·매입은행은 신용장금액을 초과 기재한 상업송장을 거절할 수 있으며, 만일 이를 수리할 경우에는 절대로 신용장금액을 초과하는 금액을 수익자에게 지급해서는 안 된다는 점이다. 은행이 수익자에게 지급하는 금액은 오로지 신용장금액만큼이다.

4. 신용장상의 물품명세와 상업송장상의 물품명세

(1) 엄격일치기준

상업송장에 기재된 물품에 관한 명세는 신용장에 표기된 물품의 명세와 반드시 일치하여야 한다. 수출업자인 수익자가 수입업자인 개설의뢰인에게 선적한 물품이 바로 매매계약서상의 그 물품임을 증명하는 서류가 상업송장이므로 상업송장상에 기재된 물품의 명세는 신용장상에 요구된 물품의 명세와 정확히 일치하여야 한다.

여기서 「일치한다」라는 기준은 신용장상의 명세와 거울에 비춘 듯 완전히

---

10) 그러나 국가에 따라서는 엄격한 외환관리규정 때문에 신용장 금액 이상으로 인출되는 것이 허용되지 않는 경우도 있으므로 신용장개설의뢰인은 이러한 규정에 대한 명확한 언급을 신용장상에 하여야 한다.; 박대위, 「전게서」, pp.330-331.

11) ICC Publication No. 489, Case 260.

일치해야 한다는 뜻(mirror image)은 아니지만,[12] 신용장상의 명세와 모순이 없는 상태보다 더 엄격한 기준을 말한다.

신용장거래는 서류상의 독립적 거래이므로 실제로 선적된 물품이 개설의뢰인이 요구한 물품과 일치하더라도 상업송장상에 명기된 물품의 명세가 신용장상의 물품명세와 조금이라도 다르면 은행은 선적서류일체의 인수를 거절할 수 있다.

(2) 상업송장상 물품명세의 추가정보

상업송장상의 물품명세가 신용장상의 물품명세와 일치하는 경우라면 당해 송장에 물품에 관한 추가적 정보(additional data)를 표시하고 있어도 무방하다.[13] 그러나 그러한 추가적 정보는 당해 물품의 속성(nature), 분류(classification) 또는 종속(category)에 영향을 주어 다른 물품으로 판단될 소지가 있어서는 안 된다.[14]

예를 들어 신용장에서 "Suede Shoes"의 선적을 요구하는데 상업송장에서는 "limitation Suede Shoes"라고 표기된 경우, 또는 신용장에서 "Hydraulic Drilling Rig"를 요구하는데 상업송장에서는 "Second Hand Hydraulic Drilling Rig"라고 표기된 경우에는 이 같은 추가적인 문구는 물품의 속성·분류·종속을 변경시키는 것으로 간주한다.[15] 따라서 이 같은 상업송장은 은행으로부터 수리되지 않는다.

이처럼 상업송장에 추가정보를 기재함으로써 분쟁이 있었던 한 법원판례[16]에 따르면, 신용장상의 물품명세는 "MOTOLOLA 8900−2(ETACS) PORTABLE RADIO TELEPHONE"으로 되어 있었으나 상업송장에는 이 물품명에 더하여 "S3410"이라는 문구가 추가 기재되어 있었다. "S3410"이라는 추가적 명세는 신용장상의 물품을 변경시키는 것으로 간주되어 당해 상업송장은 불일

---

12) 송장의 물품명세는 거울에 비춘 듯 완벽한 일치기준을 요구하는 것은 아니다(ISBP745, 제C3항 참조).
13) ISBP745 제C5항.
14) *ibid.*
15) *ibid.*
16) *Sunlight Distribution, Inc. vs Bank of Communications*, 94 Civ. 1210(S.D.N.Y. 1995).

치 서류로 판시된 바 있다.

　　상업송장의 물품명세에 신용장에서 요구하는 사항보다 추가적인 표현이 기재되는 경우 이 자체의 표현이 신용장상의 물품의 본질에 영향을 주는 것이 아닌 경우에는 소위 국제표준은행관행에 따라 용인될 수도 있다. 그러나 추가적인 정보를 기재한 상업송장이 실제로 신용장상의 물품명세에 영향을 주는지 여부는 은행의 판단에 달려있지만, 은행은 상업송장상의 추가적 정보가 매매계약상의 물품에 어떠한 영향을 줄 것인지에 대해서는 일일이 분석하여 당해 서류를 검토할 의무는 없다. 따라서 수익자는 상업송장을 작성함에 있어 신용장상의 물품명세에 어떠한 사항을 추가하거나, 다른 용어로 대체하는 등의 시도는 삼가야 할 것이다.

　　신용장상의 물품명세에 추가하여 기재된 상업송장상의 물품명세는 그것의 성질에 따라 수리될 수 있으나 애당초 신용장에서 요구하는 조건이 누락되거나 신용장의 물품명세와 모순되는 내용을 기재한 때에는 은행으로부터 수리될 수 없다.

(3) 무역거래조건의 표시

　　신용장상에 물품명세의 일환으로 Incoterms와 같은 무역거래조건이 표시된 경우에는 상업송장에도 그와 같이 기재되어 있어야 한다. 예를 들어 "CIF Singapore Incoterms 2010"과 같은 형태로 신용장상에 기재되어 있다면 반드시 이 표현과 똑같이 상업송장에 기재되어야 하며, "CIF Singapore" 또는 "CIF Singapore Incoterms" 등과 같이 기재되어서는 안 된다.

　　그러나 반대의미로 신용장상의 물품명세에 "CIF Singapore" 또는 "CIF Singapore Incoterms"와 같이 정확한 개정연도를 표시하지 않은 경우에는 "CIF Singapore Incoterms 2010"이나 "CIF Singapore Incoterms 2000" 과 같은 형태로 상업송장에 기재되어도 무방하다.[17]

---

17) ISBP745 제C8항.

(4) 물품의 과부족 표시

상업송장상의 물품수량은 신용장상의 물품수량과 반드시 일치하여야 한다. 그러나 신용장에 기재된 수량단위가 포장단위(packing unit)나 개별품목 (individual items)으로 수량이 명시되지 않은 경우라면, 또는 신용장상에 수량의 초과 또는 부족을 금지하는 경우가 아니라면 상업송장은 ±5%의 오차범위 내에서 물품수량을 표시할 수 있다. 이때 물품의 수량이 5%이내에서 초과하더라도 신용장금액을 초과하여 대금을 지급받을 수는 없다.[18]

한편 신용장상에 물품의 수량에 대한 표시가 없다면, 비록 분할선적이 금지되어 있다 해도 5%이내에서 신용장금액보다 적은 금액으로 송장이 발행되면 계약수량 전부를 선적한 것으로 간주된다.[19]

18) ISBP745 제C12항, 제C13항.
19) ISBP745 제C14항.

Article 19 Transport Document Covering at Least Two Different Modes of Transport

a. A transport document covering at least two different modes of transport (multimodal or combined transport document), however named, must appear to:

i. indicate the name of the carrier and be signed by:

- the carrier or a named agent for or on behalf of the carrier, or
- the master or a named agent for or on behalf of the master.

Any signature by the carrier, master or agent must be identified as that of the carrier, master or agent.

Any signature by an agent must indicate whether the agent has signed for or on behalf of the carrier or for or on behalf of the master.

ii. indicate that the goods have been dispatched, taken in charge or shipped on board at the place stated in the credit, by:

- pre-printed wording, or
- a stamp or notation indicating the date on which the goods have been dispatched, taken in charge or shipped on board.

The date of issuance of the transport document will be deemed to be the date of dispatch, taking in charge or shipped on board, and the date of shipment. However, if the transport document indicates, by stamp or notation, a date of dispatch, taking in charge or shipped on board, this date will be deemed to be the date of shipment.

iii. indicate the place of dispatch, taking in charge or shipment and the place of final destination stated in the credit, even if:

a) the transport document states, in addition, a different place of dispatch, taking in charge or shipment or place of final destination, or

b) the transport document contains the indication "intended" or similar qualification in relation to the vessel, port of loading or port of discharge.

iv. be the sole original transport document or, if issued in more than one original, be the full set as indicated on the transport document.

v. contain terms and conditions of carriage or make reference to another source containing the terms and conditions of carriage (short form or blank back transport document). Contents of terms and conditions of carriage will not be examined.

vi. contain no indication that it is subject to a charter party.

b. For the purpose of this article, transhipment means unloading from one means of conveyance and reloading to another means of conveyance (whether or not in different modes of transport) during the carriage from the place of dispatch, taking in charge or shipment to the place of final destination stated in the credit.

c. i. A transport document may indicate that the goods will or may be transhipped provided that the entire carriage is covered by one and the same transport document.

ii. A transport document indicating that transhipment will or may take place is acceptable, even if the credit prohibits transhipment.

제19조 적어도 두 가지 이상의 다른 운송수단을 포함하는 운송서류 ——————

a. 적어도 두 가지 이상의 다른 운송수단을 포함하는 운송서류(복합운송서류)는 그 명칭에 관계없이 다음과 같이 보여야 한다.

i. 운송인의 명의를 표시하고 다음의 자에 의하여 서명되어야 한다.

- 운송인 또는 그 운송인을 대리하는 지명대리인
- 선장 또는 그 선장을 대리하는 지명대리인

운송인, 선장 또는 대리인의 서명은 바로 그 운송인, 선장 또는 대리인의 서명임이 확인되어야 한다.

대리인의 서명은 그가 운송인을 대리하여 또는 선장을 대리하여 서명한 것인지를 표시하여야 한다.

ii. 물품이 신용장에 명시된 장소에서 발송, 수탁 또는 본선적재 되었음을 다음의 방법으로

표시한 것,

- 이미 인쇄된 문구 또는,
- 물품이 발송, 수탁 또는 본선적재된 일자를 표시하는 스탬프 또는 부기

운송서류의 발행일은 발송일, 수탁일, 본선적재일 및 선적일로 간주한다. 그러나 당해 운송서류가 스탬프 또는 부기에 의하여 발송일, 수탁일 또는 본선적재일을 표시하는 경우 그 부기일자를 선적일로 본다.

iii. 비록 다음의 경우라 할지라도 신용장에 기재된 발송지, 수탁지, 선적지와 최종목적지를 표시한 것.

    a) 운송서류가 추가적으로 다른 발송지, 수탁지 또는 선적지 또는 최종목적지를 기재한 경우 또는,

    b) 운송서류가 선박, 선적항 또는 양륙항과 관련하여 "미정"이라는 표시 또는 이와 유사한 표현이 있는 경우.

iv. 한 통의 원본 운송서류 또는 한 통 이상의 원본이 발행되는 경우 운송서류상에 표시된 전통.

v. 운송조건을 포함하거나 또는 운송조건의 출처에 대한 참조문언을 포함한 것(약식 또는 뒷면 백지이면 운송서류). 운송조건의 내용은 심사하지 않는다.

vi. 용선계약에 따른다는 어떤 표시도 없는 것.

b. 본 조항의 목적상 환적이란 신용장에 명시된 발송지, 수탁지 또는 선적지로부터 최종목적지까지의 운송 도중에 한 운송수단으로부터 양하되어 또 다른 운송수단으로 재적재되는 것을 의미한다(운송수단이 같거나 다른지 여부 불문).

c. i. 운송서류는 전 운송구간이 하나의 동일한 운송서류에 의하여 커버된다면 물품이 환적될 것임 또는 환적될 수 있음을 표시할 수 있다.

ii. 환적이 될 것이거나 또는 환적이 될 수 있음이라고 표시하는 운송서류는 비록 신용장이 환적을 금지하고 있더라도 수리될 수 있다.

1. 복합운송증권의 수리요건

운송서류의 명칭이 어떠하든 적어도 두 가지 이상의 서로 다른 운송수단 (modes of transport)을 사용하여 물품을 운송함을 증명하는 운송서류를 신용장에서 규정하고 있다면 이는 다름 아닌 복합운송서류의 제시를 요구하고 있는 것이다.

1950년대부터 운송업계의 총아로 등장한 컨테이너가 1970년대에 접어들면서 신속·안전·저렴의 장점을 앞세워 재래선을 압도하기 시작하면서 신용장통일규칙은 제5차 개정부터 복합운송증권을 별도의 조항으로 신설하였다.

본 조항은 신용장에서 복합운송증권에 대한 용어로 Multimodal Transport Document나 Combined Transport Document 등과 같은 용어를 사용하거나 심지어 Through Bill of Lading과 같은 용어를 사용한다 하여도 그 명칭이나 용어는 제한을 두지 않고 있다. 그 이유는 제시되는 복합운송증권은 그 명칭이나 용어보다 아래에서 설명할 「요건」이 더욱더 중요한 결정요인이 되기 때문이다.[20]

(1) 서명요건

1) 서명권자: 운송인 또는 선장 및/또는 이들의 대리인

복합운송증권에는 다음과 같은 자들의 서명이 있어야 한다.
첫째, 운송인 또는 운송인의 지명대리인
둘째, 선장 또는 선장의 지명대리인
이들 서명권자의 서명은 반드시 이들의 서명임이 확인(identified)되어야 하며, 대리인이 서명한 때에는 당해 대리인은 자신이 대리하는 본인(principal)의 명의를 밝혀야 한다.

---

20) 다만 명칭 자체에는 제한을 두지 않고 있지만 'charterparty multimodal transport document'와 같이 용선계약(charterparty)과 관련된 표제어가 있어서는 안 된다.; ISBP745 제D1(c)(ⅱ) 참조.

2) 운송인 또는 선장 이외의 서명권자: 운송주선인

복합운송서류는 본 조의 요건을 충족시킨다면 운송인 또는 선장 이외의 자가 발행할 수 있다.

복합운송은 여러 형태의 운송수단을 동원하여 물품을 운송하기 때문에 불가피하게 환적이 일어나고, 하나의 동일한 단일(one and same) 운송증권으로 전 항로를 커버하기 때문에 운송주선인(freight forwarder)이 운송의 주체로 등장하게 된다.

운송주선인은 운송화물의 컨테이너화에 따라 자연스럽게 발전되어온 운송대행인으로서 운송수단을 직접 보유하고 있지 않으면서도 송하인과 운송인간에 운송을 알선하고 주선해주는 것을 업으로 한다. 그러나 이들은 운송조직망은 갖고 있으나 재력이 뒷받침이 없어 사고발생시 보상책임을 감당할 능력이 없어 운송주선업자의 국제적 조직체인 FIATA[21]가 발행한 운송증권만 수리되어 왔던 것이 현실이었다. 그러나 무엇보다도 운송주선인은 선주와 하주사이에서 화물의 운송을 대행하지만 그 법적지위가 하주의 대리인이므로 운송주선인이 발행한 운송증권은 운송증권으로서의 효력을 갖지 못했던 것이 사실이다.

따라서 운송주선인이 하주의 대리인이라는 법률적 위치에서 벗어나 독립적인 운송인으로서 서명하거나 또는 운송인의 대리인 자격임을 선언하면서 서명한 운송증권이라면 이는 유효한 운송증권이 될 수 있다.

신용장통일규칙은 제5차 개정부터 운송주선인이 운송인 또는 운송인의 대리인 자격으로 서명하고 이것이 진본임이 확인된 운송서류는 적격운송서류로 인정하게 되었다.

따라서 만약 신용장상에 "Transport documents issued by freight for－warders are not acceptable"이라고 기재된 경우라 할지라도 운송주선인이 본 조항 서명요건에 따라 운송인의 자격이나 또는 운송인의 대리인 자격으로 서명한 경우에는 당해 복합운송서류는 은행으로부터 수리가 가능하다.[22]

---

21) Federation International des Association de Transitaire et Assimiles (International Association of Freight Forwarders)를 의미한다.

22) ISBP745 제74항 참조.

(2) 선적요건

복합운송증권상에 신용장에서 지정된 장소에서 수령·발송·인수 또는 적재되었음을 나타내는 일자가 복합운송증권상에 이미 인쇄된 형태(pre-printed wording) 표기된 경우 이날을 선적일로 본다. 또한 당해 복합운송증권 발급후 적재부기방식(stamp or notation)으로 본선적재표기를 한 경우 그 부기된 일자를 선적일로 간주한다.

해상운송의 경우와 마찬가지로 복합운송에서도 물품이 적재되었음을 증명하는 방식에는 두 가지가 있다.

하나는, 사전에 인쇄된 복합운송증권 양식을 사용하여 서명·발급하면 그 발급일이 곧 선적일로 간주되는 형태이고, 다른 하나는, 일단 복합운송증권을 발행한 후 추후에 실제로 수령·발송·인수·본선적재를 표시하는 별도의 부기를 하여 이 부기일자를 선적일로 간주하는 형태가 그것이다.

복합운송의 경우 선적일을 결정하는 기준은 운송수단에 따라 달라진다. 예를 들어 첫 번째 운송수단이 해상운송인 경우에는 신용장에 명시된 항구에서 본선적재가 이루어졌음을 나타내는 부기가 있다면 그 부기상에 표기된 일자가 선적일이 된다. 만일 첫 번째 운송수단이 도로운송인 때에는 신용장에 명시된 장소에서 물품을 인수하였음을 나타내는 일자가 기재되어있다면 그 인수일이 선적일로 간주된다.

특히 컨테이너 만재화물인 경우에는 물품인도가 주로 수익자의 영업장 구내 또는 문전에서 이루어지며 그 장소에서의 물품인수일자가 복합운송증권의 발행일자가 되며, 이 발행일자가 곧 선적일이 된다.

(3) 출발장소요건

복합운송증권에는 반드시 신용장에 명시되어 있는 수령지·발송지·인수지·선적항 또는 출발공항을 표시해야 한다. 그러나 아래와 같은 특별한 경우에는 다음의 기준에 따른다.[23]

---

23) 신용장에서 명시하고 있는 수령지·발송지·인수지·선적항 또는 출발공항에 국가명까지 포함된 경우 제시하는 복합운송증권에는 국가명까지 기재하지 않아도 된다.; ISBP745 제D9항.

1) 출발장소가 항구인 경우

신용장에서 운송의 출발장소를 항구로 지정하고 있는 경우 복합운송증권에는 선적항(port of loading)란에 당해 신용장 지정의 항구명을 기재하여야 한다. 만일 당해 항구명이 수령지(place of receipt)란에 기재된 경우에는 당해 항구에서 선적했다는 것을 증명하는 본선적재부기가 있어야 한다.

2) 출발장소가 지리적 범위로 표시된 경우

신용장에 수령지·발송지·인수지·선적항 또는 출발공항에 관하여 일정한 지리적 범위, 예컨대 "any European Country" 또는 "Hamburg, Rotterdam, Antwerp Port" 등과 같이 표기된 경우 복합운송서류에는 그러한 지리적 범위 내에 있는 실제의 수령지·발송지·인수지·선적항 또는 출발공항이 표시되어야 한다.24) 어떠한 장소라 할지라도 당해 신용장에 규정된 지리적 범위 내에 있으면 신용장조건을 충족시킨 것으로 본다.

3) 출발장소가 미정인 경우

복합운송에서 물품의 발송지가 내륙에 있는 경우에는 물품은 송하인의 공장이나 창고에서 컨테이너에 적재되어 내륙데포로 반입되고 컨테이너만재화물은(FCL) 바로 컨테이너 운송기구에 의해 항구까지 운송되며, 컨테이너 하나를 채우지 못한 화물(LCL)은 CFS에서 다른 물품과 혼재되어 트럭이나 유닛트레인 등에 의해 항구까지 운송된다.25) 이같이 물품이 육상과 해상에 의하여 운송되는 복합운송일 경우에는 내륙데포에서 물품이 인수되는 당시에 그 물품을 운송해 갈 선박명과 선적항을 당해 복합운송증권상에 미리 인쇄하여 넣을 수는 없다. 따라서 복합운송의 경우에 선박명과 선적항이 "미정(intended)" 상태에 있는 것은 지극히 당연한 일이므로 하자사항이 아니다.

---

24) ISBP745 제D10항 참조.
25) 박대위, 「전게서」, pp.298-299.

(4) 최종목적지요건

복합운송증권에는 반드시 신용장에 명시된 최종목적지, 양륙항 또는 도착공항이 기재되어야 한다.

최종목적지 요건은 출발장소 요건과 마찬가지로 신용장에서 최종목적지·양륙항 또는 도착공항 등이 지리적 범위로 명시될 수도 있다. 이 경우 실제 최종목적지·양륙항·도착공항이 당해 복합운송증권상에 기재되어야 한다. 다만 이 장소는 신용장에 언급된 지리적 범위 내에 있는 장소여야 한다.[26]

복합운송증권의 최종목적지 요건에서 가장 중요한 사실은 복합운송증권 내의 양륙항과 최종목적지가 서로 다르더라도 신용장상에 명시된 최종목적지가 복합운송증권상의 최종목적지와 일치한다면 당해 복합운송증권은 신용장의 최종목적지 요건을 충족한 서류라는 점이다.

(5) 전통요건

복합운송증권은 1통의 복합운송증권 원본 또는 2통 이상의 원본이 발행된 경우에는 원본 전통(full set)을 제시하여야 한다. 따라서 복합운송증권에는 반드시 발행된 원본의 부수가 표시되어야 한다.

제1원본(first original), 제2원본(second original), 제3원본(third original)이나 원본(original), 부본(duplicate), 제3본(triplicate) 등과 같은 표현이 있는 복합운송증권은 모두 원본이다.[27]

(6) short form 요건

약식복합운송증권은 약식선하증권과 같은 형태로써 자세한 설명은 제20조 선하증권 부문에서 설명하기로 한다.

---

26) ISBP745 제D14조.
27) ISBP745 제D19조.

(7) 용선계약이라는 표기가 없어야 할 요건

복합운송증권을 요구하는 신용장거래에서 복합운송증권이 갖추어야 할 마지막 요건은 당해 복합운송증권에 용선계약조건에 따른다는 표시가 없어야 한다는 것이다. 용선계약은 용선자와 선주간의 개별적 계약에 영향을 받는 운송계약조건이므로 운송인과 불특정다수의 하주간에 체결되는 개품운송계약과는 전혀 다른 성질의 운송증권이기 때문이다.

2. 복합운송과 환적

신용장상에 환적이 금지되어 있어도 은행은 전 운송과정이 하나의 그리고 동일한 운송서류(one and same transport document)에 의해 커버되는 경우에는 환적이 이루어질 것이라는 표시가 되어 있는 복합운송서류를 수리한다. 신용장에서 복합운송을 규정하면서 환적을 금지한다는 것은 그 자체가 모순이기 때문이다.[28] 그러나 신용장에서 특정지역에서만큼은 환적을 금지하기 위하여 "Transhipment is not allowed at New York"과 같이 기재하였다면 운송업자는 절대로 이 지역에서 환적을 하지 말아야 한다.

---

28) 박대위, 「전게서」, p.299.

Article 20 Bill of Lading

a. A bill of lading, however named, must appear to:

 i. indicate the name of the carrier and be signed by:

 • the carrier or a named agent for or on behalf of the carrier, or . the master or a named agent for or on behalf of the master.

Any signature by the carrier, master or agent must be identified as that of the carrier, master or agent.

Any signature by an agent must indicate whether the agent has signed for or on behalf of the carrier or for or on behalf of the master.

 ii. indicate that the goods have been shipped on board a named vessel at the port of loading stated in the credit by:

 • pre-printed wording, or

 • an on board notation indicating the date on which the goods have been shipped on board.

The date of issuance of the bill of lading will be deemed to be the date of shipment unless the bill of lading contains an on board notation indicating the date of shipment, in which case the date stated in the on board notation will be deemed to be the date of shipment.

If the bill of lading contains the indication "intended vessel" or similar qualification in relation to the name of the vessel, an on board notation indicating the date of shipment and the name of the actual vessel is required.

 iii. indicate shipment from the port of loading to the port of discharge stated in the credit.

If the bill of lading does not indicate the port of loading stated in the credit as the port of loading, or if it contains the indication "intended" or similar qualification in relation to the port of loading, an on board notation indicating the port of loading as stated in the credit, the date of shipment and the name of the vessel is required. This provision applies even when loading on board or shipment on a named vessel is indicated by pre-printed wording on the bill of lading.

iv. be the sole original bill of lading or, if issued in more than one original, be the full set as indicated on the bill of lading.

v. contain terms and conditions of carriage or make reference to another source containing the terms and conditions of carriage (short form or blank back bill of lading). Contents of terms and conditions of carriage will not be examined.

vi. contain no indication that it is subject to a charter party.

b. For the purpose of this article, transhipment means unloading from one vessel and reloading to another vessel during the carriage from the port of loading to the port of discharge stated in the credit.

c. i. A bill of lading may indicate that the goods will or may be transhipped provided that the entire carriage is covered by one and the same bill of lading.

ii. A bill of lading indicating that transhipment will or may take place is acceptable, even if the credit prohibits transhipment, if the goods have been shipped in a container, trailer or LASH barge as evidenced by the bill of lading.

d. Clauses in a bill of lading stating that the carrier reserves the right to tranship will be disregarded.

제20조 선하증권 ─────────────────────────────

a. 선하증권은 그 명칭에 관계없이 다음과 같이 보여야 한다.

i. 운송인의 명의를 표시하고 다음의 자에 의하여 서명된 것.
- 운송인 또는 그 운송인을 대리하는 지명대리인
- 선장 또는 선장을 대리하는 지명대리인

운송인, 선장 또는 대리인의 서명은 바로 그 운송인, 선장 또는 대리인의 서명임이 확인되어야 한다.

대리인의 서명은 그가 운송인을 대리하여 또는 선장을 대리하여 서명한 것인지를 표시하여야 한다.

ⅱ. 물품이 신용장에서 명시된 선적항에서 지정된 선박에 본선적재 되었음을 다음의 방법으로 표시한 것.

- 이미 인쇄된 문구 또는,
- 물품이 본선적재된 일자를 표시하는 본선적재표기

선하증권의 발행일자는 선적일자로 간주한다. 다만, 선하증권이 선적일자를 표시하는 본선적재표기를 포함하고 있으면 당해 본선적재부기에 기재된 일자를 선적일자로 간주한다.

선하증권이 선박명과 관련하여 "미정선박" 또는 이와 유사한 표현을 포함하는 경우에는 선적일자와 실제 선박명을 표시하는 본선적재부기가 요구된다.

ⅲ. 신용장에 기재된 선적항과 양륙항을 표시한 것.

만일 선하증권이 신용장에 기재된 선적항을 선적항으로 표시하지 않거나 또는 선적항과 관련하여 "미정" 또는 이와 유사한 표현을 포함하는 경우에는 신용장에 기재된 선적항과 선적일자 및 선박명을 표시하는 본선적재부기가 요구된다. 이 조항은 지정된 선박에의 본선적재 또는 선적이 미리 인쇄된 문구에 의하여 선하증권에 표시된 경우에도 적용된다.

ⅳ. 한 통의 원본 선하증권 또는 한 통 이상의 원본이 발행되는 경우 선하증권상에 표시된 전통.

ⅴ. 운송조건을 포함하거나 또는 운송조건의 출처에 대한 참조문언을 포함한 것(약식 또는 백지이면선하증권). 운송조건의 내용은 심사하지 않는다.

ⅵ. 용선계약에 따른다는 어떤 표시도 없는 것.

b. 본 조항의 목적상 환적이란 신용장에 명시된 선적항으로부터 양륙항까지의 운송도중에 한 선박으로부터 양하되어 또 다른 선박으로 재적재되는 것을 의미한다.

c. ⅰ. 선하증권은 전 운송구간이 하나의 동일한 선하증권에 의하여 커버된다면 물품이 환적될 것임 또는 환적될 수 있음을 표시할 수 있다.

ⅱ. 물품이 컨테이너, 트레일러, 또는 래시 바지에 선적되었다는 것이 선하증권에 의하여 증명되는 경우에는 비록 신용장이 환적을 금지하고 있더라도 환적이 발생할 것임 또는 환적이 발생할 수도 있음이라고 표시하고 있는 선하증권은 수리될 수 있다.

d. 운송인이 환적할 권리를 유보하고 있음을 명시한 선하증권상의 약관은 무시된다.

1. 선하증권의 수리요건

제시된 운송서류의 명칭이 무엇이든 간에 신용장상에 항구에서 항구까지 (port-to-port)의 운송, 즉 해상운송만을 커버하는 운송서류를 제시하도록 요구하고 있다면 은행은 본 제20조에 따라 당해 운송서류를 심사해야 한다.[29]

여기서 항구에서 항구까지의 운송을 커버한다는 것은 선적항 이전의 수령지 또는 발송지에 대한 어떠한 고려도 없다는 것이며, 또한 양륙항 이후의 그 어떤 최종목적지도 고려하지 않는다는 것이다. 즉 선적항구에서 양륙항구까지의 해상운송 구간만을 그 판단의 핵심으로 한다는 의미이다.

제20조는 제19조 복합운송증권의 경우와 마찬가지로 선하증권의 명칭 자체에 대해 제한을 두지 않고 있다. 신용장상에서 요구하는 운송증권의 명칭으로 "marine Bill of Lading", "ocean Bill of Lading", 또는 "port-to-port Bill of Lading" 등과 같은 문구를 사용하더라도 수익자가 실제로 은행에 제시하는 운송증권의 표제어는 반드시 신용장상의 명칭과 일치할 필요는 없다. 즉 아래의 해상운송 선하증권의 수리요건을 충족시킨다면 제시되는 운송증권이 "multimodal transport document"와 같이 복합운송증권의 표제어를 가지고 있더라도 무방하다. 다만 하나의 예외로써 "Charterparty Ocean Bill of Lading"과 같이 용선계약과 관련한 표제어가 있어서는 안 된다.

이하에서는 제20조가 규정하고 있는 선하증권의 수리요건에 대해 살펴보도록 한다.

(1) 서명요건

1) 서명권자: 운송인 또는 선장 및/또는 이들의 대리인

선하증권에는 다음과 같은 자들의 서명이 있어야 한다.
첫째, 운송인 또는 운송인의 지명 대리인
둘째, 선장 또는 선장의 지명 대리인
이들 서명권자의 서명은 반드시 이들의 서명임이 확인(identified)되어야 하

---

29) ISBP745 제E1조.

며, 대리인이 서명한 때에는 당해 대리인은 자신이 대리하는 본인(principal)의 명의를 밝혀야 한다.

신용장통일규칙 제4차 개정에서는 선하증권을 발행하고 서명할 수 있는 당사자를 운송인 또는 그의 대리인으로만 제한하고 있었으나 제5차 개정부터는 발행자와 서명권자의 자격을 선장과 그 대리인으로까지 확대하였다.

운송인, 선장 또는 대리인이 서명하고 진본임을 확인하는 경우에는 그 자격이 입증되어야 하며 대리인의 경우에는 본인의 명의뿐만 아니라 자신이 누구의 대리인인지 그 자격 역시 입증되어야 한다.[30]

2) 운송인 또는 선장 이외의 서명권자: 운송주선인

ISBP745 제E3조에 따르면 해상운송선하증권은 본 20조의 요건을 충족시킨다면 운송인 또는 선장이외의 자가 발행할 수도 있다.

예를 들어 선박을 보유하지 않은 운송주선인이 발행한 선하증권이라 할지라도 당해 운송주선인이 운송인의 자격이나 또는 운송인의 대리인 자격으로 서명하고 이것이 진본임이 확인된다면 당해 선하증권은 적격선하증권이 된다.

따라서 만약 신용장상에 "Freight forwarder's Bill of Lading are not acceptable"과 같은 조건이 기재된 경우라 할지라도 운송주선인이 본 20조 서명요건에 따라 운송인의 자격이나 운송인의 대리인 자격으로 서명한 경우에는 당해 선하증권은 은행으로부터 수리가 가능하다.[31]

---

30) 박대위, 「전게서」, p.283; 또한 ISBP745 제E5조에 따르면 (a) 선하증권은 UCP600 제20조 (a)(ⅰ)항에 규정된 형태로 서명되어야 하고, 운송인의 명의(name)가 표시되고, 그 운송인은 운송인으로 그 자격이 확인되어야 한다. (b) 운송인의 지정지점(named branch)이 선하증권에 서명한 경우에는 당해 서명은 운송인이 서명한 것으로 간주한다. (c) 대리인이 운송인을 대리하여 선하증권에 서명한 경우에는 대리인의 이름이 표시되고, 추가적으로 "agent for (name), the carrier" 또는 "agent on behalf of (name), the carrier" 또는 이와 유사한 문구로 자신이 누구의 대리인인지 대리인으로서의 서명이 있어야 한다. 만일 당해 선하증권의 다른 곳에서 운송인이 운송인인 것으로 확인되면 지정대리인은 다시 운송인의 상호를 기재함이 없이 서명할 수 있다. (d) 선장이 선하증권에 서명하는 경우에는 선장의 서명은 선장의 것으로 확인되어야 한다. 선장의 이름은 반드시 기재될 필요는 없다. (e) 대리인이 선장을 대리하여 선하증권에 서명하는 경우에 대리인의 이름이 표시되고 추가적으로 "agent for the master (or captain)", 또는 "agent on behalf of the master (or captain)" 또는 이와 유사한 문구로 그것이 대리인의 서명이라고 표시되어야 한다. 선장의 이름은 반드시 기재될 필요는 없다.

(2) 선적요건

이미 복합운송증권을 다룬 제19조에서 설명한 바와 같이 해상운송선하증권의 경우 물품이 적재되었음을 증명하는 방식에는 두 가지 형태가 있다. 하나는, 미리 인쇄된 선적선하증권 양식을 사용하여 서명·발급하는 경우와, 다른 하나는, 별도의 본선적재부기를 이용하는 경우이다. 전자의 경우 미리 인쇄된 선적선하증권이 제시되는 경우 당해 선적선하증권의 발행일이 곧 선적일로 간주된다. 후자의 경우 수취선하증권의 발급 후 추후에 실제로 본선적재하였음을 표시하는 본선적재부기를 하면 본선적재부기상의 일자가 당해 선하증권의 선적일로 간주된다.

한편 선하증권의 선박명 기재란에 선박명의 표기 없이 "intended vessel"(선박명 미정)로 표기된 경우 이는 선하증권 발급 당시 아직 해당 선박에 선적하지 못하였거나, 해당 선박이 입항하지 않거나 또는 최종선적 전 다른 운송수단으로 사전운송(pre-carriage) 중일 경우이므로 추후에 실제로 해당 선박에 선적하게 되면 본선적재부기란에 실제 선적일과 실제 선박명을 함께 부기하여야 한다.

(3) 선적항 요건

1) 신용장통일규칙의 규정

선하증권의 선적항은 신용장에 명시된 선적항과 반드시 동일하게 표기되어야 한다.[32] 만일 선하증권상에 신용장에 명시된 선적항이 표시되지 않거나, 또는 "intended"(선적항 미정)와 같은 표현이 기재되면 본선적재부기를 통해 실제 선적일, 실제 적재선박명, 그리고 선적항이 함께 부기되어야 한다.

---

31) ISBP745 제E4조.

32) 신용장에서 선적항을 명시하면서 그 선적항이 위치한 국가도 함께 명시한 경우에는 제시되는 선하증권에는 국가명까지 기재하지 않아도 된다.

2) 선적항과 물품의 수령장소와의 관계[33]

① 사전운송(pre-carriage by)에 관한 표기가 없는 경우

(가) 선하증권에 사전운송에 관한 아무런 언급이 없는 상태에서 선적항과 수령장소가 동일하게 표시된 경우,[34]

(나) 선하증권상에 사전운송에 관한 아무런 언급이 없는 상태에서 선적항과 수령장소가 서로 다른 장소로 표시된 경우,[35]

이러한 경우에는 다음의 기준을 따른다.

첫째, 선하증권에 "shipped on board"(본선적재됨)라는 이미 인쇄된 문구가 있다면 발행일이 선적일로 간주되며 더 이상의 본선적재부기는 필요 없다.

둘째, 선하증권에 "received for shipment"(선적을 위해 수취함)이라는 이미 인쇄된 문구가 있다면 본선적재부기가 요구되고, 그 부기에 나타나는 일자가 선적일로 간주된다.

② 사전운송(pre-carriage by)에 관한 표기가 있는 경우

(가) 선하증권상에 사전운송에 관한 표기가 있고, 당해 선하증권상에 선적항과 수령장소가 서로 다르게 기재되어 있다면 "shipped on board" 또는 "received for shipment"라는 이미 인쇄된 문구가 있든 없든 관계없이 당해 선하증권에는 적재선박명과 신용장에 규정된 선적항을 표시하는 본선적재부기가 있어야 한다. 이 본선적재부기상의 일자가 선적일로 간주된다.

(나) 선하증권상에 사전운송에 관한 표기가 있다면 당해 증권상에 물품의 수령지가 기재되어 있는지 여부와 관계없이 본선적재부기를 통해 적재선박명과 신용장에 규정된 선적항을 명시하여야 한다. 본선적재부기상의 일자가 선적일로 간주됨은 물론이다.

(다) 선하증권에 사전운송에 관한 표기가 있다면, 당해 선하증권상에

---

33) ISBP745 제E6조 참조.
34) 예를 들어 수령장소가 Rotterdam CY이고, 선적항이 Rotterdam이라고 표시된 때를 말한다.
35) 예를 들어 수령장소가 Amsterdam이고, 선적항은 Rotterdam이라고 표시된 때를 말한다.

"shipped on board" 또는 "received for shipment"라는 이미 인쇄된 문구가 있든 없든 관계없이 본선적재부기를 통해 적재선박명과 신용장에 규정된 선적항을 명시하여야 한다. 본선적재부기상의 일자가 선적일로 간주됨은 물론이다.

③ 선하증권상의 복수의 선적항

선하증권상에 복수의 선적항이 표시된 경우에는 "shipped on board" 또는 "received for shipment"라는 문구의 사전인쇄 여부와 관계없이 각각의 선적항에서 본선적재 했음을 증명하는 본선적재부기가 있어야 한다.[36]

(4) 양륙항 요건

제시되어야 할 선하증권에는 신용장에 명시된 양륙항이 기재되어야 한다.[37]

표기되어야 할 곳은 선하증권의 'port of discharge'(양륙항)란이 된다. 만일 지정 양륙항을 'place of final destination'(최종목적지)란에 표시할 수도 있으나 이때에는 최종목적지란에 표시된 곳이 양륙항이라는 별도의 부기가 있어야 함을 주의할 필요가 있다.[38]

만일 신용장에서 양륙항이 넓은 지리적 범위로 명시되어 있는 경우에는 예를 들어 "Any European port"와 같이 표현하고 있으면 선하증권에는 그러한 지리적 범위 내에 있는 실제의 양륙항을 기재하면 된다. 선하증권에는 그러한 지리적 범위까지 표시할 필요는 없다.

(5) 전통(全通)요건

선하증권은 1통의 선하증권 원본 또는 2통 이상의 원본이 발행된 경우에는

---

36) 예를 들어 선하증권에 Brisbane과 Adelaide가 선적항으로 명시되어 있으면 이 장소에서 선적이 이루어졌다는 각각의 본선적재부기가 있어야 한다.
37) 예를 들어 신용장에 "Seattle"이 양륙항으로 명시되어 있으면 선하증권의 양륙항란에 "Seattle"이라고 표시되어야 한다. 다만 양륙항에 국가명까지 포함되어 있으면 선하증권에는 국가명까지 표시하지 않아도 된다. ISBP745 제E9조.
38) ISBP745 제E8조 참조.

원본 전통(full set)을 제시하여야 한다.

따라서 선하증권에는 반드시 발행된 원본의 부수가 표시되어야 한다. 제1원본(first original), 제2원본(second original), 제3원본(third original)이나 원본(original), 부본(duplicate), 제3본(triplicate) 등과 같은 표현이 있는 선하증권은 모두 원본이다.

(6) short form 요건

약식선하증권(short form B/L)은 제3차 개정에서 신설된 선하증권 양식으로써 정규 선하증권의 이면약관이 생략되어 있는 선하증권을 말한다.

일반적으로 선하증권의 뒷면에는 선박회사의 운송약관이 소위 이면약관으로 인쇄되어 있어야 한다. 그런데 이면약관을 포함하고 있는 선하증권은 그 크기가 너무 크고 길 뿐만 아니라 이를 인쇄하거나 기록하는 데에도 번거로움이 따른다.

일반적으로 이 같은 정식 규격의 선하증권을 통상 Long Form B/L이라 하는데, 이에 반해 약식선하증권은 이면약관을 생략한 채 선하증권의 필수 기재사항만을 앞면에 기재하고 있다.

약식선하증권에는 이면약관을 생략한 대신 다음과 같은 참조문언(reference clause)을 선하증권의 뒷면에 기재하여 추후 만일 선주와 하주간의 권리와 의무이행에 분쟁이 생기면 Long Form B/L의 이면약관을 참조하도록 하고 있다.

"All the terms of the carrier's regular long form of Bill of Lading are incorporated herein with the force and effect as if they were written at length herein. A copy of such Bill of Lading may be obtained from the carrier, its agent, or the master."

위와 같은 참조문언이 없는 약식선하증권은 부적격선하증권으로 신용장거래에서는 수리되지 않는다.

(7) 용선계약이라는 표시가 없어야 할 요건

선하증권을 요구하는 신용장거래에서 선하증권이 갖추어야 할 마지막 요건은 당해 선하증권은 용선계약에 의해 발행된 선하증권이라는 표시가 없어야 한다는 것이다. 용선계약은 용선자와 선주간의 개별적 계약에 영향을 받는 운송계약조건이므로 운송인과 불특정다수의 하주와 체결되는 개품운송계약과는 전혀 다른 계약이기 때문이다.

2. 선하증권의 환적요건

(1) 환적의 정의

제20조 (b)항은 환적에 대한 정의를 내리고 있다. 즉 환적이란 신용장에 명시된 선적항에서 양륙항까지 해상운송하는 과정에서 한 선박에서 다른 선박으로 양하하여 재적재하는 것을 뜻한다. 양하 및 재적재가 신용장에 명시된 선적항과 양륙항 사이에서 일어나지 않으면 이는 환적으로 보지 않는다. 또한 해상운송 도중 한 선박으로부터 양하하여 동일한 선박으로 다시 재적재한 경우도 환적으로 보지 않는다.

(2) 환적요건

물품을 하나의 선박으로 운송하면 운항기간도 짧고 안전하게 운송할 수 있다. 그러나 물품을 중간에서 환적하게 되면 물품의 분실이나 파손의 위험은 물론이거니와 지연(delay)의 위험도 커진다. 따라서 해상운송을 규정하고 있는 신용장거래에서는 환적을 허용한다는 반대 합의가 신용장에 허용되지 않는 한 절대적으로 환적은 금지된다.

그러나 신용장에 명시된 두 항구사이에 직항선이 없는 경우에는 환적은 불가피하다. 이런 경우 신용장에는 분명하게 환적을 허용한다는 조건을 명시하여야 한다.

환적이 허용되더라도 환적과 관련하여 무엇보다도 중요한 것은 물품이 비록 운송 도중에 환적되더라도 반드시 하나의 동일한 선하증권(one and same

B/L)에 의해 전 운송구간이 커버되어야 한다는 것이다. 즉 출발항에서 물품을 처음 선적하는 '첫 번째 운송인'(first carrier)이 다른 운송수단들에 의해 운송되는 구간들에 대해서도 모두 책임지겠다는 소위 단일책임주의(single liability system)가 구현된 선하증권을 발급하여야 한다는 것이다.

선하증권에서 허용하는 유효한 환적의 의미는 다음과 같은 ICC의 유권해석을 통해 잘 확인되고 있다.

즉 신용장에서 "From Copenhagen FOB to Tokyo-transhipment permitted"라는 조건의 선하증권을 요구하였는데 실제 제시된 선하증권에는 Copenhagen에서 Hamburg까지 트럭으로 운송되었고, 당해 물품이 Hamburg에서 본선적재 후 Tokyo까지 해상운송 되었다고 표기되었다. 이에 대해 은행은 당해 선하증권은 신용장의 조건에 일치하지 않는다고 판단하여 이를 거절하였던바, 수익자는 신용장에서 명시된 장소에서 운송이 개시되었음을 이유로 수리되어야 한다고 주장하였다. 이에 대해 ICC는 첫째, FOB조건의 특성상 해상운송만이 허용되므로 수익자가 트럭을 이용하여 물품을 운반한 행위는 FOB조건에 어긋나며, 둘째, 선하증권에서의 환적이란 선적항에서 목적항까지의 해상운송과정 중 한 선박으로부터 다른 선박으로의 양하 및 재적재를 하는 것이기 때문에 본 사안에서와 같이 출발항인 Copenhagen에서부터 목적항인 Tokyo까지의 해상운송과정에서 환적이 이루어졌어야 한다는 것이다. 그럼에도 불구하고 Copenhagen에서 Hamburg까지 트럭으로 운송한 것은 본 신용장의 환적에 해당하는 행위가 아니므로 당해 선하증권은 수리될 수 없다는 취지의 유권해석을 내렸다.[39]

신용장에서 특별히 환적을 허용한다는 조건이 명시된 경우에 한해 환적은 허용되지만 반드시 선적항부터 양륙항까지 전 항해에 대해서 하나의 동일한 선하증권이 커버하는 경우에만 당해 선하증권은 수리된다.

(3) 환적의 예외

신용장에서 환적을 금지하고 있다 할지라도 물품이 컨테이너·트레일러·래시바지에 적재되었음[40]이 명확히 증명되어 있다면 운송중 환적이 이루어질

---

39) ICC Publication No. 459, case No. 113.

것이라는 환적선하증권은 은행이 수리한다.

운송물품이 컨테이너·트레일러·래시바지에 적재되어 컨테이너 전용선으로 운송되면 환적이 갖고 있는 특유의 위험들, 즉 파손이나 지연의 위험이 현저히 줄어들기 때문이다. 나아가 이와 같은 컨테이너 전용선에 의한 환적운송이 전 해상운송 과정에서 하나의 동일한 선하증권에 의해 커버되고 있다면 은행은 당해 선하증권을 수리하여야 한다.

(4) 환적유보문언

선하증권의 뒷면에는 선박회사가 필요에 따라 임의로 환적할 수 있다는 환적유보문언[41]이 선하증권의 이면약관으로 인쇄되어 있다. 이러한 약관은 일반 운송조건에 속하는 것으로 환적을 미리 약정하고 있는 환적조항과는 별개의 약관이다. 따라서 선박회사가 운송계약의 일반약관의 일환으로 선하증권의 뒷면에 이면약관의 형태로 아예 인쇄해 놓은 경우 이는 실제로 하주와의 개개의 운송계약에 환적을 별도로 약정한 경우가 아니므로 이러한 일반적 형태의 선하증권은 은행이 당연히 수리한다.

---

40) 컨테이너 전용선인 Lo/Lo선박, Ro/Ro선박, Fo/Fo선박에 컨테이너물품을 운송하는 것을 의미한다. ① Lo/Lo(lift−on/lift−off)은 본선 또는 육상에 설치되어 있는 갠트리 크레인(gantry crane)으로 컨테이너를 수직으로 들어 올려 수직으로 적양하는 방식이다. ② Ro/Ro(roll−on/roll−off)선은 본선의 선수, 선미, 선측의 램프(ramp)로부터 컨테이너 또는 트레일러를 수평으로 적양하는 방식을 말한다. ③ Fo/Fo(float−on/float−off)선은 LASH바지를 LASH바지 크레인으로 선박에 적양하는 방식이다.

41) "If cargo is destined for a port not mentioned on vessel's itinerary, cargo will be transhipped at a port en route under the terms, conditions and exceptions of transhipment clause." (화물이 선박의 운항계획서상에 언급되지 않는 항구로 운송될 수밖에 없는 경우, 당해 화물은 운송도중 환적약관의 조건과 내용 및 예외 하에 환적될 수 있다).

Article 21 Non-Negotiable Sea Waybill ———————————————————

Sea Waybill is issued in a non-negotiable transport contract whilst B/L (or MMTD, if any,) is issued in a from of negotiable instrument.

제21조 비유통성 해상운송장 ———————————————————

비유통성 해상화물운송장은 선하증권(또는 경우에 따라서, 복합운송서류)은 양도성 유가증권의 형태로 발행되는 반면, 해상운송장은 비양도성 운송계약서로 발행된다.

이 조항은 운송업계의 요청에 따라 제5차 개정부터 새롭게 추가된 것으로 선하증권 대신 비유통성 해상운송장이 사용될 때 적용된다.

선하증권은 배서에 의해 자유롭게 양도가 되는 지시식 유통유가증권인 데 반해 비유통성 해상운송장은 기명식으로 유통이 안 되며, 수출업자인 송하인이 수입업자인 수하인에게 계약물품을 탁송하였다는 증거서류에 불과하다.[42]

은행은 비유통식으로 발급된 해상운송장도 신용장이 요구한다면 수리할 수 있다. 수리의 요건은 제20조의 선하증권과 동일하다.

---

42) 박대위, 「전게서」, p.291.

Article 22 Charter Party Bill of Lading

a. A bill of lading, however named, containing an indication that it is subject to a charter party (charter party bill of lading), must appear to:

  i. be signed by:
  - the master or a named agent for or on behalf of the master, or
  - the owner or a named agent for or on behalf of the owner, or
  - the charterer or a named agent for or on behalf of the charterer.

Any signature by the master, owner, charterer or agent must be identified as that of the master, owner, charterer or agent.

Any signature by an agent must indicate whether the agent has signed for or on behalf of the master, owner or charterer.

An agent signing for or on behalf of the owner or charterer must indicate the name of the owner or charterer.

  ii. indicate that the goods have been shipped on board a named vessel at the port of loading stated in the credit by:
  - pre-printed wording, or
  - an on board notation indicating the date on which the goods have been shipped on board.

The date of issuance of the charter party bill of lading will be deemed to be the date of shipment unless the charter party bill of lading contains an on board notation indicating the date of shipment, in which case the date stated in the on board notation will be deemed to be the date of shipment.

  iii. indicate shipment from the port of loading to the port of discharge stated in the credit. The port of discharge may also be shown as a range of ports or a geographical area, as stated in the credit.

  iv. be the sole original charter party bill of lading or, if issued in more than one original, be the full set as indicated on the charter party bill of lading.

b. A bank will not examine charter party contracts, even if they are required to be presented by the terms of the credit.

제22조 용선계약부 선하증권

a. 용선계약에 따른다는 선하증권(용선계약부 선하증권)은 그 명칭에 관계없이 다음과 같이 보여야 한다.

  i. 다음의 자에 의해서 서명되어야 한다.
- 선장 또는 선장을 대리하는 지명대리인
- 선주 또는 선주를 대리하는 지명대리인
- 용선자 또는 용선자를 대리하는 지명대리인

선장, 선주, 용선자 또는 대리인의 서명은 바로 그 선장, 선주, 용선자 또는 대리인의 서명임이 확인되어야 한다.

대리인의 서명은 그가 선장, 선주 또는 용선자를 대리하여 서명한 것인지를 표시하여야 한다.

선주 또는 용선자를 대리하여 서명하는 대리인은 선주 또는 용선자의 명칭을 표시하여야 한다.

  ii. 물품이 신용장에 명시된 선적항에서 지정된 선박에 본선적재되었음을 다음의 방법으로 표시한 것.
- 이미 인쇄된 문구 또는,
- 물품이 본선적재된 일자를 표시하는 본선적재부기

용선계약부 선하증권의 발행일은 선적일로 간주한다. 다만 용선계약부 선하증권에 본선적재부기가 된 경우에는 본선적재부기에 기재된 일자를 선적일로 본다.

  iii. 신용장에 명시된 선적항과 양륙항을 표시한 것. 양륙항은 또한 신용장에 기재된 대로 일정 범위의 항구들 또는 지리적 지역으로 표시될 수 있다.

  iv. 한 통의 원본 용선계약부 선하증권 또는 한 통 이상의 원본이 발행되는 경우 용선계약부 선하증권에 표시된 전통.

b. 비록 신용장의 조건이 용선계약서의 제시를 요구하더라도 은행은 용선계약서를 검토하지 않는다.

1. 용선계약선하증권의 수리요건

제시된 운송증권의 명칭이 무엇이든 간에 용선계약(charterparty)에 적용을 받는다는 표시나 용선계약을 참조한다는 표시가 있으면 당해 운송증권은 용선계약선하증권으로 간주된다.

한 예로 "freight payable as per charterparty"(운임은 용선계약에 따라 지불될 것 임) 등과 같은 표시가 있는 운송증권은 용선계약선하증권이 된다.[43]

ISBP745 제G3조에 따르면 운송서류는 그 명칭이 어떠하든 통상적으로 운송업계 실무상 용선계약선하증권과 관련된 코드명(code name)이나 표준서식명(form name), 예컨대 "Congenbill" 또는 "Tanker Bill of Lading"이라는 명칭이 사용되었음에도 용선계약서의 적용을 받는다든지 또는 용선계약을 참조한다든지 하는 추가적인 표시가 없다면 이러한 운송증권은 용선계약선하증권이 아니라고 규정하고 있다. 즉 용선계약선하증권으로 간주되기 위해서는 그 서류의 표제가 "charterparty B/L"이라고 되어있거나, 또는 그 선하증권의 내용상 용선계약과 관련된 사항이 있어야만 한다는 것이다.

이하에서는 제22조가 규정하고 있는 용선계약선하증권의 수리요건에 대해 살펴보도록 한다.

(1) 서명요건

용선계약선하증권은 선장 또는 선박소유자, 또는 용선자에 의해 서명되어져야 하고, 각각 이들의 대리인도 서명할 수 있다.

선장이나 선박소유자 또는 용선자가 용선계약선하증권에 서명하는 경우에 선장, 선박소유자 또는 용선자의 서명은 선장, 선박소유자 또는 용선자의 것으로 확인되어야 한다.

대리인이 선장이나 선박소유자 또는 용선자를 대리하여 용선계약선하증권

---

43) 또 다른 예를 들어보면 운송서류 표제가 "charterparty combined transport document"와 같은 경우, 또는 "issued pursuant to charterparty dated July 20, 2020"과 같은 표시가 있는 경우, 또는 "to be used with chaterparty"와 같은 표시가 있는 경우, 또는 "charterparty contract No.XXX"와 같은 표시가 있을 때를 말한다.

에 서명하는 경우 대리인의 이름이 표시되고 누구를 대리하는지 자신의 본인을 밝혀야 한다.

이때 ① 용선계약선하증권에 선장의 대리인으로서 서명하는 경우에는 선장의 이름은 기재할 필요가 없다. ② 그러나 선박소유자 또는 용선자의 대리인으로서 서명하는 경우에는 선박소유자의 이름이나 용선자의 이름을 기재하여야 함을[44] 유의하여야 한다.

한편 본 조항 제22조(a)항에 따르면 용선계약선하증권은 복합운송증권, 선하증권, 항공운송장 등과는 달리 당해 운송서류에 운송인(carrier)의 서명이나 상호에 대한 요건이 없다. 다시 말해 용선계약선하증권에는 운송인의 이름이 표시되어도 되고 표시되지 않아도 무방하다는 의미이다. 이는 용선계약선하증권은 선박임대차계약에 의하여 이미 용선되어 있는 것으로써 그 성격상 운송인이 발행할 수 없다는 점으로 미루어 보아 본 조항의 서명요건에 운송인에 대해서는 언급하지 않고 있다고 볼 수 있다.

(2) 선적요건/선적항 및 양륙항 요건

용선계약선하증권은 개품운송계약(contract of affreightment)에 의해 발행되는 선하증권과는 달리 선주와 용선자 사이의 계약관계에 영향을 받으므로 공공성이나 객관성이 결여되어 있다. 그러나 원유, 철광석, 곡물, 육류, 목재 등과 같은 대량화물이나 특수 화물은 이들 화물의 특성 때문에 일반 화물선이나 컨테이너선으로 운반할 수 없어 특수 전용선에 의한 용선운송이 필연적이다. 이들 화물의 운송은 거의 대부분 해상운송에 의해 이루어지므로 용선계약선하증권의 선적요건과 선적항 및 양륙항 요건은 해상운송선하증권의 요건과 동일하다.

다만 특이할 만한 사항은 복합운송증권이나 선하증권과는 달리 용선계약선하증권에서는 양륙항의 표시를 신용장에 명시된 대로 일정 범위의 항구 또는 지리적 범위로 표시할 수 있다는 것이다.

이같이 용선계약선하증권에 양륙항을 지리적 범위로 표기할 수 있게 명시적으로 허용한 이유는 용선운송계약(contract of charterparty)은 정기선에 의한 개

---

44) ISBP745 제G4조.

품운송계약과는 달리 다수의 양륙항에 있는 다수의 하주의 화물을 운송한다는 특성을 반영하고 있기 때문이다.

예를 들어 용선계약상 수출국의 한 하주가 대량의 만재화물을 운송하는 경우, 통상 이같은 대량 만재화물은 주로 유조선 혹은 곡물전용선에 의해 운송되는 원유나 곡물일 경우가 많다. 이 원유나 곡물의 경우 수입국에서는 여러 명의 수입업자들이 있을 수 있는데 원유나 곡물과 같은 불특정물의 특성상 당해 화물이 양륙항에서 할당되고 분배될 때 소유권이 이전되므로 화물의 하역이 이루어지는 장소인 양륙항도 여러 곳이 될 수 있다. 이에 송하인인 수출업자는 선적 당시 그 화물의 양륙항을 특정항구가 아닌 일정한 지리적 범위로 명시하여 놓을 수밖에 없을 것이다.

따라서 송하인인 수출업자는 지리적 범위와 지리적 순서를 하역작업하는 운송인에게 통지하여 주고 운송인은 통지받은 대로 당해 지리적 범위 내에서 정해진 지리적 순서에 따라 당해 화물의 일정량씩을 해당 수입업자에게 할당하고 분배하게 된다. 따라서 용선계약선하증권에서는 실제 여러 개의 양륙항이 기재될 수 있으며, 신용장에 기재된 지리적 범위 안에서 지리적 순서에 의해 양하가 이루어지고 그렇게 기재되어 있다면 본 조항의 조건을 충족시킨 용선계약선하증권이 된다.

(3) 전통요건

용선계약선하증권 역시 1부 이상의 원본이 발행된 경우 원본 전통이 제시되어야 한다. 또한 신용장에서 명시적 요구조건이 없다 할지라도 용선계약선하증권에는 반드시 발행된 원본의 부수가 표시되어야 한다.

용선계약선하증권의 원본이라는 표현은 "original"이라는 표시만 있어야 하는 것은 아니다. 제1원본(first original), 제2원본(second original), 제3원본(third original)이나 원본(original), 부본(duplicate), 제3본(triplicate)이나 이와 유사한 표현도 모두 원본으로 간주된다.

2. 용선계약서의 심사 여부

신용장의 조건과 내용으로 용선계약서(charterparty contract)가 요구되더라도 은행은 제출된 용선계약서를 심사하지 않는다.

ISBP745 제G27조에서도 "UCP600 제22조(b)항이 특별히 배제되지 않고 신용장에서 서류검토 되어야 할 정보와 범위에 대해 특별히 명시하지 않는 한 은행은 신용장에서 용선계약서를 제시 서류로 요구하고 있다 해도 당해 용선계약서의 내용을 검토하지 않는다"고 규정하고 있다.

물론 반대 의미로 신용장에서 UCP600 제22조(b)항의 적용을 완전히 배제하고 제시되는 용선계약서상의 서류심사 내용과 범위를 명확히 제시하고 있다면 그 범위에 한해 은행은 용선계약서의 검토에 임해야 할 것이다.

Article 23 Air Transport Document

a. An air transport document, however named, must appear to:

i. indicate the name of the carrier and be signed by:

- the carrier, or
- a named agent for or on behalf of the carrier.

Any signature by the carrier or agent must be identified as that of the carrier or agent.

Any signature by an agent must indicate that the agent has signed for or on behalf of the carrier.

ii. indicate that the goods have been accepted for carriage.

iii. indicate the date of issuance. This date will be deemed to be the date of shipment unless the air transport document contains a specific notation of the actual date of shipment, in which case the date stated in the notation will be deemed to be the date of shipment.

Any other information appearing on the air transport document relative to the flight number and date will not be considered in determining the date of shipment.

iv. indicate the airport of departure and the airport of destination stated in the credit.

v. be the original for consignor or shipper, even if the credit stipulates a full set of originals.

vi. contain terms and conditions of carriage or make reference to another source containing the terms and conditions of carriage. Contents of terms and conditions of carriage will not be examined.

b. For the purpose of this article, transhipment means unloading from one aircraft and reloading to another aircraft during the carriage from the airport of departure to the airport of destination stated in the credit.

c. i. An air transport document may indicate that the goods will or may be transhipped, provided that the entire carriage is covered by one and the same air transport document.

ii. An air transport document indicating that transhipment will or may take place
is acceptable, even if the credit prohibits transhipment.

제23조 항공운송서류

a. 항공운송서류는 그 명칭에 관계없이 다음과 같이 보여야 한다.

i. 운송인의 명의를 표시하고 다음의 자에 의하여 서명되어야 한다.
- 운송인 또는,
- 운송인을 대리하는 지명대리인

운송인 또는 대리인의 서명은 바로 그 운송인 또는 대리인의 서명으로서 확인되어야 한다.

대리인의 서명은 운송인을 대리하여 서명한 것인지를 표시하여야 한다.

ii. 물품이 운송을 위하여 인수되었음을 표시한 것.

iii. 발행일을 표시할 것. 항공운송서류가 실제 선적일에 대한 특정한 적재부기를 포함하지
않는 경우에는 이 일자를 선적일로 본다. 다만 항공운송서류가 실제 선적일에 대한 특정
한 적재부기를 포함하는 경우에는 당해 적재부기에 기재된 일자를 선적일로 본다.

운항번호와 일자와 관련하여 항공운송서류에 외견상 나타나는 그 밖의 모든 정보는 선적일
을 결정할 때 고려되지 않는다.

iv. 신용장에 기재된 출발공항과 도착공항을 표시한 것.

v. 비록 신용장이 원본 전통을 규정하고 있더라도 송하인 또는 선적인용 원본인 것.

vi. 운송조건을 포함하거나 또는 운송조건의 출처에 대한 참조문언을 포함한 것. 운송조건
의 조건과 내용은 검토하지 않는다.

b. 본 조항의 목적상 환적이란 신용장에 명시된 출발공항으로부터 도착공항까지의 운송 도중
에 한 항공기로부터 양하되어 다른 항공기로 재적재되는 것을 의미한다.

c. i. 항공운송서류는 전 운송구간이 하나의 동일한 항공운송서류에 의하여 커버된다면 물품
이 환적될 것임 또는 환적될 수 있음을 표시할 수 있다.

ii. 환적될 것임 또는 환적될 수 있음을 표시하는 항공운송서류는 비록 신용장이 환적을 금
지하고 있더라도 수리될 수 있다.

1. 항공운송장의 수리요건

항공운송서류인 항공운송장(air waybill)은 송하인과 항공운송인간에 화물의 항공운송계약이 체결되었음을 증명해주는 증거서류이며, 동시에 화물을 운송하기 위하여 송하인으로부터 화물을 수령하였다는 증거서류이다.[45]

항공운송장은 세계의 주요 항공회사들이 조직한 국제단체인 국제항공사협회(International Air Transport Association; IATA)가 항공운송서류의 방식과 양식을 통일화하고 표준화한 것으로서 전 세계 항공사가 동일한 양식의 이 항공운송장을 사용하고 있다.

항공운송장에는 필수 기재사항으로 출발공항과 도착공항, 예정 기항지, 그리고 적용조약 및 항공사의 책임한계에 대한 고지가 기재되어 있다. 그리고 그 뒷면에는 국제화물운송약관의 주요 내용인 계약조항이 기재되어 있다.

항공운송장은 선하증권과 유사하지만 항상 'non-negotiable'이라고 표시되어 있어 유통이 금지된 비유통증권의 성격으로만 발행된다.

이하에서는 신용장통일규칙이 규정하고 있는 신용장거래에서의 수리요건에 대해 살펴보도록 한다.

(1) 서명요건

항공운송장은 운송인 또는 운송인의 대리인에 의해 서명되어져야 한다. 운송인이나 대리인의 서명은 운송인이나 대리인의 서명으로 그 자격이 확인되어야 한다.

운송인이 직접 서명할 때에는 운송인의 상호(name)가 표시되어야 한다.[46] 운송인의 지정지점(named branch)이 항공운송장에 서명한 경우 이는 운송인의 서명으로 간주한다.[47] 운송인은 국제항공사협회(IATA)의 항공사 코드(airline

---

45) 제23조(a)항에서는 다른 여타의 운송서류와 마찬가지로 항공운송서류에 대한 명칭 자체에는 제한을 두지 않고 있다. 신용장에서 항공운송서류의 명칭으로 Air Waybill(항공운송장) 또는 Air Consignment Note(항공화물탁송장)를 사용하더라도 제시되는 운송서류의 명칭은 반드시 신용장과 일치할 필요는 없다.

46) ISBP745 제H5조 (a)항.

47) ISBP745 제H5조 (b)항.

code)로 자신의 상호를 표시해서는 안 됨을 유의하여야 한다.[48]

대리인이 서명하는 경우에는 대리인 자신의 이름을 포함하여 운송인을 대신해서 서명한다는 표시, 그리고 운송인의 상호가 표시되어야 한다.[49]

(2) 선적요건

항공운송장에는 물품이 운송을 위하여 인수되었음(accepted)을 표시하여야 한다. 또한 선하증권은 선적식으로 발행되는 데 반해 항공운송장은 수취식으로 발행된다. 항공운송장은 물품이 공항 구내의 항공사 창고에 반입되어 운송인의 관리와 통제하에 놓여지면 항공기에 적재 전이라 할지라도 발행된다. 이때 항공운송장에는 반드시 계약물품을 인수하였다는 사실과 그 날짜를 표시하여야 한다. 따라서 항공운송장상의 발행일이 곧 계약물품의 수취일, 즉 인수일이 되며 이날이 곧 선적일로 간주된다. 물론 실제 선적일에 관한 적재부기가 항공운송장에 있다면 그 적재부기의 일자가 실제 선적일이 된다.

(3) 출발공항과 도착공항 요건

항공운송장에는 신용장에 명시된 출발공항과 도착공항이 표기되어야 한다.[50] 이때 출발공항과 도착공항은 공항명을 완전하게 표시하는 대신에 IATA코드를 사용하는 방법으로 표시할 수도 있다.[51] 또한 신용장에서 출발공항이나 도착공항을 일정한 지리적 범위로 명시한 경우에는 그 지리적 범위 안에 있는 출발공항이나 도착공항을 표시하면 된다.

(4) 전통요건

신용장에서 운송서류로 항공운송장을 제시하여야 할 경우에는 항공운송장

---

48) 예컨대 BA 대신 British Airway로, LH 대신에 Lufthansa로, KE 대신에 Korean Air로 표시하여야 한다.; ISBP745 제H5조 (c)항.

49) 예컨대 「KS Transport Logistics by ABC(name) as agent for KE Airlines, the Carrier」의 형태면 된다.

50) 다만 신용장에 명시된 출발공항과 도착공항에 국가명까지 포함되어있는 경우 제시되는 항공운송장에는 국가명까지 표시하지 않아도 무방하다; ISBP745 제H9조.

51) 예를 들어 Los Angeles 대신에 LAX라고 표시할 수도 있다.

은 송하인용 또는 하주용 원본(original for consignor or shipper) 1부를 제시하면
된다.52) 신용장에서 항공운송장을 요구하면서 항공운송서류 전통(full set)을 요
구하고 있다 하더라도 수익자는 송하인용 또는 하주용 원본 1부를 제시하는 것
으로 전통요건을 충족시킨 것으로 본다.

(5) short form 요건

약식항공운송장은 약식 선하증권과 같이 그 뒷면의 운송약관이 생략된 형
태의 항공운송장을 말한다. 신용장거래에서 약식항공운송장이 제시되는 경우
항공운송조건의 전부 또는 일부가 항공운송장 이외의 다른 자료 또는 서류를
참조하도록 참조문언을 표기하고 있으면 그러한 약식항공운송장은 수리된다.

2. 항공운송장의 환적요건

환적의 개념은 각 운송서류별로 출발과 도착의 용어상 차이를 보인다. 항
공운송장에서 환적이라 함은 신용장에 명시된 출발공항으로부터 도착공항까지
운송과정 중에 한 항공기에서 양하하여 다른 항공기로 재적재하는 것을 말한다.
양하 및 재적재가 신용장에 명시된 출발공항과 도착공항 사이에 일어나지 않는
다면 이는 신용장이나 신용장통일규칙 제23조(b)항과 (c)항에서 말하는 환적이
아니다.

항공운송에서 환적을 금지하는 것은 복합운송에서 환적을 금지하는 것과
같이 비현실적인 조건이 된다. 따라서 신용장에서 환적을 금지하고 있더라도 환
적이 이루어질 것이라는 항공운송장은 수리된다. 단 전 운송구간을 커버하는 하
나의 동일한 항공운송장이 제시되어야 함은 물론이다.

---

52) 국제항공운송에 관한 국제협약인 「몬트리올협약」 제7조(1)항 및 (3)항에서 항공운송장 원본
   은 3부가 발행되는 것으로 규정하고 있다. 원본1은 운송인용, 원본2는 수하인용, 원본3은
   송하인용이다. 송하인이 자신이 작성한 항공운송장 중 원본1은 운송인에게 교부하고 원본2
   는 항공화물과 함께 수하인에게 송부하며, 원본3은 송하인 스스로 보유한다. 신용장거래에
   서는 이 원본3을 은행에 제시하면 된다.

3. 항공운송장의 발행형태[53]

(1) 기명식 요건

항공운송장의 수하인(consignee)은 기명식으로만 발행된다. 따라서 신용장에서 항공운송장을 요구하는 경우 지시식으로 요구하여서는 안 된다. 그럼에도 불구하고 신용장에서 특정인 지시식 항공운송장을 요구하고 있는 경우,[54] 수익자는 당해 신용장의 조건 변경을 요구할 필요 없이 그냥 기명식 항공운송장을 제시해도 무방하다. 같은 의미로 신용장에서 단순지시식으로 발행한 항공운송장을 요구한 경우에도 신용장의 조건변경 없이 기명식 항공운송장을 제시해도 무방하다.

(2) 주소와 연락처 명세

신용장에서 항공운송장상의 수하인과 통지처(notify party)를 '개설은행'이나 '개설의뢰인'으로 하여 발행하도록 요구하는 경우에는 제출하는 항공운송장에 각각 당해 개설은행이나 개설의뢰인을 기재하면 된다. 이때 신용장에 명시된 각각의 그들의 주소와 세부 연락처까지는 기재할 필요는 없다.

그럼에도 불구하고 제시하는 항공운송장상에 개설의뢰인의 주소와 세부연락처 명세가 수하인이나 통지처란에 표기된 경우에는 신용장에서의 개설의뢰인의 주소와 세부연락처와 달라서는 안 된다.

---

53) ISBP745 제H13조~제H16조 참조.
54) "consigned to order of ABC Co. Ltd."라고 수하인 란에 표기된 경우이다.

Article 24 Road, Rail or Inland Waterway Transport Documents ——————

a. A road, rail or inland waterway transport document, however named, must appear to:

  i. indicate the name of the carrier and:

   • be signed by the carrier or a named agent for or on behalf of the carrier, or

   • indicate receipt of the goods by signature, stamp or notation by the carrier or a named agent for or on behalf of the carrier.

Any signature, stamp or notation of receipt of the goods by the carrier or agent must be identified as that of the carrier or agent.

Any signature, stamp or notation of receipt of the goods by the agent must indicate that the agent has signed or acted for or on behalf of the carrier.

If a rail transport document does not identify the carrier, any signature or stamp of the railway company will be accepted as evidence of the document being signed by the carrier.

  ii. indicate the date of shipment or the date the goods have been received for shipment, dispatch or carriage at the place stated in the credit. Unless the transport document contains a dated reception stamp, an indication of the date of receipt or a date of shipment, the date of issuance of the transport document will be deemed to be the date of shipment.

  iii. indicate the place of shipment and the place of destination stated in the credit.

b. i. A road transport document must appear to be the original for consignor or shipper or bear no marking indicating for whom the document has been prepared.

  ii. A rail transport document marked "duplicate" will be accepted as an original.

  iii. A rail or inland waterway transport document will be accepted as an original whether marked as an original or not.

c. In the absence of an indication on the transport document as to the number of originals issued, the number presented will be deemed to constitute a full set.

d. For the purpose of this article, transhipment means unloading from one means of conveyance and reloading to another means of conveyance, within the same mode of transport, during the carriage from the place of shipment, dispatch or carriage to the place of destination stated in the credit.

e. i. A road, rail or inland waterway transport document may indicate that the goods will or may be transhipped provided that the entire carriage is covered by one and the same transport document.

  ii. A road, rail or inland waterway transport document indicating that transhipment will or may take place is acceptable, even if the credit prohibits transhipment.

제24조 도로, 철도 또는 내수로 운송서류

a. 도로, 철도 또는 내수로 운송서류는 그 명칭에 관계없이 다음과 같이 보여야 한다.

  i. 운송인의 명의를 표시하고,
  • 운송인 또는 그 운송인을 대리하는 지명대리인이 서명하거나 또는,
  • 운송인 또는 그 운송인을 대리하는 지명대리인이 서명, 스탬프 또는 부기로써 물품의 수취를 표시한 것.

운송인 또는 대리인에 의한 모든 서명, 스탬프 또는 물품수취 부기는 바로 그 운송인 또는 대리인의 서명임이 확인되어야 한다.

대리인에 의한 모든 서명, 스탬프 또는 물품수취 부기는 대리인이 운송인을 위하여 또는 운송인을 대리하여 서명하였거나 행위한 것임을 표시하여야 한다.

철도운송서류가 운송인을 특정하지 않았다면, 철도회사의 서명 또는 스탬프가 당해 서류가 운송인에 의하여 서명된 증거로써 수리된다.

  ii. 신용장에 기재된 장소에서의 선적일, 또는 물품이 선적, 발송 또는 운송을 위하여 수취된 일자를 표시하여야 한다. 만일 운송서류에 일자가 표시된 수취스탬프, 수령일 또는 선적일의 표시가 없다면 운송서류의 발행일을 선적일로 본다.
  iii. 신용장에 기재된 선적지와 목적지를 표시하고 있는 것.

b. i. 도로운송서류는 송하인 또는 선적인용 원본으로 보이거나 또는 그 서류가 누구를 위하여 작성되었는지에 대한 표시가 없어야 한다.
  ii. "duplicate"라고 표시된 도로운송서류는 원본으로 수리된다.

iii. 철도 또는 내수로 운송서류는 원본 표시 여부에 관계없이 원본으로 수리된다.

c. 운송서류에 발행된 원본 통수의 표시가 없는 경우 제시된 통수가 전통을 구성하는 것으로 본다.

d. 본 조항의 목적상 환적이란 신용장에 명시된 선적, 발송 또는 운송지로부터 목적지까지의 운송 도중에 한 운송수단으로부터 양하되어 다른 운송수단으로 재적재되는 것을 의미한다.

e. i. 도로, 철도 또는 내수로 운송서류는 전 운송구간이 하나의 동일한 운송서류에 의하여 커버된다면 물품이 환적될 것임 또는 환적될 수 있음을 표시할 수 있다.

ii. 환적될 것임 또는 환적될 수 있음을 표시하는 도로, 철도 또는 내수로 운송서류는 비록 신용장이 환적을 금지하고 있더라도 수리될 수 있다.

본 24조는 유럽과 같이 큰 대륙에 여러 국가가 있어 트럭이나 철도로 국경을 넘나들 수 있는 경우나, 또는 라인강 유역과 같이 여러 나라를 끼고 흐르는 큰 강의 내수로가 발달한 경우에 해당하는 조항이다. 제24조는 제4차 개정까지는 없었던 조항이었으나 제5차 개정부터 신설된 조항이다. 우리나라의 경우에는 이러한 운송서류의 발급은 불가능하다.

Article 25 Courier Receipt, Post Receipt or Certificate of Posting ─────────

a. A courier receipt, however named, evidencing receipt of goods for transport, must appear to:

i. indicate the name of the courier service and be stamped or signed by the named courier service at the place from which the credit states the goods are to be shipped; and

ii. indicate a date of pick-up or of receipt or wording to this effect. This date will be deemed to be the date of shipment.

b. A requirement that courier charges are to be paid or prepaid may be satisfied by a transport document issued by a courier service evidencing that courier charges are for the account of a party other than the consignee.

c. A post receipt or certificate of posting, however named, evidencing receipt of goods for transport, must appear to be stamped or signed and dated at the place from which the credit states the goods are to be shipped. This date will be deemed to be the date of shipment.

제25조 특급배달영수증, 우편수취증 또는 우송증명서 ─────────────────

a. 운송을 위하여 물품을 수취하였음을 증명하는 특급배달영수증은 그 명칭에 관계없이 다음과 같이 보여야 한다.

i. 특급배달업체의 명의를 표시하고, 신용장에 기재된 물품의 선적지에서 지정된 특급배달업체가 스탬프하거나 서명한 것, 그리고

ii. 집배 또는 수취일자 또는 이러한 취지의 문구를 표시한 것. 이 일자는 선적일로 간주된다.

b. 특급배달료가 지급 또는 선지급되어야 한다는 요건은 특급배달료가 수하인 이외의 제3자의 부담임을 증명하는 특급배달업체가 발행한 운송서류에 의하여 충족될 수 있다.

c. 그 명칭에 관계없이 운송을 위하여 물품을 수취하였음을 증명하는 우편수취증 또는 우송증명서는 신용장에 물품이 선적되기로 기재된 장소에서 스탬프 되거나 또는 서명되거나 일부가 기재되어야 한다. 이 일자는 선적일로 간주된다.

최근에는 소량의 견본이나 긴급을 요하는 무역서류들은 특급배달(courier) 또는 급송배달(expedited delivery)의 방법을 많이 이용하고 있다. DHL, Federal Express, UPS 등의 배달은 항공우편보다 배달기간을 단축시켜주고 있고 수취영수를 확인하기 때문에[55] 앞으로도 이 같은 수단으로의 운송은 더욱더 증가할 것이다. 본 조항은 이와 같은 방법에 의해 발급된 운송서류들을 수용하기 위해 제정되었다.

1. 특급배달영수증(courier receipt)

특급배달영수증은 그 명칭에 관계없이 운송을 위해 물품을 수취했다는 증명서이며, 여기에는 특급배달업자의 이름이 명시되어야 하며, 신용장에 명시된 물품의 선적장소에서 당해 지정된 특급배달업자에 의해 서명되거나 스탬프되어야 한다.[56]

또한 당해 배달영수증에는 인수 또는 수취일자(date of pick-up or receipt)가 표기되어야 한다. 그리고 이 일자는 곧 선적일로 간주된다.

2. 우편수취증(post receipt) 또는 우송증명서(certificate of posting)

신용장에서 계약물품을 우편으로 보내줄 것을 요구하면서 운송장에 해당하는 우편수취증이나 우송증명서를 요구하고 있으면 은행은 이들 서류가 신용장에 명시된 선적지에서 날짜가 찍히고 스탬프되거나 서명된 것이 확인되면 수리한다. 이들 서류상에 찍힌 일자는 선적일로 간주됨은 물론이다.

---

55) 박대위, 「전게서」, pp.306-307.
56) 이때 특급배달영수증에 서명란이 없어서 서명을 하지 않은 것이 하자가 되는지 여부에 대해 ICC는 "서명란이 없어서 서명을 하지 않은 것까지 신용장통일규칙이 관여할 사항은 아니다. 왜냐하면 배달영수증의 구조는 신용장통일규칙에 의하여 지배되는 것이 아니라 배송회사의 소관이기 때문이다. 배달영수증의 구성요건까지 신용장통일규칙이 일일이 규정하고 있지는 않지만, 배달영수증 역시 신용장통일규칙이 규정하고 있는 "운송서류"이기 때문에 신용장에서 특별히 허용하지 않는 한 서명란이 당해 배달영수증에 따로 마련되어 있지 않았다 하더라도 반드시 서명이 이루어진 원본 서류를 제시해야 함에는 예외가 없다"는 취지의 유권해석을 내렸다.

3. 요금의 지불

배달요금이 지불되거나 선불되어야 한다라는 조건이 있는 경우, 특급배달인이 발행한 운송증권에 「배달료는 수하인 이외의 자가 부담한다」라는 내용이 표시되어 있다면 당해 조건은 충족된 것으로 본다.

Article 26 "On Deck", "Shipper's Load and Count", "Said by Shipper to Contain" and Charges Additional to Freight —————————————————————

a. A transport document must not indicate that the goods are or will be loaded on deck. A clause on a transport document stating that the goods may be loaded on deck is acceptable.

b. A transport document bearing a clause such as "shipper's load and count" and said by shipper to contain is acceptable.

c. A transport document may bear a reference, by stamp or otherwise, to charges additional to the freight.

제26조 "갑판적재", "내용물 부지약관" 과 운임에 대한 추가비용 —————————————————

a. 운송서류는 물품이 갑판에 적재되거나 적재될 것이라는 표시를 하여서는 안 된다. 물품이 갑판에 적재될 수도 있음을 기재하는 운송서류상의 약관은 수리될 수 있다.

b. "하주가 적재하고 계수하였음"과 "선적인의 신고내용에 따름"과 같은 조항이 있는 운송서류는 수리된다.

c. 운송서류에는 스탬프 또는 다른 방법으로 운임에 추가되는 요금에 대한 참조사항이 있을 수 있다.

1. 갑판적 표기

(1) 운송증권상의 명시적 갑판적 표기 문언

제시되는 운송서류상에는 화물이 갑판적되었거나 또는 갑판적될 것이라고 표기되어서는 안 된다.

화물이 갑판위에 갑판적(on deck)되는 것과 갑판 아래의 선창내 적재(under deck)되는 것은 그 위험상 상당한 차이가 있다. 갑판적 화물은 배가 심하게 흔들리면 해수가 화물을 뒤덮을 수도 있고, 또 화물이 바다로 투하될 수도 있어 해상보험에서도 "JWOB"(jettison and washing overboard)의 특약이 없으면 일반약관으로는 담보되지 않는다.[57]

따라서 화물의 특성 때문에 특별히 갑판적재가 불가피할 때에는 신용장상에 반드시 갑판적재를 허용하는 문언이 있어야 하며, 갑판적 허용문언이 없는 한 갑판적재를 표기한 운송증권에 대해서는 은행이 수리하지 않는다.

(2) 운송증권상의 갑판적 유보문언

본26조(a)항에 규정된 갑판적에 대한 규정은 "A transport document must not indicate that <u>the goods are or will be loaded on deck</u>"으로 되어 있다. 즉 갑판적 되거나 갑판적 될 것이라는 표현이다. 이 문장은 운송인이 갑판적을 할 수도 있다는 갑판적 권리유보 문언과는 다르다. 선적선하증권에서는 갑판적이 되었으면 「갑판적 되었다」고 표시하나 수취선하증권인 경우에는 아직 물품을 선적하지 않고 발행되기 때문에 추후 갑판적될 것이라는 표기를 하여야 하므로 "are or will be loaded on deck"라는 표현을 사용하고 있다.

그러나 운송증권상에 갑판적재를 유보하는 약관을 아예 인쇄하고 실제로는 갑판적재가 되지 않았을 경우를 상정한다면 본 26조(a)항의 후반부 규정을 적용하여야 한다. 즉 "A clause on a transport document stating that the goods may be loaded on deck is acceptable"의 표현방식이다. 이는 제3차 개정부터 규정되기 시작한 규정으로서 당시 컨테이너의 이용도가 급증하면서 컨테이너의 특성 때문에 각 선박회사에서는 선하증권상에 "The carrier has the right to carry the goods in containers under deck or on deck"과 같은 갑판적 유보문언을 삽입하여 발급하기 시작하였다. 운송관행의 변화에 따라 재래선에 의한 운송과는 달리 컨테이너선에 의한 운송의 경우 갑판선적은 재래선의 갑판선적보다 그 위험도가 덜하다. 컨테이너 자체가 방수성이나 견고성을 구비하고 있어 투하(jettison) 및 유실(washing overboard)의 위험이 적고, 또한 선체의 균형유지

---

57) 박대위, 「전게서」, p.309 참조; 선하증권에 관한 통일조약(International Convention for the Unification of Certain Rules of Law Relating to Bill of Lading, 1924)에서도 제1조(c)항에서 화물의 정의에 동물과 더불어 갑판적 화물을 제외하고 있어 선창내 적재화물과는 별도로 취급하고 있다. *ibid.*

를 위해 컨테이너의 일정비율을 갑판적재하기도 한다.[58]

따라서 본 조항의 후반부 규정은 실제로 갑판적 하지는 않았지만 상황에 따라 컨테이너 등의 화물을 갑판적할 수 있다는 운송증권상의 인쇄된 갑판적 유보문언은 통상적인 이면약관의 형태이며, 이 같은 표현이 있는 운송증권은 은행이 수리한다는 것이다.

2. 부지(unknown)표시의 운송증권

신용장통일규칙 제3차 개정 전까지는 컨테이너운송의 경우 운송회사가 송하인으로부터 인수받은 화물의 내용물을 일일이 검수 및 검사하지 못하고 다만 송하인이 신고한 내용대로 "Shipper's load and count"(하주의 적재와 계수에 따라), 또는 "Said by shipper to contain"(하주의 신고에 따라) 등의 문구를 삽입하여 선하증권을 발급하여 은행에서는 이같은 선하증권에 대해 신용장상에 특별히 "Bill of Lading evidencing container shipments are acceptable as presented"라는 문언이 없으면 수리하지 않았다.[59]

그러나 앞서 설명한 바와 같이 컨테이너 운송의 발달로 일괄협동운송체계인 복합운송이 태동하면서 운송회사는 복합운송증권을 발급할 때 아예 "Shipper's load and count", 또는 "Said by shipper to contain"과 같은 문언을 통상 삽입하게 되었다.

운송회사가 하주가 적재하고 신고한 컨테이너화물에 대해 위와 같은 내용 부지라는 뜻의 문언을 찍어 운송증권을 발행하는 것은 운송과정에서 발생할 수 있는 컨테이너화물의 손해에 대해 운송인이 면책될 것임을 표시하는 것이지 애당초 화물 인수시 실제로 컨테이너화물에 하자가 있다는 것을 의미하는 것은 아니다.[60] 따라서 운송회사가 화물 수령시 운송증권 문면에 명시적으로 하자가 있다는 표시를 하지 않는 한 당해 운송증권은 무리없이 수리된다.

---

58) *ibid.*, 총 적재 컨테이너의 ¼~⅓을 갑판 선적한다.

59) *ibid.*, p.311.

60) *ibid.*

3. 운임과 추가비용(freight and additional costs)

본 제26조(c)항은 운송증권에는 운임 이외에 추가비용들에 관한 참조가 스탬프나 기타 방법으로 표시될 수 있다고 규정하고 있다.

일반적으로 선하증권에 나타난 운임지불의 표시는 신용장에 명시된 것과 똑같을 필요는 없지만 서로 모순되지 않도록 기재하면 된다.[61] 신용장에서 '운임에 추가되는 비용(charges additional to freight)을 허용하지 않는다'라고 규정하고 있다면 선하증권에는 운임에 추가되는 비용이 있다거나 발생할 수 있다고 표시되어 있어서는 안 된다. 따라서 본 제26조(c)항은 신용장에 운임의 추가비용 표시금지의 문언이 없을 때 적용가능한 조항이다.

한편 운임에 추가되는 비용[62]을 선하증권에 표시하는 방법으로는 발생한 추가비용을 직접 누가 부담했는지 명시적으로 명기해도 되지만 양하비용 및 적재비용의 부담 당사자를 유추할 수 있게 하는 제반 조건들로 표시할 수도 있다. 예컨대 fi(선적비용 하주부담/양륙비용 선주부담), fo(선적비용 선주부담/양륙비용 하주부담), fio(선적 및 양륙비용 하주부담), fio & stowed(선적 및 양륙비용, 그리고 적부비용 하주부담)와 같은 용어로 표시해도 된다.

---

61) 예를 들면 신용장상에 "freight payable at destination"(운임은 목적지에서 지불됨)이라고 명시되어 있으면 선하증권에는 "freight collect"(운임 착지불)라고 명기해도 무방하다. ISBP745 제E26조.

62) 물품의 양륙지연에 기인하는 비용, 즉 체선료(demurrage)나 물품이 양륙된 이후에 장치기간을 초과하여 부과되는 체화료(cargo demurrage), 또는 컨테이너 반납지체료(detention cost)는 신용장거래에서 운임에 추가되는 비용으로 간주하지 않는다.

Article 27 Clean Transport Document ─────────────────────

A bank will only accept a clean transport document. A clean transport document is one bearing no clause or notation expressly declaring a defective condition of the goods or their packaging. The word "clean" need not appear on a transport document, even if a credit has a requirement for that transport document to be "clean on board".

제27조 무사고 운송서류 ──────────────────────────────

은행은 무사고 운송서류만을 수리한다. 무사고 운송서류는 물품 또는 포장에 하자가 있는 상태임을 명시하는 부가조항 또는 부기가 없는 운송서류를 말한다. 신용장이 운송서류에 "무사고 본선적재"의 요건을 포함하더라도 운송서류상에 "무사고"라는 용어가 표시될 필요는 없다.

1. 무사고 선하증권의 개념

선하증권과 같은 운송증권상에는 물품이나 포장에 결함이 있다는 것을 명시적으로 표시하는 문구가 있어서는 안 된다. 무사고 선하증권이라 함은 물품 및/또는 그 포장에 하자가 있는 상태임을 명시하는 부가조항이나 단서가 기재되어 있지 않은 선하증권을 말한다.

제27조는 무사고 선하증권과 같은 무사고 운송서류를 정의하고 있는 것으로써 무사고(clean)의 의미는 물품 자체나 포장상에 결함이 있다고 선하증권상에 명시적으로 표시된 조항이나 단서가 없음을 말한다.[63]

여기서 유의해야 할 점은 "clean"이라는 표현이 반드시 선하증권상에 기재되어야 무사고 선하증권이 되는 것은 아니라는 것이다. 따라서 신용장에서 선하증권을 요구하면서 "clean on board"(무사고 본선적재) 또는 "clean"이라는 표시

─────────────────────────────

[63] 예를 들어 "packing is not sufficient for the sea journey"(포장이 해상운송에 충분하지 않다)라거나 이와 유사한 취지의 문구는 포장상 결함이 있다는 것을 명시적으로 표시하는 문구이다. 그러나 "packing may not be sufficient for the sea journey"와 같은 표현은 포장의 결함을 명시적으로 표시하는 문구는 아니다; ISBP745 제E20조(b)항.

를 하도록 요구하고 있더라도 "clean"이라는 단어가 선하증권상에 표시될 필요
는 없다.[64]

　　은행은 하자있는 선적서류, 즉 사고부 선하증권(foul or dirty B/L)은 원칙적
으로 수리하지 않는다. 물론 매매당사자간에 특약으로 서로 합의하에 신용장상
에 물품 및 포장상태에 하자가 있다는 단서가 붙은 "dirty B/L도 무방하다"라는
명시가 있으면 예외적으로 수리는 할 수 있을 것이다.

---

64) ISBP745 제E21조(a)항.

Article 28 Insurance Document and Coverage ———————————

a. An insurance document, such as an insurance policy, an insurance certificate or a declaration under an open cover, must appear to be issued and signed by an insurance company, an underwriter or their agents or their proxies. Any signature by an agent or proxy must indicate whether the agent or proxy has signed for or on behalf of the insurance company or underwriter.

b. When the insurance document indicates that it has been issued in more than one original, all originals must be presented.

c. Cover notes will not be accepted.

d. An insurance policy is acceptable in lieu of an insurance certificate or a declaration under an open cover.

e. The date of the insurance document must be no later than the date of shipment, unless it appears from the insurance document that the cover is effective from a date not later than the date of shipment.

f. i. The insurance document must indicate the amount of insurance coverage and be in the same currency as the credit.

   ii. A requirement in the credit for insurance coverage to be for a percentage of the value of the goods, of the invoice value or similar is deemed to be the minimum amount of coverage required. If there is no indication in the credit of the insurance coverage required, the amount of insurance coverage must be at least 110% of the CIF or CIP value of the goods. When the CIF or CIP value cannot be determined from the documents, the amount of insurance coverage must be calculated on the basis of the amount for which honour or negotiation is requested or the gross value of the goods as shown on the invoice, whichever is greater.

   iii. The insurance document must indicate that risks are covered at least between the place of taking in charge or shipment and the place of discharge or final destination as stated in the credit.

g. A credit should state the type of insurance required and, if any, the additional risks to be covered. An insurance document will be accepted without regard to any risks that are not covered if the credit uses imprecise terms such as "usual risks" or "customary risks".

h. When a credit requires insurance against "all risks" and an insurance document is presented containing any "all risks" notation or clause, whether or not bearing the heading "all risks", the insurance document will be accepted without regard to any risks stated to be excluded.

i. An insurance document may contain reference to any exclusion clause.

j. An insurance document may indicate that the cover is subject to a franchise or excess (deductible)

제28조 보험서류와 부보범위

a. 보험증권, 또는 포괄예정보험에서의 보험증명서 또는 확정통지서와 같은 보험서류는 보험회사, 보험인수인 또는 그들의 대리인 또는 수탁인에 의하여 발행되고 서명된 것으로 보여야 한다. 대리인 또는 수탁인에 의한 서명은 보험회사 또는 보험중개인을 대리하여 서명했는지의 여부를 표시하여야 한다.

b. 보험서류가 한 통 이상의 원본으로 발행되었다고 표시되어 있는 경우, 모든 원본이 제시되어야 한다.

c. 부보각서는 수리되지 않는다.

d. 포괄예정보험하에서의 보험증명서 또는 확정통지서를 대신하여 보험증권은 수리가능하다.

e. 보험서류의 일자는 선적일보다 늦어서는 안 된다. 다만 보험서류에서 부보가 최소한 선적일자 이전에 효력이 발생함을 나타내고 있는 경우에는 그러하지 아니하다.

f. i. 보험서류는 부보금액을 표시하여야 하고 신용장과 동일한 통화단위로 표시되어야 한다.
   ii. 신용장에 부보금액이 물품가액, 송장가액 또는 그와 유사한 가격의 백분율로 표시되어야 한다는 요건이 있는 경우 이는 요구되는 최소 부보금액으로 간주한다. 신용장에 부보금액에 대한 명시가 없는 경우, 부보금액은 최소한 물품의 CIF 또는 CIP 가격의 110%

가 되어야 한다. 서류상으로 CIF 또는 CIP 가격을 결정할 수 없는 경우, 부보금액은 요구된 결제 또는 매입금액 또는 송장에 표시된 물품에 대한 총가격 중 더 큰 금액을 기준으로 산출되어야 한다.

iii. 보험서류에는 적어도 신용장에 명시된 수취장소 또는 선적지로부터 양륙지 또는 최종목적지 사이에 발생하는 위험에 대하여 부보가 되는 것이어야 한다.

g. 신용장은 요구되는 보험의 형태를 명시하여야 하고, 부보되어야 할 추가 위험이 있다면 그것도 명시하여야 한다. 만일 신용장이 "통상의 위험" 또는 "관습적인 위험"과 같이 불명확한 용어를 사용하는 경우 보험서류는 특정 위험이 담보되는지 여부에 관계없이 수리된다.

h. 신용장이 "전 위험(all risks)"에 대한 부보를 요구하고 있을 때, 제시된 서류가 "전 위험(all risks)"이라는 부기 또는 조항을 포함하고 있는 때에는, 보험서류 표제에 "전 위험(all risks)"이 기재되어 있든 관계없이 당해 보험서류는 특정 위험이 제외된다고 기재되어 있더라도 이에 불문하고 수리된다.

i. 보험서류는 면책약관을 포함할 수 있다.

j. 보험서류는 부보가 소손해면책률 또는 초과(공제)면책률의 적용을 받고 있음을 표시할 수 있다.

1. 보험서류의 수리요건

(1) 보험서류의 발행일자 및 서명요건

신용장거래에서 요구되는 서류들 중 보험서류는 선하증권 및 상업송장과 더불어 대단히 중요한 서류이다.

본 조항은 그와 같은 중요성을 가지는 보험서류가 적법한 서류로서의 요건을 갖추기 위해 구비해야 할 요건을 상세히 규정하고 있다.

우선 보험서류의 발행일자 및 서명권자에 대해서는 다음과 같이 규정하고 있다.

즉 (a)항에서는 "보험증권 또는 예정포괄보험하에서의 보험증명서 또는 확정통지서와 같은 보험서류는 보험회사, 보험인수업자 또는 그들의 대리인 또는 수탁인에 의해 발행되고 서명되어져야 한다. 대리인 또는 수탁인의 서명에는 수탁인이 보험회사 또는 보험인수업자를 위하여 대리 서명하였는지를 반드시 표시하여야 한다"라고 규정하고 있다.

① 보험서류의 종류

신용장에는 제시되어야 할 보험서류가 어떤 종류의 보험서류인지, 즉 보험증권인지 또는 보험증명서인지를 분명히 명시해야 한다.

따라서 보험서류는 신용장에서 요구된 대로 정규 보험증권(insurance policy) 또는 보험증명서(insurance certificate)·확정통지서(insurance declaration)를 은행에 제시하여야 한다. 여기서 보험증명서·확정통지서란 일정 기간 동안 특정 물품을 동일한 거래선 간에 계속적으로 선적해 나갈 경우 체결하는 포괄예정보험(open cover)에서 발행하는 보험서류로써 그때그때마다 해당 선적분에 보험이 발효됨을 인정해주는 증명서를 말한다. 신용장에 별도의 명시가 없는 한 은행은 보험회사나 보험인수업자 또는 그 대리인이 서명한 보험증명서·확정통지서를 수리한다.

또한 신용장에서 보험증명서의 제시를 요구한 경우 정규 보험증권을 제시해도 무방하지만, 신용장이 정규보험증권을 요구했을 때 보험증명서를 제시하는 것은 허용되지 않는다.

이러한 내용은 제5차 개정에서 신설되어 제6차 개정에서 재확인된 내용으로써 제4차 개정까지는 보험서류가 정규보험증권이 아닌 경우에는 수리에 어려움이 많았다. 즉 실제 무역거래에서는 보험증권 대신 보험증명서도 많이 사용되고 있었으나 이를 수리하도록 한 명문 규정이 없어 신용장에서 특별히 보험증명서를 수리하도록 허용된 경우를 제외하고는 은행이 수리하지 않아 불편이 초래되었으나 이같이 개정됨으로써 그러한 불편은 해소되었다.

② 보험서류의 발행자와 서명권자

원래 제3차 개정에서는 보험서류의 발행자와 서명권자에 관하여 보험회사와 그 대리인 및 보험인수업자에 의해서 발급·서명된 보험서류만 유효한 것으로 규정하였다. 그러나 제4차 개정에서부터는 보험회사뿐만 아니라 보험인수업자

의 대리인도 포함하는 것으로 개정함으로써 대리인의 범위를 확대하여 보험인
수업자의 대리인도 정당한 보험서류 발급인으로 포함시켰다.[65]

제6차 개정에 이르러서는 보험서류의 발급과 서명권자에 수탁자(proxy)까
지 그 범위를 확대하였다. 만일 대리인 또는 수탁인이 보험회사나 보험인수업자
를 대리하여 서명하는 경우에는 그가 대리하는 보험회사 또는 보험인수업자의
상호가 보험서류상에 기재되어야 한다.[66]

③ 보험중개인과 부보각서(cover note)

보험회사 또는 보험인수업자의 영향 아래에 있는 대리인이 아닌 별개의 중
간 브로커(broker)가 보험계약자를 보험회사에 연결시켜 주는 과정에서 발급되
는 cover note(부보각서)는 정규보험서류로 인정되지 않는다.

cover note는 보험중개업자가 보험계약자에 대하여 보험계약 존재의 증거
로서 교부하는 보험료의 영수증을 겸한 손해전보각서를 말하는 것으로 이에는
보험약관이 기재되어 있지 않아 보험서류로서의 기능을 할 수 없다.

보험중개인에 의해 발급되는 cover note는 보험의 수혜자와 보험회사간의
법적 관계를 분명히 정하고 있는 것도 아니며, 또 자산과 신용이 확실하지 못한
보험중개업자와의 관계이므로 추후 피보험자가 충분한 보상을 받지 못할 수도
있을 뿐만 아니라 이러한 cover note가 발급되는 시간과 실제 보험증권이 발급
되는 시간 사이에 시차가 발생하여 이 동안에 만일 사고가 발생하면 누가 책임
지느냐 하는 등의 문제가 있기 때문에 신용장통일규칙에서는 이러한 애매한
문제를 안고 있는 서류는 수리되지 않는다고 규정하고 있는 것이다.[67]

그러나 cover note와 관련하여 유의해야 할 것은 보험중개인이 발행하고
서명한 보험서류는 모두 cover note가 아니라는 점이다. 즉 보험중개인이 발행
하고 서명한 부보각서는 은행에서 수리할 수 없는 부적격 보험서류이지만, 보험

---

65) 보험업계의 관습으로는 보험인수업자와 대리인의 관계에서 대리인이 보험인수업자를 대리하
   여 서명할 수 있다. ICC, Document No. 470/304, 471/309, March, 1977 참조.
66) ISBP745 제K4조; 보험회사 또는 보험인수업자의 상호는 서명란에 표시될 수도 있고, 서명란
   이외의 장소에 표시되어도 무방하다.
67) 박대위, 「전게서」, p.321 참조.

회사나 보험인수업자 또는 그 대리인이나 수탁자가 서명한다면 보험서류는 보험중개인의 고유용지(insurance broker's stationery)로도 발행될 수도 있다. 나아가 보험중개인은 지정된 보험회사 또는 보험인수업자를 대리하여 대리인의 자격으로 보험서류에 서명할 수도 있다.[68]

결론적으로 보험중개인이 단지 브로커의 자격으로 자신의 용지에 서명하고 발행한 보험서류라면 이는 cover note가 되어 은행에서 수리하지 않는 부적격 서류이지만, 보험중개인이 사용하는 고유용지라 하더라도 보험중개인이 아닌 보험회사나 보험인수업자가 직접 서명하거나 또는 보험회사나 보험인수의 대리인이나 수탁인의 자격을 갖춘 자가 직접 서명한다면 당해 서류는 적격 보험서류로 인정된다는 것이다. 요컨대 보험중개인이 소위 브로커의 자격이 아니라 보험회사나 보험인수업자 또는 그들의 대리인이나 수탁자의 자격으로 보험서류에 서명한다면 이 역시 적격 보험서류가 될 수 있음을 유의할 필요가 있다.

(2) 보험 효력 개시일과 선적일과의 관계

신용장에 별도의 명시가 없는 한 보험서류의 발행일은 선적일보다 늦어서는 안 된다. 사실 이 조항은 지극히 당연한 조항 중의 하나이다. 왜냐하면 보험은 피보험목적물의 손상이나 멸실에 대비하여 이의 재정적 손실을 보전받기 위한 것인데 물품이 이미 선박에 선적된 상태에서 보험계약 지연으로 보험의 효력발생이 지체되면 보험의 공백상태가 발생할 수밖에 없기 때문이다.

보험서류의 발행일은 보험의 효력 개시일을 의미한다. 따라서 보험서류는 선적일보다 늦게 위험담보가 개시되어서는 안 될 것이다. 보험서류의 발행일이 선적일보다 늦은 경우에는 원칙적으로 당해 보험서류는 수리되지 않음은 당연하다.

그러나 예외적으로 보험서류의 발행일이 선적일보다 늦은 일자로 표시된 경우라 할지라도 보험서류상에 '선적일보다 늦지 않은 일자부터 이미 위험담보가 개시되었다'고 별도로 부기되거나 명확하게 표기되었거나, 또는 '창고부터 창고까지'(warehouse-to-warehouse) 또는 이와 유사한 취지의 문구가 있는 경우

---

68) ISBP745 제K3조.

에는 당해 보험서류는 수리 가능하다.

해상보험증권에는 소급약관(lost or not lost clause)과 창고 간 약관(warehouse to warehouse clause) 등이 있어 부보 전에 발생한 보험손해도 보상이 가능하다. 소급약관에 따라 보험목적물의 멸실여부를 불문한다(lost or lot lost)는 조건으로 부보될 경우 피보험자는 손해가 발생할 때까지 피보험이익을 취득하지 않더라도 보험자로부터 손해의 보상을 받을 수 있다.[69] 또 협회적하약관(Institute Cargo Clause)의 '운송약관'(transit clause)에 따라 보험자의 담보 개시시점은 물품의 본선적재 시점이 아니라 물품이 보관창고로부터 운송을 위해 반출되는 시점으로 소급적용된다.

따라서 신용장에 별도의 명시가 없는 한 어떤 형태의 보험약관에 의하든 보험자의 담보책임이 늦어도 물품의 선적일부터 개시한다는 것을 표시 또는 부기한 보험서류가 제시되면 은행은 비록 이러한 보험서류의 발행일자가 물품의 선적일보다 늦어도 수리한다.

2. 부보금액과 부보비율

(1) 부보금액 표시통화

제28조 (f)(i)항에 따르면 보험서류에는 부보금액(amount of insurance coverage)을 표시하여야 하며, 이 부보금액은 신용장상의 표시통화와 동일한 통화단위여야 한다고 규정하고 있다.

만일 보험계약이 신용장상에 표시된 통화와 다른 통화로 부보된 경우 환율변동이 생기면 보험으로부터 완전히 담보받지 못하는 결과가 초래될 수 있다. 본 조항은 운송물품의 수하인인 신용장개설의뢰인을 최대한으로 보호하기 위해 보험서류상의 표시통화를 신용장 표시통화와 일치시키도록 규정하고 있다.[70]

---

69) 영국해상보험법(marine Insurance Act. 1906) 제6조(1)항.

70) 박대위, 「전게서」, pp. 322-323.

(2) 부보금액과 부보비율

본 제28조(f)(ii)항은 보험서류상의 부보금액과 부보비율에 대해 다음과 같은 세 가지의 기준을 제시하고 있다.

첫째, 신용장상에 부보금액은 물품금액, 송장금액 또는 그와 유사한 금액에 대한 백분율로 표시되어야 한다는 요건이 명시된 경우에는 이를 부보금액의 최소한도로 본다.

둘째, 신용장상에 부보금액에 대한 명시가 없는 경우에는 부보금액의 최소한은 CIF 또는 CIP 가격의 110%이다.

셋째, 신용장상에 부보금액에 대한 명시도 없고, 또 서류를 통해 CIF 또는 CIP 가격을 산정할 수도 없을 경우에는 신용장상의 지급·인수·연지급 또는 매입금액과 송장금액 중 더 큰 금액을 기준으로 이 금액의 110%가 최소한의 부보금액이 된다.

이 조항 역시 하주인 개설의뢰인을 최대한으로 보호해 주기 위해 CIF 또는 CIP 가격에 기대이익(expected profit) 10%를 더 가산하여 110%를 보험금액의 최저로 규정하고 있다.[71] 만일 제출된 제반서류가 문면상으로 FOB 가격조건으로 되어 있어 CIF 또는 CIP 가격을 결정할 수 없을 경우에는 실제 은행으로부터 지급·인수·연지급 또는 매입될 환어음 금액의 110% 금액과 상업송장상의 총금액 110% 중 큰 금액을 부보금액의 최저한도로 삼는다.[72]

---

71) CIF 또는 CIP 가격이하로 보험계약을 하면 만일 사고가 발생하여 보험자로부터 보상을 받는다 해도 물품의 수입지 도착가격도 안 되는 금액을 받게 되어 결국 개설의뢰인은 보험을 들고도 제대로 보상을 받지 못하는 결과를 초래한다.; *ibid.*

72) 일반적으로 상업송장상에 기재되는 금액과 지급·인수·연지급 또는 매입하는 환어음 금액은 동일하다. 그러나 경우에 따라서는 수익자와 개설의뢰인간의 누적된 대차관계 또는 당해 거래에서의 할인 등으로 상업송장가격과 환어음 금액이 다를 수가 있다. 또한 상업송장은 물품금액의 100%를 기재하고 있으나 환어음은 첫 인출 분으로 송장금액의 70~80%만 기재될 수도 있다. 또 CIF 계약상에 원산지증명서나 영사송장, 그리고 기타 서류를 발급받는 데 드는 비용은 수입업자가 부담하게 되어 있으나 이를 수출업자인 수익자가 먼저 부담하고 추후에 수입업자인 개설의뢰인에게 청구하게 되는 경우에는 환어음 금액이 송장금액보다도 클 수가 있다. 이처럼 상업송장상에 기재된 금액과 환어음 발행금액이 다를 때 어느 것이든 큰 금액을 부보금액의 최소한도로 하여 하주를 최대한 보호할 수 있게 된다; *ibid.*, pp.323-324.

3. 담보의 범위와 보험의 형태

(1) 추가적 위험 · 통상의 위험 · 관례적 위험

신용장에는 요구되는 보험종류를 반드시 명기하여야 하며, 부보되어야 할 그 밖의 추가적 위험(additional risks)이 있다면 그러한 위험도 명기하여야 한다. 또한 통상의 위험(usual risks) 또는 관례적 위험(customary risks)과 같은 불명확한 용어는 정확히 어떤 위험을 의미하는지 모호하기 때문에 결국은 부보가 된다 해도 어떠한 위험이 담보되었는지 신용장 조건과의 특정이 어려워 결국은 개설의뢰인이 피해를 볼 수밖에 없다.

이같은 조건이 신용장상에 명시된 경우 은행은 어떠한 위험이 담보되었는지 여부에 관계없이 제출된 보험서류를 책임없이 제시된 대로 수리할 수밖에 없다.

정확한 내용의 보험을 들지 않아 개설의뢰인이 입을 수 있는 피해에 대해서는 은행은 책임을 지지 않는다. 개설의뢰인은 이 같은 보험조건으로 인해 피해를 입지 않으려면 애당초 신용장개설의뢰 당시에 명확한 보험조건을 신용장상에 밝혀야 할 것이다.

(2) 전 위험 담보조건(all risks)

제28조(h)항에 따라 신용장에서 전 위험 담보조건의 보험을 요구하는 경우 제시된 보험서류상에 전 위험이라는 약관이나 부기가 들어 있다면 보험서류에 전 위험이라는 표제가 붙어있는지 여부에 관계없이 당해 보험서류는 수리되며, 일부의 위험이 배제된다는 표시가 있어도 무방하다.

본 조항과 관련된 ISBP745 제K18조에서도 역시 이와 같은 취지로 당해 전 위험 담보조건의 보험서류를 취급하도록 규정하고 있다.

(3) 소손해면책비율 또는 초과공제면책비율 표기의 보험서류

신용장거래에서 제출되는 보험서류에는 공제면책비율(deductible franchise) 또는 비공제면책비율(non-deductible franchise)의 적용을 받는다는 표기가 있을 수 있다.

면책비율(franchise)[73]이란 보험회사가 소손해(petty claim)에 대해서는 담보하지 않는다는 것을 말하는 것으로서 'non-deductible'일 경우에는 손해가 3% 또는 5% 미만인 때에는 보상하지 않으나 그 이상일 때에는 3%나 5%의 공제 없이 손해액 전부를 보상하는 것이고, 'deductible'일 경우에는 손해액에서 면책비율 3% 또는 5%를 공제하고 보상하는 것을 말한다.

은행은 이 같은 면책비율이 표기된 보험서류를 수리한다.

4. 기타의 요건

(1) 복수의 원본 보험서류

제28조(b)항의 규정에 따라 신용장에서 복수의 보험서류 원본을 요구하거나 보험서류상에 보험서류 원본이 복수로 발행되었다는 표기가 있는 경우 발행된 원본 전통이 제시되어야 하며 발행된 모든 원본 보험서류에는 서명이 있어야 한다.

보험서류도 선하증권과 마찬가지로 유가증권의 일종이므로 복수의 원본이 발행된 경우 반드시 전통이 제시되어야 한다.

(2) 위험의 보장 범위 및 보험의 개시와 종료

보험서류상에는 위험이 담보되는 장소는 최소한 물품의 인수지/선적지부터 물품의 양륙지/최종목적지까지여야 한다. 이때 물품의 인수지/선적지와 양륙지/최종목적지는 신용장에 명시된 장소여야 한다. 협회적하약관의 운송약관(transit clause)에 따르면 보험의 개시와 종료는 다음과 같다.

---

73) 해상운송화물은 운송 중 손상되기 쉬운 정도에 따라 다음과 같은 세 가지 상품류로 분류되며, 그 면책비율의 한도가 명시되어 있다. 즉 제1항은 corn, fish, salt, flour 및 seed류(공동해손이나 선박이 좌초되는 경우를 제외하고는 분손은 전적으로 담보하지 않음). 제2항 sugar, tobacco, hemp, flex, hides 및 skins(보험자는 5% 미만의 소손해를 부담하지 않음). 제3항 그 외의 상품과 선박 및 운임(보험자는 3%미만의 소손해는 담보하지 않음).

① 보험자의 책임개시: 보험자의 책임은 운송개시를 위해 운송차량(carrying vehicle) 또는 기타의 운송용구(conveyance)에 곧바로 적재하여 보험증권상에 기재된 창고 또는 보관장소에서 최초로 움직인 때 개시된다.

② 보험자의 책임종료: 보험계약의 효력이 종료되는 시점은 다음의 네 가지 경우 중 먼저 발생한 때이다.

　　㉠ 화물이 보험증권상에 기재되어 있는 수하인의 창고 또는 기타의 최종창고 혹은 보관장소에 운송차량 또는 기타 운송용구로부터 양하가 완료된 시점

　　㉡ 보험증권상에 기재된 목적지로 가는 도중이든 또는 목적지에 도착하든 불문하고 피보험자 또는 그의 사용인이 통상적 운송과정에서의 보관이 아닌 비상보관을 한다거나 할당 또는 분배를 위해 보관장소에 양하를 완료하는 시점

　　㉢ 피보험자 또는 그의 사용인이 통상의 운송과정이 아닌 보관을 목적으로 운송차량 또는 기타 운송용구 또는 컨테이너를 사용하고자 선택한 시점

　　㉣ 최종양륙항에서 본선으로부터 양륙완료 후 60일이 경과한 때 중 어느 것이든 먼저 발생한 때 종료된다. 또한 본선으로부터 양륙완료한 후 60일이 경과되기 전이라도 목적지 이외의 장소로 출발하게 되면 그 시점에서 보험기간은 종료된다.

(3) 부보금액의 절사

　　신용장통일규칙 제6차 개정에서나 ISBP745에서는 보험서류의 부보금액이 소수점 몇째 자리까지 기재해야 한다는 요건은 없다. 부보금액을 표시할 때 소수점 둘째 자리까지만 부보금액을 표시하는 것이 일반적인 관행이므로 소수점 셋째 자리에서 부보금액의 절사가 가능하다.[74]

---

74) ISBP745 제K13조.

Article 29 Extension of Expiry Date or Last Day for Presentation ————————

a. If the expiry date of a credit or the last day for presentation falls on a day when the bank to which presentation is to be made is closed for reasons other than those referred to in article 36, the expiry date or the last day for presentation, as the case may be, will be extended to the first following banking day.

b. If presentation is made on the first following banking day, a nominated bank must provide the issuing bank or confirming bank with a statement on its covering schedule that the presentation was made within the time limits extended in accordance with sub-article 29 (a).

c. The latest date for shipment will not be extended as a result of sub-article 29 (a).

제29조 유효기일 또는 서류제시최종일의 연장 ————————————————

a. 신용장의 유효기일 또는 서류제시최종일이 제36조에서 언급된 사유 이외의 사유로 서류를 제시받는 은행의 휴무일인 경우, 유효기일 또는 경우에 따라 서류제시최종일은 그 다음 첫 은행영업일까지 연장된다.

b. 만일 제시가 그 다음 첫 은행영업일에 이루어지는 경우, 지정은행은 선적서류발송장상에 개설은행 또는 확인은행에 제시가 제29조(a)항에 따라 연장된 기한 내에 이루어졌음을 기재한 진술문을 제공하여야 한다.

c. 최종선적일은 제29조 (a)항의 결과로 연장되지 않는다.

1. 유효기일 및 서류제시 최종기일의 연장

(1) 유효기일과 서류제시 최종기일

모든 신용장은 지급·인수·연지급 또는 매입은행에 서류가 제시되어야 하는 유효기일을 명시하여야 한다. 여기에 더하여 신용장은 서류가 은행에 제시되어야 할 최종기일도 명시하여야 한다.

만일 신용장의 유효기일 및 서류제시기간의 최종기일이 불가항력의 사태 이외의 은행의 정기 휴업일에 만료되면 이 기일들은 그 다음 첫 은행영업일까지 연장된다.

제3차 개정에서는 이러한 경우 신용장의 유효기일만 자동적으로 연장되고 서류제시최종일은 연장되지 않는 것으로 규정하고 있었으나 신용장의 유효기일과 서류제시최종일은 모두 시간 제한적인 성격을 갖고 있으며 수익자의 귀책사유가 아닌 것이므로 두 기간 모두 똑같이 취급받아야 한다는 유권해석으로 제4차 개정부터는 지금의 형태로 개정되기에 이르렀다.[75]

(2) 유효기일과 서류제시 최종기일과의 관계

유효기일의 개념은 신용장통일규칙에 있어 지급·인수·연지급 또는 매입을 위한 '서류제시의 최종기일'임은 명백하다. 그럼에도 불구하고 신용장에는 유효기일뿐만 아니라 별도로 서류제시최종일(last day for presentation)도 함께 명시하여야 한다.

신용장통일규칙 제6차 개정에서는 특별히 이 두 기일의 관계에 대해 제14조(c)항 외에는 별도의 조항을 두고 있지는 않지만 제5차 개정에서는 제43조에서 다음과 같이 규정하였다. 즉 "서류제시를 위한 유효기일의 명시에 추가하여 운송서류를 요구하는 모든 신용장은 선적일 이후에 신용장의 조건과 내용에 일치하는 서류를 제시하여야 할 특정한 기간(specified period of time)을 명시하여야 한다. 만일 그러나 기간이 명시되어 있지 않을 경우에는 은행은 선적일 이후 21일이 경과한 후 제시된 서류를 수리하지 아니한다. 그러나 어떠한 경우에도 서류는 신용장의 유효기일 내에 제시되어야 한다"라고 규정하고 있다.

제5차 개정에서는 운송서류의 경우 운송서류제시기간을 적용하도록 하고 있지만, 제6차 개정에서는 운송서류의 경우 제14조(c)항에서 「선적일 후 21일 이내」라는 제약조건을 두고 있기는 하지만 별도로 제29조 본 조항에서 서류제시 최종기일이라는 포괄적 개념을 쓰고 있는 것으로 보아 제6차 개정에서는 운송서류 외에도 신용장에서 제시되는 제반 주요서류에도 서류제시의 최종기일이

---

75) 1974/1983 Revisions Compared & Explained, *op. cit.*, p.77.

함께 적용된다고 보아야 할 것이다.

모든 서류에는 서류의 법적유효성이 지속되는 기간의 제한이 있다. 신용장 자체의 유효기일은 아직 남아있지만 제시할 서류의 법적 유효기한이 이미 지나가버린다면 서류로서의 기능을 할 수 없을 것이다.

선하증권과 같은 운송서류는 선적일 후 21일 이내로 아예 신용장통일규칙에는 못 박아 놓고 있지만, 각 서류별로 그 법적 유효기간이 있을 것이기 때문에 이 기한이 종료되지 않도록 서류를 제시해야 하는 최종기한이 바로 서류제시최종일의 주된 목적임을 유의할 필요가 있을 것이다.

(3) 유효기일과 서류제시 최종기일 및 선적일 간의 관계

일반적으로 신용장상에 필수적으로 기재되어야 할 유효기일과 서류제시의 최종일이 동일한 일자라면 별 문제가 없겠지만 만일 이 두 기일이 서로 다르다면 어느 것이든 먼저 종료되는 일자를 최종기일로 본다.

한편 신용장상에 유효기일은 명시되어 있으나 서류제시를 위한 최종기일이 명시되어 있지 않은 경우에는 유효기일을 최종일로 간주하기에 앞서 반드시 운송서류의 선적일이 언제였는지를 확인할 필요가 있다. 선적일 후 21일이 지난 운송서류는 운송서류의 법적 유효기간이 종료되어버린 소위 "stale" 운송서류가 되기 때문이다.

따라서 선적일 후 21일을 고려한 일자와 신용장상의 유효기일을 비교하여 어느 것이든 먼저 끝나는 날짜가 서류제시의 최종일이 된다.

(4) 유효기일의 연장과 선적일 및 서류제시기일의 연장

제3차 개정 이전의 신용장통일규칙에 의하면 신용장에 별도의 명시가 없는 한 선적을 위한 최종기일이 연장되면 유효기일도 동일한 만큼 연장되는 것으로 규정하였었다. 그러나 제3차 개정에 들어서부터는 이 규정은 삭제되어 선적일과 유효기일은 하등의 관계가 없게 되었다. 따라서 반대로 유효기일이 연장된다고 해서 선적일이 자동 연장되지 않는다.

한편 신용장에 선적일이 명시되지 않았다면 최종선적일은 유효기일로 본다. 이때 유효기일과 달리 선적일은 은행휴무일 또는 공휴일과 겹쳐도 자동 연

장되는 것이 아니기 때문에 선적일이 명시되지 않은 신용장의 경우 당해 신용
장의 유효기일이 은행휴무일 또는 공휴일로 인해 그 다음 정상 영업일까지 자
동 연장된다 하여도 선적일은 당초의 유효기일에 머물러 있기 때문에 그 이후
의 선적은 선적지연이나 선적불이행으로 간주되어 당해 운송서류는 수리되지
않음을 유의하여야 한다.

선적일에 관하여 신용장거래에서 이처럼 엄격하게 다루는 데에는 여러 이유
가 있겠지만 선박이라는 막대한 자본이 투입된 재화가 특정 항구의 공휴일 관계
로 선적이 지연된 채 계속 정박해 있을 경우 선주에게 많은 손실을 가져오게 할
것이므로 선주들의 권익을 위한 것이라는 의견이 지배적이기 때문이다.[76]

한편 신용장의 유효기일이 은행의 휴무일로 인하여 자동 연장된 경우 서류
제시를 위한 최종기일은 그 다음 정상영업일까지 자동적으로 연장된다.

(5) 유효기일의 연장과 선적서류발송장

제29조(b)항에 따라 유효기일 또는 서류제시 최종기일의 자동연장 조치에
따라 다음 첫 정상영업일에 서류를 제시받은 지정은행은 제29조(a)항에 의해
연장된 기한 내에 제시되었다는 기술서를 제공하여야 한다.

일반적으로 유효기간 또는 서류제시 최종기일이 자동 연장되어 지급·인수
·연지급 또는 매입된 경우 특별한 증명서가 필요한 것은 아니고 지급·인수·
연지급 또는 매입은행이 선적서류발송장(covering letter)의 비고란에 그러한 사실
을 스탬프로 찍어 보내는 형태로 인정된다.[77]

이러한 사실을 명기하는 것은 토요일이나 일요일을 제외한 한 나라의 특유
한 공휴일이 수익자 소재국의 지정은행과 개설의뢰인 소재의 개설은행 사이에
서로 다를 수 있기 때문이다. 수출국의 고유한 공휴일에 실제 유효기일이 겹치
게 되었는지 여부를 일일이 확인해야 하는 절차를 사전에 제도적으로 줄이기
위해 이러한 조항이 삽입되었다고 볼 수 있다.[78]

---

76) 박대위, 「무역사례 Ⅱ」, 법문사, 1985, p.132.

77) 박대위, 「신용장」, pp.347−348.

78) ibid., p.348.

2. 유효기일의 엄격성: 개설은행 금반언행위의 예외

(1) 유효기일과 금반언

신용장통일규칙상의 서류검토를 위한 국제표준은행관행은 그것의 법원성이 상관습의 본질에 기본을 두고 있어 대단히 발전적이고 진보적이다. 따라서 이를 규율하고 있는 규정들은 어느 정도의 융통성이 부여되는 탄력적 운용기준이라고 볼 수 있겠지만 이미 제16조에서 살펴본 바와 같이 불일치서류의 취급절차는 대단히 엄격한 기준임을 알 수 있다.

불일치서류의 취급절차에 있어 개설은행에 이처럼 엄격한 요건(strict preclusion requirement)을 부과하고 있는 근본취지는 신용장거래에 있어서의 수익자의 엄격일치기준(strict compliance standard)과 조화시키기 위한 것으로 이는 상대적 공정성이라는 본질적 원리를 반영하기 위한 것임은 이미 앞서 설명한 바와 같다.

개설은행은 서류검토를 완료한 후 서류검토기간 5일 이내에 제출된 서류의 불일치사항을 수익자 또는 서류송부은행에게 신속히 통보해주여야 하며, 이를 태만히 할 경우에는 당해 불일치서류를 수리한 것으로 추인된다. 동시에 통보의 내역에 기술하지 못한 불일치사항이 있다면 추후 이를 이유로 대금결제를 거절할 수 없다. 이 같은 엄격한 행동기준은 소위 권리포기 및 금반언법리(doctrine of waiver and estoppel)에 그 근거를 두고 있다.

신용장통일규칙에 따르면 개설은행의 금반언행위는 모든 부분에 걸쳐 예외 없이 적용되는 것으로 자칫 오해가 있을 수 있으나 미국의 개정통일상법전 제5-108조(d)항에서는 다음과 같이 예외적 상황을 규정함으로써 신용장통일규칙의 흠결사항을 보충해주고 있다.

즉 "본 조(b)항에 규정된 통보를 하지 못하거나 또는 통보의 내용에 사기·위조 또는 유효기일 만료를 언급하지 못한 것은 제5-109조 (a)항에 규정된 사기나 위조 또는 유효기일 만료를 이유로 개설인이 추후 대금지급거절의 근거로 권리 주장함을 방해하지 않는다"고 규정함으로써 사기나 위조의 경우,[79) 그리고 유효기일 만료 후 서류제시(late presentation)의 경우에는 불일치서류취급절

차가 부여하는 엄격한 요건, 즉 개설은행 금반언행위의 예외가 됨을 천명하고
있다.

(2) 유효기일의 본질

제6차 개정신용장통일규칙은 제29조(b)항을 통해 수익자의 서류가 신용장
의 유효기일 내에 제시되었는지 여부를 판단하게 하고 있지만 이는 공휴일이나
일요일과 같은 은행휴무일에 따른 유효기일의 자동연장 상황만을 언급하는 것
이고, 이의 확인 형식 역시 수익자와 서류송부은행의 특별한 증명서가 아니고
선적서류발송장(covering note)의 비고란에 그러한 사실을 스탬프로 찍어 보내는
형태이기 때문에 이것만 가지고서는 개설은행의 입장에서는 당해 서류가 유효
기일 내에 제시되었는지 여부에 대해서 제대로 판단하기 어려운 경우가 대부분
이다.

왜냐하면 유효기일이 특별히 개설은행 기준으로 신용장상에 명시되어 있을
때에는 개설은행의 유효기일 판정은 비교적 용이하겠지만 국경을 달리하는 원
격지의 지급·인수·연지급 또는 매입은행 기준으로 유효기일이 규정되는 보편
적 상황이라든지, 또는 재매입(renegotiation)이나 지정의 해제(release)가 있어 개
설은행으로부터 지정·수권 받지 아니한 제3의 은행이 서류를 개설은행으로 보
내올 경우에는 당해 서류가 당초의 신용장유효기일 내에 제시되었는지 여부의
판단은 쉽지 않을 것이기 때문이다.

일반적인 관점에서 유효기일이라 함은 수익자의 입장에서는 지급·인수·
연지급 또는 매입을 받기 위해 자신이 신용장상에서의 의무를 이행해야 하는
최종기일인 동시에, 개설은행의 측면에서는 대금지급이행의 전제조건을 의미한
다. 따라서 유효기일을 엄수하지 못한 경우에는 수익자는 대금을 지급받을 수
있는 권리를 박탈당하는 것이고 그 결과 개설은행의 대금지급확약은 그 자체로
서 자동소멸된 것이기 때문에 개설은행의 신용장하에서의 대금지급의무는 해제
된다.

한편 유효기일 경과 여부를 모른 채 지급·인수·연지급 또는 매입된 서류에

---

79) 은행의 면책범위를 다루는 제34조에서 상세히 설명한다.

대해 개설은행이 아무런 반론 없이 이를 받아들였다면 이는 곧 유효기일 경과라는 하자사항을 개설은행이 면제해 준 것으로 추인될 수 있기 때문에 추후 개설은행이 유효기일 만료의 사실을 발견하고 유효기일 경과 후 제시, 즉 "late pre-sentation"을 근거로 이미 지불한 대금의 반환을 요청한다든지 또는 앞으로 지급할 대금의 지급을 거절할 수 있는지 등은 대단히 미묘한 문제가 아닐 수 없다.

(3) 개설은행 금반언행위의 예외

개설은행의 불일치서류취급절차에 적용되는 엄격한 기준, 즉 금반언법리와 유효기일의 본질적 의미와의 개념적 충돌은 1996년 영국으로부터 보고된 *Bayerische Vereinsbank A. G. v. National Bank of Pakistan* 사건[80])에서 확인되고 있다.

이 판례에 있어 법원의 견해는 다음과 같다.

첫째, 개설은행 입장에서 당해 제출서류가 수익자 소재지의 지급·인수·연지급 또는 매입은행에 신용장의 유효기일 내에 제시된 것이라고 확인하기 어려운 상황일 때에는 비록 개설은행이 서류를 이의제기 없이 수리하였다 할지라도, 또는 경우에 따라 이미 대금을 지급하였다 할지라도 차후에 유효기일 경과 후의 서류제시 즉 "late presentation"이었다는 사실을 알게 되었다면 이를 이유로 대금지급을 거절한다든지 또는 이미 지급한 대금의 반환청구를 한다든지 하여도 이는 공정과 상식의 기준에 따라 금반언행위로 간주되지 않는 예외적 상황이 된다는 입장을 견지하고 있다.

둘째, 위 같은 상황에서 유효기일 경과 후의 서류제시를 아무런 반론 없이 받아들인 개설은행의 행위는 소위 착오(mistake of facts)에 의한 의사표시로 해석된다는 입장이다. 착오라 함은 진의와 표시와의 불일치를 말하며, 진의라 함은 표의자가 진정으로 의도하였던 의사 즉 착오가 없었더라면 가졌을 것으로 생각되는 의사를 말한다. 일반적으로 착오에 의한 법률행위는 표의자의 중대한 과실에 기인하지 않는 한 착오를 이유로 취소할 수 있다.

---

80) *Documentary Credit Insight*, "Expert Commentary", ICC Publishing S. A., 1996, Autumn, pp.5-7.

유효기일의 경과 여부는 서류상의 불일치 사항과는 달리 개설은행이 그러한 착오가 없었더라면 그와 같은 서류수리를 하지 않았을 것이라고 판단될 정도로 중요한 신용장거래의 부분이 된다는 주관적 요건과 보통 일반적 평균인도 개설은행의 입장에 있었더라면 그러한 행동을 하지 않았을 것이라고 생각될 만큼 객관적 요건을 지닌 법률행위의 중요부분의 착오로 간주되기 때문에 금반언 예외인정은 당연하다는 취지이다.

셋째, 유효기일 경과와 개설은행의 금반언 행위와의 관계에 있어 '유효기일 경과 후 서류제시'는 단순한 서류의 불일치 사항으로 포괄할 수 없는 신용장거래의 중요 부문이라는 차원의 해석이다. '유효기일 경과 후 서류제시'는 제출된 서류의 불일치사항의 하나로 간주될 수 없는 신용장거래에서의 본질적 조건위반이므로 이를 서류검토과정에서 불일치의 형태로 통보해주지 않았다 해도 수익자는 이를 이유로 항변할 수 없다.

넷째, '유효기일 경과 후 서류제시'에 대한 원천적 귀책사유는 이를 통해 부당이득(unjust enrichment)을 취하려 했던 수익자에게 있다. 신용장에서 수익자의 권리행사의 최종기일인 유효기일을 엄수하지 못한 수익자는 신용장하에서의 권리를 박탈당하는 것이고, 그 결과 개설은행의 대금지급의무는 자동적으로 해제된다.

끝으로, 대부분의 경우 개설은행이 유효기일의 경과를 수익자 또는 서류송부은행에게 통지하여 주는 행위는 단지 개설은행의 관례적이고 호의적인 행위일 뿐 의무로 해석되지는 않기 때문에[81] 이 같은 법률해석의 공백상태에 대해 '유효기일 경과 후의 서류제시'는 착오에 의한 법리가 적용됨으로써 사기에 의한 법리의 적용과 마찬가지로 개설은행의 금반언행위의 예외로 해석된다.

3. 지급·인수·연지급 또는 매입은행의 지정과 유효기일의 판정

(1) 지정은행과 유효기일의 판정

이미 앞서 설명한 바와 같이 유효기일의 판정시점은 신용장에서 개설은행

---

81) 개정미통일상법전 제5-108조 Comment 3 참조.

에 의해 지정된 지급·인수·연지급 또는 매입은행에 서류가 제시되는 시점이 된다.

수익자는 지정된 은행에 유효기일의 최종일까지 서류를 제시하면 지정은행은 서류접수 익일부터 5일 이내에 서류검토를 완료한 후 개설은행으로 당해 서류를 발송하게 된다.

따라서 수익자가 유효기일 마감일에 맞춰 서류를 제출한 경우 지정은행에 의한 지급·인수·연지급 또는 매입의 일자는 통상 신용장 유효기일 이후가 될 것이다. 왜냐하면 신용장의 유효기일을 중심으로 서류가 제시된 날의 그 다음날을 기산점으로 서류검토의 5일이 개시하므로 서류검토기간이 지나야 지정된 은행의 지급·인수·연지급 또는 매입이 이루어지기 때문이다. 따라서 유효기일 이전에 충분한 시간적 여유를 두고 지정은행에게 서류를 제출한 수익자는 서류에 불일치 사항이 있을 경우 신용장통일규칙 제16조(c)항의 은행의 불일치서류 취급 절차에 따라 하자서류를 다시 반환받아 남아있는 유효기일의 최종일까지 다시 서류를 보완하여 제시할 수 있는 기회를 활용할 수 있다.[82]

한편 우편으로 수익자가 서류를 제출하는 경우 우편업무의 지연 등 수익자가 통제할 수 없는 이유로 유효기일까지 서류가 당해 지정은행에 도착하지 못할 경우에는 비록 유효기일 이전에 서류를 송부했다 할지라도 이는 유효기일을 엄수하지 못한 "late presentation"이 된다.[83]

유효기일은 서류가 우편으로 송부된다 하더라도 엄격한 도달주의(time of receipt rule)가 채택되기 때문이다.

(2) 지정은행의 서류수리거절과 유효기일의 판정

제6차 개정신용장통일규칙 제12조(a)항과 (c)항에 따라 개설은행으로부터 지정·수권된 은행이 확인은행이 아닌 한 개설은행의 지정만으로는 지정받은 은행은 지급·인수·연지급 또는 매입을 위한 어떠한 확약도 한 것이라고 볼 수

---

82) 이미 설명한 바 있는 서류치유원리(doctrine of documentary cure)를 말한다.

83) 이에 대한 반론으로 신용장은 환어음이 첨부되는 것을 전제로 하므로 환어음에 적용되는 은혜일(grace days)을 신용장의 유효기일에도 적용할 수 있지 않느냐는 의견도 있지만 신용장 거래에는 이 같은 은혜일은 적용되지 않는다. 신용장의 유효기일은 엄격하게 지켜야 한다.

없다. 따라서 지정된 은행이 명시적으로 합의하고 이를 수익자에게 통보한 경우가 아닌 한 지정된 은행이 서류의 접수·검토 또는 검토 후 서류를 개설은행으로 발송하였다 하더라도 지급·인수·연지급 또는 매입의 책임이 발생하는 것은 아니다.

개설은행은 신용장거래의 편의를 위해 타 은행을 개입시키는데 그 개입의 허용을 위한 의사표시는 수권(authorization)의 형태를 취한다. 그러나 수권의 본질적 의미에 따라 개설은행으로부터 수권된 지정은행은 개설은행의 이 같은 수권에 대해 강제적으로 얽매이지는 않는다. 개설은행의 지정에 의한 신용장거래 참여의 권리부여와 지정은행의 수락여부는 완전히 독립적이기 때문이다.

나아가 지정된 은행은 비록 신용장에 의해 지급·인수·매입은행으로 지정되었다 해도 이러한 지정을 명시적으로 수락하겠다는 의사표시가 없었고, 또 그러한 의사표시를 명시적으로 수익자에게 인지시키지는 않는 한 수익자에 대해서도 아무런 책임을 지지 않는다. 따라서 지정된 은행이 수익자의 서류를 접수하고 이를 검토한다든지 또는 서류를 검토한 후 이를 개설은행에 송부하는 행위를 한다 해도 이는 개설은행에 대한 명시적인 지정의 수락과 수익자에 대한 명시적 인정의 의사표시로 볼 수 없으므로 당해 지정은행이 수익자에게 지급·인수·연지급 또는 매입을 거부한다 해도 이에 대한 책임은 없다. 따라서 이 같은 상황에서 수익자는 당해 서류를 개설은행 앞으로 직접 송부할 수밖에 없을 것이다.

이러한 경우 개설은행이 수익자의 서류를 직접 접수하게 되는 시점은 시간적으로 이미 유효기일이 경과해버린 상태가 될 것이다. 이때의 유효기일 경과에 대해 수익자는 어떠한 책임도 부담하지 않는다. 왜냐하면 지정·수권된 은행의 서류접수 거절은 수익자가 통제할 수 없는 것 일뿐만 아니라 그 궁극적 책임은 지정·수권한 개설은행이 부담하기 때문이다.

따라서 수익자가 유효기일의 최종일에 지정된 지급·인수·연지급 또는 매입은행에 서류를 제시하였으나 당해 은행으로부터 서류접수의 거절을 당하게 되면 이를 직접 개설은행에 송부하면 된다. 이때 유효기일 만료의 부담은 개설은행에게 귀속된다.

(3) 매입신용장하에서의 재매입과 유효기일의 판정

신용장하에서의 매입이 특정은행에 지정된 경우, 즉 매입제한신용장 (restricted credit)이어서 매입이 한 은행으로 제한된 경우 수익자는 환어음 및 제반 선적서류를 자신의 거래은행에 일단 매각하고 그 매각한 은행이 신용장상에 지정된 매입은행에 서류를 제출하여 재차 매입하게 되는 경우가 있다. 이를 재매입(renegotiation)이라 하는데, 수익자의 요청에 따라 개입한 은행을 재매입의 뢰은행이라 하고 신용장상에 당초부터 지정된 매입은행은 재매입은행이 된다.

국제상업회의소의 유권해석에 따르면 신용장거래 하에서의 수익자는 지정된 은행을 우회할 수 있는 권리가 있고, 수익자는 자신의 대리인 또는 이행보조자로서 자신의 주거래은행을 임의 선정할 자유가 있기 때문에 이 같은 재매입에 대해 그 정당성을 부인하지 않고 있다.[84] 그러나 문제는 유효기일의 판정에 있다.

재매입의 상황에서 유효기일의 판정은 개설은행에 의해 당초부터 지정된 매입은행에 신용장에 명시된 유효기일까지 서류가 제시되는 시점을 기준으로 한다.[85]

수익자는 비록 자신의 주거래은행에 환어음 및 제반 선적서류를 매각하지만 당해 은행은 개설은행으로부터 지정·수권을 받지 않은 제3의 은행에 불과할 뿐만 아니라 수익자의 대리인 또는 이행보조자의 지위에 있기 때문에 유효기일의 판정은 수익자가 자신의 주거래은행에 서류를 제시하는 시점이 아니고 당해 주거래은행, 즉 재매입의뢰은행이 신용장에 지정·수권된 매입은행에 서류를 제시한 시점이 된다. 따라서 재매입의뢰은행이 지정매입은행에 서류를 제시해야 하는 마지막 기한은 반드시 신용장의 유효기일까지 임을 유의하여야 할 것이다.

우리나라 대법원에서도 "제1매입은행(재매입의뢰은행)은 신용장에 지정된 매입은행(재매입은행)으로 하여금 동 신용장 개설은행으로부터 정확하게 수출대전

---

84) ICC, *Opinions*(1984 — 1986) *of the Banking Commission*, ICC Publication S. A., 1987, p.95.

85) ICC, *Case Studies on Documentary Credits*(1989), Case No. 34 ; ICC, *More Case Studies on Documentary Credits*(1991), Case No. 190 참조.

의 지급결제를 받을 수 있도록 그 지정된 매입은행에 그 매입의 유효기일 내에 재매입을 취하여야 할 의무가 있다"[86]라는 취지의 판시를 내린 바 있음을 주목할 필요가 있다.

수익자가 개설은행에 의해 지정된 은행에 매입을 의뢰하지 않아도 신용장 조건의 위반은 아니다. 그러나 이 경우 환어음 및 제반 선적서류는 반드시 유효기일 내에 지정은행의 창구에 제시되어야 한다.

(4) 지정은행의 해제와 유효기일의 판정

일반적으로 매입(negotiation)은 그 본질을 유통성(negotiability)에 두고 있기 때문에 속성상 자유로운 매입을 함의하고 있다. 따라서 환어음의 지급인을 제외한 어떤 은행이라도 자유롭게 당해 신용장거래하에서 매입을 할 수 있다.

그럼에도 불구하고 개설은행이 타 은행의 개입을 봉쇄하면서까지 당해 매입의 속성을 제한하여 한 은행을 지정하여 그 은행을 통해서만 매입을 허용하는 까닭은 신용장거래에서 발생 가능한 사기의 개연성, 서류도착지연의 위험, 그리고 추가적 수수료의 발생 가능성을 미연에 방지하고자 하는 의도에 기인한다.[87]

신용장에 매입은행이 개설은행에 의해 지정되어 있음에도 불구하고 실무적으로는 지정된 은행에 서류제시가 이루지지 않고 제3의 다른 은행이 수익자의 요청으로 개입하여 할인[88]하여 주는 경우가 많다.

제3의 은행이 개입하는 경우는 주로 지정된 은행이 자신을 해제(release)할 때 또는 수익자가 지정은행을 경유하지 않고 직접 자신의 거래은행을 선택할 때 나타난다.

지정은행이 자신을 해제할 의사를 표명하는 경우는 여러 이유가 있겠지만

---

86) 대법원 판결 78다388, 1978.11.12. (태완산업주식회사 대 중소기업은행 사건).

87) M. A. Davis, *The Documentary Credits Handbook*, Woodhead—Faulkner, 1989. pp.44—45.

88) 은행의 입장에서 할인이란 환어음을 대상으로 그 액면가치 보다 낮은 금액으로 환어음을 취득하는 것을 말한다. 주로 차액은 이자의 형태로 나타난다. 수익자 입장에서는 현금을 미리 조달하기 위하여 표시된 액면금액보다 적은 금액으로 환어음을 매도하는 형태가 된다. 은행 실무계에서는 할인과 매입을 구분 없이 사용하고 있으며 신용장통일규칙의 관점도 그러하다.

주로 개설은행과 환거래취결계약이 체결되지 않았을 경우, 또는 개설은행과 환거래계약이 체결되어 있다 해도 신용장 금액이 소액일 때이다. 그리고 수익자 입장에서도 지정은행과 거래경험이 없거나 지역적으로 멀리 떨어져 있을 때 자신의 편의를 위해 지정은행에 지정해제를 요청할 수도 있다.

이때 지정은행은 자신이 신용장거래에서 해제되어 이탈됨을 개설은행에 반드시 알려야 하는지 여부에 대하여는 학설에 따라 지정은행은 자신과 개설은행과의 계약관계상 개설은행의 지정·수권에 반드시 따를 의무가 없으므로 구태여 해제의 의사표시를 통보하지 않아도 그로 인한 책임은 없다[89]라고 해석하고 있지만, ICC에서는 지정·수권된 은행이 자신을 지정해제 할 경우에는 개설은행에게 반드시 통보해야 한다는 유권해석을 내린 바 있다.[90]

요컨대 지정은행의 지정해제의 의사표시 통보는 이들의 계약당사자관계상 의무가 아닌 호의의 행위에 해당되지만, 실무적으로는 거래의 편의를 도모하고 서류의 이중제시의 위험을 제거함과 아울러 추후 개설은행과의 분쟁을 미연에 방지하기 위해서라도 지정은행은 개설은행에게 지정해제의 통지를 하는 것이 보다 현명한 처사가 될 것이라 판단된다.

한편 문제는 수익자의 요청으로 개입한 제3의 은행의 법률적 지위와 그에 따른 유효기일의 판정은 어떻게 결정될 것이냐는 부분으로 집약된다. 이 은행은 이미 앞서 살펴본 재매입의뢰은행과 마찬가지로 수익자를 대리하는 은행이며 자신의 위험과 비용으로 신용장거래에 임하기 때문에 개설은행의 지급확약의 범위 밖에 존재한다.

다시 말해 개설은행에 의해 지정된 은행이 당해 신용장거래에서 해제된 경우 새로이 개입하는 수익자의 거래은행은 개설은행의 수권과 지급확약의 대상자가 아니므로 이 은행은 단지 수익자의 환어음 및 선적서류의 매입자로서 환어음법상의 권리만을 취득할 뿐 개설은행에게는 신용장에 입각하여 어떠한 의무도 강요할 수 없다. 따라서 유효기일에 있어서도 개설은행의 확약에 의존할

---

89) Burton v. McCullough, *op. cit.*, Section 4.05, 4-48, 4-49, 4-50.

90) ICC, *More Case Studies on Documentary Credits*(1991), p.39("지정은행은 개설은행의 승인 없이 자신을 지정으로부터 해제할 권리가 없다.")

수 없음은 당연하다. 왜냐하면 개설은행의 지급확약 속에서 그 의미를 갖는 유효기일은 개설은행의 수권에 의해 지정된 은행에게만 의미가 있는 최종기일이므로 개설은행에 의해 수권된 지정은행이 당해 신용장거래에서 이탈되면 그 유효기일은 의미가 없어진다. 따라서 궁극적인 의미로서의 유효기일은 개설은행 기준의 유효기일로 대체된다.

지정은행이 해제된 경우 수익자는 자신의 거래은행이 할인을 완료한 후 제반 서류가 개설은행으로 당초의 유효기일까지 도착할 수 있도록 우편소요일수 등을 고려하여 충분한 시간적 여유를 자신의 거래은행에게 부여해야 할 것이다.

한편 신용장상에 지정된 은행이 해제의사를 표명하지 않았음에도 불구하고 수익자가 자신의 거래은행을 통해 서류를 매입한 때에는 지정은행이 해제의사를 표명한 때와 같은 상황으로 유효기일을 판정한다. 수익자가 지정은행을 경유하지 않는다는 의미는 지정은행의 존재가 이미 해제되어 당해 신용장거래에서 이탈된 것과 동일하기 때문이다.

(5) 자유매입신용장에서의 지정은행의 정의와 유효기일의 판정

앞서 제6조의 (d)(ii)항에서 설명한 바와 같이 모든 신용장은 지급·인수·연지급 또는 매입이 수권된 은행을 지정하여야 한다. 자유매입신용장의 경우에는 어떤 은행도 지정은행이 될 수 있다.

자유매입신용장(freely negotiable credit)에서는 매입이 한 은행에 제한되는 매입제한신용장(restricted credit)과는 달리 수익자의 선택에 의해 서류를 제시받은 어떤 은행이라도 그 은행 앞으로 유효기일까지 환어음 및 선적서류를 제시하면 유효기일을 준수한 것으로 인정됨은 당연하다.

만일 수익자의 선택에 의해 환어음 및 서류를 제시받은 자유매입신용장하에서의 한 은행이 수익자의 환어음 및 서류를 매입하지 않는 경우에는 앞서 설명한 「(2) 지정은행의 서류수리거절과 유효기일의 판정」논리에 따라 유효기일 준수 여부를 판단하면 되는 것이지, 「(4) 지정은행의 해제와 유효기일의 판정」논리에 따라 유효기일 준수 여부를 판단해서는 안 된다.[91]

---

91) 대법원 2005.5.27. 선고2002다3754판결.

매입제한신용장하에서 매입이 제한된 은행이 자의에 의해서든 또는 수익자의 결정에 의해서든 개설은행으로부터 수권된 매입의 권한을 지정해제한 경우, 수익자가 매입제한 은행을 경유하지 않고 자신의 거래은행에 매입을 의뢰하는 경우와 자유매입신용장하에서 수익자가 선택한 은행이 매입을 거절하는 경우와는 전혀 다른 법률효과가 창출됨을 유의하여야 한다.

Article 30 Tolerance in Credit Amount, Quantity and Unit Prices ——————

a. The words "about" or "approximately" used in connection with the amount of the credit or the quantity or the unit price stated in the credit are to be construed as allowing a tolerance not to exceed 10% more or 10% less than the amount, the quantity or the unit price to which they refer.

b. A tolerance not to exceed 5% more or 5% less than the quantity of the goods is allowed, provided the credit does not state the quantity in terms of a stipulated number of packing units or individual items and the total amount of the drawings does not exceed the amount of the credit.

c. Even when partial shipments are not allowed, a tolerance not to exceed 5% less than the amount of the credit is allowed, provided that the quantity of the goods, if stated in the credit, is shipped in full and a unit price, if stated in the credit, is not reduced or that sub-article 30 (b) is not applicable. This tolerance does not apply when the credit stipulates a specific tolerance or uses the expressions referred to in sub-article 30 (a).

제30조 신용장 금액, 수량 그리고 단가의 허용한도 ——————————

a. 신용장 금액 또는 신용장에서 표시된 수량 또는 단가와 관련하여 사용된 "about" 또는 "approximately"라는 용어는 언급된 금액, 수량 또는 단가보다 10%를 초과하지 아니하는 과부족을 허용하는 것으로 해석한다.

b. 신용장에서 수량을 포장단위 또는 개별품목의 요구수량으로 기재하지 않고 환어음의 총액이 신용장 금액을 초과하지 않는 한 물품의 수량보다 5% 이내의 과부족을 허용한다.

c. 물품의 수량이 신용장에 기재된 경우 물품이 전량 선적되고 단가가 감액 또는 제30조(b)항이 적용되지 않는 한 분할선적이 허용되지 않더라도 신용장 금액의 5% 이내의 편차는 허용된다. 이 편차는 신용장이 특정 편차를 명시하거나 제30조(a)항에서 언급된 표현을 사용하는 때에는 적용되지 않는다.

1. "about" 또는 "approximately"의 사용

신용장에 명시된 신용장금액(credit amount), 수량(quantity), 단가(unit price)와 관련하여 "about" 또는 "approximately"라는 용어가 사용되면 언급된 신용장금액, 수량, 단가보다 상하 10%를 초과하지 않는 만큼의 과부족을 허용하는 것으로 해석한다.

국제간에 교역이 이루어지는 수많은 물품중 단가는 극히 낮지만 거래되는 수량은 그 규모가 큰 물품들, 예를 들면 핀이나 가눈섭 등과 같은 물품은 1,000,000 pair 또는 200,000 gross라고 표시하여도 정확하게 그만큼만을 공급하기란 대단히 어려운 일이다.[92] 그러므로 이런 경우에는 신용장이 개설될 때부터 신용장의 금액, 단가 및 수량 앞에 "about" 또는 "approximately"를 삽입하여 10%의 증감을 허용하게 된다.

10%의 증감의 허용한도는 반드시 "about"나 "approximately"란 용어가 사용되었을 경우에만 허용됨을 유의할 필요가 있다. 제5차 개정까지는 이 용어에 "circa" 또는 이와 유사한 용어로 규정하여 전체적으로 "대략"의 뜻을 가진 용어 모두가 허용되었으나 제6차 개정에 이르러서는 "about"와 "approximately" 두 용어로만 국한되고 있다.

한편 이 두 용어가 상품의 수량에만 표시되고 신용장금액에는 표시가 없다면 상품수량만 10%의 증감이 허용되며 신용장금액에는 적용되지 않음을 유의하여야 한다. 또한 이 증감의 허용은 신용장 금액, 수량, 그리고 단가에만 적용되며 선적기일이나 유효기일 등에는 사용될 수 없다.

2. 5% More or Less의 허용

일반적으로 중량이나 수량을 일일이 헤아리기 어려운 품목들, 예를 들면 곡물이나 광산물 같은 거대화물(bulky cargo)의 경우에는 신용장이 요구하는 중

---

92) 가눈섭을 수입하는 업자가 신용장에 100만 쌍이라는 수량을 명시하였다고 하면 수출업자가 정확히 100만 쌍을 공급 못해줄 리는 없지만 수입업자가 꼭 100만 쌍을 원한다기보다는 100만 쌍이라는 것이 하나의 목표에 지나지 않을 경우가 있다(박대위, 「전게서」, p.334).

량이나 수량만큼을 정확히 선적하기 어렵다. 이 조항은 그러한 품목의 경우 관례상 품목의 특성을 고려하고 송하인의 편의를 위해 자연스럽게 5%의 과부족을 인정해 주겠다는 것을 규정하고 있다.

이 조항의 적용에는 다음과 같은 전제조건이 갖추어져야 한다.

첫째, 신용장상에 명시된 물품의 수량이 초과되거나 부족해서는 안 된다고 규정되어 있지 않아야 한다. 이 조항은 어디까지나 bulky cargo의 특성상 선적시 발생하는 과부족에 대하여 송하인에게 책임을 묻지 않겠다는 데에 근본 취지가 있는 것이다. 무책임하게 ±5%를 적재하라고 허용하는 것은 아니다. 따라서 신용장상에 정확한 수량을 지켜야 한다고 명시되어 있다면 이 ±5% 과부족 용인조항은 적용되지 않는다.

둘째, 송하인인 수출업자는 5%를 더 선적하였다 할지라도 신용장금액을 초과해서 환어음을 발행할 수는 없다. 그러므로 송하인은 대금결제도 받지 못할 화물을 초과해서 선적할 리는 없고 정량만큼을 선적하려고 할 것이지만 초과분이 생기더라도 이에 대해 신용장금액을 초과해서 대금결제를 요구할 수는 없다.

셋째, 신용장상에 수량이 포장단위(packing units) 또는 개별품목(individual items)의 개수로 명시되어 있는 경우에는 ±5%의 과부족 편차는 허용되지 않는다. 예를 들어 사과 100상자 또는 자동차 100대 등과 같이 표기된 때에는 그 어떤 편차도 허용되지 않는다.

3. 5% 감액된 환어음의 발행

경우에 따라 신용장에 명시되어 있는 신용장금액과 제출된 상업송장상의 단가와 수량을 곱한 금액이 일치하지 않을 수 있다. 수익자는 이러한 상황에서 그 차액만큼은 송장에서 할인하여 환어음을 발행할 수밖에 없다.

제30조(c)항은 이 같은 상황에서 개설은행이나 개설의뢰인이 수익자가 신용장 조건을 위반하였다고 지급거절 함으로써 발생하는 다툼의 소지를 제거하기 위한 목적으로 신용장금액보다 적은 금액의 환어음 발행을 허용하고 있다.

그러나 이에는 다음과 같은 전제조건이 충족되어야 한다.

첫째, 분할선적이 허용된 경우뿐만 아니라 신용장에 분할선적이 금지되어 있는 경우에도 적용가능하다. 일반적으로 분할선적을 금지하고 있는 신용장하에서는 금액 앞에 "up to"라는 표기가 없으면 신용장금액보다 적은 금액으로 작성·제출된 상업송장은 수리되지 않는다. 그러나 본 조항은 그와 같은 경우라 할지라도 적용이 가능하도록 하고 있다.

둘째, 이때 신용장금액보다 적게 발행하는 환어음의 차액은 5%를 초과할 수 없다.

셋째, 신용장에 명시된 물품의 수량이 전량 선적된 상황이어야 한다.

넷째, 신용장에 명시되어 있는 단가(unit price)가 감축되어서는 안 되며, 5% 과부족조항이 적용되지 않아야 한다.

다섯째, 나아가 신용장금액과 단가, 수량에 "about" 또는 "approximately"라는 용어가 사용되어서는 안 된다.

Article 31 Partial Drawings or Shipments ————————————————

a. Partial drawings or shipments are allowed.

b. A presentation consisting of more than one set of transport documents evidencing shipment commencing on the same means of conveyance and for the same journey, provided they indicate the same destination, will not be regarded as covering a partial shipment, even if they indicate different dates of shipment or different ports of loading, places of taking in charge or dispatch. If the presentation consists of more than one set of transport documents, the latest date of shipment as evidenced on any of the sets of transport documents will be regarded as the date of shipment. A presentation consisting of one or more sets of transport documents evidencing shipment on more than one means of conveyance within the same mode of transport will be regarded as covering a partial shipment, even if the means of conveyance leave on the same day for the same destination.

c. A presentation consisting of more than one courier receipt, post receipt or certificate of posting will not be regarded as a partial shipment if the courier receipts, post receipts or certificates of posting appear to have been stamped or signed by the same courier or postal service at the same place and date and for the same destination.

제31조 분할어음발행 또는 분할선적 ————————————————

a. 분할어음발행 또는 분할선적은 허용된다.

b. 동일운송수단 및 동일항해로 출발하는 선적을 증명하는 하나 또는 그 이상 세트의 운송서류로 이루어진 제시는, 그 운송서류가 동일 목적지를 표시하고 있는 한 비록 다른 선적일자 또는 다른 선적항, 수취장소 또는 발송지를 표시하더라도 분할선적으로 보지 않는다.

제시가 하나 또는 그 이상의 운송서류로 이루어지는 경우 어느 운송서류에 의하여 증명되는 가장 늦은 선적일을 선적일로 본다.

같은 운송방식 내에서 둘 이상의 운송수단상의 선적을 증명하는 하나 또는 둘 이상의 세트의 운송서류로 이루어진 제시는 비록 운송수단들이 동일 날짜에 동일 목적지로 향하더라도 분할

선적으로 본다.

c. 하나 이상의 특급배달영수증, 우편수취증 또는 우송증명서로 이루어진 제시는 만일 특급배달영수증, 우편수취증 또는 우송증명서가 동일한 특송배달 또는 우편 서비스에 의하여 동일 장소, 동일 날짜 그리고 동일 목적지로 스탬프가 찍히거나 서명된 것으로 보이는 경우에는 분할선적으로 보지 않는다.

1. 분할선적

분할선적(partial shipment)이란 계약물품을 1회에 전량 선적하지 않고 2회 이상 나누어 선적하는 경우를 말한다.

매도인의 경우에는 계약물품의 주문물량이 많아 이를 한꺼번에 전량 제조하거나 선적하기 어려울 때, 또는 원자재 조달비용이 과다하여 이를 한번에 조달하기 어려울 때, 그리고 매수인의 경우에는 계약물품에 대한 지급능력이나 시장상황 등의 제약으로 계약물품을 한번에 전량 인수하기 어려운 때 분할선적은 매우 유용하다.

따라서 신용장상에 분할선적을 금지한다는 명시적인 문언, 예를 들어 "partial shipments are prohibited.", "partial shipments are not allowed." 등과 같은 표현이 없을 경우에는 분할선적은 항상 허용되는 것으로 간주한다.

2. 분할선적으로 간주되지 않을 조건과 분할선적으로 간주되는 조건

(1) 분할선적으로 간주되지 않을 조건

일반적으로 한 선박이 원 출발항을 출발하여 목적항까지 운항하기 위해서는 고유의 운항번호가 부여된다. 따라서 고유의 운항번호로 출발항으로부터 목적항으로 간다는 의미는 하나의 동일한 선박이 동일한 항로를 따라 동일한 목적항을 향해 운항한다는 것을 뜻한다. 제31조(b)항 "same journey"의 의미는 바로 이를 의미한다.

본래 일거에 선적하지 않고 선적지와 선적일을 다르게 선적하면 분할선적임은 당연하다. 그러나 동일한 한 선박이 고유의 운항번호를 부여 받고 동일한 목적지로 가는 경우에는 비록 선적일이나 선적지가 달라도 분할선적으로 간주하지 않는다는 취지이다. 예를 들어 인천을 떠나 부산을 거쳐 뉴욕으로 가는 선박에 인천에서 물품을 선적하고 또 부산에서 같은 선박에 선적을 하여 각각 다른 선하증권을 발급받았다 하여도 동일한 항해, 동일한 목적지를 향하는 동일한 선박에 선적하였기 때문에 이는 분할선적으로 간주되지 않는다.

제4차 개정까지는 이 내용을 해상운송에만 국한시켜왔으나 제5차 개정부터 모든 운송수단에 다 적용하여 이렇게 발급된 운송서류는 비록 그 자체로는 분할선적이지만 분할선적으로 간주하지 않게 되었다.

결론적으로 분할선적이지만 분할선적으로 간주되지 않기 위해서는 다음의 세 가지 요건이 갖추어져야 한다.

첫째, 동일한 운송수단(same conveyance)에 물품을 선적하고

둘째, 동일한 항해(same journey)이며

셋째, 동일한 목적지(same destination)에 도착할 것을 전제로 한다.

(2) 분할선적으로 간주되는 조건

제6차 개정 신용장통일규칙에서는 이 조항에 추가하여 분할선적이 아닐 것 같지만 분할선적으로 간주되는 상황을 규정하고 있다.

즉 동일한 운송방식이지만 여러 대수, 예컨대 해상운송방식 하에서 두 척 이상의 선박에 나누어 선적한 경우에는 비록 같은 날 선적하고 같은 목적지를 향해 가더라도 분할선적으로 간주한다는 것이다.

이는 이미 위에서 설명한 바와 같이 가장 중요한 요건인 운항번호의 부여와 깊은 관련이 있다. 두 척 이상의 각 선박은 같은 날(same day), 같은 목적지(same destination)를 향해 같은 운송방식(same mode of transport)으로 운송한다 하여도 각각 서로 다른 운항번호를 부여 받는다. 즉 "same journey"가 아니기 때문에 이는 당연히 분할선적 방식으로 인정될 수밖에 없다는 의미이다.

결론적으로 복수의 선박(more than one vessel)에 선적된 경우에는 그 어떤 요건이 갖추어져도 이는 분할선적이다. 이 기준은 해상운송방식뿐만 아니라 여

타의 운송수단 모두에도 적용됨은 물론이다.

(3) 선적일의 결정

첫째, 분할선적을 금지하고 있는 신용장의 경우 복수의 선하증권 원본이 제시되고 선적일이 상이하다면 이중 가장 늦은 일자를 선적일로 본다. 따라서 운송서류 제시기일을 산정할 때 이 가장 늦은 선적일이 기준이 된다. 가장 늦은 일자는 신용장의 최종선적일과 같거나 그보다 더 이전의 일자여야 할 것이다.93)

둘째, 분할선적을 허용하는 경우로써 복수의 원본 선하증권이 하나의 표지서류 하에서 같이 제시되는 경우 상이한 선박이나 상이한 운항에 대해 복수의 선적일이 있을 때에는 그중 가장 빠른 일자를 기준으로 제시기간을 산정한다. 이들 각각의 일자는 신용장상의 최종선적일과 같거나 그보다 이전의 날짜여야 한다.94)

3. 우편 또는 특급배달과 분할선적

우편(post) 또는 특급배달(courier)로 발송되는 소포와 같은 경우 포장단위가 여러 개가 될 수 있고 각 포장 단위로 명세서가 작성되므로 여러 장의 수취증이 발급될 수 있다. 이 같은 경우 우편수취증(post receipt), 또는 우송증명서(certificate of posting), 또는 특급배달증명서(courier receipt)가 신용장에서 규정한 발송장소와 동일한 장소(same place)에서 동일한 날짜(same date)에 동일한 목적지(same destination)로 발송되었다는 것이 스탬프되거나 서명되면 여러 개로 구성되어 있어도 분할선적으로 보지 않는다.

---

93) ISBP745 제E19(b)항.
94) ISBP745 제E19(c)항.

Article 32 Instalment Drawings or Shipments ───────────────

If a drawing or shipment by instalments within given periods is stipulated in the credit and any instalment is not drawn or shipped within the period allowed for that instalment, the credit ceases to be available for that and any subsequent instalment.

제32조 할부어음발행 또는 할부선적 ───────────────

신용장에서 할부어음발행 또는 할부선적이 일정한 기간 내에 이루어지도록 명시된 경우 당해 할부선적분에 대해 허용된 기간 내에 할부어음발행이나 할부선적이 이루어지지 않으면 당해 신용장은 해당 할부선적분은 물론 향후 할부선적분에 대해서도 신용장은 무효가 된다.

1. 할부선적

주어진 일정기간 동안 특정기일 내에 계약에서 정한 일정량의 물품을 계속 선적해 나감으로써 물품을 인도하는 계약을 할부인도계약(instalment contract)이라고 한다. 제32조는 이 같은 할부인도계약에 따라 할부선적(instalment shipment)하고 환어음을 발행하는 요건에 대해 규정하고 있다.

즉 신용장에 일정기간 내의 할부선적이 명시된 경우 수익자가 어느 할부부분을 정해진 기간 내에 선적하지 아니하면 당해 할부선적분뿐만 아니라 그 이후의 모든 할부선적분에 대하여 신용장은 무효가 되어 대금결제를 받지 못한다는 것이다.

2. CISG 제73조

유엔국제사법위원회(UNCITRAL)에 의해 제정되어 1980년 공표·발효된 무역계약의 국제상법인 「국제물품매매계약에 관한 유엔협약」(UN Convention of Contracts for the International Sale of Goods: CISG)에는 할부인도계약에서의 선적 불이행에 대해 다음과 같이 규정하고 있다.

CISG 제73조(1)항에서는 "물품의 일정량을 할부인도하는 계약에서 어느 할부부분에 관한 당사자 일방의 의무불이행이 당해 할부부분에 관하여 본질적 계약위반이 되는 경우에는 상대방은 당해 할부부분에 관하여 계약을 해제할 수 있다"[95]고 규정하고 있다.

이 조항이 규정하고 있는 해당 할부인도부분은 그간 인도되었거나 또는 앞으로 인도될 각각의 할부인도분에 서로 영향을 미치지 않는 독립적인 별개의 일정량(separate lot)임을 함의하고 있다.

따라서 전체 할부인도기간 중 어느 한 할부인도분이 선적불이행되어 소위 본질적 계약위반(fundamental breach of contract)[96]에 해당하면 그 불이행된 할부인도분에 대해서 일단 계약을 해제할 수 있다는 규정이다.

한편 CISG 제73조(2)항에서는 "어느 할부분에 관한 당사자 일방의 의무불이행이 장래의 할부인도분에 대한 본질적 계약위반의 발생을 추단하는 데에 충분한 근거가 되는 경우에는 계약의 상대방은 장래에 있을 계약에 대해서도 계약을 해제할 수 있다. 다만 그 해제는 합리적 기간 내에 이루어져야 한다"라고 규정하고 있다.

이 조항은 현재의 어느 할부인도분이 선적불이행 되어 계약해제가 된 경우 당해 할부계약의 연계성과 존속성을 고려해 볼 때 장차 미래에 있을 계약도 본질적 계약위반이 발생할 충분한 근거가 된다면 앞으로 있을 할부인도분도 해제할 수 있다고 규정하고 있다.

이에 한걸음 더 나아가 CISG 제73조(3)항에서는 "어느 할부인도에 대하여 계약해제를 선언한 매수인은 이미 행하여진 할부인도 또는 장래의 할부인도가 그 상호의존관계로 인하여 계약체결 시에 당사자간에 예상했던 목적으로 사용

---

95) "In the case of a contract for delivery of goods by instalments, if the failure of one party to perform any of his obligations in respect of any instalment constitute a fundamental breach of contract with respect to that instalment, the other party may declare the contract avoided with respect to that instalment."

96) 본질적 계약위반이란 계약을 위반한 당사자 일방이 미처 예견하지 못하였거나, 또는 동일한 부류의 합리적 사람이 동일한 상황에서 그러한 결과를 예견하지 못하였을 경우가 아닌 한, 계약위반의 결과가 상대방이 계약에 근거하여 기대할 수 있는 권리를 실질적으로 박탈한 때를 의미한다. 이러한 상황에서 상대방은 계약을 해제할 수 있다; CISG 제25조.

될 수 없는 경우에는 이미 행하여진 인도 또는 장래의 인도에 대하여도 동시에 계약을 해제할 수 있다"라고 규정함으로써 할부인도계약에서 선적불이행이 있었던 당해 할부인도분(제73조(1)항), 장래의 뒤이어 올 할부인도분(제73조(2)항), 그리고 이 둘을 포함하여 이미 행하여진 기존의 할부인도분 모두(제73조(3)항)에 대해 각각 또는 동시에 계약해제가 가능함을 시사하고 있다.

3. UCP600과 CISG 제73조의 비교

앞서 살펴본 바와 같이 제6차 개정신용장통일규칙 제32조는 할부어음발행 및 할부선적을 규정하고 있는 조항인데, 이 조항에 따르면 "신용장상에 정해진 기간 내에 할부선적 및 할부어음발행이 이루어지지 않은 경우에는 인도가 이루어지지 않은 해당 할부인도분을 포함하여 그 이후의 모든 할부인도분에 대해서 신용장은 무효가 된다"고 규정하고 있다.

이 둘을 놓고 볼 때 제6차 개정 제32조는 CISG 제73조(1)항의 해당 할부인도분 무효와 제73조(2)항의 장래 할부인도분 무효의 규정과 그 맥락을 같이 하고 있음을 알 수 있다. 그러나 CISG 제73조(3)항은 이에 한걸음 더 나아가 이미 이행된 할부인도분을 포함하여 전체 할부인도계약을 해제할 수 있음을 규정하고 있음에 비추어 볼 때 CISG 73조는 한층 더 엄격한 조치(draconian measure)라고 평가해 볼 수 있다.

Article 33 Hours of Presentation ―――――――――――――――――――――――

A bank has no obligation to accept a presentation outside of its banking hours.

제33조 서류제시의 시간 ―――――――――――――――――――――――――――

은행은 영업시간 외의 제시를 수리할 의무가 없다.

1. 서류제시 시간

은행은 영업시간 이외에 제시된 서류를 수리할 의무가 없다. 따라서 수익자는 신용장의 유효기일을 잘 살펴보아 유효기간 만료일 당일의 은행영업시간 이내에 반드시 서류를 제시하여야 한다. 본 제33조에 따라 유효기간 만료일의 명시는 당일 자정까지를 뜻하는 것이 아니고 은행영업일 마감시간까지를 뜻하는 것이기 때문이다.

2. 은행영업시간 이후에 제시된 서류

(1) 은행영업일

제6차 개정신용장통일규칙 제2조에서 이미 살펴본 바와 같이 은행영업일이란 "이 규칙이 적용되는 행위가 이루어지는 장소에서 은행이 통상적으로 영업하는 날"이라고 하여 은행영업일은 첫째, 은행이 통상적으로 영업중이어야 하며, 둘째, 신용장통일규칙에서 요구하는 신용장개설, 조건변경, 지급 및 결제 등의 기능을 수행하고 있는 날이어야 함을 함의하고 있다.

이 규정을 놓고 볼 때 은행영업일에 대한 해석기준은 명료해졌으나 본 규칙 제33조만을 가지고서는 구체적인 은행영업시간을 확정하기는 어렵다. 왜냐하면 이 은행영업시간은 각국마다 차이가 있어 일률적으로 규정하기가 쉽지 않기 때문이다. 또한 지정은행 또는 개설은행은 은행영업시간 이외에 서류제시가 행해진 경우 이를 수락할지 여부에 대해 선택권이 있어 서류를 제출하는 당사자에게나 서류를 접수하는 은행에게나 혼란을 야기할 우려가 내재되어 있다.

(2) 은행영업시간 이후에 제시된 서류의 처리

신용장상의 유효기일은 그 종료의 시점이 당일의 자정까지가 아니라 은행의 내부규정에 따른 통상적 영업시간이 마감될 때까지를 기준으로 한다. 이와 관련하여 국제상업회의소는 "무역부서의 은행영업시간 이후에 제시된 서류에 대해 UCP600 제33조에 의거하여 은행은 원칙적으로 자신의 은행영업일 외의 제시를 수리할 의무가 없다"는 점을 재확인하였다.[97] 즉 은행의 우편수령부서가 개점하든 은행이 실제로 영업을 하는지를 불문하고 담당 은행의 무역부서가 실제 영업하지 않는 날 제시된 서류에 대해서는 거절하는 것이 당연하다는 것이다. 그러나 서류제시가 은행의 무역부서 영업시간 외에 행하여지는 것이 허용되는지 여부는 은행이 결정할 문제라 지적하면서 그 결정을 유보하고 있다.

은행영업시간과 관련하여 지정은행 또는 개설은행에게 서류가 제시된 경우 은행영업시간은 이들 각 은행의 현지시간을 적용한다. 따라서 우편수령부서가 영업하는 날 서류를 수령하였으나 은행영업시간이 경과된 후의 수령이라면 무조건 이를 수령할 필요는 없으며, 만일 수령을 거절할 경우 그 다음 은행 무역부서의 영업일에 수령된 것으로 간주한다.

물론 은행영업시간과 은행영업일을 동일한 맥락으로 보는 데에는 무리가 있겠으나 그에 내포된 의미를 놓고 볼 때 은행영업시간은 당해 은행의 무역부서가 신용장개설, 조건변경, 지급, 결제 그리고 그와 더불어 서류의 접수업무까지 수행하는 시간으로 보아야 할 것이다. 따라서 만약 이 업무가 종료되면 은행의 영업시간도 종료되는 것으로서 행여 여타의 은행의 우편수령부서가 서류를 수령했다 하더라도 이는 은행의 무역부서의 정상적인 접수로 인정될 수는 없고 은행영업시간 외 제시된 서류로 처리한 후 그 다음 은행영업일에 제시된 것으로 보는 것이 현행 제6차 개정 신용장통일규칙의 해석기준이라 할 수 있다.

한편 은행이 하자서류에 대해 대금지급의 거절을 통지하는 시간은 서류제시후 제5은행영업일 이내인데 그 제5 은행영업일의 종료시점은 당일의 24:00시

---

97) ICC, Publication 697, R.648.

로 본다. 우리나라 대법원의 판례[98]에 따르면 "제7은행영업일[99]의 종료시의 의미는 지정된 영업시간(banking hours)의 끝이 아니라 당일 24:00시이고 따라서 그날 24:00시 이내에 전신 또는 기타 신속한 방법으로 지급거절통지가 발송된 것이라면 적법하다"라는 판시를 고려해 볼 때 유효기일 종료의 영업시간과 은행서류검토기간 종료의 영업시간이 서로 다른 기준으로 해석됨을 유의할 필요가 있다.

---

98) 대법원 2004.7.22. 선고2001다58269판결.

99) 당시 제5차 개정 신용장통일규칙상 은행의 서류검토기간은 서류접수 익일로부터 7일간이었다.

Article 34 Disclaimer on Effectiveness of Documents ——————

A bank assumes no liability or responsibility for the form, sufficiency, accuracy, genuineness, falsification or legal effect of any document, or for the general or particular conditions stipulated in a document or superimposed thereon; nor does it assume any liability or responsibility for the description, quantity, weight, quality, condition, packing, delivery, value or existence of the goods, services or other performance represented by any document, or for the good faith or acts or omissions, solvency, performance or standing of the consignor, the carrier, the forwarder, the consignee or the insurer of the goods or any other person.

제34조 서류의 효력에 대한 면책 ——————

은행은 모든 서류의 형식, 충분성, 정확성, 진정성, 위조 또는 법적 효력에 대하여 또는 서류에 명기 또는 부기된 일반조건 및/또는 특수조건에 대하여 하등의 책임이나 의무를 부담하지 않으며, 또한 서류에 표시되어 있는 상품, 서비스 또는 다른 이행의 명세, 수량, 중량, 품질, 상태, 포장, 인도, 가격 또는 실존 여부에 대해서나 또는 상품의 송하인, 운송인, 운송주선인, 수하인 또는 보험자 또는 기타 모든 관계자의 선의, 작위 또는 부작위, 지불능력, 이행 또는 신용상태에 관하여도 하등의 책임이나 의무를 부담하지 않는다.

Article 35 Disclaimer on Transmission and Translation ―――――――――

A bank assumes no liability or responsibility for the consequences arising out of delay, loss in transit, mutilation or other errors arising in the transmission of any messages or delivery of letters or documents, when such messages, letters or documents are transmitted or sent according to the requirements stated in the credit, or when the bank may have taken the initiative in the choice of the delivery service in the absence of such instructions in the credit. If a nominated bank determines that a presentation is complying and forwards the documents to the issuing bank or confirming bank, whether or not the nominated bank has honoured or negotiated, an issuing bank or confirming bank must honour or negotiate, or reimburse that nominated bank, even when the documents have been lost in transit between the nominated bank and the issuing bank or confirming bank, or between the confirming bank and the issuing bank. A bank assumes no liability or responsibility for errors in translation or interpretation of technical terms and may transmit credit terms without translating them.

제35조 전송과 번역에 대한 면책 ―――――――――

은행은 모든 통신문의 전송 또는 서신이나 서류의 송달과정중에서 신용장에 기재된 방법에 따라 전송 또는 송부되는 때, 또는 신용장에 송달 서비스 선택에 대한 지시 사항이 없어서 은행이 자신의 판단 하에 택배사를 선정하는 경우 발생하는 지연, 전달 도중의 분실, 훼손 또는 기타의 오류로 발생하는 결과에 대하여 은행은 어떠한 책임도 지지 않는다.

지정은행이 결제 또는 매입하였는지 여부를 불문하고 제시가 신용장 조건에 일치한다고 판단한 후 당해 서류를 개설은행 또는 확인은행에 송부한 경우, 서류가 지정은행과 개설은행 또는 확인은행 또는 확인은행과 개설은행 사이의 송달과정에서 분실되었다고 할지라도 개설은행 또는 확인은행은 결제 또는 매입을 하거나, 그 지정은행에게 상환하여야 한다.

은행은 기술적인 용어의 번역 또는 해석에서의 잘못에 대하여 어떠한 의무나 책임도 지지 않으며 그러한 용어를 번역하지 않고 신용장의 조건을 전달할 수 있다.

Article 36 Force Majeure

A bank assumes no liability or responsibility for the consequences arising out of the interruption of its business by Acts of God, riots, civil commotions, insurrections, wars, acts of terrorism, or by any strikes or lockouts or any other causes beyond its control. A bank will not, upon resumption of its business, honour or negotiate under a credit that expired during such interruption of its business.

제36조 불가항력

은행은 천재지변, 폭동, 소요, 반란, 전쟁, 테러행위 또는 동맹파업 또는 직장폐쇄 또는 자신의 통제할 수 없는 여타의 원인에 의한 은행업무의 중단으로부터 발생하는 결과에 대하여 하등의 책임이나 의무를 지지 않는다. 은행은 업무를 재개할 때 자신의 영업이 중단된 동안에 만료된 신용장에 대해서는 결제 또는 매입을 하지 않는다.

1. 은행의 서류 유효성에 대한 면책 범위(제34조)[100]

제34조는 은행의 서류검토와 관련한 포괄적 면책범위를 나열하고 있는 조항이다. 일반적으로 신용장의 개설의뢰인인 수입업자는 자신의 이익을 보호하기 위해 운송증권, 상업송장, 보험증권 등 필수 서류가 형식상의 법적요건이나 서류로서의 충분성, 정확성, 진정성, 위조 또는 변조의 가능성에 대해 은행이 책임을 부담하고 심사해 주기를 바란다. 그러나 은행의 입장에서는 이같이 광범위하게 책임을 부담한다는 것은 실제로 불가능할 뿐만 아니라 신용장거래의 효율성에 침해를 줄 수도 있게 된다.

따라서 은행은 제출된 서류의 진실성이나 충분성 또는 법적효과, 상품의 명세, 수량·중량, 품질 및 상품의 실존여부와 제3자가 발급한 서류 등에 대해 하등의 책임이나 의무를 부담하지 않는 광범위한 면책특권을 누린다.

---

100) 이하 박대위, 「전게서」, pp.256－259 참조.

(1) 서류자체에 대한 면책범위

① 형식(form): 은행은 서류가 법적인 필수 기재사항을 완전히 충족하고 있는지에 대해서는 면밀히 검사할 필요는 없고, 단지 서류의 정상적인 상태만을 심사한다.

② 충분성(sufficiency): 신용장이 서류의 종류와 서류상에 기재될 사항을 명백히 요구하고 있지 않는 한, 제시된 서류가 개설의뢰인에게 필요한 서류의 종류와 기재사항을 모두 구비하지 못했다 하더라도 은행은 그러한 서류에 책임지지 않고 서류를 수리한다.

③ 정확성(accuracy): 은행은 서류상의 기재사항에 대하여 그 계산상의 정확성 등을 심사하기 위해 수리적 계산까지 할 의무는 없다.[101]

④ 진정성(genuineness)·위조(forgery) 및 법적효과(legal effect): 진정한 것으로 보이는 서류와 상환으로 대금을 지급한 은행이라면 만일 그 서류가 위조된 것이었다 하더라도 면책된다.[102] 신용장거래에서 은행은 제출된 서류의 진정성을 보증하는 것은 아니다.

⑤ 서류에 열기 또는 부기된 일반조건 및 특수조건(general or particular conditions): 발급된 서류, 예컨대 선하증권과 같은 경우에는 여러 가지 특별한 약관들이 인쇄되기도 하고, 고무인으로 부기되기도 한다. 이때 이 같은 내용이 신용장의 조건에 일치하는지 검토하여 하자가 발견되면 은행은 당연히 당해 선하증권을 수리거절하면 된다. 그러나 은행은 선하증권상에 인쇄된 모든 약관을 일일이 검토하여 그 법적효과를 신용장 조건과 대조·검토할 의무는 없다. 이미 앞서 설명한 바와 같이 선하증권 이면에 인쇄된 환적약관이나 갑판적재약관은 실제 환적이나 갑판적재를 했음을 표시하는 것이 아니라, 경우에 따라 운송인은 환적이나 갑판적재를 할 수 있다는 권리를 유보하고 있음을 표시하는 일반적 인쇄

---

101) 신용장과 송장의 단가, 수량 및 금액 등이 일치하는지는 검토하여야 하지만 단가에 수량을 곱한 금액과 일치하는지 등을 확인할 의무는 없다.

102) 서류의 사기와 은행의 보호문제에 대해서는 *infra* Part 4, Chapter 2 「개정미통일상법전 제5조와 신용장거래에서의 사기」 참조.

문언에 불과하므로 은행은 이에 대해 면책된다.

(2) 서류상의 기재내용에 대한 면책범위

은행은 서류에 기재되어 있는 물품에 관한 명세(description), 수량(quantity), 품질(quality), 상태(condition), 포장(packing), 인도(delivery) 및 물품의 실존여부(existence of the goods) 등에 대해 면책된다.

신용장 거래는 매매계약과 독립되어 있고 서류로만 판단하는 서류상의 거래이므로 서류가 대표하는 물품의 상태나 실존여부에 대해 은행은 알 수도 없고 알 필요도 없다. 따라서 책임질 수도 없는 것이다.

(3) 서류의 작성·발행자에 대한 면책범위

은행은 서류를 작성하고 발행하는 운송인, 운송중개인, 보험자, 그리고 송하인 및 수하인 등의 선의여부(good faith), 행위 및 부작위(acts or omission), 신용도 및 재정상태(standing or solvency) 등에 대해서도 면책된다. 이들 당사자들은 신용장거래의 당사자가 아니므로 은행은 이들과 직접적인 계약관계가 있는 것도 아니므로 은행으로서는 신용장조건에 일치하는 서류의 제시만 받으면 족하지 서류를 발급한 당사자들의 배경을 일일이 검토하고 심사할 수는 없다.

2. 서류전달에 대한 면책(제35조)

은행은 신용장에 규정된 요건과 방식에 따라 메시지, 서신 또는 서류를 송달할 때 발생하는 지연(delay), 분실(loss), 훼손(mutilation) 또는 기타의 오류(error)에 대해, 또는 신용장에 그러한 전달의 요건과 방식이 규정되어 있지 않아 은행이 주도적으로 선택한 전달방식으로 이들을 송달할 때 발생하는 상기의 동일한 위험에 대해 일체의 책임을 부담하지 않는다.

(1) 개설은행의 경우

개설은행의 경우 신용장을 개설하여 우송기관인 체신당국에 이의 송달을 위탁하면 개설의뢰인인 수입업자에 대해 신용장개설에 대한 책임을 다한 것이 된다.

신용장의 효력은 일반적으로 발신주의(mailbox rule)가 적용된다. 즉 신용장은 개설은행이 개설의뢰인의 지시·요청에 따라 신용장을 개설하고 이를 수익자에게 발송하게 되면 그 효력이 발생한다. 따라서 우송의 책임을 지고 있는 체신당국에 신용장의 송달을 의뢰하면 그 후에 발생하는 일체의 지연·분실·훼손 등에 대해 개설은행은 면책됨이 당연하다.

(2) 지정은행의 경우

지정은행은 지급·인수·연지급 또는 매입을 이행하였든 아직 이행하지 않았든 불문하고 수익자로부터 제시된 선적서류가 신용장조건에 일치한다고 판단하여 이를 개설은행으로 송부했다면 전달과정에서 당해 선적서류들이 분실된 경우라 해도 개설은행으로부터 대금의 충당을 받을 수 있다.

제6차 개정에서 신설된 이 조항은 사실 개설은행에게는 큰 부담이 될 수 있다. 지급·인수·연지급 또는 매입은행이 검토를 끝낸 관계 선적서류를 개설은행 앞으로 송부하였는데 전달과정에서 분실될 경우 개설은행이 책임지는 결과가 되기 때문이다.

이 신설조항을 놓고 보면 개설은행의 지급의무는 지정은행으로부터 환어음과 관계 선적서류가 송부되어 이를 자신의 영업소에서 접수하여 서류검토를 완료하는 순간에 발생하는 것이 아니라, 지정은행이 환어음과 당해 선적서류를 개설은행 앞으로 송부하는 시점에 발생한다는 것을 알 수 있다.

사실 개설은행의 입장에서는 당해 선적서류들을 받아보기 전까지는 그 서류들이 신용장조건과 내용에 일치하는지 알 수 없으며, 서류를 심사하지 않은 상태에서 대금지급 또는 충당의 의무가 발생하는지 여부에 대해서는 문제의 소지가 있다. 그러나 입장을 달리하여 지급·인수·연지급 또는 매입은행의 경우 수익자로부터 제시받은 선적서류 일체가 신용장조건과 내용을 충족시키는 일치서류였음에도 이를 개설은행에 송달하는 과정에서 분실되었다는 이유로 대금을 충당받을 수 없다면 이 또한 문제의 소지가 있다.

물론 지정은행은 이 같은 송달상의 분실위험에 대비하여 수익자의 선적서류들을 지급·인수·연지급 또는 매입하기 전에 관련 서류분실의 책임을 유보조건부지급의 형태로 수익자에게 부담시킬 수도 있겠으나 제6차 개정 신용장통일규칙은 이를 개설은행의 책임범위로 포괄시켜 규정하고 있다.

그러나 이 조항의 적용을 위해 가장 중요한 것은 지급·인수·연지급 또는 매입은행은 반드시 당해 선적서류들이 신용장조건과 내용에 일치하는 서류였음을 입증할 수 있어야 할 것이라는 점이다.

개설은행으로 선적서류가 전달되는 과정에서 분실된 선적서류에 대해 만일 추후에라도 신용장조건과 내용에 일치하는 서류였다는 충분한 근거를 제시할 수 있다면 분실된 원본서류의 제시없이도 개설은행으로부터 상환받을 권리는 침해받지 않을 것이다.

3. 번역이나 해석오류에 대한 면책

은행은 신용장상의 기술적 용어(technical terms)를 해석하거나 번역함에 있어 그 오류에 대해 어떠한 책임도 지지 않는다. 은행은 신용장에서 거래되는 모든 물품에 대해 다 알고 있을 수는 없고, 다양한 전문용어나 기술적 용어에 생소할 수도 있다. 따라서 이들을 번역하거나 해석하지 않고 당해 신용장을 고객에게 전달해도 된다. 그러나 고객의 요청에 따라 번역이나 해석을 해주었으나 오류가 있는 경우 이에 대해 책임을 지지 않음은 이미 오래된 은행관행이다.

우리나라에 내도되는 신용장은 거의 영어로 되어있지만 영어 외에 프랑스어, 독일어, 스페인어, 중국어 등으로 신용장이 개설되어 와도 은행은 이를 번역하지 않고 수익자에게 전달해줄 수 있다.

4. 불가항력에 따른 면책(제36조)

제36조는 천재지변, 폭동, 소요, 반란, 전쟁, 테러 또는 파업이나 직장폐쇄 등과 같은 불가항력으로 인한 은행업무의 중단 기간 중에 유효기간이 종료되는 신용장에 대해 지급·인수·연지급 또는 매입의 의무가 없다는 것을 규정하고 있다.

이미 앞서 설명하였듯이 본 규칙 제29조에 따라 신용장의 유효기일이 공휴일 또는 은행의 휴무일에 종료되면 다음 은행영업일까지 자동 연장되는 조치가 취해지는 상황과는 달리 유효기일이 불가항력기간 중에 만료되면 더 이상 연장되지 않고 신용장의 유효성이 종료된다는 것은 형평에 어긋나는 것으로 보일 수도 있다. 왜냐하면 불가항력(force−majeure)이란 어느 누구의 귀책사유 없이 계약상 의무를 이행할 수 없게 만드는 면책사유이므로 수익자의 입장에서는 선의의 피해자가 될 수 있기 때문이다.

불가항력 사태로 은행이 영업을 하지 못하는 기간 중에 신용장의 유효기간이 만료되면 추후 불가항력 사태가 종료된 후 그 기간만큼 자동적으로 신용장의 유효기간이 연장되어야 할 것으로 생각되지만 신용장통일규칙은 그렇게 해석하지 않는다. 불가항력과 유효기일은 전혀 별개이며, 유효기일은 엄격히 준수되어야 한다는 것을 강조하고 있다.

따라서 수익자는 불가항력 사태가 발생하여 유효기일이 종료될 우려가 있을 때에는 사전에 서둘러 은행에 서류를 제출하거나[103) 개설의뢰인에게 유효기일의 연장을 요청하여야 할 것이다.

불가항력에 의한 은행업무의 중단은 천재지변이나 기타 사변들로 인해 은행의 업무가 전면적으로 중단된 경우뿐만 아니라 외국환거래업무의 중단 또는 외국환시장의 폐쇄로 환율이 고시되지 않는 경우도 포함된다.

파업의 경우도 은행 자체의 파업뿐만 아니라 우체국 등의 파업으로 신용장 업무를 볼 수 없는 상황이면 본 조항의 적용을 받는다. 따라서 신용장의 개설통지가 지연되거나 불가능하게 되어도 개설은행은 개설의뢰인에게 면책되며, 매입한 선적서류의 발송이 지연되거나 불가능하게 되어도 매입은행은 수익자나 개설은행에 대해 면책된다.

---

103) 수익자가 신용장의 유효기일 내에 매입은행에 서류를 제출한 후 매입은행의 서류검토기간 중 불가항력 사태가 발생하여 은행업무가 중단되면, 비록 유효기일이 불가항력사태기간 중 종료되어도 수익자는 불가항력사태기간이 끝나면 대금결제를 받을 수 있다. 같은 의미로 매입은행이 매입행위를 마치고 제3국의 결제은행(reimbursing bank)으로 서류를 송부하였는데 그 결제은행이 소재하고 있는 곳에서 불가항력사태가 발생하여 대금의 충당을 받지 못하고 있을 경우에도 매입은행은 추후 불가항력 사태가 종료되면 결제은행으로부터 매입대금을 충당받을 수 있다. 결제은행의 대금충당 시기는 수익자가 있는 수출국의 매입은행기준의 유효기일과는 관계가 없기 때문이다. 즉 위 두 경우 모두 이미 수익자는 신용장의 유효기일을 준수한 상태이기 때문이다.: 박대위, 「전게서」, pp.263−264.

Article 37 Disclaimer for Acts of an Instructed Party

a. A bank utilizing the services of another bank for the purpose of giving effect to the instructions of the applicant does so for the account and at the risk of the applicant.

b. An issuing bank or advising bank assumes no liability or responsibility should the instructions it transmits to another bank not be carried out, even if it has taken the initiative in the choice of that other bank.

c. A bank instructing another bank to perform services is liable for any commissions, fees, costs or expenses ("charges") incurred by that bank in connection with its instructions. If a credit states that charges are for the account of the beneficiary and charges cannot be collected or deducted from proceeds, the issuing bank remains liable for payment of charges. A credit or amendment should not stipulate that the advising to a beneficiary is conditional upon the receipt by the advising bank or second advising bank of its charges.

d. The applicant shall be bound by and liable to indemnify a bank against all obligations and responsibilities imposed by foreign laws and usages.

제37조 피지시 당사자의 행위에 대한 면책

a. 은행이 개설의뢰인의 지시를 이행할 목적으로 다른 은행의 서비스를 이용하는 경우에는 개설의뢰인의 비용과 위험부담으로 한다.

b. 개설은행이나 통지은행은 비록 자신이 주도적으로 다른 은행을 선정하였더라도 다른 은행에 전달한 지시가 이행되지 않은 데 대하여 의무나 책임을 지지 않는다.

c. 다른 은행에게 서비스의 이행을 요청하는 은행은 그러한 지시와 관련하여 다른 은행에서 발생한 모든 수수료, 요금, 비용 또는 지출금 (이하 "제 비용")에 대하여 책임이 있다. 만일 신용장에 제 비용이 수익자의 부담이라고 기재하고 있으나 그 제 비용이 신용장대금에서 징수되거나 차감될 수 없는 경우에는 개설은행은 여전히 제 비용의 지급에 대한 의무를 진다.

신용장 또는 조건변경에는 수익자에 대한 통지가 통지은행 또는 제2 통지은행이 자신의 통지 제비용을 수취하는 것을 조건으로 한다고 규정해서는 안 된다.

d. 개설의뢰인은 외국의 법과 관행이 부과하는 모든 의무와 책임에 대하여 은행에 보상할 의무와 책임이 있다.

1. 개설의뢰인의 위험과 비용부담

(1) 개설의뢰인의 지시 이행을 위한 행위

개설은행은 개설의뢰인의 지시를 이행하기 위해서 개설은행의 지점이나 코레스 은행의 서비스를 이용하게 된다. 예를 들어 신용장의 통지를 이행하기 위해 개설은행은 통지은행의 통지서비스를 요구하게 되는데 이때 통지은행의 과실로 신용장이 적기에 전달되지 않을 경우 개설은행은 면책되고 이러한 문제와 관련되어 발생하는 모든 비용과 위험은 개설의뢰인이 부담한다.

개설의뢰인의 요구와 지시가 없었다면 개설은행은 통지은행의 서비스를 요구하지 않았을 것이고, 그에 따라 그와 같은 문제는 발생하지 않았을 것이라는 논리의 적용이다.

나아가 개설은행은 개설의뢰인의 지시와 요구를 들어줄 목적으로 개설은행의 자의에 따라 능동적으로 타 은행의 서비스를 선택할 수도 있는데, 이때 타 은행이 개설은행의 지시사항을 제대로 이행하지 않아 야기된 위험과 비용에 대해서도 개설은행은 책임을 부담하지 않는다.

이들 타 은행의 과실이나 태만에 따른 손실에 대해서까지 개설은행이 책임을 부담한다면 신용장거래에서의 개설은행의 책임의 한계는 예측할 수 없을 뿐만 아니라 이런 책임을 부담하면서까지 개설은행은 신용장거래에 참여하지 않으려 할 것이다.

2. 지시한 당사자의 본원적 책임

신용장거래를 성사시키기 위하여 다른 은행들의 서비스를 지시한 당사자는 지시를 받은 은행이 그 지시의 내용을 수행하는 데 부담한 수수료(commission),

요금(fee), 비용(cost), 경비(expense)에 대해 책임을 진다.

나아가 '신용장상의 제 비용들은 수익자가 부담한다'라고 명시되어 있지만, 당해 제 비용이 신용장대금에서 징수되거나 차감되지 못한 경우에는 최종적으로 지시를 한 당사자, 즉 개설의뢰인이 책임을 진다.

3. 개설의뢰인의 본원적 책임

신용장거래는 국경을 달리하는 국제간의 무역거래를 기본으로 하고 있기 때문에 외국의 법률이나 관행에 따라 부과되는 비용들이 많다. 개설의뢰인은 이 같은 비용에 대해서도 궁극적으로 책임을 져야 한다.

경우에 따라 신용장상에 "All charges in connection with this credit outside of our country are for account of beneficiary"라는 단서를 달아 신용장개설국 밖에서 발생하는 제 비용을 수익자가 부담하도록 한다 하여도 수익자가 실제로 이를 부담하지 않는다든지 또는 수출국 내국법에 의해 비용부담이 허용되지 않는 경우에는 결국 개설의뢰인이 부담하여야 한다.

Article 38 Transferable Credits

a. A bank is under no obligation to transfer a credit except to the extent and in the manner expressly consented to by that bank.

b. For the purpose of this article:

Transferable credit means a credit that specifically states it is "transferable". A transferable credit may be made available in whole or in part to another beneficiary ("second beneficiary") at the request of the beneficiary ("first beneficiary"). Transferring bank means a nominated bank that transfers the credit or, in a credit available with any bank, a bank that is specifically authorized by the issuing bank to transfer and that transfers the credit. An issuing bank may be a transferring bank. Transferred credit means a credit that has been made available by the transferring bank to a second beneficiary.

c. Unless otherwise agreed at the time of transfer, all charges (such as commissions, fees, costs or expenses) incurred in respect of a transfer must be paid by the first beneficiary.

d. A credit may be transferred in part to more than one second beneficiary provided partial drawings or shipments are allowed. A transferred credit cannot be transferred at the request of a second beneficiary to any subsequent beneficiary. The first bene-ficiary is not considered to be a subsequent beneficiary.

e. Any request for transfer must indicate if and under what conditions amendments may be advised to the second beneficiary. The transferred credit must clearly indicate those conditions.

f. If a credit is transferred to more than one second beneficiary, rejection of an amendment by one or more second beneficiary does not invalidate the acceptance by any other second beneficiary, with respect to which the transferred credit will be amended accordingly. For any second beneficiary that rejected the amendment, the transferred credit will remain unamended.

g. The transferred credit must accurately reflect the terms and conditions of the credit, including confirmation, if any, with the exception of:

- the amount of the credit,
- any unit price stated therein,
- the expiry date,
- the period for presentation, or
- the latest shipment date or given period for shipment,

any or all of which may be reduced or curtailed.

The percentage for which insurance cover must be effected may be increased to provide the amount of cover stipulated in the credit or these articles.

The name of the first beneficiary may be substituted for that of the applicant in the credit.

If the name of the applicant is specifically required by the credit to appear in any document other than the invoice, such requirement must be reflected in the transferred credit.

h. The first beneficiary has the right to substitute its own invoice and draft, if any, for those of a second beneficiary for an amount not in excess of that stipulated in the credit, and upon such substitution the first beneficiary can draw under the credit for the difference, if any, between its invoice and the invoice of a second beneficiary.

i. If the first beneficiary is to present its own invoice and draft, if any, but fails to do so on first demand, or if the invoices presented by the first beneficiary create discrepancies that did not exist in the presentation made by the second beneficiary and the first beneficiary fails to correct them on first demand, the transferring bank has the right to present the documents as received from the second beneficiary to the issuing bank, without further responsibility to the first beneficiary.

j. The first beneficiary may, in its request for transfer, indicate that honour or nego-tiation is to be effected to a second beneficiary at the place to which the credit has been transferred, up to and including the expiry date of the credit. This is without prejudice to the right of the first beneficiary in accordance with sub-article 38 (h).

k. Presentation of documents by or on behalf of a second beneficiary must be made to the transferring bank.

제38조 양도가능신용장

a. 은행은 자신이 명백히 동의한 범위와 방법에 의하지 아니하고는 신용장을 양도할 의무가 없다.

b. 본 조항의 목적상 ;

양도가능신용장이란 신용장상에 특별히 "양도가능"이라고 특정하여 기재하고 있는 신용장을 말한다. 양도가능신용장은 수익자(이하 "제1수익자")의 요청에 의하여 전부 또는 일부를 다른 수익자(이하 "제2수익자")가 사용하도록 할 수 있다. 양도은행이라 함은 신용장을 양도하는 지정은행, 또는 어느 은행에서나 사용가능한 신용장의 경우에는 개설은행에 의해 양도하도록 특별히 수권되어 신용장을 양도하는 은행을 말한다. 개설은행도 양도은행이 될 수 있다. 양도된 신용장이라 함은 양도은행에 의하여 제2수익자가 사용할 수 있도록 만들어진 신용장을 말한다.

c. 양도시에 달리 합의하지 않는 한 양도와 관련하여 발생한 제 비용들(수수료, 보수, 경비 또는 비용 등)은 제1수익자가 지급해야 한다.

d. 분할어음발행 또는 분할선적이 허용되는 경우에 신용장은 한 명 이상의 제2수익자에게 분할양도될 수 있다. 양도된 신용장은 제2수익자의 요청에 의하여 그 다음 후속 수익자에게 양도될 수 없다. 제1수익자는 그 다음 후속 수익자로 보지 않는다.

e. 양도 요청시에는 제2수익자에게 조건변경을 통지하여야 하는지 여부와 그리고 어떠한 조건하에서 조건변경을 통지하여야 하는지 여부를 표시하여야 한다. 양도된 신용장은 그러한 조건을 명확하게 표시하여야 한다.

f. 신용장이 한 명 이상의 제2수익자에게 양도된 경우, 한 명 또는 그 이상의 제2수익자에 의한 어느 조건변경의 거절은 다른 제2수익자에 의한 수락을 무효화하지 않으며, 관련된 양도신용장은 그에 따라 변경된다. 조건변경을 거부한 제2수익자에 대하여는 양도된 신용장은 변경되지 않은 상태로 남는다.

g. 양도된 신용장은 확인을 포함하여 신용장의 조건을 정확히 반영하여야 한다. 다만 다음은 예외로 한다.

- 신용장의 금액
- 신용장에 명기된 단가
- 유효기일
- 제시기간 또는
- 최종선적일 또는 부여된 선적기간

이 중의 일부 또는 전부는 감액되거나 단축될 수 있다.

보험이 부보되어야 하는 백분율은 신용장 또는 본 규칙에서 명시된 부보금액을 제공할 수 있도록 증액될 수 있다.

제1수익자의 이름은 신용장에 있는 개설의뢰인의 이름과 대체될 수 있다.

만일 신용장이 송장을 제외한 다른 서류에 개설의뢰인의 이름이 보일 것을 특별히 요구하는 경우에는 그러한 요구 사항은 양도된 신용장에도 반영되어야 한다.

h. 제1수익자는 신용장에서 명시된 금액을 초과하지 않는 한, 만일 있다면, 자신의 송장과 환어음을 제2수익자의 그것과 대체할 권리를 갖는다. 그러한 대체를 하는 경우 제1수익자는 자신의 송장과 제2수익자의 송장과의 차액에 대하여 신용장 하에서 환어음을 발행할 수 있다.

i. 제1수익자가 자신의 송장 및 있는 경우, 환어음을 제시하기로 하였으나 첫 번째 요구에서 그렇게 하지 못한 경우 또는 제1수익자가 제시한 송장이 제2수익자가 제시한 서류에는 없었던 하자를 발생시키고 제1수익자가 첫 번째 요구에서 이를 정정하지 못한 경우, 양도은행은 제1수익자에 대하여 더 이상의 책임이 없이 제2수익자로부터 받은 서류를 그대로 개설은행에게 제시할 권리를 갖는다.

j. 제1수익자는 양도 요청시에 신용장이 양도된 장소에서 신용장의 유효기일 이전에 제2수익자에게 결제 또는 매입이 이루어져야 한다는 것을 표시할 수 있다. 이는 제38조 (h)항에 따른 제1수익자의 권리에 영향을 미치지 않는다.

k. 제2수익자에 의한 또는 그를 대리하는 서류의 제시는 양도은행 앞으로 이루어져야 한다.

1. 신용장의 양도

양도가능신용장(transferable credit)이란 신용장상에 "Transferable"이란 표시가 되어 있는 신용장으로서 수익자에게 신용장금액의 전부 또는 일부를 제2의 수익자에게 양도할 수 있는 권한을 부여한 신용장을 말한다.

신용장이란 본래 어느 특정 1인에게 일정 한도의 신용장상의 혜택을 공여하는 은행의 확약이기 때문에 통상 수출업자인 수익자 1인을 한정시켜 제3자가 임의로 사용할 수 없는 것이 원칙이다.

그러나 신용장 본래의 기능을 확대하여 신용장을 수입업자와 수출업자간의 일차적인 거래로 끝내지 않고 이를 제3자에게까지 확대시킬 필요도 있다. 신용장을 양도하는 데에는 여러 가지 이유가 있겠으나 주로 다음과 같은 경우에 양도가 필요하다.

첫째, 제1수익자가 생산시설을 갖추지 않고 무역의 알선을 주목적으로 하는 중간상일 때,

둘째, 제1수익자가 직접 생산하여 공급하는 것보다 유리한 조건으로 하청 생산계약을 체결할 수 있을 때,

셋째, 실제로 물품을 공급하는 생산업자가 직접 해외의 수입업자와 매매계약을 체결하기에는 지명도가 낮고 신용도가 높지 않을 경우, 또 특정 품목의 수출창구가 일원화되어 있어 자신의 명의로는 수출이 어려울 때 제1수익자의 명의를 빌려 대행식으로 양도받을 때 등이다.

2. 신용장 양도의 조건

제38조(a)항은 양도요건을 규정하고 있다. 즉 신용장이 양도되기 위해서는 양도취급은행이 개입되어야 하는데 본 조(a)항을 제대로 이해하기 위해서는 (b)항과 (c)항이 우선적으로 설명되어야 한다.

(1) 양도가능신용장의 정의와 양도취급은행의 개입

본 조(b)항에 따르면 양도가능 신용장이란 신용장의 문면상에 특별히

"Transferable"(양도가능)이라는 표현이 명시되어야 하며, 제1수익자의 요청에 따라 신용장의 전부 또는 일부가 제2수익자와 공유되는 신용장이다. 이때 제1수익자의 양도요청은 양도취급은행에 하게 되는데 양도취급은행은 개설은행으로부터 지급·인수·연지급 또는 매입을 지정받은 지정은행이, 그리고 자유매입신용장의 경우에는 개설은행으로부터 특별히 수권된 한 은행이 양도지정은행이 된다.

제6차 개정 신용장통일규칙은 신용장이 양도가능해지기 위해서는 이같이 지정된 양도취급은행이 제2의 수익자가 신용장을 사용할 수 있도록 신용장의 문호를 개방해 주어야만 한다고 규정하고 있다.

한편 지정된 양도가능은행은 제1수익자로부터 양도의 요청을 받게 되면 그 요청에 무조건 응할 의무는 없다.[104]

본 조(c)항에 따르면 신용장의 양도요청시 수익자는 양도와 관련하여 발생하는 모든 비용, 즉 수수료, 요금, 비용, 경비를 양도취급은행에 납부하여야 한다. 현행 제6차 개정에서는 삭제되었으나 제5차 개정에서는 이 양도 관련 제 비용이 지불되기 전에는 양도취급은행은 양도를 이행할 의무가 없다고 규정한 바 있음을 고려해 볼 때 양도의 전제조건은 양도취급비용의 선납에 있다고 볼 수 있다.

본 조(a)항에 규정된 양도취급은행은 자신이 명백히 동의한 범위와 방법에 의하지 않고서는 양도를 이행할 의무를 지지 않는다고 규정하고 있다. '명백히 동의한 범위와 방법'의 가장 명확한 예는 수익자의 양도비용의 선납에 있음을 유추할 수 있다. 양도의무는 지정은행에게 대단히 번거롭고 귀찮은 일이 될 수도 있다. 따라서 양도취급은행의 양도 승낙은 신용장의 양도요건의 핵심이 된다.

(2) 신용장 양도의 방식

본 조(d)항에 따르면 신용장의 양도는 여러 명의 제2수익자에게 분할해서 양도할 수도 있다고 규정하고 있다. 물론 이를 위해서는 신용장상에 분할선적이 허용되어야 함은 물론일 것이다.

---

104) 이것은 양도취급은행이 신용장의 확인은행인지의 여부와 관계가 없다. 확인이라 함은 개설은행이 아닌 제3의 은행이 수익자에 대해 개설은행의 지급불능시 지급·인수·연지급 또는 매입에 대해 확약을 하는 것이지 신용장의 양도업무에 대한 것까지 확인하는 것은 아니다.

그러나 이때 주의할 것은 제2수익자가 제3의 후속 수익자에게 또다시 신용장을 양도할 수는 없다는 점이다.

이 조항은 신용장양도의 횟수와 분할양도에 관한 것으로 양도가능신용장의 양도는 한번만 할 수 있음을 규정하고 있다. 그리고 신용장상에 분할선적이 금지되어 있지 않는 한 여러 명의 제2수익자에게 신용장금액을 분할하여 양도할 수 있다.

이들 여러 명의 제2수익자들에게 분할양도한 행위는 한번 양도한 것으로 간주하며, 이 경우 분할양도금액의 총계는 원 신용장금액의 범위 내여야 함은 물론이다, 그러나 제2수익자는 또다시 제3의 수익자에게 계속 양도할 수는 없다.

이와 같이 양도의 권한을 제1수익자에게 한정하고 양도의 연속성을 단절시키는 이유는 전적으로 수입업자인 개설의뢰인을 보호하기 위함이다. 개설의뢰인이 수출업자를 믿고 수출업자가 양도하는 제2수익자로부터 물품을 공급받는 것을 허락한 이유는 개설의뢰인 자신이 선택한 수출업자의 성실성을 신뢰하고 있기 때문이다. 그러나 이 수출업자로부터 신용장을 양도받은 제2수익자가 또 다른 제3의 후속 수익자에게 계속 신용장을 양도한다면 개설의뢰인으로서는 전혀 알지 못하는 물품제조업자와 거래하는 형태가 될 것이다. 따라서 신용장의 양도는 연속적으로 양도되어서는 안 되며, 수입업자가 입을 수 있는 양도의 피해를 미연에 방지하기 위해 양도는 오로지 1회에 한정된다.[105]

그러나 일단 제2수익자에게 양도된 신용장이 제1수익자에게 재양도되는 것은 연속적 양도금지 규정에 적용되지 않는다. 이때의 제1수익자는 연속적 양도에 따른 제3의 후속 수익자(subsequent beneficiary)가 아님을 유의하여야 한다.

---

105) 그러나 예외적으로 신용장의 양도가 2회 이상 필요한 경우에는 관계 당사자들의 합의에 의해 신용장상에 2회의 신용장양도가 가능함을 신용장조건으로 명시하면 된다.: 박대위, 「전게서」, p.361.

3. 신용장의 양도와 신용장의 조건변경

(1) 신용장 양도시 조건변경의 방식 결정권

본 조(e)항은 양도를 요청하는 제1수익자는 추후 신용장의 조건변경이 있을 경우 당해 조건변경의 내용을 제2수익자에게 통지할지 여부에 대해 결정하여 이를 양도취급은행에 명확히 지시하여야 한다고 규정하고 있다.

경우에 따라 신용장이 조건변경되면 제1수익자는 조건변경의 내용을 제2수익자가 알게 되는 것을 원하지 않을 때가 있을 것이다. 제1수익자가 이처럼 제2수익자와 공유하고 싶어 하지 않는 조건변경내용을 제1수익자의 동의없이 양도취급은행이 직접 제2수익자에게 통보하는 것을 방지하기 위해 제1수익자는 첫 양도가 이루어질 때 이 점을 분명히 해주어야 한다. 이같은 방식으로 양도가 된다는 사실에 대해 제2수익자가 알고 있어야 하는지에 대해서는 제6차 개정에서는 특별히 언급되어 있지 않지만 제5차 개정까지의 추이를 놓고 볼 때 양도취급은행은 이러한 조건변경 통보방식에 대해 제2수익자에게 사전에 주지시켜 그러한 양해하에 양도가 이루어진다는 것을 알려줄 필요가 있다.

(2) 제2수익자의 조건변경내용의 승낙과 거절

본 조(f)항 역시 양도된 신용장의 조건변경에 대해 다루고 있다. 다만 (f)항은 여러 명의 제2수익자들이 조건변경의 내용을 고지받아 알고 있을 때 당해 조건변경에 대해 승낙 또는 거절의 의사표시가 상호간에 합치하지 않을 경우 당해 신용장은 계속 그 유효성을 가지는지 여부를 규정하고 있다.

신용장이 2인 이상의 제2수익자에게 양도될 경우 1인 또는 그 이상의 제2수익자가 신용장의 조건변경내용을 거절하더라도 조건변경내용을 수락한 제2수익자가 있을 경우에는 이를 무효화시킬 수는 없다는 것이다.

일반적으로 사용되는 양도불능신용장에 있어 적용되는 수익자·개설은행·확인은행의 만장일치 의사결정과는 달리 양도가능신용장에서는 복수의 제2수익자의 결정이 상호간에 만장일치되지 않더라도 조건변경을 거절한 제2수익자에게는 원 신용장내용이, 그리고 조건변경을 수락한 제2수익자에게는 조건변경된 신용장내용이 각각 별도로 적용된다는 것이다.

4. 신용장조건의 유지와 예외

양도되는 신용장은 원신용장조건을 그대로 반영하며 원 신용장조건대로 양도되어야 한다. 그러나 다음과 같은 조건은 예외적으로 감액 또는 감축이 가능하다.

① 신용장금액 ② 단가 ③ 유효기일 ④ 서류제시기간 ⑤ 최종선적기일

첫째, 양도되는 신용장의 금액이나 단가는 원신용장금액이나 단가보다 적게 줄일 수 있다. 제1수익자가 중간차익을 목적으로 하는 경우에 그 차액을 이익으로 획득할 수 있어야 하기 때문이다.

둘째, 양도되는 신용장의 유효기일, 서류제시기간 및 최종선적기일은 원 신용장조건보다 단축할 수 있다. 제1수익자가 제2수익자의 서류를 취합하여 송장 및 환어음을 자신의 것으로 대체하고 원신용장의 조건을 충족시킬 시간적 여유가 필요하기 때문이다.

한편 해상보험의 경우에는 원신용장에 명시된 금액만큼 담보받기 위해서는 부보비율이 증가할 수 있다. 이는 실제로 더 많은 비율로 보험을 든다는 의미가 아니라 감축된 신용장금액을 원 신용장금액만큼 부보해야 함에 따라 자연스럽게 부보비율이 증가하는 효과가 있다는 뜻임을 유의할 필요가 있다.

예를 들어 원신용장 금액: US$100,000

부보금액(부보비율 110%): US$110,000

양도신용장 금액: US$90,000

부보금액(부보비율 122.2%): US$110,000

즉 양도된 신용장금액이 원 신용장금액만큼 부보되기 위해서는 원신용장금액과 양도된 신용장금액과의 차이만큼 부보비율의 증가가 자연스럽게 이루어진다는 것이다. 원신용장금액과 양도금액과의 차이가 크면 클수록 부보비율의 증가폭은 더 커질 것이다.

5. 제1수익자의 개설의뢰인 명의대체권

양도가 이루어지지 않는 일반적 형태의 신용장에서는 모든 서류는 수입업자인 개설의뢰인 또는 개설의뢰인이 지시한 자 앞으로 발행된다. 신용장하에서 거래되는 물품의 실소유자가 개설의뢰인이므로 물품을 대표하는 서류 역시 개설의뢰인 명의로 발행해야 하는 것이 당연하기 때문이다.

그러나 양도된 신용장에서는 제1수익자는 신용장상의 실수입업자인 개설의뢰인을 제1수익자 자신의 이름으로 대체할 수 있는 권리를 갖는다. 왜냐하면 만일 제2수익자가 원 신용장하의 실제 개설의뢰인의 이름을 알게 되면 추후에 직접 거래할 가능성이 있으며, 이는 곧 제1수익자의 거래기회의 상실로 이어질 위험이 크기 때문이다. 따라서 제1수익자를 보호하기 위해서라도 제2수익자에게 신용장 개설의뢰인의 정체를 숨길 수 있는 권리를 제1수익자에게 부여할 필요가 있다.

그러나 신용장에서 송장이외의 모든 서류에 개설의뢰인의 이름이 명시되어야 한다고 특별히 규정하고 있다면 제1수익자는 이 지시에 따라야 한다.

6. 제1수익자의 송장대체권과 환어음 차액발행권

본 조(h)항에서는 제1수익자는 신용장에 명시된 원 금액을 초과하지 않는 금액의 범위 내에서 자신의 송장 및 환어음을 제2수익자의 것과 대체하여 사용할 수 있는 권리를 가지며, 나아가 제1수익자는 자신의 송장과 제2수익자의 송장과의 사이에 차액이 있을 경우 그 차액에 대해서 환어음을 발행하는 권리도 갖는다고 규정하고 있다.

즉 양도된 신용장의 금액과 단가가 원 신용장의 금액과 단가보다 적을 때에는 제1수익자는 그 차액만큼 환어음을 발행하여 중개이익을 가질 수 있다는 것이다.[106]

---

106) 예를 들어 원신용장금액이 US$10,000이고, 양도는 US$9,000만큼이었다면 제1수익자는 제2수익자가 작성한 US$9,000에 해당하는 송장 대신 US$10,000에 해당하는 송장으로 대체하고 차액인 US$1,000만큼을 중개이익으로 가질 수 있다.

그럼에도 불구하고 제1수익자가 자신의 명의로 대체된 송장 및 환어음을 최초의 제시 때(on first demand) 양도취급은행에 제시하지 못하면 양도취급은행은 제1수익자에 대하여 더 이상의 책임 없이 제2수익자의 송장 및 환어음을 포함하여 기타 선적서류 일체를 개설은행에 인도한다.

한편 제6차 개정에서는 여기에 한 걸음 더 나아가 다음의 내용을 추가하여 규정하고 있다.

즉 제1수익자가 제2수익자의 송장을 자신의 명의로 대체하였으나 제2수익자가 작성한 송장에는 존재하지 않았던 서류불일치사항이 있는 경우 이를 적기에 정정하지 못했을 때에는 양도취급은행은 제1수익자에 대해 더 이상의 책임 없이 제2수익자의 송장을 포함하여 제반 선적서류를 개설은행으로 송부할 수 있다.

요컨대 제1수익자가 양도취급은행으로부터 송장 및 환어음의 대체를 요구받고도 이를 적기에 이행하지 못한다든지, 또는 서류의 불일치사항이 포함된 송장을 제시하고도 이를 적기에 정정하지 못할 경우에는 양도취급은행은 제1수익자의 송장 및 환어음의 제출을 유효기일 내지는 서류제시 최종기일이 넘도록 무한정 기다릴 수는 없으므로 제2수익자로부터 이미 제출받은 서류를 그대로 개설은행에 송부하여도 제1수익자에게 그 어떤 책임을 지지 않는다는 것이다.

7. 제2수익자 소재지에서의 지급·인수·연지급 또는 매입의 유효성

제38조(j)항은 제4차 개정까지 신용장이 타국으로 양도될 때 적용되는 것으로 규정되어 있었으나 제5차 개정부터 특별히 타국에 인도되는 때에만 한정하지 않고 국외이든 동일 국내이든 상관없이 적용되는 것으로 개정되어 현재의 제6차 개정에 이르고 있다.[107]

본 조항에 따르면 제1수익자는 제2수익자의 편의를 위하여 양도취급은행에 양도를 요청할 때 제2수익자의 소재지에서 지급·인수·연지급 또는 매입이

---

107) 1990년대에 들어 많은 기업들이 국경을 초월한 기업활동을 역동적으로 하기 시작하였고 그에 따라 여러 나라에 생산기지를 두어 물품을 제조·가공하고 있어 이 같은 시대적 흐름을 반영한 결과이다.

가능하도록 지시할 권리를 가짐과 아울러 이에 따라 실제로 제2수익자가 원 신용장의 유효기일까지 지급·인수·연지급 또는 매입을 받은 후 선적서류 일체를 제1수익자 소재지의 양도취급은행에 송부할 경우 이미 원신용장의 유효기일이 경과된 후라도 제1수익자의 송장대체권 및 환어음 차액발행권은 그대로 유효하다는 것을 규정하고 있다.

만약 이 같은 조치사항이 없다면 제2수익자는 양도받은 신용장하에서 지급·인수·연지급 또는 매입을 받기 위해 자신의 소재지 은행에 원신용장 유효기일보다 상당히 이른 시간에 서류를 제출하여야 할 것이다.

왜냐하면 그 서류가 원 신용장상의 양도취급은행에 유효기일까지 도착하려면 자신의 소재지 은행의 서류검토기간과 검토 후 양도취급은행으로의 서류송달을 위한 우편소요일수를 모두 고려하여야 하기 때문이다. 게다가 만일 제2수익자가 원 신용장상의 유효기일을 모두 소진한 경우라면 양도취급은행에 그만큼 서류가 늦게 도착할 것이므로 제1수익자는 원 신용장의 유효기일 내에 송장대체 및 차액분에 대한 환어음 발행이 불가능해질 것이다.

이 같은 불편과 불합리성을 제거하기 위해 본 조항은 대단히 유용한 기능을 담당하고 있다.

끝으로 본 조(k)항은 제2수익자의 서류는 반드시 양도취급은행에 제시되어야 함을 강조하고 있다.

Article 39 Assignment of Proceeds ─────────────────────────

The fact that a credit is not stated to be transferable shall not affect the right of the beneficiary to assign any proceeds to which it may be or may become entitled under the credit, in accordance with the provisions of applicable law. This article relates only to the assignment of proceeds and not to the assignment of the right to perform under the credit.

제39조 대금의 양도 ─────────────────────────

신용장이 양도가능한 것으로 명시되어 있지 않다는 사실로 인하여 수익자가 해당 법률의 규정에 따라 그러한 신용장하에서 수권되거나 수권될 수 있는 신용장대금을 양도할 수 있는 권리에는 아무 영향을 받지 않는다. 본 조항은 오직 대금의 양도에 관한 것이며 신용장 자체의 이행권리의 양도에 관한 것은 아니다.

본 제39조는 제3차 개정시에 미국의 강력한 주장으로 신설된 조항으로서 앞서 설명한 신용장 자체의 양도와는 별도로 신용장대금(proceeds)의 양도를 인정하고 있는 조항이다. 즉 신용장이 양도불능신용장으로 되어 있어도 신용장대금을 제3자에게 양도할 수 있다는 의미이다.

이미 앞서 설명한 바와 같이[108] 신용장하의 환어음의 소지인이나 배서인에 대한 확약 없이 오로지 수익자에게만 지급을 약속하는 지급신용장(straight credit)[109] 과는 달리 매입신용장(negotiation credit)에서는 환어음의 발행인인 수익자뿐만 아니라 그 환어음의 배서인, 그리고 환어음의 선의의 소지인에게도 공히 개설은행이 지급을 확약한다.

매입신용장하에서의 환어음은 자유롭게 유통될 것을 전제로 발행되므로 수익자는 언제라도 자신이 발행한 환어음에 배서를 통해 관계 선적서류와 함께

---

108) *supra*, Part 1의 신용장의 종류 참조.

109) 일반적으로 지급신용장에 있어서의 개설은행의 지급확약문언은 다음과 같다. "We hereby agree with you(beneficiary) that all drafts drawn under and in compliance with the terms and conditions of this credit will be duly honored on delivery of documents, as specified."

양도할 수 있다. 그러므로 경우에 따라서는 수익자는 매입은행에 환어음 및 서류를 매입하기 전에 신용장거래와는 전혀 무관한 자신과 채권관계가 있는 자에게 자신의 환어음 및 서류를 미리 양도할 수도 있다. 그리고 이를 양도받은 수익자의 채권자가 매입은행에 환어음 및 서류를 제시하면 매입은행은 이 같은 환어음의 선의의 소지자에게 대금을 지급하게 됨으로써 당해 신용장거래에 있어 신용장대금의 양도가 이루어지게 된다.

제38조에 규정된 신용장양도와 본 제39조에 규정된 신용장대금의 양도는 전혀 별개의 조항이며, 두 조항은 아무런 관련성이 없음을 유의하여야 한다.

신용장의 양도는 애당초 개설은행으로부터 "Transferable"의 표시와 함께 신용장이 개설된 후 제1수익자가 제2수익자에게 신용장상의 의무를 분담 내지 이양하기 때문에 제2수익자는 당해 양도신용장하에서 대금의 권리를 갖게 되는 것이고, 이에 반해 대금의 양도만을 받은 제39조하의 당사자는 양도가능신용장의 양도성과는 무관하게 신용장의 수익자로부터 채권·채무관계의 청산의 일환으로 환어음 및 서류를 양도받아 당해 환어음 대금에 권리를 갖게 된다.

결국 따지고 보면 제38조하의 제2수익자는 신용장조건의 이행자로서 은행에 대금을 청구하는 당사자가 되고, 제39조하의 환어음 및 서류의 양수인은 단지 은행에 서류를 제시만하고 대금을 청구하는 당사자가 된다.

한편 본 조의 적용과 관련하여 유의할 것은 본 조하에서의 환어음의 양도는 신용장 자체의 양도가 아니고 단지 신용장대금에 대한 권리의 양도만을 의미하기 때문에 실제 신용장조건을 이행했다는 증빙, 즉 물품선적과 서류작성 및 서류구비의 의무는 원래의 수익자에게 있다는 점이다. 따라서 수익자가 대금을 양도하기 위해 환어음에 배서하고 관계 선적서류 일체를 환어음의 양수인에게 넘겨줄 때 당해 선적서류가 신용장의 조건과 내용에 일치하지 않는 하자서류일 경우에는 환어음의 양수인은 은행으로부터 대금을 받지 못하게 된다는 점이다.

신용장대금의 양도는 양도하는 수익자에게나 양도받은 양수인에게나 다 같이 편리한 제도이나 환어음의 양수인은 수익자가 양도한 환어음과 서류만으로는 완전한 신용장대금의 양수인이 될 수 없다. 양도받은 신용장조건하의 선적서류 일체가 당해 신용장조건과 내용을 엄격하게 충족시킬 것을 전제로 하기 때문이다.

03

전자적제시를 위한 제6차 개정
신용장통일규칙의 보충규정(eUCP)

Chapter 01
eUCP 제정과 의의

1. eUCP의 제정

세계 경제의 지각변동을 예고하였던 산업혁명 후 근대적 의미의 경제의 중심에서 국제물품거래의 활성화에 견인차 역할을 수행해 왔던 신용장거래방식은 20세기 말 세계경제의 불황과 함께 산업의 중심축이 신경제로 일컬어지는 전자정보네트워크 중심의 인터넷 경제로 진입하기 시작하면서 거래의 양태가 다기화되기 시작하였다.

이와 같은 일련의 흐름들은 신용장거래관습이 과연 새 세기의 거래질서를 지배할 수 있는 능동적 거래패러다임으로서의 역할기능을 성공적으로 수행할 수 있는지에 대한 회의를 불러일으킬 만큼 신용장은 새로운 도전에 직면해 있었다.

이에 대한 반향으로 2002년 4월 1일, 국제상업회의소는 전자정보네트워크 수단에 따른 전자기록에 의한 거래라는 신조류를 과감히 채택하여 소위 "전자적 제시를 위한 제5차 개정 신용장통일규칙에 대한 보충규정"(이하 eUCP라 칭함)이라는 합목적 형태의 규칙 체계를 공포함으로써 신용장거래관습에 있어서의 기술적 변화의 의지를 선언하기에 이르렀다.

2. eUCP의 의의

신용장거래계는 그 자체로 충분히 미래지향적인 의미를 갖는 전자기록의 제시를 수용하게 됨으로써「종이서류에 의한 신용장거래」라는 축적된 경험 속에서 신용장시장의 질서를 재편할 수 있는 새로운 국면을 맞이하게 되었다.

주지하고 있듯이 신용장거래관습은 거래 주체들 간의 반복적 행위로 승인되고 준수되는 사실인 상관습의 형태이기 때문에 불합리한 관행의 요소는 거래 주체들이 승인하거나 준수하지 않음으로 인해 자연히 소멸되고 이를 대체하는 새로운 관행이 탄생하는 과정을 거듭한다.

신용장통일규칙이 거래주체들 간에 합목적성을 갖춘 해석기준으로서의 역할기능을 수행하기 위해서는 신용장거래를 둘러싸고 있는 경제적·법률적 환경에 능동적으로 대처할 수 있는 탄력성과 진보성을 구현할 수 있어야 한다.

시장경제의 탄력성과 진보성을 반영하지 못하는 경직된 법규로 그 구성원들의 거래질서를 규율하겠다는 차원의 법정신으로는 이 같은 특징을 갖는 역동적 시장질서를 효과적으로 규율할 수 없을 뿐만 아니라, 당해 법규의 시장 역행성으로 말미암아 관련 법질서가 사실상 사문화될 수도 있다.[1]

이러한 차원에서 볼 때 eUCP는 모태가 되는 신용장통일규칙으로 하여금 시장의 역동성에 대해 적시성을 갖추도록 하는 효과가 있을 뿐만 아니라 신용장거래가 미래지향적으로 진화·발전할 수 있도록 하는데 동인(動因)을 제공하였다고 평가할 수 있을 것이다.

3. eUCP의 효과

한편 그간 신용장거래질서를 규율하고 있었던 당시의 제5차 개정 신용장통일규칙의 보충규정(supplement)의 형태로 전자적 형태의 제시(electronic presentation)가 포함된다는 것은 신용장거래관습의 해석적용에 있어 중요한 메시지가 함의되어 있음을 간과해서는 안 될 것이다.

즉 그간 거래당사자 간에 서류의 전자기록화를 중심으로 분쟁과 마찰의 소지가 있었던 전자적제시의 유효성 여부가 eUCP의 형태로 법규의 테두리에 들어옴으로써 전자적제시라는 사실의 문제(question of facts)가 법률해석의 문제(question of law)로 전환되었다는 것이다. 다시 말해 특정 거래를 수행할 때 적용되는 관행이 무엇을 포함하며, 어떠한 성격을 갖는가라는 문제는 소위 사실의 문제로써 이는 관련 전문가들에 의해 상충되는 여러 상업적 직관이나 경험적

---

1) 일반적 관점에서 볼 때 시장질서에 순응할 수 없는 법규가 관련 거래를 지배하는 경우 거래주체들은 사적인 합의에 입각한 여타의 계약행위를 통하여 당해 법질서의 영역에서 이탈하는 현상이 발생하며 이는 곧 관련 거래질서의 실효화(失效化)를 초래한다.; 박세일, 「법경제학」, 박영사, 2002. pp.7-8 참조.

요소들의 증명을 통해 결정되어지지만, 일단 당해 특정 관행이 법규화되면 이와 같은 사실의 문제는 종결되고 주어진 특정상황에 당해 거래관행이 어떻게 적용되느냐 하는 해석의 문제, 즉 법률의 문제로 귀착된다는 것이다.[2]

결국 기존의 제5차 개정 신용장통일규칙의 보충규정의 형태로 전자적제시의 유효성이 포함된 결과 신용장통일규칙은 미래지향적 시장의 역동성에 적응함과 아울러 점차적으로 신용장거래관습에서 외연의 폭을 넓혀가게 될 것이다.

---

2) James E. Byrne, "Revised UCC Section 5—108(e): A Constitutional Nudge to Courts", *UCCLJ*, Spring, 1997, p.422 ; Uniform Commercial Code Section 1—205(2) 참조.

Chapter 02
eUCP 각 조항의 해설

Article e1: Scope of the UCP Supplement for Electronic Presentation(eUCP) ──────

a. The UCP Supplement for Electronic Presentation ("eUCP") supplements the Uniform Customs and Practice for Documentary Credits (2007 Revision ICC Publication No. 600, "UCP") in order to accommodate presentation of electronic records alone or in combination with paper documents.

b. The eUCP shall apply as a supplement to the UCP where the Credit indicates that it is subject to eUCP.

c. This version is Version 1.1. A Credit must indicate the applicable version of the eUCP. If it does not do so, it is subject to the version in effect on the date the Credit is issued, or, if made subject to eUCP by an amendment, on the date of that amendment.

제e1조: 전자적제시를 위한 신용장통일규칙의 보충규정(eUCP) 범위 ──────────────

a. 전자적 제시를 위한 UCP 보충규정(이하 eUCP)은 전자기록만의 제시 또는 종이서류와의 혼재에 의한 제시를 수용하기 위하여 "화환신용장에 관한 통일규칙 및 관례(신용장통일규칙, 2007년판 국제상업회의소 발간번호 600, UCP)를 보충한다.
b. 신용장이 eUCP 준거문언을 표시하고 있는 경우, eUCP는 UCP의 보충규정으로 적용된다.
c. 본 버전은 1.1버전이다. 신용장은 eUCP의 적용가능한 버전을 표시해야 한다. 만일 버전을 표시하지 않은 경우, 신용장이 발행된 날짜에 유효한 버전의 적용을 받으며, 만일 조건변경이 eUCP의 적용을 받게 되는 경우 조건변경일자에 유효한 버전이 적용된다.

1. eUCP 제정목적

「전자적제시를 위한 신용장통일규칙 보충규정」(The Supplement to the

Uniform Customs and Practice for Documentary Credits for Electronic Presentation), 즉 eUCP는 전자기록의 제시 또는 전자기록과 종이서류가 혼재된 제시를 수용하기 위해 신용장통일규칙의 보충규정의 형태로 제정된 보칙이다. 그리고 그 주된 기능은 현행 신용장통일규칙을 보완해 주는 것이다.

2. eUCP와 UCP와의 연접성

(1) eUCP 준거문언의 표시

거래 당사자간에 전자기록의 제시 또는 전자기록과 종이서류가 혼재된 전자적 제시를 합의하였다면 신용상상에 eUCP 준거의 의사를 밝혀야 한다.

eUCP 제e1(b)항에 따르면 당해 신용장이 eUCP에 준거한다고 표시된 경우 eUCP는 UCP의 보충규정으로서 적용된다고 규정하고 있다.

eUCP 준거의사표시는 신용장상에 "This credit is subject to the Supplement to the Uniform Customs and Practice for Documentary Credits for Electronic Presentation (eUCP) Version 1.1"과 같은 식이면 족하다.

(2) 보충규정으로서의 지위

본 규칙은 eUCP를 UCP내의 종속적 보충규정으로 존치시킨다는 의도를 견지하고 있기 때문에 eUCP에는 UCP를 대체하는 기능은 상정되어 있지 않다. 신용장거래 당사자들은 UCP를 배제한 채 eUCP만을 당해 신용장거래의 독립적인 준거규칙으로 분리 채택할 수 없다. 이는 곧 eUCP의 UCP에 대한 연접성을 말하는 것으로서 크게 다음과 같은 내용이 그 핵심이 된다.

즉 eUCP는 UCP와 마찬가지로 거래주체들 간의 합의에 의해 계약의 내용과 효과를 변경시킬 수 있다는 계약자유의 원칙을 근간으로 하고 있어 당해 신용장 거래에서 eUCP의 적용을 배제하겠다는 명시적 합의가 없다면 당해 전자기록의 신용장거래에 의당 적용될 수 있는 다폴트룰(default rule)의 기능을 담당한다.

신용장거래 당사자간에 전자적제시에 관해 일일이 합의할 수 없어 「빠진 조항」의 문제로 eUCP신용장거래가 예측불가능해지는 경우 eUCP는 당해 eUCP 신용장거래를 효과적으로 규율해줄 수 있다.

eUCP는 보충규정의 지위에 불과하지만 법적 확신(*opinio juris*)의 과정 속에 있는 UCP를 그 존립의 원천으로 하고 있다는 차원에서 eUCP 역시 UCP와 동일한 법원성을 갖는다.

UCP뿐만 아니라 eUCP 역시 민간단체인 ICC가 제정한 것이지만 이는 비단 입안자들에 의한 독단적 규칙이 아니라 국제적인 무역인들의 합의에 의한 성문체이며, 범세계적인 수락과 더불어 규칙으로서의 집행력이 하나로 조화되는 과정 속에 있다고 보아야 할 것이다.

Article e2: Relationship of the eUCP to the UCP ──────────

a. A Credit subject to the eUCP ("eUCP Credit") is also subject to the UCP without express incorporation of the UCP.

b. Where the eUCP applies, its provisions shall prevail to the extent that it would produce a result different from the application of the UCP

c. If a eUCP Credit allows the Beneficiary to choose between presentation of paper documents or electronic records and it chooses to present only paper documents, the UCP alone shall apply to that presentation. If only paper documents are permitted under a eUCP Credit the UCP alone shall apply.

제e2조: eUCP와 UCP의 관계 ──────────

a. eUCP에 준거하는 신용장(이하 eUCP신용장)은 UCP준거문언의 명시적 삽입 없이도 UCP에 준거한다.

b. eUCP가 적용되는 경우 이들 세부조항들은 UCP를 적용했을 때와 다른 결과를 창출시키는 부분에 효력을 갖는다.

c. 만일 eUCP신용장이 수익자에게 전자기록과 종이서류의 제시를 선택할 수 있도록 허용하고 수익자가 종이서류의 제시만을 선택한 경우 그 제시에 대해서는 UCP만 적용된다. eUCP신용장이 종이서류만을 허용한 경우 UCP만 적용된다.

1. eUCP의 UCP에 대한 포섭성

eUCP의 UCP와의 관계를 설정해주는 eUCP 제e2조는 그 (a)항에서 다음과 같은 세부규정을 두고 있다. 즉 "eUCP에 준거하는 신용장(eUCP신용장)은 UCP준거문언의 명시적 삽입이 없어도 UCP에 준거한다"는 것이다.

이 조항을 표면적으로만 이해한다면 UCP는 이미 신용장거래 당사자간에 보편적인 지지를 획득한 이상, UCP의 보충규정인 eUCP에 준거하는 eUCP신용장거래는 UCP의 적용을 당연히 받는다는 것이다. 이러한 해석은 일응 타당한 것이지만 본 조항은 비단 이에 국한되지 않는 eUCP와 UCP간의 중층구조적 관계를 함축하고 있다.

첫째, 이 조항은 eUCP 제e1조(b)항과 상응하는 규정이라 볼 수 있다. 앞서 설명하였듯이 eUCP는 UCP내에 편입된 종속적 보충규정이므로 신용장거래 당사자들은 UCP를 배제한 채 eUCP만을 당해 신용장거래의 독립적인 준거규범으로 분리 채택할 수는 없다.

둘째, 이 조항은 자기완결성을 갖추지 못한 eUCP의 한계상황을 암시하고 있는 규정이라 할 수 있다. eUCP는 UCP를 보완하는 형태에 그쳐 있으므로 법규로서의 자기완결성이 결여되어 있기 때문에 자기완결성을 갖춘 UCP를 전제로 하지 않고서는 거래 당사자들로부터 법적 수긍을 받기 어렵다는 것이다. 따라서 eUCP의 적용 그 자체는 eUCP의 존립 근거인 UCP의 당연 적용을 전제로 할 수밖에 없다.

셋째, 이 조항은 eUCP의 UCP에 대한 포섭적 기능을 제시해 주고 있는 규정이다. 보충규정에 불과한 eUCP가 모태가 되는 UCP를 오히려 포섭하고 있다는 것은 논리적으로 납득하기 어렵고 일종의 아이러니로 보일 수 있으나 법사회학적 관점에서 본다면 이는 자연스러운 기능이라 할 수 있다.

즉 일반적 관점에서 사회 법규범의 변화상을 논의할 때 Hayek의 통찰에서처럼[3] 사회 구성원들이 준수하는 일정한 행위준칙이 존재할 때 사회의 변화에 적응하기 위해 관련 행위준칙들이 변화의 과정을 겪으며 새로운 질서를 창출해 낼 때에는 그 원천이 되었던 구(舊)행위준칙과 이를 보완하고자 제정된 신(新)행위준칙 간에는 기술적·사회적 격차(generation gap)가 생긴다. 시간이 지남에 따라 장기적 관점에서 이 격차는 더 벌어지기보다는 오히려 변화하는 사회상을 반영함에 있어 신구(新舊) 행위준칙 중 어느 행위준칙이 그 주도권을 행사할 가능성이 있느냐는 「기능성」을 중심으로 신(新)행위준칙이 구(舊)행위준칙을 포섭하는 현상(generation lap)이 발생하게 된다.

다시 말해 본질적으로 존립의 원천이 되었던 구(舊)행위준칙에서 종속·파

---

3) Friedrich A. Hayek, *Law, Legislation and Liberty*, Routledge & Keegan Paul. 1982, p.37 이하 참조.(박세일, 「전게서」, p.49)

생되어 새로운 사회변화를 수용하기 위해 생성·창출된 신(新)행위준칙은 장기적으로 그 기능의 적절성과 역동성으로 인해 당초의 구(舊)행위준칙을 감싸안는 포괄적 기능을 창출해 낸다는 의미이다.

이러한 취지에 따라 신용장거래 당사자간에 eUCP신용장거래라는 새로운 신용장거래에 임하게 될 때 신(新)행위준칙인 eUCP에 준거하면 eUCP의 UCP에 대한 포섭현상으로 UCP는 별도의 합의 없이도 당해 eUCP거래에 당연히 포함되어 적용된다.

이와 같이 주도적 보충성에 따른 포섭능력을 eUCP적용의 파생효과라 전제하고 이를 eUCP의 포섭성이라고 정의한다면 eUCP 제2조(a)항은 eUCP의 포섭성을 준용하여 UCP와의 상호관계를 연결시키고 있다는 논리적 설명이 가능해진다 하겠다.

한편 문제는 이러한 eUCP의 포섭성을 제대로 제어하지 못할 경우에는 eUCP는 UCP의 영역을 보완하기 보다는 오히려 이를 대체하는 모순적 결과를 낳을 수밖에 없으며, 이는 곧 두 규칙간의 충돌로 이어져 오히려 신용장거래질서는 비효율적이 될 공산이 커진다. 따라서 이러한 무차별적 대체현상을 방지하고 신용장거래관습의 효율적 확대성장을 보장하기 위해서 일정한 방식으로 eUCP의 포섭성을 제어할 필요가 있는데 그와 같은 방책이 바로 eUCP의 적용방식에 UCP와의 동조성을 부여하는 eUCP 제2조(b)항이다.

2. eUCP의 UCP에 대한 동조성

eUCP2조(b)항은 eUCP의 포섭적 적용방식에 동조성(homothety)이라는 일정한 요건을 부과함으로써 두 규칙간의 경합과 충돌을 미연에 방지하고, 미래지향적인 관점에서 UCP와 eUCP를 공존시키는 통합과 조정의 묘를 구현시키고 있다. 이 조항에 따르면 "eUCP가 적용되는 경우 이들 세부조항들은 UCP를 적용했을 때와 다른 결과를 창출시키는 부분에 효력을 갖는다"라고 규정하고 있다.

실질적으로 놓고 볼 때 eUCP의 12개 조항들은 UCP에 추가되는 부분의 적용이 골자이기 때문에 이들은 UCP에 대한 보완의 성격이 있는 것이지 UCP와

상충하여 이를 대체하는 성격의 조항들은 아니다.[4]

eUCP의 궁극적 의도는 UCP로 규율되고 있는 신용장거래질서에 어떠한 제약도 주지 않겠다는 취지와 노력이 그대로 반영된 형태라 할 수 있다. 따라서 eUCP가 적용되는 경우 이들 12개 세부조항들은 UCP의 적용으로 해석되어 나오는 결과와 다른 해석결과를 낳게 되는 경우, 즉 전자적제시에 관한 특유한 부분에만 추가적으로 그 유용성을 갖기 때문에[5] 전체적 관점에서 볼 때 UCP의 적용에 따른 결과와 정확히 그 맥락이 같다는 것을 의미한다. 이를 경제논리로 해석한다면 eUCP의 세부조항들의 적용결과는 신용장거래질서의 확립을 위한 해석적용의 기회집합의 확대효과가 있다는 것이며, 이는 현존하는 UCP적용에 의한 신용장거래질서라는 함수에 대해 eUCP가 동조성을 가지면서 확대되어가는 확장경로를 확보하게 된다는 것을 말한다. 궁극적으로 이는 일종의 법효율의 증대라는 의미와 그 맥락이 같은 것이라고 설명할 수 있겠다.

주지하는 바와 같이 신(新)거래관행의 활용과 준수는 기존에 반복적으로 활용하고 적용해왔던 거래관습들을 유지하는 가운데 이들을 중심으로 새로운 거래관행이 편입되어 새로이 확대 개편되는 과정을 거듭하는 것이 바람직하다는 것은 모든 사회현상의 경험률이다.

만일 이와는 반대로 신(新)거래관행이 현재까지의 관행을 일방적으로 대체하게 된다면 오히려 거래당사자들은 혼란에 빠지게 되어 관련된 신구(新舊)거래관행 모두는 법적안정성을 유지하지 못하게 될 것이다.

eUCP의 제정을 통해 신용장거래관습은 새롭게 재편성 내지 재조직될 개연성을 수용하고 있다. 신용장통일규칙은 언급한 바와 같은 eUCP의 포괄적 보충

---

4) eUCP관련의 몇몇 연구들에 따르면 "eUCP가 적용될 경우 UCP와 '상충'될 때에는 eUCP를 '우선적용'한다"는 취지로 본 조항에 접근하고 있는데 이러한 해석방식은 eUCP와 UCP의 관계를 호도할 우려가 있으며, eUCP의 제정 의도와도 명백히 배치된다. 이러한 과대해석은 수정되어야 한다. 이러한 오해는 eUCP의 1차 시안에 사용된 'conflict'라는 용어에서 1차적으로 비롯된 듯하지만 당해 용어는 수차례의 공청회를 거쳐 삭제되고 현재의 모습을 갖추고 있다.

5) eUCP 제2조(b)항의 본문에 사용된 'prevail'이라는 단어는 법률적으로 'to be effective', 또는 'to be in general use or practice', 또는 'to be commonly accepted or adopted'의 뜻으로 '법규가 유효하다' 내지는 '공히 효력 있다'라는 의미이므로 소위 '우선적용'이라는 법규우선순위개념은 이 단어 속에는 존재하지 않는다.: *Black's Law dictionary*, 6th ed., West Publishing Co., 1990, p.1188 참조.

성이라는 포섭성 특질에 UCP와의 동조성 기준이라는 제약조건을 부과하여 이들간의 경합과 충돌을 제거함과 동시에 법규 적용의 유효성에 있어 해석의 쏠림현상을 미연에 방지하는 균형의 추를 달아 놓음으로써 신용장거래질서를 안정적으로 확대개편 하고자하는 동인을 마련해 놓고 있는 것이라 하겠다.

3. eUCP 신용장과 UCP의 적용

eUCP 신용장거래에서는 종이서류와 전자기록이 혼재되어 제시될 수 있다.

eUCP 제2조(c)항은 eUCP 신용장상에 수익자로 하여금 종이서류의 제시와 전자기록의 제시 모두가 허용된 경우 수익자가 전자기록 대신 종이서류만을 제시한다면 당해 eUCP거래에서 UCP만이 적용됨을 규정하고 있다.

또한 이례적이긴 하지만 eUCP 신용장임에도 종이서류의 제시만을 허용하고 있다면 당해 eUCP 신용장에는 UCP만 적용된다.

앞서 설명한 바와 같이 eUCP 12개 조항은 UCP가 해결할 수 없고 전자기록에만 부분적용되기 때문에 아무리 eUCP신용장이 개설되었다 해도 전자기록의 제시가 없이 종이서류만 제시된다면 UCP조항만이 적용됨은 당연하다.

Article e3: Definitions

a. Where the following terms are used in the UCP, for the purposes of applying the UCP to an electronic record presented under an eUCP Credit, the term:

   i. "appears on its face" and the like shall apply to examination of the data content of an electronic record.

   ii. "document" shall include an electronic record.

   iii. "place for presentation" of electronic records means an electronic address.

   iv. "sign" and the like shall include an electronic signature.

   v. "superimposed", "notation" or "stamped" means data content whose supplementary character is apparent in an electronic record.

b. The following terms used in the eUCP shall have the following meanings:

   i. "electronic record" means:

- data created, generated, sent, communicated, received, or stored by electronic means;
- that is capable of being authenticated as to the apparent identity of a sender and the apparent source of the data contained in it, and as to whether it has remained complete and unaltered; and
- is able to be examined for compliance with the terms and conditions of the credit.

   ii. "electronic signature" means a data process attached to or logically associated with an electronic record and executed or adopted by a person in order to identify that person and to indicate that person's authentication of the electronic record.

   iii. "format" means the data organisation in which the electronic record is expressed or to which it refers.

   iv. "paper document" means a document in a traditional paper form.

   v. "received" means the time when an electronic record enters the information system of the recipient designated in the eUCP Credit in a form capable of being accepted by that system. Any acknowledgement of receipt does not imply acceptance or refusal of the electronic record under the eUCP Credit.

제e3조: 정의

a. eUCP 신용장하에서 제시된 전자기록에 UCP를 적용시킬 목적으로 UCP에서 사용되고 있는 다음의 용어들은 아래와 같이 해석한다 :

  i. "문면상" 및 그와 유사한 용어는 전자기록의 데이터 내용의 검토에 적용한다.

  ii. "서류"는 전자기록을 포함한다.

  iii. 전자기록의 "제시장소"는 전자주소를 의미한다.

  iv. "서명" 및 유사조건은 전자서명을 포함한다.

  v. "첨부", "표기", "스탬프"는 전자기록내의 외견상 보충적 성격의 데이터 내용을 의미한다.

b. eUCP에 사용되는 다음의 용어는 아래와 같이 해석한다 :

  i. "전자기록"이라 함은 :

- 전자적 수단에 의해 생성, 창출, 송신, 전송, 수신 또는 저장된 데이터를 통칭한다.
- 이때 당해 전자기록은 송신자의 정체, 전자기록에 담긴 데이터의 출처에 대해, 그리고 전자기록의 완전성과 변경불가능성에 대한 외견상 진정성이 확인 가능하여야 한다.
- 또한 당해 전자기록은 신용장의 조건과 내용과의 일치여부에 대해 검토가능한 형태여야 한다.

  ii. "전자서명"이라 함은 서명한 자가 본인임을 증명하고 전자기록의 진위성을 시사하기 위해 그 당사자에 의해 실행되고 채택된 전자기록상에 부속되거나 논리적 연산 처리된 데이터프로세스를 말한다.

  iii. "포맷"은 전자기록이 표현하거나 전자기록이 다루고 있는 데이터 조직을 의미한다.

  iv. "종이서류"는 전통적인 종이형태의 서류를 의미한다.

  v. "수신됨"이라 함은 전자적 기록이 eUCP신용장에 지정된 수신지 정보시스템에 의해 수령이 가능한 형태로 진입한 시점을 의미한다. 어떠한 수신확인통보도 eUCP 신용장하의 전자기록의 인수 혹은 거절을 의미하지 않는다.

본 조항은 크게 두 분류로 나누어 각 용어들을 정의하고 있다. 하나는 UCP 상에서 쓰이고 있는 용어가 eUCP신용장거래에서 어떠한 의미로 쓰이게 되는지를, 다른 하나는 eUCP 신용장거래에서만 쓰이는 전자적제시 관련의 신(新)용어들이 어떠한 의미로 쓰이게 되는지를 설명하고 있다.

1. UCP상의 용어

① 문면상(appear on its face): 전자기록의 데이터 콘텐트를 검토할 때 종이서류에 적용되는 문언해석의 원칙을 eUCP 신용장거래에서도 동일하게 적용한다. 여기서 데이터 콘텐트의 콘텐트(content)는 법률적 의미로 본질적 내용(substance) 또는 핵심 사항(essence)을 의미하는 것으로 이의 반대 개념은 organization, 즉 전자기록의 내용을 담고 있는 워드프로세서와 같은 "format"이다. 따라서 eUCP 신용장거래에서 문면상 검토의 대상은 전자기록을 구성하고 있는 워드프로세서와 같은 format이 아니라 그 안에 담겨있는 전자기록의 내용을 지칭하는 것이라 하겠다.

② 서류(document): 서류의 개념에는 전자기록을 포함한다.
   신용장거래는 추상적 거래이다. "신용장거래에 있어 은행은 서류를 사고파는 것이지 물품을 사고파는 것이 아니다"[6]라는 명제는 신용장거래에서 서류의 중요성이 얼마나 큰지를 대변해 주고 있다. eUCP 신용장거래는 전자기록의 거래이기 때문에 신용장의 추상성을 보전하기 위해 전자기록을 서류의 개념 속에 포함시키고 있다.
   일반적 관점에서 볼 때 본래 거래가 추상적이라는 개념은 서류집약성을 전제로 하는 것이라 정의한다. 그러나 이는 반드시 그렇지 않다는 것을 지적해 두고자 한다.
   추상성이라는 개념은 특정한 의무의 이행자가 자신의 의무에 관한 확약을 상대방에게 구체화시킴에 있어 당해 확약의 범위가 제3자에게도 확

---

6) F.M. Ventris, *Banker's Documentary Credits,* 2nd ed., Lloyd's of London Press Ltd., 1983, p.14.

대되어 제3자들에게도 당해 확약이 자유롭게 유통가능하게 되는 속성을 말한다. "신용장거래는 추상적이다"라는 명제가 수긍 가능했던 이유는 그와 같은 확약이 전통적으로 오랜 세월동안 서류상에 문언화되어 유통되어 왔다라는 사실에 기인했던 것이지 서류 자체가 추상성의 필요충분조건을 보증했던 것은 아니라는 것이다.

서류가 수반될 필요가 없는 전자적 형태의 거래에 대응하여 eUCP를 제정함에 있어 신용장거래에 전자기록을 무리없이 수용할 수 있었던 주된 까닭은 피상적으로 본 제3조(a)(ii)의 규정을 통해 전자기록을 서류라는 개념 속에 편입시킨다는 서류 확대해석 방침에서 비롯되었다라고 보기보다는 전자기록 그 자체 역시 개설은행의 지급확약의 유통가능성(negotiability)에 포괄될 수 있다는 보다 더 근본적인 특질에서 비롯되었다고 보아야 할 것이다. 요컨대 추상성은 서류보다는 확약의 유통성과 더욱더 밀접한 관계가 있다는 것이다.

③ 제시장소(place for presentation): 전자기록의 제시장소는 전자주소를 말한다.

④ 서명(sign): 전자서명을 말한다.

2. eUCP상의 용어

(1) 전자기록의 범위

전자기록은 전자기록의 Life Cycle상의 모든 형태를 포함한다. 즉 데이터 창출(created), 생성(generated), 전송(sent), 교신(communicated), 수신(received), 저장(stored)된 데이터는 모두 전자기록의 형태로 본다.

(2) 전자기록의 요건

이때 이 전자기록은 다음과 같은 요건을 갖추어야만 eUCP 신용장거래에서 유효해진다.

첫째, 전자기록의 진위성(authenticity)이 확인 가능하여야 한다. 진위성이라 함은 전자기록상의 내용의 원천(source)과 작성자격(authorship)을 말하는 것으로 당해 전자기록이 어디에서 작성되었는지, 또 작성할 자격이 있는 자가 작성하였는지가 판별 가능해야 한다.

둘째, 전자기록은 완전하고 변경 불가능하여야 한다.

셋째, 이 같은 요건을 갖춘 전자기록은 eUCP신용장의 조건과 내용에 일치하는지 여부가 심사 가능하도록 구비되어야 한다.

(3) 기타 용어

① 포맷(format)은 전자기록을 담고 있는 데이터 조직(data organization)으로서 앞서 설명한 데이터 콘텐트를 담고 있는 워드프로세스를 말한다.

② 수신됨(received)이란 전자기록이 해당 수신자의 정보시스템에 수령 가능한 형태로 진입된 시점을 말하는 것으로 직접적인 관련이 없는 인접부서나 인접 부서인의 정보시스템에 들어가거나, 혹은 들어가더라도 해독이 불가능한 상태여서는 수신된 것으로 보지 않는다.

전자기록 수신확인의 통지(acknowledgement of received)는 전자기록의 승낙이나 거절을 뜻하는 것이 아닌 단순한 통지로만 이해된다.

Article e4: Format

The eUCP Credit must specify the formats in which electronic records are to be presented. If the format of the electronic record is not so specified, it may be presented in any format.

제e4조: 형식

eUCP신용장은 제시되어야 할 전자적 기록의 포맷을 명시하여야 한다. 전자기록의 포맷을 명시하지 않은 경우 전자기록은 어떤 포맷으로도 제시될 수 있다.

1. 포맷의 명시

eUCP 신용장에는 전자기록이 어떤 포맷으로 작성되어야 하는지를 반드시 명시해 주어야 한다. 전 세계 각국들은 세계 공용의 워드프로세스를 사용할 수도 있지만 자국 나름의 워드프로세스를 사용할 수도 있다. 따라서 자국에서만 쓰이는 특유의 워드프로세스 포맷은 다른 나라에서는 해독할 수 없는 경우가 많다.

따라서 eUCP 신용장은 이러한 혼란을 막기 위해 전자기록의 내용을 담는 그릇, 즉 포맷을 지정해주어야 한다.

그럼에도 불구하고 eUCP 신용장에 특정 포맷에 대한 명시가 없을 때에는 어떤 포맷으로도 전자기록은 제시될 수 있다.

2. 은행의 준비태세

eUCP제4조의 말미에 규정된 문구, 즉 "····eUCP신용장에 포맷에 대한 명시가 없을 때에는 전자기록은 어떤 포맷으로도 제시될 수 있다"는 eUCP 신용장거래에 임하는 은행의 능력 또는 준비태세를 시사하고 있다.

범세계적 규모의 경제에서 앞으로 빈번하게 이루어질 eUCP 신용장거래에 있어 그 중심점에 서게 될 은행은 세계 각국에서 나름대로 쓰이는 워드프로세스 포맷은 모두 자신의 컴퓨터시스템이 읽어낼 수 있어야 한다는 것을 함의하고 있기 때문이다. 그 같은 준비태세가 갖춰지지 않아 특정 워드프로세스 포맷만을 읽을 수 있다든지, 또는 개설의뢰인의 지시에 의해서든지 특정 워드프로세스 포맷이 필요한 때에는 eUCP 신용장에 당해 특정 워드프로세스 포맷을 명시하면 된다.

Article e5: Presentation

a. i. A eUCP Credit allowing presentation of electronic records must state a place for presentation of the electronic records.

ii. A eUCP Credit allowing presentation of both electronic records and paper documents must state places for presentation of the electronic records and of the paper documents.

b. Electronic records may be presented separately and need not be presented at the same time.

c. If a eUCP Credit allows for presentation of one or more electronic records, the Beneficiary must provide a notice to the bank to which presentation is made signifying when the presentation is complete. Presentation is deemed not to have been made if the Beneficiary's notice is not received.

d. i. Each presentation of electronic records must identify the eUCP Credit under which the electronic records are presented. In a presentation consisting of both electronic records and paper documents the presentation of paper documents must also identify the eUCP Credit under which they are presented.

ii. A presentation not so identified may be treated as not received.

e. If the bank to which presentation is to be made is open but is unable to receive an electronic record on the stipulated expiry date and/or the last day of the period of time after the date of shipment for presentation, as the case may be, the bank will be deemed to be closed and the date for presentation and/or the expiry date shall be extended to the first following banking day on which such bank is able to receive an electronic record. If the only electronic record remaining to be presented is the notice of completeness, it may be given by telecommunications or by paper document and will be deemed timely, provided that it is sent before the bank is able to receive an electronic record.

f. An electronic record that cannot be authenticated is deemed not to have been presented.

제e5조: 제시

a. i. 전자기록의 제시를 허용하는 eUCP 신용장에는 전자기록의 제시장소가 명기되어야 한다.

　ii. 전자기록과 종이서류 모두의 제시를 허용하는 eUCP신용장에는 종이서류와 전자기록의 제시장소가 각각 명기되어야 한다.

b. 전자기록은 별도로 제시될 수 있으며 동시에 제시될 필요는 없다.

c. eUCP신용장하에서 전자기록이 하나 이상 제시될 경우 수익자는 전자기록을 제시할 은행에게 제시가 완료된 시점을 인식시켜주는 통보를 해 줄 책임이 있다. 이러한 제시완료의 통보는 전자기록의 형태로 할 수도 있고 종이서류의 형태로도 할 수 있다. 이때 제시완료통보는 반드시 당해 통보가 연관되어 있는 eUCP신용장과의 동일성이 확인될 수 있어야 한다. 수익자의 제시완료통보가 수신되지 않으면 제시가 이루어지지 않은 것으로 간주한다.

d. i. 모든 전자기록의 제시는 전자기록과 해당 eUCP신용장과의 동일성이 확인되어야 한다. 전자기록과 종이서류 양자로 구성된 제시에 있어서도 역시 그 종이서류의 제시 근거가 되는 eUCP신용장과의 동일성이 확인되어야 한다.

　ii. 위와 같이 동일성이 확인되지 않은 제시는 수신되지 않은 것으로 취급된다.

e. 제시가 이루어질 은행이 영업 중이나 지정된 유효기일 및/또는 선적일 이후 최종 제시기일 당일에 전자기록을 수신할 수 없는 경우, 그러한 경우에 은행은 영업을 종료한 것으로 간주되고, 제시일자 및/또는 유효기일은 그 은행이 전자기록을 수신할 수 있는 첫 번째 영업일까지 연장된다. 만일 제시되어야 할 전자기록 중 남아있는 전자기록이 제시완료통보일 경우, 이는 전기통신수단 또는 종이서류로도 할 수 있지만 이때 제시완료통보는 은행이 전자기록을 수신할 수 있는 시점 이전까지 발신되어야 적기에 제시된 것으로 간주한다.

f. 진위성이 확인되지 않은 전자기록은 제시되지 않은 것으로 간주한다.

1. 전자주소와 제시장소의 명시

　　신용장상에 서류를 제시해야 할 지정은행과 그 주소를 기재해야 하는 일반적 UCP 신용장거래와는 달리 eUCP 신용장거래에서는 전자기록을 전송해야 할 제시장소(place for presentation), 즉 eUCP제3조(a)(iii)항에 따라 지정은행의 전자주소(electronic address)를 eUCP 신용장상에 기재하여야 한다.

만일 전자기록과 더불어 종이서류도 함께 제시하도록 eUCP 신용장에서 규정하고 있으면 상술한 지정은행의 전자주소뿐만 아니라 당해 서류를 제시할 지정은행의 주소도 함께 eUCP 신용장상에 병기해야 한다.

2. 파편화된 전자기록제시의 취합과 제시완료 통보

전자적 제시의 구체적 요건을 규정하고 있는 eUCP조항들 중 주목을 끄는 것 중의 하나는 eUCP 제5조(c)항의 수익자의 제시완료통보(notice of completeness) 요건이다.

이에 따르면, "eUCP신용장하에서 전자기록이 하나 이상 제시될 경우 수익자는 전자기록을 제시한 은행에게 제시가 완료된 시점을 인식시켜주는 통보를 해 줄 책임이 있다. 이러한 제시완료의 통보는 전자기록의 형태로 할 수도 있고 종이서류의 형태로도 할 수 있다. 이때 제시완료통보는 반드시 당해 통보가 연관되어 있는 eUCP신용장과의 동일성이 확인될 수 있어야 한다. 수익자의 제시완료통보가 수신되지 않으면 제시가 이루어지지 않은 것으로 간주한다"라고 규정하고 있다.

일반적으로 eUCP신용장하에서는 전자기록과 종이서류를 혼재시켜 제시할 수도 있고, 전자기록만으로 제시할 수도 있다. 전자(前者)의 경우 전자적 제시와 종이서류의 제시간에는 방법의 차이와 전달속도의 차이로 말미암아 은행의 수신시기에 격차가 발생하게 된다. 게다가 이러한 제시들은 유효기일이라는 기간 제약을 반드시 고려해야 하므로 수신의 유효성을 확정시키기 위해서라도 전자적 제시와 서류의 제시간의 격차를 통일시켜 일원화할 조치가 필요하게 된다. 후자(後者)의 경우에도 전자적 제시의 특성상 전자기록이 별도로 각각 그 제시가 이루어질 때 다양한 루트로부터 제시된 전자기록들은 유효기일 내에 취합되어야만 할 필요가 있다. 또한 이미 파편화되어 그때그때마다 은행에 전송한 전자기록들이 언제 모두 제출이 완료되었는지 은행에 인지시킬 필요가 있다. 이와 같은 전자적제시 특유의 파편화에 유의미한 질서를 부여하기 위한 조치가 바로 수익자의 제시완료통보이다.

eUCP는 본 조항을 통해 전자적 제시의 파편화에 대해 수익자가 이를 주도적으로 취합하고, 제시의 완료를 은행에게 선언하게 함으로써 전자기록의 전자적제시에 일관성을 유지시키고자 하고 있음을 알 수 있다.

3. 전자기록의 제시와 eUCP 신용장과의 동일성 확인

eUCP 제5조(d)항에서는 제시되는 각각의 전자기록과 종이서류들은 당해 eUCP 신용장하에서 이루어지는 것임을 확인할 수 있어야 한다고 규정하고 있다. 한 명의 수익자라 해도 여러 거래선과 eUCP 신용장거래를 할 수 있기 때문에 특정 전자기록과 종이서류는 바로 그 특정 eUCP 신용장거래에 관한 것이라는 「동일성」이 필수적이라는 의미이다.

만일 그와 같이 동일성을 확인 할 수 없는 전자적제시는 은행이 수령하지 않은 것으로 취급한다.

4. 유효기일준수의 엄격성과 제시완료통보와의 관계

(1) 유효기일의 엄격성

일반적인 관점에서 유효기일이라 함은 수익자 입장에서는 대금의 지급·인수·연지급 또는 매입을 받기 위해 신용장상에서의 서류제시를 이행할 최종기일인 동시에 개설은행 측면에서는 자신의 지급확약이 강행될 수 있도록 하는 대금지급이행의 전제조건이다.

따라서 당해 신용장의 유효기일을 엄수하지 못한 경우 수익자는 신용장하에서 대금지급을 받을 수 있는 권리를 박탈당하는 것이고, 그 결과 개설은행의 지급확약은 그 자체로서 자동 소멸된다. 이러한 유효기일의 엄격성은 eUCP에서도 강한 의미로 재확인되고 있다.

(2) eUCP 제5조(e)항의 분석

1) eUCP제5조(e)항 전반부의 규정

eUCP 제5조(e)항은 크게 두 부분으로 나누어 이해할 필요가 있다.

첫 번째는 본 조항의 전반부로서, 이에 따르면 전자기록을 제시받은 은행이 영업 중이긴 하지만 은행의 컴퓨터시스템이 유효기일 또는 서류제시기일 중 먼저 도래하는 기일(이하 "유효기일"로 통칭함)의 최종일임에도 불구하고 전자적 제시를 수신할 수 없는 상태일 때는 은행은 영업을 종료한 것으로 간주되고 유효기일은 은행이 관련 전자기록을 수신할 수 있는 다음 첫 정상 영업일까지 연장된다.

실제로 은행이 영업 중인데 컴퓨터시스템이 닫힌 상황이라면 은행 스스로의 귀책사유에 의해 자체 컴퓨터시스템에 문제가 발생한 경우이거나, 또는 은행 탓으로 돌릴 수 없는 불가항력적 상황에 해당하는 경우가 될 것이다. 이유야 어떠하든 이 조항의 전제 조건은 현실적으로는 은행이 정상영업중이나 은행 컴퓨터시스템만 가동이 중지된 상황이다.

이 조항은 공휴일 또는 은행 휴업일에 유효기일 자동연장을 규정한 UCP600 제29조와는 근본적으로 다른 상황이며, 불가항력에 의해 은행영업일이 중단되어 유효기일 종료시 구제의 여지를 허용하지 않는 UCP600 제36조와도 그 성격을 달리한다.

이 조항은 전자적 제시가 이루어질 때 광의의 전자거래환경에서 발생할 수 있는 특유의 리스크를 상정해 놓고 있다. 만일 이와 같은 특유의 리스크가 발생한다면 이를 불가항력으로 처리하지 않고 은행의 컴퓨터시스템이 전자기록을 수신할 수 있는 다음 첫 은행영업일까지 자동연장시킨다는 것이 본 조항의 본질이다.

따라서 이 조항은 은행의 실제 물리적 영업시간과 이 시간 중의 은행시스템의 가동중단을 별도로 분리하여 후자(後者)의 경우에만 한정 적용하므로 오로지 전자기록의 제시에만 그 효력이 있다. 만일 종이서류의 제시가 수반되는 경우라면 이 종이서류는 유효기일을 준수한 상태로 은행의 물리적 영업시간 내에 이미 제시되었을 것을 전제로 한다.

한편 이 조항의 적용에 있어 가장 중요한 것은 전자적 제시 특유의 리스크에 의해 유효기일이 자동연장되는 상황은 반드시 수익자의 제시완료통보가 전자기록과 함께 은행에 제시되는 때에만 적용된다는 점이다. 즉 유효기일 종료 당일 수익자가 eUCP신용장하에서 제시해야 할 전자기록을 모두 준비완료하고 제시완료 통보 파일과 함께 은행에 전송하려는 그 시점에 은행 컴퓨터시스템에 접속이 되지 않는 상황을 말한다.

따라서 전자기록은 이미 유효기일 내에 모두 제시되어 은행의 컴퓨터시스템에 진입된 상태이고 수익자의 제시완료통보만이 남아 있는 유일한 전자기록일 때 당해 제시완료통보만이 전송이 불가능해질 때에는 그 제시완료통보의 제시까지 자동연장해 주는 것은 아니다. 수익자의 제시완료통보만이 이 같은 특유의 리스크 발생으로 말미암아 은행 컴퓨터시스템에 진입할 수 없는 경우에는 또 다른 별도의 적용기준이 필요하다. 이 특수 상황을 규정하고 있는 것이 바로 본 조항의 후반부 문구이다.

2) eUCP 제5조(e)항 후반부의 규정

eUCP 제5조(e)항의 결미 문구에 따르면 "…제시되어야 할 전자기록 중 남아있는 전자기록이 제시완료통보일 경우, 이는 전기통신수단 또는 종이서류로도 할 수 있지만 이때 제시완료통보는 은행이 전자기록을 수신할 수 있는 시점 이전까지 발신되어야 적기에 제시된 것으로 간주한다"라고 추가적으로 규정하고 있다.

이 규정은 수익자의 제시완료통보의 본질적 의미와 전자적 제시하의 특유의 리스크상황에서의 유효기일의 엄격성과의 관계를 함축하고 있음에 주목할 필요가 있다.

첫째, 제시완료통보가 남아있는 유일한 전자기록이고, 이때 은행은 영업 중이나 은행의 컴퓨터시스템이 여하한 이유로든 가동 중단된 경우, 그리고 그 시점이 유효기간의 최종기일이 되는 특수한 상황하에서는 수익자의 제시완료통보는 반드시 서류(전자기록 또는 종이서류)의 형태를 갖출 필요는 없다.

제시완료통보는 앞서 설명한 바와 같이 전자적제시에 있어 파편화된 전자기록의 제시를 취합한다는 속성을 가지고 있는바, 본 조항을 통해 볼 때 제시완료통보는 수익자의 유효기일 엄수의 의사표시라는 또 하나의 속성이 있음을 시사한다.

둘째, 제시완료통보는 전자기록 또는 종이서류의 형태를 갖추어 제시하는 것이 일반적이겠으나 논의하고 있는 바와 같이 특수한 상황하에서는 전기통신수단(telecommunication)으로도 그 의사표시가 가능하기 때문에 구두의 형태인 전화의 이용도 가능하다. 이는 의사표시의 본질상 특수 상황하에서는 구두 또는 서면 어느 것이라도 그 법적효력은 동일하다는 차원으로 이해해야 할 것이다. 이러한 해석은 수익자의 제시완료통보가 항상 구두로도 가능하다는 것은 아니다. 일반적인 전자적제시의 상황 또는 본 조(e)항의 전반부에 상정된 상황에서는 전화를 이용한 구두통지가 유효성을 가질 수는 없을 것이다. 구두통보의 유효성은 오로지 본조(e)항의 결미문구에 의해 상정된 특수 상황에서만 가능하다 하겠다. 이 같이 급박한 상황에서의 수익자의 제시완료통보라는 의사표시는 신속성을 달성할 수만 있다면 그것이 구체적 형태를 갖춘 것이라면 어떤 형태라도 무방하다는 차원에서 이러한 방식이 허용된 것으로 판단된다.

셋째, 수익자의 제시완료통보는 유효기일엄수의 의사표시이므로 그 유효성 여부는 시기의 적절성, 즉 유효기일 내의 제시에 달려있다. 따라서 전자기록과 수익자의 제시완료통보가 함께 은행에 제시될 때에는 유효기일 당일 은행이 수익자의 전자적 제시를 수신하지 못하는 특수상황이 발생하더라도 유효기일을 준수한 것이 되므로 이에 대해서는 수익자를 위해 자동연장이라는 조치가 취해지지만, 아직 남아있는 전자기록이 수익자의 제시완료통보뿐일 때에는 그 시점까지 전자기록의 취합이 완료되지 않은 것으로 간주되므로 이것만을 별도로 송신할 때에는 어떠한 경우에도 예외 없이 반드시 유효기일 내에 이루어졌음이 명백히 확인되어야 한다는 것이다.

전자적 제시의 경우에는 은행의 시스템이 닫히는 것은 은행이 영업을 종료한 것으로 간주되며, 은행시스템이 닫히는 순간부터 다시 열리는 순간 직전까지의 시간대는 아직 새로운 영업일을 시작하지 않은 이전 영업일의 연장선상에 있는 시간대로 인정해주므로 남아있는 전자기록이 유일하게 제시완료통보인 때에는 수익자의 제시완료통보는 다음 첫 영업일까지 연장되는 것이 아니라 반드시 이전 영업일, 즉 유효기일의 동일선상 내에 있는 시간대까지 이루어져야만 한다.

넷째, 수익자의 남은 전자기록이 유일하게 제시완료통보인 경우의 특수 상황에서 이 제시완료통보가 전기통신수단 또는 종이서류로 급박하게 이루어 질 때 그 유효성을 결정함에 소위 발신주의 또는 도달주의 중 어느 제도를 채택해야 하는가라는 선택의 문제에 봉착한다. 본 조항의 마지막 문구에 따르면, "… provided that it is sent before the bank is able to receive an electronic record"라는 취지를 통해 이와 같은 특수 상황하에는 제시완료통지는 발신주의 (mailbox rule)를 채택하고 있음을 확인할 수 있다.

이의 근거는 다음의 두 가지를 포함한다.

하나는, 전통적 계약해석원칙에 따르면 계약의 성립의사표시는 일반원칙상 도달주의(time of receipt rule)를 채택하지만 그 의사표시가 발신과 수신의 시점에 격차가 있는 경우, 그리고 거래주체 간에 계약성립의 의사표시가 확실한 경우에 는 상업적 편의성 기준을 적용하여 이례적으로 발신주의를 채택할 수도 있다는 것이다.

다른 하나는, 미국의 「컴퓨터 정보재에 관한 통일법」(UCITA) 제102조(60)의 발신의 정의에 따르면 전송자가 전송에 수반되는 비용을 지불하면서 적절히 주 소를 명기하여 수령자가 사용할 수 있는 시스템에 의해 인식될 수 있는 형태를 갖춘 상태에서 적절히 송부하였을 때 그것이 「도달할 수 있었을 시간대에 수신 된다는 합리적 예상」이 가능한 경우에는 이는 유효한 발신이 된다는 것이다.

이들 근거에 준해 본조 (e)항의 후반부, 즉 남아있는 전자기록이 오로지 제 시완료통보뿐이고 유효기일 당일에 컴퓨터시스템이 가동 중단되는 특수한 상황 하에서 수익자의 유효기일준수의 의사표시가 확실하고, 그 의사표시가 적절히 송부되어 도달할 수 있었을 시간 내에 수신될 것이라는 합리적 기대가 유효하 다면, 은행의 컴퓨터시스템이 다시 가동되기 전까지만 발신이 된다면 유효기일 의 엄격성은 충족이 된 것이라 해석할 수 있을 것이다.

Article e6: Examination ─────────────────────────────

a. If presentation of an electronic record contains a hyperlink to an external system or a presentation indicates that the electronic record may be examined by reference to an external system, the bank examining the electronic record should examine it in the manner indicated. The failure of the indicated system to provide access to the required electronic record shall constitute a discrepancy.

b. The forwarding of electronic records by a nominated bank pursuant to its nomination signifies that it has checked the apparent authenticity of the electronic records.

c. The inability of the issuing bank, or confirming bank, if any, to examine an electronic record in a format required by the eUCP Credit or, if no format is required, to examine it in the format presented is not a basis for refusal.

제e6조: 심사 ─────────────────────────────

a. 제시된 전자기록에 외부 시스템으로의 역외공간을 포함하고 있거나 또는 당해 전자기록상에 외부시스템을 참조하여 검토가 이루어지도록 시사하고 있는 경우, 전자기록을 검토하는 은행은 시사된 그 같은 방법으로 전자기록을 검토하여야 한다. 시사된 시스템을 통해 필요한 전자기록으로 접속되지 않을 경우에는 이는 불일치사항이 된다.

b. 지정에 따라 개입한 지정은행이 전자기록을 송부했다는 것은 지정은행이 당해 전자기록의 외견상 진성성을 확인하였다는 것을 의미한다.

c. 개설은행, 있는 경우 확인은행이 eUCP 신용장에서 요구된 포맷으로 전자기록을 검토하지 못한다는 것, 또는 어떤 포맷도 지정되지 않아 제시된 포맷으로 전자기록을 검토하지 못한다는 것은 전자기록 거절의 근거가 될 수 없다.

1. 역외공간(hyperlink)으로의 접속

eUCP 제6조(a)항은 제시된 전자기록에 역외공간(hyperlink)이 포함되어 있을 때의 전자기록 검토요령에 대해 규정하고 있다.

역외공간이란 하이퍼텍스트문서 내의 단어나 구(phrase), 기호, 이미지와 같은 요소와 그 문서 내의 다른 요소 또는 다른 하이퍼텍스트문서 내의 다른 요소 사이를 연결하는 것을 말한다. 사용자는 하이퍼텍스트문서 내의 밑줄 쳐진 요소 또는 문서 내의 나머지 부분과 다른 색으로 표시된 요소를 클릭함으로써 다른 요소와 연결하여 검색할 수 있다.

eUCP 신용장거래에서 제시된 전자기록상에 역외공간이 있을 때 은행이 검토해야 할 전자기록은 이 역외공간이 된다. 전자기록검토시 만일 이 역외공간에 접속(access)이 되지 않으면 eUCP 신용장조건을 충족시키지 못한 불일치 전자기록으로 간주한다.

2. 지정은행의 전자기록 전송과 외관상 진정성의 확인

수익자가 제시한 전자기록 역시 외견상 진정성(apparent authenticity)을 확인할 필요가 있는데 지정된 은행이 전자기록을 개설은행으로 전송한다는 의미는 이미 당해 전자기록의 외견상 진정성을 확인하였음을 함의한다.

3. 개설은행 또는 확인은행의 포맷 해독능력

앞서 제e4조의 포맷의 정의에서 설명한 바와 같이 eUCP 신용장거래에 참여하는 은행은 어떠한 포맷이라도 읽을 수 있는 컴퓨터시스템을 구축하고 있어야 하는데, 만일 그러하지 않다면 eUCP 신용장상에 원하는 포맷을 명시해 놓아야 할 것이다.

따라서 은행이 포맷을 읽지 못한다는 사실은 능력의 문제이지 전자기록거절의 사유가 아니다.

Article e7: Notice of Refusal —————————————————

a. i. The time period for the examination of documents commences on the banking day following the banking day on which the Beneficiary's notice that the presentation is complete is received.

  i. If the bank to which presentation is to be made is open but is unable to receive the Beneficiary's notice that presentation is complete, the time period for the examination of documents commences on the first following banking day on which such bank is able to receive the Beneficiary's notice.

b. Where presentation is made by electronic records only to the Issuing Bank or the Confirming Bank, if any, the reasonable time for examination of electronic records, and if applicable, giving notice of refusal of electronic records, shall be a reasonable time not to exceed five banking days following the banking day when the Beneficiary's notice that the presentation is complete is received.

c. If an Issuing Bank, the Confirming Bank, if any, or a Nominated Bank acting on their behalf, provides a notice of refusal of a presentation which includes electronic records and does not receive instructions from the party to which notice of refusal is given within 30 calendar days from the date the notice of refusal is given for the disposition of the electronic records, the Bank shall return any paper documents not previously returned to the presenter but may dispose of the electronic records in any manner deemed appropriate without any responsibility.

제e7조: 거절통지 ————————————————————

a. i. 서류의 검토기간은 서류의 제시를 완료하였다는 수익자의 통지를 접수한 날의 익일로부터 기산한다.

  ii. 만일 제시받는 은행이 영업 중이나 제시를 완료하였다는 수익자의 통지를 수령할 수 없는 경우 서류검토기간은 은행이 수익자의 제시완료통보를 수령할 수 있는 날의 익일로부터 기산한다.

b. 개설은행, 있는 경우 확인은행에 오로지 전자기록만으로 제시된 경우 전자기록의 합리적 검토기간은, 만일 해당된다면 전자기록 거절통지를 포함하여 수익자의 제시완료통보를 수령한

날 익일로부터 제5영업일을 초과하지 않는 합리적 기간만큼이 된다.

c. 개설은행, 있는 경우 확인은행, 또는 이들 은행을 대리하는 지정은행이 전자기록을 포함하여 제시된 서류들을 거절통보할 경우, 당해 거절의 통보를 받은 당사자로부터 거절통보한 날로부터 30일 이내에 전자기록 처분에 대한 지시를 수령하지 못할 경우에는 은행은 아직 반환하지 못한 종이서류를 반송해야 하며 어떠한 책임 없이 적절하다고 간주되는 방식으로 당해 전자기록을 처분할 수 있다.

1. 전자기록의 검토와 수리거절의 통보

(1) 유효한 수신과 제시

eUCP 제7조(a)항은 전자기록검토의 개시 시점을 규정하고 있다. 전통적 관점의 신용장거래에서 서류검토의 개시는 서류제시라는 실제적 행위 자체로부터 비롯되지만, eUCP 신용장거래에서는 전자매개체로의 입력 및 송신과 이의 유효한 수신으로부터 비롯된다. 따라서 전자적 제시의 전제가 되는 유효한 수신의 결정은 도달주의를 채택함은 물론이다. 나아가 전자기록의 검토는 수신자의 제시완료통보로부터 그 의미를 갖기 시작한다.

수익자의 제시완료통보는 전자기록검토의 개시를 위한 필요조건의 하나에 해당한다. 전자적제시의 총체적 유효성을 위해서는 전자기록의 진위판명이 이루어져야 하고, 바이러스 등에 의한 자료의 손상·변형 등이 없어야 한다. 또한 제시되는 전자기록들은 그 수권의 원천이었던 eUCP 신용장과의 동일성이 확인되어야 함은 물론이다.

(2) 수리거절의 통보

eUCP 신용장하에서 전자기록이 유효하게 제시되면 은행은 제시완료통보가 수신된 은행영업일 익일로부터 현행 제6차 개정 신용장통일규칙에 따라 5일간의 전자기록 검토기간을 갖게 된다.

이때 만일 당해 전자기록이 eUCP 신용장의 조건과 내용에 일치하지 않아

이를 수리거절할 때에는 소정의 불일치전자기록 거절의 절차를 밟아 이들 불일
치전자기록을 처리하여야 한다.

eUCP 신용장거래에서도 제6차 개정 신용장통일규칙 제16조의 불일치서류
취급요령이 당연 적용되는바, 이에 따르면 개설은행, 확인은행 또는 지정된 은
행이 신용장조건과 내용에 일치하지 않는다는 것을 이유로 서류를 거절하기로
결정한 때에는 불일치 내역을 총망라하고 서류의 처분 등 그 조치를 표시해준
후 전기통신수단, 또는 이것이 불가능할 경우 기타 신속한 수단으로 서류거절의
사유를 서류 또는 구두의 형태를 갖추어 통보하도록 규정하고 있다.

이 같은 불일치서류 취급요령에 더하여 eUCP 제7조(c)항에서는 전자기록
이 포함된 전자적제시에 있어 추가적인 은행의 행동요령을 규정하고 있다.

즉 "개설은행, 있는 경우 확인은행, 또는 이들 은행을 대리하는 지정은행이
전자기록을 포함하여 제시된 서류들을 거절통보할 경우, 당해 거절의 통보를 받
은 당사자로부터 거절통보한 날로부터 30일 이내에 전자기록 처분에 대한 지시
를 수령하지 못할 경우에는 은행은 아직 반환하지 못한 종이서류를 반송해야
하며 어떠한 책임 없이 적절하다고 간주되는 방식으로 당해 전자기록을 처분할
수 있다"고 규정하고 있다.

불일치전자기록의 가장 적절한 처분방식은 자체 컴퓨터시스템 내에서의 삭
제(delete)일 것이다. 불일치 전자기록은 전자기록의 특성상 굳이 반환할 필요가
없는 것이므로 이의 반송은 의미가 없고, 이의 보관 역시 30일을 기점으로 컴퓨
터시스템에서 삭제해 버린다는 것이다.

(3) 30일의 의미

신용장거래에서 요구되는 모든 서류들은 특별히 반대합의가 없는 한 원본
이어야 한다. 따라서 거래하는 물품에 대해 상징성과 대표성을 갖고 있는 이들
원본서류를 은행이 거절하게 되면 은행은 당해 거절서류에 대해 아무런 권리가
없으며 이의 소유권은 수익자 또는 서류제시자에게 귀속된다. 은행이 서류의 수
리거절시 거절 서류에 대해 그 행방과 처리에 대한 내용을 명확히 해주어야 하
는 이유도 이에 근거한다.

한편 수익자는 거절·반환된 서류들에 대해 유효기일이 남아 있는 경우에

는 서류치유(documentary cure)의 기회를 활용할 수도 있을 것이며, 유효기일에 여유가 없을 때에는 이를 추심방식으로 전환하는 등의 조치를 취하게 된다.

한편 관련서류가 전자기록을 포함하고 있을 경우에는 이에 대해 새로운 기준이 적용될 필요가 있는데, 그 대안적 방안이 「30일」이라는 기간의 적용이라 하겠다.

eUCP 신용장거래에서 「30일」이 가지는 의미는 다음과 같다.

첫째, 전자기록은 종이서류와는 달리 이의 거절통보시 수익자가 전자기록을 구태여 반환하지 않더라도 원본의 재생산이 언제라도 가능하므로 불일치사항의 보완기회에 영향을 주지 않는다. 따라서 은행은 이를 반환할 필요성이 적으므로 불일치 전자기록은 일단 당해 eUCP 신용장거래에서 수리거절된 상태에서 대표성을 상실한 채 은행의 컴퓨터시스템에 보관되어 있게 된다. 따라서 은행은 불일치의 통보 후 상당기간이 경과했음에도 불구하고 수익자 또는 서류제시자로부터 치유·보완된 전자기록을 재전송 받지 못한다든지 또는 그로부터 특별한 지시를 수령받지 못하면 이미 그 불일치로 인해 무의미해진 당해 전자기록을 은행은 적절한 방법으로 처분할 권한이 있다는 것이다. 이 권한행사를 위한 최대 대기기일이 30일의 첫 번째 의미이다.

둘째, 전자기록의 하자통보를 받은 수익자는 유효기일이 남아 있는 경우 그것이 치유가능하자(curable defects)라면 이를 치유·보완하여 다시 제시할 수 있을 것이다. 이때 수익자가 활용할 수 있는 전자기록 치유기간의 최대 활용기일이 30일이다. 수익자가 활용 가능한 이 30일은 남아있는 유효기일의 여유분에 따라 탄력적으로 그 기일만큼 축소될 것이지만 그 최대 허용기일은 30일을 초과할 수 없다.

셋째, 전자기록에 있어 그 데이터콘텐트의 불일치 여부에 대해 수익자와 은행간의 시각차이가 현저할 때 이의 항변은 전자기록이 변조·수정되지 않은 채 유효하게 남아 있어야 판단의 「증거」로서의 역할을 하게 될 것이다. 종이서류의 경우 그것이 원본인 경우 이는 유일성을 보증하는 것이기 때문에 인위적으로 이를 파기하지 않는 한 그 자체로서 항변을 위한 근거자료로서의 역할을 한다. 그러나 전자기록의 경우는 일단 은행컴퓨터시스템에서 삭제된 후 또 다른 원본이 재생산된 경우에는 최초 제시된 전자기록상의 데이터콘텐트는 유효한 증거로서의 보전능력을 상실하게 될 것이다. 따라서 이 30일은 전자기록검토에 있어 불일치사항에 시각차이가 있을 때 전자기록제시자나 은행간에 항변을 위한 증거보존기간으로서의 의미를 갖는다.

이상과 같은 「30일」의 시간적 제약 속에서 수익자는 은행으로부터 자신의 전자기록들이 거절될 때에는 유효한 증거자료로서 이를 보존하고 싶다든지, 이를 치유·보완하고 싶다든지 한다면 그에 관한 명확한 지시를 은행에 주어야 할 것이다. 만일 그러하지 못할 경우 은행은 책임 없이 자신의 컴퓨터시스템으로부터 당해 전자기록을 삭제하게 된다.

본 조항이 도입한 30일의 기간의 상한선은 컴퓨터정보재화의 전자거래를 규정한 미국의 UCITA상의 불완전이행의 추완을 위한 최대 허용기일인 30일과 그 맥락을 같이한다.[7] eUCP신용장거래 역시 광의의 전자거래 속에 포함된다는 차원에서 볼 때 이 30일은 전자적 형태의 문서 내지 메시지가 법적효력을 갖는 상징적 최대 기간이라 볼 수 있다.

---

7) UCITA, Section 615(e)항 참조.

Article e8: Originals and Copies

Any requirement of the UCP or eUCP Credit for presentation of one or more originals or copies of an electronic record is satisfied by the presentation of one electronic record.

제e8조: 원본 및 사본

UCP 또는 eUCP 신용장에서 전자기록의 원본이나 사본을 하나 이상 제시하도록 요구하고 있는 경우 하나의 전자기록의 제시로 충족된다.

Article e9: Date of Issuance

Unless an electronic record contains a specific date of issuance, the date on which it appears to have been sent by the issuer is deemed to be the date of issuance. The date of receipt will be deemed to be the date it was sent if no other date is apparent.

제e9조: 발행일

전자기록상에 특별히 발행일이 기재되어 있지 않는 한, 발행자에 의해 전송된 것으로 보이는 일자가 발행일로 간주된다. 전자기록상에 또 다른 일자가 명백히 표기되지 않는 한, 당해 전자기록이 전송된 일자가 수령일로 간주된다.

Article e10: Transport

If an electronic record evidencing transport does not indicate a date of shipment or dispatch, the date of issuance of the electronic record will be deemed to be the date of shipment or dispatch. However, if the electronic record bears a notation that evidences the date of shipment or dispatch, the date of the notation will be deemed to be the date of shipment or dispatch. A notation showing additional data content need not be separately signed or otherwise authenticated.

제e10조: 운송

운송을 증명하는 전자기록상에 선적일 또는 탁송일이 표기되어 있지 않을 경우 당해 전자기록의 발행일이 선적일로 간주된다. 그러나 전자기록상에 선적일 또는 탁송일의 증거로서의 부기가 있는 경우 당해 부기상의 일자가 선적일 또는 탁송일로 간주된다. 추가적인 형태의 데이터 콘텐트를 보여주는 부기는 별도로 반드시 서명되거나 또는 다른 방식으로 진위판명될 필요는 없다.

eUCP 제8조, 제9조와 제10조는 별개의 조항들로 구성되어 있지만 실은 전자기록의 특성상 서로 긴밀히 연결되어 있는 조항들이다.

첫째, 우선 eUCP 제8조는 전자기록의 원본에 대한 특질과 관련되어 있다. 전자기록은 한번 작성되면 컴퓨터시스템 내에서 항상 재생산이 가능하다. 따라서 원본과 사본과의 구별이 큰 의미가 없다. eUCP 신용장에서 전자기록을 하나 이상의 원본 또는 사본을 요구할 경우 하나의 전자기록만을 제시하는 것으로 충족된다고 규정하고 있다.

둘째, 전자기록은 실시간 전송이 가능하고 시간적 격차없이 즉각 수신된다. 따라서 eUCP 제9조에 따라 전자기록의 전송일은 곧 발급일로 간주되고, 수신일은 곧 발송일로 간주한다. 즉 발급일 = 전송일 = 수신일이 된다.

셋째, 운송을 증명하는 전자기록은 특별히 본선적재부기가 없는 경우라면 당해 전자기록의 발급일이 선적일로 간주된다. 물론 특별히 본선적재부기가 있다면 이 부기된 일자가 선적일이 됨은 물론일 것이다. 따라서 본선적재부기가 필요없는 소위 선적선하증권이 전자기록으로 발급되면 발급일이 선적일이 됨은 당연하다.

　　본 eUCP 제10조를 제9조와 연관시키면 다음의 논리가 성립한다. 전체적으로 전자기록은 발급일 = 선적일이면서 발급일 = 전송일 = 수신일이므로, 전자식 선하증권의 경우에 이를 대입하면 선적일 = 발급일 = 전송일 = 수신일이 된다. 곧 전자식 선하증권은 수신한 날, 바로 그날이 선적일이 된다.

Article e11: Corruption of an Electronic Record

a. If there is data corruption of an electronic record that has been received by the Issuing Bank or a Nominated Bank, the bank may inform the presenter and request that the electronic record be re-presented.

b. If the bank requests that an electronic record be re-presented:

   i. the time for examination is suspended and resumes when the presenter re-presents the same electronic record in readable form; and

   ii. if the Nominated Bank is not the Issuing Bank, it must provide the Issuing Bank and any Confirming Bank with notice of the request for re-presentation and inform it of the suspension; but

   iii. if the same electronic record is not re-presented within thirty (30) calendar days, the bank may treat the electronic record as not presented.

   iv. any deadlines are not extended.

제e11조: 전자기록의 붕괴

a. 전자기록이 개설은행, 확인은행 또는 지정은행에 의해 수신된 후 붕괴된 경우 은행은 이를 제시자에게 통보하고 전자기록의 재제시를 요청할 수도 있다.

b. 은행이 전자기록의 재제시를 요구한 경우

   i. 전자기록검토기간은 일시 정지되고 제시자가 전자기록을 재제시할 때 다시 개시된다.

   ii. 지정된 은행이 확인은행이 아닌 경우 지정은행은 반드시 개설은행과 확인은행에게 공히 자신의 재제시요청의 사실을 통지해야 하며, 이들 중 한 은행에게 검토기간의 일시정지 사실을 통보해야 한다.

   iii. 만일 동일한 전자기록이 30일 이내에 재제시되지 않을 경우 은행은 전자기록이 제시되지 않은 것으로 취급한다.

   iv. 어떠한 시간제약도 연장되지 않는다.

1. eUCP 제11조의 의의

전자기록이 제시된 후 외부적 요인에 의해 전자기록이 붕괴[8]될 가능성에 노출되어 있다는 것은 비단 eUCP 신용장거래에서 뿐만 아니라 광의의 전자거래 모두에 있어 주된 관심사이다.

일반적 관점에서 볼 때 외부적 요인에 의한 전자기록 붕괴의 리스크는 이를 방어하는 기술이 계속 뒤이어지지만 이를 원천적 차원에서 제거할 수는 없는 것이기에 이 리스크는 새로운 모순의 연속이라 정의할 수 있겠다.

전자거래환경에 있어 이 같은 특유의 불확실성이 완벽한 의미로 제거될 수 없는 경우라면 당해 거래 리스크는 관계 당사자간에 효율적으로 분담되거나, 또는 어느 당사자 일방에게 전가되어 해결되어야 할 것이다.

따라서 이의 해결방안은 관련 법규들의 입안(立案)에 있어 거래 당사자들간의 책임의 분담과 관련하여 형평성 시비를 불러일으킬 우려가 있다는 점에서 상당히 어려운 과제중 하나라 할 수 있다.

그럼에도 불구하고 eUCP에서는 이의 처리에 관한 규정을 과감히 도입, 신용장거래관습에 편입시킴으로써 여타의 전자거래법규들에 선도적 역할을 하고 있다.

2. eUCP 제11조(a)항과 (b)(i)항

(1) eUCP 제11조의 첫 번째 함의

eUCP 제11조에 따르면 (a)항에 "전자기록이 개설은행, 확인은행 또는 지정은행에 의해 수신된 후 붕괴된 경우 은행은 이를 제시자에게 통보하고 전자기록의 재제시를 요청할 수도 있다." 그리고 (b)항(i)에 계속하여, "만일 은행이 전자기록의 재제시를 요청한 경우에는 (i) 전자기록검토기간은 일시 정지되고 제시자가 전자기록을 재제시할 때 다시 개시된다"라고 규정하고 있다.

이 조항은 전자기록의 붕괴에 관한 은행의 중립적·독립적 면책논리를 중

---

8) 전자기록의 corruption은 '변형', '손상', '붕괴' 등의 용어로 번역되고 있다.

심으로 eUCP 신용장거래에서의 전자기록 붕괴 리스크의 처리과정을 대단히 함축적으로 규정하고 있는바, 그 해석의 핵심은 본 조항 본문 속의 "may"라는 조동사의 채택을 통한 「은행의 선택권」 속에 응집되어 있다.

(2) 은행의 선택권부 조항으로서의 성격

일단 표면적으로 드러나 있는 본 조항의 의미를 살펴보면, 은행은 전자기록의 완전성, 변경불가능성에 대해 책임이 없다[9]는 이유 하나만으로 바이러스 등에 의해 붕괴된 전자기록을 유효한 제시라고 간주하지 않고 일방적으로 지급 거절해 버린다면 이는 신용장거래에서의 중심점이자 연결점의 역할을 하는 은행으로서의 기대에 부응하지 못한 결과를 낳게 될 것이다. 따라서 이 조항은 당해 리스크의 발생시 거래의 회복을 위해 은행의 재제시요구 행위를 강제할 수는 없는 것이지만 이의 처리에 관한 한 은행의 호의의 행위로써 재제시가 가능해질 수 있다는 것을 표면적으로 강조하고 있다고 볼 수 있다.

전자기록의 붕괴로 인해 eUCP 신용장거래의 약인(約因)이 완전히 파괴된 상황이지만, 이 거래에 은행이 다시 의미를 부여하기 위해서는 당초의 eUCP 신용장 조건들의 일관성 유지와 전자기록의 검토기간의 일시유예 등과 같은 eUCP 신용장거래 이행의 제약들로부터 자유로워야 한다는 전제가 반드시 필요하다. 이러한 당위적 필요성이 동조(b)항(i)의 전자기록검토기간의 유예와 (b)항(iv)의 유효기일의 일관성 유지에 구체화된 것이라 보겠다.

3. eUCP 제11조(b)(ii)항

(1) eUCP 제11조의 두 번째 함의

한편 eUCP 제11조의 (b)(ii)항은 지정된 은행이 거래회복의 의사를 표명하고 있는 것과 관련하여 은행의 행동방향에 대해 중요한 지침을 제공하고 있음에 주목할 필요가 있다.

이에 따르면, "지정된 은행이 확인은행이 아닌 경우 지정은행은 반드시 개설

---

9) *supra,* eUCP 제12조 은행의 면책범위 참조.

은행과 확인은행에게 공히 자신의 재제시요청의 사실을 통지해야 하며, 이들 중한 은행에게 검토기간의 일시정지 사실을 통보해야 한다"라고 규정하고 있다.

본 조항을 좀 더 면밀히 들여다보면 몇 가지 중요한 사실을 추출해 낼 수있다.

우선, 본 조항의 분석에 있어 '재제시 요청의 사실'은 확인은행과 개설은행에 공히 통지하도록 규정하고 있다. 반면 '검토기간의 일시정지' 통보는 한 은행(it)으로 규정하고 있다. 이같이 표현한 부분은 주술관계상 개설은행과 확인은행모두(them)라는 표현의 문법적 오류가 아니냐는 지적도 있지만 이는 그렇지 않다. 신용장거래계를 대표하여 전문 법조인과 실무진들로 구성된 eUCP 입안자들이 수년간의 공청회와 수정작업을 거쳐 전 세계 무역인들의 수락과 수긍을촉구하는 신용장거래관습의 새로운 준거규범의 선포에 있어 이와 같은 유아적문법오류를 범하고 있다는 지적은 일종의 넌센스이며, 이는 당해 규정의 실무절차의 왜곡을 초래할 뿐만 아니라 신용장거래 당사자간의 법률관계를 호도할 우려가 있는 논점일탈의 판단오류이다.

여기에는 다음과 같은 법률적 · 실무적 맥락구조가 존재함을 지적해 두고자한다.

첫째, 개설은행의 지급확약에 대한 확인은행의 확인(conformation)은 개설은행의 지급확약을 보증하는 형태이지만, 이는 개설은행의 지급확약과는 별개의독립적인 것이므로 「연대보증」의 형태라기보다는 개설은행의 파산, 결제불능과같은 채무불이행 사태의 발생에 대해 이의 변제를 보충적으로 확약하는 「별개의 독립된 보증」의 성격을 갖는다.

둘째, 따라서 확인은행은 개설은행의 지급확약 이행이 사실상 유효한 상태에 놓여 있어 개설은행의 변제 자력이 인정됨에도 불구하고 개설은행을 경유하지 않은 수익자 또는 지정은행의 지급이행청구에 대해 항변할 수 있는 권리가있고, 개설은행의 지급확약에 대해 연대채무를 지는 연대보증인이 아니기 때문에 개설은행과 동시에 지급이행의 청구를 수락할 이유도 없다. 나아가 확인은행은 지정은행이 자신에게 지급이행의 청구를 한 경우에 지정은행으로 하여금 다시 주 채무자인 개설은행에게 변제능력이 있다는 사실 및 그 집행이 용이함을증명하여 개설은행에 대해 먼저 그 지급이행의 청구를 집행할 것을 항변할 권리가 있다.

다시 말해 채권자가 보증인에게 채무의 이행을 청구한 때에는 보증인은 주 채무자가 변제 자력이 있다는 사실 및 그 집행이 용이하다는 것을 증명하여 먼저 주 채무자에게 최고(催告)할 것을 항변할 수 있는 권리가 있는바, 주 채무자에 앞서서 보증인에게 최고를 한 경우라도 보증인은 다시 주 채무자에게 변제를 우선 집행할 것을 항변할 수 있는 '최고의 항변권'(Einrede der Vorausmahnung : benefit of notification)과 더불어, 채권자가 주 채무자에 앞서서 보증인에게 최고를 한 경우라도 보증인은 다시 주 채무자에게 변제를 우선 집행할 것을 항변할 수 있는 '검색의 항변권'(Einrede der Vorausklage : benefit of discussion)을 함께 행사할 권리가 있다.10)

확인은행은 주 채무자인 개설은행의 지급확약에 대한 보충적 성격의 보증을 약속한 자라는 차원에서 확인은행의 법률적 지위상 수익자나 지정은행에 대해 이와 같은 항변권을 당초부터 취득하고 있다고 보아야 할 것이다. 따라서 개설은행이 건재함에도 지정은행이 개설은행과 확인은행에게 동시에 지급이행을 청구하는 것은 실무적으로 불필요한 것일 뿐만 아니라 법률적으로 가능하지도 않은 행위인 것이다.

셋째, eUCP 신용장거래에 있어서 전자기록이 붕괴된 것은 eUCP 신용장거래에서의 약인(約因)의 전면적 불성취(total failure of consideration)로 그 자체로서 eUCP 신용장거래는 이행불능상황에 빠진 상태이다. 다시 말해 eUCP 신용장거래가 완전 붕괴된 상태이다.

이러한 상황에서 지정은행이 붕괴된 전자기록의 재제시를 요구한다는 것은 붕괴된 거래의 회복을 선언하는 것이며, 이러한 선언적 행동은 개설은행과 확인은행의 이해관계에 밀접한 관계가 있고, 또 이들 은행에게 직접적으로 영향을 미치는 중대사항11)이므로 공히 이 두 은행에게 '정황변경설명의 차원'에서 통지

---

10) 이와 같은 보증인의 권리는 로마법 이래로 '선소(先訴)의 항변권'이라 하여 각국의 입법계가 인정한 것이고, 우리나라 민법에서도 이를 각각 '최고의 항변권'과 '검색의 항변권'이라 지정하여 보증인의 이와 같은 권리를 인정하고 있다(민법 437조, 438조); 이 두 권리는 동일한 성립요건하에 하나의 권리로 이해된다(김준호, 「민법강의」, 법문사, 2002, pp.611－612).

11) 지정은행 외에 신용장거래에 확인은행이 개입하게 된다는 것은 많은 경우 개설은행의 재정 상황이나 신용도가 상당히 미미할 때일 것이다. 따라서 확인은행의 입장에서 볼 때 개설은행

할 의무가 지정은행에게 있는 것이지만, 검토기간의 일시정지를 통한 기간의 유예라는 사실은 후발적으로 재제시된 전자기록이 eUCP 신용장조건과 내용에 일치하면 수익자에게 대금을 지급·인수·연지급 또는 매입할 것이므로 이에 대해 제반 전자기록 및 서류의 검토가 지연되었다 할지라도 대금을 충당해 주기를 요청한다라는 '최고의 형태를 띤 지정은행의 대금충당 청구의사의 표명'이라 하겠다. 따라서 이러한 대금충당청구의사의 통지를 개설은행이 건재함에도 불구하고 확인은행에 통보하게 되면 소위 최고 및 검색의 항변권 행사를 받게 될 것이기 때문에, 지정은행은 개설은행이 자신의 지급확약을 온전하게 이행할 수 있는 상황이 유지되어 있는 경우라면 개설은행에 대해서만 우선적으로 그 의지를 표명·통지하면 족한 것이지 부차적 위치에 있는 확인은행에게까지 동시에 통지할 필요는 없다. 그러나 만일 경우에 따라 개설은행이 채무불이행 상태에 빠져 있다면 개설은행의 지급확약에 따른 변제능력은 그 자체로 무의미해져 개설은행에게 굳이 검토기간의 일시유예를 통한 대금충당최고의 의사표시를 행할 필요성은 없으므로 그러한 시점과 상황에서는 확인은행에게만 이 사실을 통지하면 된다.

결론적으로 eUCP신용장거래의 본질적 변화를 초래하는 '재제시의 정황'은 개설은행과 확인은행 모두가 알 권리가 있어 지정은행은 두 은행 모두에게 당연 통지 의무가 있지만, 반면 '검토기간의 유예'라는 사실은 예기치 않은 검토기간의 지연이 있었음에도 불구하고 대금충당의 이행을 청구하는 최고의 의사표시이므로 법률적 절차에 따라 이를 먼저 알려야 할 당사자와 알리지 않아도 될 당사자는 구별된다는 것이다.

eUCP 제11조(b)(ii)항이 의도하는 바는 이러한 법률적 절차에 따라 상황의 개연성에 따라 그 통보의 대상이 각 상황별로 맞추어진 "한 은행"(it)이라는 용례로 구체화된 것이다.

의 지급확약은 언제라도 불이행될 수 있다는 개연성에 노출되어 있다고 할 수 있다. 비록 확인은행이 개설은행으로부터 실무적으로 신용장금액만큼을 공탁하는 등의 절차를 취했다 해도 거래의 안정성에 불확실성이 크다고 판단하고 있을 공산이 크다. 이때 기간의 제약이 예기치 않게 자신의 의사와 상관없이 연장된다면 그 기간 중의 개설은행의 신용도와 재정상황의 유동적 결과에 따라 확인은행의 위험부담은 더욱 커지게 될 것이다.

4. 은행의 면책범위에 대한 비판적 시각

(1) 문제의 소재

eUCP 제11조를 놓고 볼 때 전자기록의 재제시를 요구할 때와 그렇지 않을 때의 은행의 의사결정의 근거를 과연 은행의 면책범위에 따른 재량행위로만 범주화시킬 수 있느냐는 비판이 있을 수 있다.

왜냐하면 은행의 이같은 선택권부 재량행위에 대해 여타의 eUCP 신용장 당사자들의 수긍이 뒷받침되지 않고서는 당해 eUCP 신용장거래는 어떤 형태로도 당사자간에 정당화될 수 없기 때문이다.

사실 은행은 그간 UCP내에서도 광범위한 면책범위를 누리고 있다라는 평가에서 자유로울 수는 없었다. 그러나 그 면책내용의 근거에는 은행은 서류라는 제한된 정보만을 가지고 신용장거래에 임하므로 그것이 매매계약의 내용이 되었든 또는 거래 당사자들과 제3자와의 사적인 계약의 내용이 되었든 관계없이 서류를 둘러싼 제반 환경적 요인에서 독립해 있다는 소위 신용장의 독립성원칙이 이를 뒷받침하고 있었기에 신용장거래 당사자들에게 수긍이 가능했던 것이다.

그러나 전자기록의 붕괴와 같은 특유의 리스크는 신용장의 독립성 논리와 직접적인 관련성도 없기에 거래 당사자들이 당해 리스크에 대한 은행의 면책근거에 동의할 수 없다면 eUCP 신용장거래는 더 이상 전자적제시라는 거래방식에 그 뿌리를 내릴 수 없을 것이다.

사실 수익자가 전자적제시 방법에 따라 관련 전자기록은 은행에 제시하는 바로 그 시점에 이미 당해 전자기록에 붕괴가 있었다면 이 같은 전자기록을 제시한 수익자는 은행으로부터 전자기록 일체가 수리거절 되어도 항변의 여지가 있을 수 없다.

그러나 eUCP 제11조의 상황은 일단 전자기록이 은행의 컴퓨터시스템 속에 안정적으로 진입·수신된 후 은행의 통제영역 속에서 추후의 예기치 못한 제3의 요인에 의해 당해 전자기록이 붕괴된 경우이기 때문에 비록 상업적으로 유용하고 안정적인 컴퓨터시스템을 유지하고 있다고 주장하는 은행이라 할지라도 그 책임을 일방적으로 수익자에게 부담시킬 수는 없을 것이다.

그럼에도 불구하고 eUCP 제11조는 은행의 재량에 의한 재제시요구의 선택권을 명문화시켜 놓아 일견 이러한 리스크는 은행이 면책됨과 아울러 상황에 따라 eUCP 신용장거래가 해제될 수도 있다는 개연성을 배제할 수 없게 함으로써 결과적으로 수익자에게 UCP 신용장거래보다 더 가중된 의미의 불확실성을 부담시키고 있다.

(2) 전자기록의 재제시와 유효기일의 제약

eUCP 제11조(b)(iv)항에 따르면 비록 은행이 바이러스 등에 의해 붕괴된 전자기록의 재제시를 지시하였다 하더라도 당해 eUCP 신용장거래에서 수익자가 준수해야 할 유효기간과 같은 기간제약 조건들(deadlines)은 연장되지 않는다고 규정하고 있다.

전자기록이 일단 은행에 제시된 후의 상황을 전제로 하고 있는 본 조항은 일단 수익자의 전자기록이 붕괴되지 않은 안정적 상태에서 제시되어 은행의 컴퓨터시스템에 수신된 후 추후 제3의 요인에 의해 붕괴된 상황을 말하기 때문에 당해 전자기록은 이미 eUCP 신용장의 유효기일 내에 진입하여 이를 충족시킨 상태를 이미 가정하고 있다.

그러므로 붕괴된 전자기록에 대한 은행의 재제시 지시는 유효기간 내의 재복구(replacement)의 요청이라고 보아야 할 것이다. 왜냐하면 추후 수익자에 의해 복구되어 재제시된 전자기록의 제시일은 복구에 소요된 기간만큼의 유효기일의 연장을 의미하는 것이 아니기 때문이다.[12]

따라서 복구된 전자기록은 그 복구에 걸린 시간만큼 실제적인 시간의 흐름 속에서 계속 경과하고 있기 때문에 수익자 입장에서는 붕괴된 전자기록을 복구하여 재제시하였다 해도 추후 은행이 재제시한 전자기록을 검토한 후 혹시라도 있을 수 있는 불일치사항을 지적한다면 이를 치유·보완하여 다시 남아있는 유효기일까지 제시해야 하는데 이 같은 일련의 작업들이 정해져 있는 유효기일까지 모두 이루어지기에는 시간적 여유가 충분치 않게 됨을 느낄 것이다.

---

12) James E. Byrne & Dan Taylor, *ICC Guide to the eUCP : Understanding the Electronic Supplement to the UCP500*, ICC Pub. S. A. 2002, p.142.

결국 전자적제시 방법을 선택하는 eUCP 신용장거래에서는 이성적인 수익자라면 전자기록의 붕괴에 대비하여 추후 바이러스 등에 의한 리스크가 실제 발생하면 은행으로부터의 재제시 요구에 따라 이를 복구하고, 복구한 후 은행의 통상적인 전자기록 검토과정에서 지적될 전자기록과 eUCP 신용장조건과의 불일치사항을 남아있는 유효기일 내에 치유·보완하기 위해 UCP 신용장거래보다 더 많은 기간을 단축하여 전자기록을 제시하든지, 또는 보다 더 엄격일치기준에 충실한 전자기록을 제시해야 할 유인이 더욱 강하게 작용할 것임은 충분히 추론가능하다.

5. 수익자의 손실방지 노력과 은행의 공동협조 노력

(1) 수익자의 도덕적 위험

eUCP 제11조는 그 조항의 전면에 은행에게는 전자기록검토기간의 일시유예조치를 부여하여 eUCP 신용장거래로의 자유롭고 능동적인 개입을 보장해 주려하고 있고, 수익자에게는 보다 더 근면한 전자기록제시행위와 보다 더 높은 엄격일치 준수의 전자기록을 제시하도록 유도함으로써 어느 누구에게도 일방적으로 책임을 전가할 수 없는 애매한 상황의 전자기록 붕괴 리스크에 대해 이들 당사자들이 합리적으로 공동대처할 수 있는 근거를 마련해주려 하고 있다.

실제적으로 볼 때 eUCP 신용장거래에서 바이러스 등에 의한 전자기록 붕괴의 리스크는 완벽하게 제거하기 불가능하다. 따라서 당해 리스크를 수익자가 전담하여 그 빈도를 줄이거나 발생확률을 낮출 수 있는 성격의 것은 아니다. 게다가 수익자에게만 그와 같은 부담을 주는 것은 법규적용의 형평성에도 맞지 않다.

그러나 eUCP 제11조의 규정과 반대로 전자기록의 붕괴가 있으면 은행이 '항상' 이의 재제시를 요구한다고 가정한다면 수익자의 기회주의를 부추기는 비효율적 양태가 발생할 우려가 있음을 배제할 수 없다.

다시 말해 전자기록이 붕괴된 경우 항상 은행이 재제시를 수익자에게 요청한다면 일단 유효기일에 임박하거나 유효기일 전이라도 전자기록을 제시하기만 하면 은행으로부터 전자기록 재제시를 당연 통보받기 때문에 전자기록의 하자

까지 보완할 수 있는 기회가 창출될 뿐만 아니라 여기에 최대 30일이나 되는 검
토기간의 일시유예까지 이루어지는 혜택마저 공여됨으로써 수익자는 바이러스
와 같은 제3의 인자를 퇴치·제거하고 이를 예방하려는 자신의 의무를 게을리
한 채 은행에 이와 같은 노력을 전가하려고 하는 도덕적 위험(moral hazard)이
발생할 가능성이 커질 수밖에 없다.

eUCP 제11조가 우려하는 이 같은 도덕적 위험은 손실방지노력을 전혀 기
울이지 않는 수익자에게 무분별하게 전자기록재제시를 허용할 때 발생할 우려
가 크기 때문에 수익자의 도덕적 위험을 제거하기 위해서라도 어느 일정 부분
수익자에게 손실방지노력을 촉구하는 조치가 필요함은 당연할 것이다.

(2) 수익자의 유형별 분류: 유효기일의 불변

eUCP 신용장거래에 임하는 수익자는 UCP신용장거래에 임하는 수익자보
다 일견 더 가중된 리스크 요인을 고려하여야 한다. 즉 자신이 제시한 전자기록
이 바이러스 등에 의해 붕괴될 때의 상황을 추가적으로 고려한 손실방지 노력
을 경주할 필요가 있다.

그러나 eUCP 신용장거래에서 전자기록 붕괴와 같은 특유의 리스크가 발생
하였다 해도 eUCP 신용장의 유효기일은 본 조(b)(iv)항에 따라 결코 연장되지
않는다. 이 같은 제약조건 속에서 eUCP 신용장 수익자의 손실방지 노력이 의미
를 갖기 위해서는 반드시 은행의 공동협조 노력이 뒷받침되어야 한다.

왜냐하면 eUCP 신용장거래에 임하는 현명하고 근면한 수익자라면 ① UCP
신용장거래에서 보다 한층 더 유효기간을 단축하여 활용하고, ② 엄격일치기준
에 더욱더 부합하는 전자기록을 작성하고, ③ 이를 전자기록이 은행의 컴퓨터시
스템 환경에서 안정적으로 유지될 수 있도록 바이러스체크와 안전망 구축 등
최선의 손실방지 노력을 기울인 후, ④ 전자기록 붕괴의 리스크의 발생시를 대
비해 은행의 공동협조 행위를 기대해야 하기 때문이다. 만일 이와 같은 합리적
손실방지 노력을 기울이지 못한 수익자라면 의당 은행의 공동협조 행위는 적용
될 소지가 없을 것이지만, 어떠한 형태로든 수익자가 합리적 차원에서 자신의
손실방지 노력을 경주한 경우라면 이 같은 수익자는 eUCP 테두리 내에서 보호
될 필요가 있을 것이다.

이는 다음의 세 가지 형태로 수익자를 유형화 해 봄으로써 의미 있는 시사점을 찾을 수 있다.

첫째, 이 유형의 수익자는 충분한 유효기간의 단축을 통해 은행으로부터 불일치 통보를 받는다 해도 전자기록의 하자보완의 요구에 성공적으로 대비할 채비를 갖춤과 동시에 eUCP 신용장의 조건과 내용에 엄격하게 부합하는 전자기록까지 제시한 수익자이다. 이와 같은 완벽한 손실방지 노력을 경주한 수익자라면 추후 전자기록의 붕괴 리스크가 발생한다 하더라도 은행의 전자기록 재제시의 요구가 뒷받침된다면 남아있는 유효기일 내에 언제라도 적기에 이를 복구하여 재차 은행에 제시함으로써 당해 eUCP신용장거래를 희망적으로 종결시킬 수 있을 것이다.

둘째, 이 유형의 수익자는 유효기간을 근면하게 단축하여 전자기록을 은행에 제시했지만 당해 전자기록이 불일치사항을 포함하고 있는 상태에서 전자기록이 붕괴된 경우이다. 이 상황에서는 은행의 재제시 요구가 뒷받침되기만 하면 수익자는 이미 충분한 유효기간을 확보해 놓은 상태이기 때문에 이를 복구하여 은행에 제시한다 해도 충분한 치유기간을 활용하여 전자기록의 불일치사항을 추가로 보완해 재차 제시할 수 있게 될 것이다.

셋째, 이 유형의 수익자는 충분히 유효기간을 단축하지 못하고 유효기간의 종료일에 서둘러 전자기록을 제시한 수익자이다. 전자기록에 불일치사항이 포함되어 있어도 유효기간의 여유가 없어 치유·보완도 불가능할 것이다. 수익자는 반드시 eUCP 신용장조건과 일치하는 전자기록을 제시해야만 희망적으로 대금결제를 받을 수 있다. 그러나 이때 예기치 못한 전자기록의 붕괴 리스크가 발생하면 은행의 재제시 요청이 있다할지라도 이를 재차 제시하여 본들 이미 유효기일은 종료된 상태이므로 eUCP 신용장거래에서 전자기록의 불일치사항의 경중이나 과다에 관계없이 대금결제를 받을 수 있는 기회가 상실된다.

(3) eUCP 제11조의 궁극적 함의

앞서 설명한 바와 같이 eUCP 신용장거래에서는 전자기록의 붕괴와 관련하여 수익자의 도덕적 위험이 발생할 우려가 크다. 즉 일단 유효기일 전에 전자기록을 제시하기만 하면 은행으로부터 재제시를 당연 통보받기 때문에 이를 보완할 수 있는 기회가 창출될 뿐만 아니라, 여기에 최대 30일이나 되는 재제시기간의 여유마저 공여됨으로써 수익자는 바이러스와 같은 리스크를 사전에 예방하려는 자신의 의무를 게을리 한 채 이와 같은 노력을 은행에게만 전가하려는 도덕적 위험의 행태가 언제라도 발생할 개연성이 있기 때문이다.

그러나 이 같은 수익자의 도덕적 위험은 유효기간의 불변조치, 다시 말해 eUCP 신용장거래에서 전자기록이 붕괴되어 은행이 당해 수익자에게 재제시의 요청을 하여도 유효기일은 연장되지 않는다는 조치만으로도 충분히 제거가 가능하다.

eUCP 제11조가 꾀하고 있는 목적은 수익자의 귀책사유로 볼 수 없는 전자기록 붕괴의 리스크이기는 하지만 이 리스크를 수익자가 전담하여 그 발생 확률을 전자기록 제시단계부터 줄여야 한다는 데 있다. 따라서 그러한 불가항력적 리스크 환경 속에서 전자적제시가 이루어지는 단계에서부터 이 리스크의 제거를 위해 유효기간의 충분한 확보 등과 같이 모든 가능한 합리적 노력을 경주한 현명하고 근면한 수익자는 eUCP제11조의 해석적용 테두리 내에서 보호될 필요가 있다.

이를 위해 eUCP제11조가 규정하고 있는 "may"의 용례에 의한 은행의 선택권부 조항은 은행뿐만 아니라 수익자 역시 당해 전자거래의 리스크를 줄이는 데 최선의 노력을 경주해야 한다는 상징적 의미로 존치시킬 필요는 있을 것이지만, 그에 따른 은행의 자유재량권의 남용을 방지하기 위해서는 이 규정은 오히려 은행이 당해 리스크를 처리함에 있어서 방법의 다양성[13]을 의미하는 것으로 개정해 나갈 필요가 있을 것이다.

---

13) 거래의 통념상 수긍가능하다고 볼 수 있는 조치들, 예컨대 전자기록을 서류의 형태로 재제시할 기회를 부여한다든지, 또는 기타 신속한 telecommunication방식 등에 의한 전자기록의 대체 등을 생각해 볼 수 있을 것이다.

Article e12: Additional Disclaimer of Liability for eUCP Presentations ———

By checking the apparent authenticity of an electronic record, banks assume no liability for the identity of the sender, source of the information, or its complete and unaltered character other than that which is apparent in the electronic record received by the use of a commercially acceptable data process for the receipt and identification of electronic records.

제e12조: eUCP 제시의 책임에 대한 추가적인 면책 ———

전자기록의 외견상 진정성을 점검함에 있어 은행은 전자기록을 수령하고 전자기록의 정체를 확인하기 위해 상업적으로 수용가능한 데이터 프로세스를 사용하여 수신된 전자기록상에 외견상 나타난 것 이외에 송신자의 신원, 정보의 출처, 혹은 완전하고 변조되지 않았음에 대한 책임을 지지 않는다.

전자기록의 붕괴 리스크는 본 제12조와 밀접한 관계가 있다. eUCP 제12조는 전자기록의 제시와 관련하여 은행의 추가적 면책범위를 다루고 있다. 이에 따르면, 전자기록과 관련하여 은행은 상업적으로 수긍 가능한 데이터 처리시스템에 의해 확인 가능한 「전자기록의 수신」, 「진위판명의 여부」, 그리고 「eUCP 신용장과의 동일성 여부」에 대해서만 책임을 지며 이외의 다음 상황, 즉 ① 전자기록의 발급자의 자격과 실체 ② 정보의 출처 ③ 전자기록의 완전성과 변경 불가능에 대해서는 면책된다. 전자기록의 붕괴는 이 중 세 번째 요건에 포함되는 것으로써 전자기록이 안정적 환경 속에서 유지되고 있는지 여부에 대해서는 은행은 책임을 지지 않는다.

그러나 본 조항의 전제는 은행의 정보시스템이라는 인프라는 항상 어느 경우에도 상업적 관점에서 안정적 시스템을 유지하고 있어야 한다는 당위성을 내포하고 있다는 사실이다. 물론 은행정보시스템에 자신의 귀책사유로 인해 문제가 발행하면 당연히 은행이 책임지게 되는 것이겠지만 만일 은행의 귀책사유로 볼 수 없는 전자기록 관련의 고유의 위험들이 발생한다면 이들로부터 은행은 자유롭다는 것을 본 조항은 함의하고 있다.

만일 이러한 부분까지 은행이 책임의 주체가 된다면 앞서 설명한 바와 같이 은행에게는 이들 위험의 처리비용, 즉 관련 서버의 유지·보수·업데이트 등의 비용부담이 가중될 뿐만 아니라, 결과적으로 은행이 당해 위험의 전담기구화하는 현상까지 발생할 가능성이 있기 때문에 진정한 의미의 신용장거래관습의 왜곡을 초래하게 될 것이다.

eUCP는 전자기록의 이 같은 고유의 위험에 대해 그 부담책임과 처리과정으로부터 은행을 독립시킴으로써 신용장거래로의 자유롭고 능동적인 개입을 보장해 주고 있다.

개정 미통일상법전

Chapter 01
개정 미통일상법전의 주요 조항분석

1. 개정 미통일상법전의 의의

신용장거래관습은 오랜 기간에 걸쳐 상인들의 반복적 행위로 형성되어 온 상관습의 형태이기 때문에 항상 변화·발전하는 속성을 가진다.

따라서 불합리한 관행의 요소가 있다면 당사자들이 더 이상 이를 고려하지 않음으로써 자연히 소멸되고 이를 대체하는 새로운 관행이 계속 거듭나기 때문에 대단히 합리적이고 진보적이라 할 수 있다.

이렇듯 신용장거래관습은 작위적이라기보다는 자생적인 시장질서를 지향하고 있기 때문에 신용장거래관습의 규칙화 내지 법전화는 이 같은 자생적 시장질서로서의 신용장거래관습을 얼마나 잘 반영할 수 있겠는가 하는 문제가 그 역할 기능의 핵심이 된다.

이미 앞서 설명한 바와 같이 신용장통일규칙은 신용장거래관습의 통일적인 해석에 지대한 공헌을 하고 있는 것은 사실이지만 본질적으로 상관습의 법원성에 머물러 있기 때문에 이를 준수할 것이 의무화되는 법적 확신(*opinio juris*)에까지 도달한 상거래법은 아니라 볼 수 있다. 따라서 신용장통일규칙은 거래 당사자의 합의의 의사에 따라 규칙적용여부가 결정되는 임의 법규성에 머물러 있어 국제적 거래관습규범으로서의 확정성과 구속력이 부족하다고 볼 수 있다. 또한 신용장통일규칙이 당해 신용장거래에 준거된다 하더라도 신용장을 다루는 국내법이 있을 경우에는 특별한 경우를 제외하고는 국내법이 우선될 때가 많으며, 이 두 법규의 충돌이 있을 때 신용장통일규칙의 강행성은 문제점을 드러낼 수밖에 없다.

한편 신용장거래관습에 있어 원칙화된 정형적 행위기준을 제시하기 위해 미국 국내뿐만 아니라 범세계적인 규범의 일환으로 신용장제도를 규정한 미국의 통일상법전 제5조(Uniform Commercial Code Section 5)는 가장 총체적이고 완전한 형태를 갖춘 신용장거래법으로 평가되고 있었으나 이 법전은 제정·공포된 이래 별다른 개정작업 없이 근 40여 년을 존속해와 새롭게 변화·발전한 신용장 거래관습을 제대로 반영하지 못함으로써 진정한 의미로서의 해석규범 역할을 충분히 수행하지 못하였다. 이러한 문제점을 해결하기 위해 1990년 이의 개정을 위한 개정 추진위원회가 발족하여 1995년 말 비로소 그 개정이 완료, 1997년 공포됨으로써 오늘날 명실상부한 신용장거래법전으로 구축되었다고 평가된다.

2. 개정 미통일상법전 제5-102(a)(7)항: 선의의 원칙

신용장통일규칙에 구현되어 있는 제반 은행관행의 기본적 원리는 신용장의 독립·추상성이라는 본질적 논리를 중심으로 소위 합리성(reasonableness)에 그 근간을 두고 있다.[1]

개정 미통일상법전 제5조는 합리성 개념은 규정해 놓고 있지 않으나 신용장관련 개념의 정의를 다룬 제5 - 102(a)(7)항에 별도로 선의(good faith)의 요건을 마련해 놓고 있다.

본래 선의라 함은 추상적인 개념이어서 명확한 기술적 또는 법률적 정의가 있는 것은 아니지만 그 본질은 통상 정직성을 근본으로 사악함이 없는 상태[2]를 의미하며, 이는 신의 또는 성실과 같은 윤리적·도덕적 평가기준에 따른 법적 가치판단을 포함한다.[3]

선의의 원칙은 거래 당사자간에 권리행사 및 의무이행에 관한 거래당사자들의 행동원리를 의미하는 것뿐만 아니라 제정법의 해석·적용에 있어 구체적인 타당성의 실현을 목적으로 생성·발전되어 온 모든 법률관계의 일반조항 내지 제왕(帝王)조항으로 일반적으로 규정의 흠결을 보충하는 기능과 규정의 해석적

---

1) 특히 개설은행의 서류검토부분에 있어 합리성 기준은 성실한 은행이라면 당연히 기울여야 할 선량한 관리자로서의 평상적 주의를 갖고 서류를 검토해야 함을 의미한다. 이는 문언해석의 원칙에 입각하여 어떤 당사자의 이익에도 치우치지 않고 정직한 상태를 견지하는 가운데 은행 자신의 편견이나 자기이익중심의 주장이 배제되어 있는 공정성의 태도를 의미하며, 나아가 은행의 부주의나 태만도 배제되어 있는 근면성의 기준도 포함한다.

2) *Black's Law Dictionary*, p.693.

3) 곽윤직, 「민법총칙」, 박영사, 1996, p.115 이하 참조.

용을 수정하는 기능을 한다.

특히 계약법의 해석적용에 있어 선의 또는 신의칙에 반(反)하는 행위들은 ① 계약을 성취시키겠다는 의욕이 결여된 상태, ② 부주의하고 나태한 상태, ③ 계약의 실질적 이행의 고의적 포기, ④ 계약의 조건과 내용의 남용, ⑤ 상대방의 계약이행에 대한 방해 및 비협조, ⑥ 부당한 물품인수 거부, ⑦ 고의적인 손실경감노력의 회피, ⑧ 과도한 계약의 해석, ⑨ 분쟁으로의 고의적 유도, ⑩ 완벽한 계약이행요구에 따른 권리남용, ⑪ 상대적으로 약자의 위치에 놓이게 된 상대방의 약점을 이용한 우세한 위치의 확보 등을 포함4)하고 있기 때문에 이와 같은 논리의 적용은 신용장거래관습에 있어 소위 실효(失效)의 원칙5)과 권리포기 및 금반언 법리를 파생시키며, 신용장거래관습의 공정한 행위준칙인 독립·추상성원칙과 엄격일치원칙을 남용하는 것을 조율 내지 조정하는 기능을 담당하게 됨을 확인할 수 있다.

신용장거래관습은 이미 언급한 바와 같이 오랜 기간 동안 거래 당사자간에 자생적인 형태로 진화·발전되어온 상관습이기 때문에 이에는 당초부터 선의의 원칙이 전제되어 있다.

신용장거래관습에서 선의의 원칙이 중요한 의미를 주는 까닭은 선의의 원칙이 신용장거래관습의 보편적 원리인 독립·추상성원칙과 엄격일치의 원칙을 지탱하고, 이를 보완할 수 있는 기능을 발휘하고 있기 때문이다.

이러한 관점에서 개정 미통일상법전 제5조에서는 신용장거래관습에 있어서의 선의라는 묵시적 행동원리를 명문화한 것이라 볼 수 있다.

한편 개정 미통일상법전 제5조상의 선의의 원칙은 선의의 광의의 기능 중에서 특히 정직성만에 그 주안점을 두고 선의를 정의하고 있음을 유의할 필요가 있다. 그 이유는 신용장의 독립·추상성과 엄격일치원칙을 지탱하기 위하여 선의의 원칙을 적용함에 있어서 선의의 원칙에 의해 이 보편적 두 신용장원칙

---

4) Summers "The General Duty of Good Faith: Its Recognition and Conceptualization", *Cornell Law Review*, vol.67, 1982, p.810.

5) 이는 신의칙에 따라 파생된 법률행위의 해석원칙으로 권리자가 그의 권리를 행사하지 않음으로써 상대방이 더 이상 그 권리가 행사되지 않을 것으로 믿게끔 한 때에 차후 새삼스럽게 그 권리를 행사하는 것은 신의칙에 반하는 행위가 되며, 상대방은 그러한 권리행사에 대해 소위 실효의 항변으로써 대항할 수 있다는 원칙을 말한다.: 곽윤직, 「전게서」, pp.118−119.

이 수정되거나 변형되는 것을 배제하기 위함이라 하겠다.[6]

결국 개정 미통일상법전 제5조의 선의의 요건은 신용장거래관습에 있어서의 거래 당사자간의 권리행사에 정직성이라는 윤리적이고 도덕적인 가치판단기준을 요청[7]함으로써 신용장의 독립·추상성원칙과 서류의 엄격일치원칙 간의 실질적 균형[8]을 실현하고자 하는 의지를 강력히 반영하고 있다고 보겠다.

3. 개정 미통일상법전 제5-108조: 표준관행의 도입

서류의 검토기준과 관련하여 법원마다 판례의견이 다양하다는 사실은 실질적으로 신용장거래 당사자들에게는 불확실성의 근원이 될 수밖에 없다.

이러한 난제를 해결하기 위한 최적의 접근 방법으로써 신용장통일규칙에서는 일상적이고 평상적인 은행관행이 국제적으로 인정되는 것을 국제표준은행관행(international standard banking practice)이라고 설정하고, 일단 신용장통일규칙에 구현된 신용장거래관습을 가장 기본적이고 본질적인 국제표준은행관행이라고 정의하기에 이른 것이다. 따라서 지역적 관행이 존재하여 이 관행이 국제표준은행관행으로 인정되기 위해서는 그 보편성·타당성이 합리적인 관점에서 국제적으로 검증되어야 한다.

한편 개정 미통일상법전에서는 국제표준은행관행이라는 용어 대신 표준관행(standard practice)이라는 개념을 도입하고 있음은 상당히 주목할 만하다.

개정 미통일상법전 제5조가 인정하는 표준관행이라 함은 다음의 세 가지 형태의 관행들을 지칭한다.[9]

---

6) 개정 미통일상법전 제5-102항 Comment 참조 ; Milton R. Schroeder, "The 1995 Revisions to UCC Article 5, Letter of Credit", *UCCLJ*, 1997, pp.346-347 참조.

7) 이와 유사한 취지에 대해서는 Ernest P. Patrikis, "Definition of Good Faith in Revised UCC Article 5", *Letter of Credit Update*, vol. 11, No. 2, 1995, pp.28-29 참조.

8) 따라서 개설은행이 개설의뢰인의 사주를 받아 수익자에게 악의적으로 완벽한 서류를 요구하는 행위, 또는 개설의뢰인의 채무불이행이나 파산의 가능성에 기인하여 자신의 재정적 손실을 회피하기 위해 서류의 완벽한 일치성을 주장하는 것 등은 악의적 권리남용의 일환이므로 이는 명백히 선의의 원칙을 위배한 것이다.; 이와 관련한 법원판례에 대해서는 Kerry L. Macintosh, "Letter of Credit: Curbing Bad Faith Dishonor", *UCCLJ*, vol. 25, 1992, p.20 이하 참조.

9) 개정 미통일상법전 제5-108조, Comment 8.

첫째, 신용장통일규칙에 명시된 관행

둘째, 신용장을 정기적으로 발행·취급하는 금융기관협회 등이 공포한 관행

셋째, 지역적 관행

여기서 두 번째 관행은 주로 USCIB(United States Council of International Banking)가 공포한 관행[10]을 의미한다.

이때 USCIB 등의 관행과 지역적 관행이 신용장통일규칙에 명시된 관행과 일치한다면 대단히 바람직하겠지만, 만일 이들 세 관행들간에 서로 상충하는 경우가 발생할 때에는 당사자간에 어떤 관행이 우선하는지를 명시적으로 표명하고 있어야만 한다.

이상에서 보듯 개정 미통일상법전 제5조는 신용장통일규칙상의 국제표준 은행관행을 가장 본질적인 표준관행이라고 정의하고 이를 최우선적 해석기준으로 인정함과 아울러 국제표준은행관행의 해석 범위를 확장시킴으로써 보다 더 그 개념을 명확히 하고 있음을 알 수 있다.

개정 미통일상법전 제5조는 구(舊)법전과는 달리 신용장통일규칙의 법원성을 인정하고 미국내의 신용장거래관습을 1차적으로 신용장통일규칙상의 관행하에서 조율하겠다는 태도를 반영하고 있다. 특히 본 법전 제5조의 개정에는 USCIB의 의견이 대단히 중요한 역할을 했다는 점에서 미국의 관행과 범세계적 채택규범인 신용장통일규칙상의 관행과의 조화의 노력은 그 의미가 크다.

한편 표준관행의 결정과 이의 해석적용에 대해서 제5－108(e)항에서는 다음과 같은 추가적인 규정을 두고 있다.

"개설인은 신용장을 정규적으로 발행하는 금융기관의 표준관행을 준수하여야 한다. 개설인의 표준관행 준수여부의 결정은 법원의 해석문제이다. 법원은 신용장의 당사자들에게 표준관행임을 증명할 수 있도록 합리적인 기회를 부여해야 한다."

여기서 「표준관행 준수여부」라 함은 주어진 특정 상황에 표준관행이라는 기준이 적용될 수 있느냐 하는 해석문제를 의미하는 것으로 이는 본질적으로

---

10) 지금 IFSA로 통합운영되지만 USCIB는 미국 내에서 국제무역거래에 수반되는 제반 은행업무를 취급하는 은행들로 구성된 금융기관협회이며, 이의 회원은행은 약 450여 개에 달한다.

법규의 적용의 문제, 다시 말해 법률문제(matter of law)라 할 수 있다.

신용장을 통한 거래 당사자간의 법률행위는 당사자들의 의사에 따라 특정한 법률효과를 발생시키며, 법률행위는 특정한 거래의 목적을 달성하기 위한 당사자들의 하나 또는 둘 이상의 의사표시를 불가결의 요소로 하고 있다.

신용장거래에 있어 법률행위의 목적은 수익자에 의한 서류제시와 개설은행에 의한 대금의 지급에 있다. 이때 신용장거래에서는 필연적으로 대금의 지급을 위한 서류검토의 절차가 수반되고, 서류검토를 위한 당사자들의 의사표시는 도대체 어떠한 것인가 하는 해석의 문제가 대두된다.

법률행위의 해석이라 함은 법률행위의 목적 내지 내용을 명확히 하는 것이고, 법률행위는 의사표시를 요소로 하기에 이는 결국 당사자들간의 의사표시의 해석과도 같다. 만일 거래 당사자간의 의사표시가 합치되거나 합의된 경우에는 그 해석이 간단하겠지만, 그것이 이루어지지 않았다든지 또는 의사가 상충될 때에는 반드시 그 내용을 확정할 필요가 생기는데, 이러한 작업이 바로 법률행위의 해석이라 할 수 있겠다.

신용장거래관습에 있어 표준관행이 무엇이며, 어떠한 것이 표준관행에 포함되느냐 하는 문제는 소위 사실의 문제(question of fact)로서 이는 거래 당사자들의 거래목적, 상업적 감관, 경험칙 등과 같은 요소들의 증명을 통해 결정된다. 그러나 이와 같은 사실의 문제가 법규화되면 이와 같은 사실의 문제는 종결되고, 주어진 특정상황에 이것이 어떻게 적용되느냐 하는 법원의 해석문제, 즉 법률문제(question of law; matter of law)가 된다.[11]

이를 쉽게 요약하면 신용장거래에서 서류검토에 관한 표준관행은 무엇인가, 어떠한 관행을 포함하는가라는 것은 사실의 문제인데, 이 사실의 문제가 법전 속에 규정화되면 규정화된 이 관행은 서류검토에 어떻게 적용되느냐 하는 법률적 문제가 된다는 것이다.

개정 미통일상법전 제5-108(e)항은 이러한 원칙에 따라 신용장거래 당사자들이 채택하는 관행이 서로 상충할 때, 과연 어느 관행이 표준관행으로서의

---

11) James E. Byrne, "Revised UCC Section 5-108(e); A Constitutional Nudge to Courts", *UCCLJ*, 1997, p.422.

기준에 적합한 것인가 하는 부분에 대해 당사자들이 증명할 수 있는 합리적 기회를 당연한 권리로서 보장하지만 이의 결정은 궁극적으로 법원의 몫이 됨을 법조항으로 구체화시킨 것이다.

　　이와 같은 논리에 따라 본 법전에서 표준관행의 범주에 「지역적 관행」을 배제시키고 있지 않은 까닭은 지역적으로 다양하고 일치되지 않는 관행 역시 모두 인정하겠다는 취지가 아니라 상술한 바대로 법률의 본질적인 절차적 요건이 충족된 후에 그와 같은 관행이 신용장거래관습을 지배하는 관행으로 편입될 수 있는지, 신의칙 원칙 및 권리남용금지의 원칙에 부합하는지, 그리고 정의와 형평 등의 원리를 해하지 않는 거래관행인지 등에 대해 법원이 선택 및 결정한다면 이 역시 합리성이 표준관행이 될 수 있다는 것을 시사하는 것이다.

4. 개정 미통일상법전 제5-108조(a)항: 엄격일치 원칙의 명문화

　　신용장거래관습에 있어 서류검토의 일반적 원칙은 엄격일치기준이 됨은 명백하다. 그러나 이에 대한 명문화된 규정이 없어 다양한 검토기준이 제기되기도 하였고 엄격일치기준에 대한 오해도 발생하였던 것이 사실이었다. 그러나 개정 미통일상법전에서는 서류의 검토기준과 관련하여 그 제5-108조(a)항에 다음과 같이 엄격일치원칙을 명문화함으로써 그러한 오해의 소지를 제거시키고 있다.

　　"제5-109조에서 달리 정하고 있는 경우를 제외하고, 개설인은 동조(e)항에 규정된 표준관행에 의해 결정된 대로 신용장조건과 내용에 문면상 엄격하게 일치하는 서류가 제시되면 지급한다. 제5-113조에서 달리 정하고 있는 경우를 제외하고, 그리고 개설의뢰인과 개설인 간에 달리 반대합의가 없는 한, 신용장조건에 엄격하게 일치하지 않는 서류의 제시에 대해서는 개설인은 대금을 지급하지 않는다."

　　이는 현행 제6차 개정 신용장통일규칙의 "지정은행, 확인은행 그리고 개설은행은 제시된 서류가 문면상 신용장조건과 일치하는지 여부를 결정하기 위해 서류만을 근거로 당해 제시서류를 검토하여야 한다"[12]는 규정이나 당시의 제5차 개정 신용장통일규칙의 "은행들은 신용장에 명시된 모든 서류가 문면상 신용장의 제 조건과 일치하는지 여부를 확인하기 위해 합리적 주의를 기울여 검토하여야 한다.…"[13]는 규정이나 구(舊)법전의 "개설인은 서류가 신용장의 조건과 내용에 일치하는지 여부를 확인하기 위해 주의를 기울여 검토하여야 한다.…"[14]는 규정과 비교해 볼 때 서류검토의 기준은 엄격일치원칙이 지배함을 명확히 확인해 주고 있음을 알 수 있다.

매매계약의 경우 "계약이 체결되면 반드시 이행하여야 한다"(*pacta sunt servanda*)는 원칙에 따라 자연스럽게 파생된 계약의 실질이행의 원리(doctrine of substantial performance)는 계약의 실효(失效)를 방지하기 위해 중요한 의미가 있다. 즉 계약을 완벽하고 엄격하게 이행하지 못하였다 하여도 계약 전체적으로 보아 실질적으로 이행이 된 경우라면 당해 계약은 이행된 것으로 본다라는 실질이행의 원리를 원용한 소위 상당일치기준 또는 실질부합의 기준(substantial compliance standard)을 신용장거래관습에서 전적으로 배제하겠다는 취지를 개정 미통일상법전 제5조는 강력하게 천명하고 있다.[15]

나아가 개정 미통일상법전 제5조는 앞서 설명한 바 있듯이 엄격일치기준은 선의의 원칙 또는 신의칙에 반(反)하는 소위 권리남용적 완전일치기준(oppressive perfectionism)으로까지 확대해석 되는 것은 아님을 공식 주석을 통해 명시하고 있다.[16]

---

12) 제6차 개정 신용장통일규칙 제14조(a)항.

13) 제5차 개정 신용장통일규칙 제13조(a)항.

14) 미통일상법전 제5-109조(2)항.

15) "The Section rejects the standard that commentators have called 'substantial compliance' …." (개정 미통일상법전 제5-108조 comment 1 참조).

16) *ibid*.

Chapter 02

개정 미통일상법전 제5조와 신용장거래에서의 사기

1. 사기와 위조에 대한 해석

(1) 은행의 지급확약

신용장에서 구현되어 있는 개설은행의 지급확약은 본질적으로 개설의뢰인의 요청과 지시로 이루어지고, 이의 이행은 개설의뢰인과 개설은행의 대금충당약정을 전제로 하고 있으며, 개설은행의 지급확약에 따른 혜택의 공여를 받기위해 수익자는 당해 신용장상에 규정된 조건과 내용을 엄밀하게 충족시킨 서류들을 구비·제출할 의무가 있다. 개설은행은 이들 두 당사자 사이에서 엄격한중립성을 견지하는 가운데 합리성과 선의의 요건을 충족시킨 상태에서 자신이확약한 대금지급의 의무를 이행하여야 한다.

은행은 수익자가 제출한 서류가 신용장의 문면상 일치할 경우 대금을 지급하는 것 이외에는 다른 대안이 있을 수 없다.[1] 왜냐하면 신용장거래에 있어 은행의 수익자에 대한 대금지급확약은 수익자가 신용장의 조건과 내용에 일치하는 서류를 제시한다는 전제하에서 이것이 충족되면 반드시 대금을 지급하겠다는 강행적 지급확약으로서의 약정을 의미하기 때문이다. 그러나 신용장의 제반조건과 내용에 일치하는 완벽한 서류가 제시되었음에도 그 내면에 사기(fraud)나위조(forgery)가 내재되어 있어 은행이 합리적인 주의를 기울여도 당해 제출 서류의 하자사항을 확인할 수 없는 경우, 은행은 제출된 서류상의 사기나 위조여부를 확인하기 위하여 매매계약을 참고할 수도 없고, 또 부당하게 대금지급을유예시킬 수도 없는 형편이므로 문제가 발생할 수 있다.

이하에서는 이러한 난제에 대해 개정 미통일상법전 제5조가 신용장거래관

---

1) Gutteridge & Megrah, *The Law of Bankers' Commercial Credits*, p.179 ; 우리나라의 경우
   이를 확인한 판례의견이 있다(신화산업 대 조흥은행 사건, 대판 1977.4.26. 76다 986; 대판
   1980.1.15. 78다 1015).

습의 효율성을 침해함이 없이 신용장의 사기에 대해 가장 합리적인 해석방안을 법규로서 정립시키고 있음을 확인하고자 한다.

(2) 개정미통일상법전 제5-109(a)항의 규정 : 사기의 요건

개정미통일상법전 제5－109(a)항에 규정된 사기 및 위조라 함은 "제시된 서류가 신용장의 조건과 내용에 엄격하게 일치하는 경우, 그러나 요구된 서류가 위조되었거나 실질적으로 중대한 사기가 있는 경우 제시된 서류에 대해 대금지급하는 것이 개설인이나 개설의뢰인에 대한 수익자의 실질적으로 중대한 사기행위를 조장시킬 때"를 의미한다.[2]

일반적인 관점에서 사기가 함은 고의로 상대방을 기망하여 착오에 빠지게 하는 위법행위를 의미하기에 신용장거래가 비록 서류를 축으로 하여 소위 독립·추상성원칙 하에 이루어진다 하여도 이와 같은 고의의 위법행위가 발생하게 되면 신용장의 독립·추상성원칙은 더 이상 공정한 행위준칙으로서의 기능을 할 수 없게 될 것이다. 다시 말해 신용장거래관습은 특유의 결제 메커니즘에 의해 그 결제가 신속하게 이루어지게 함으로써 무역거래를 원활하게 하는 데 있는 것이지 수출업자의 사기나 기망행위를 조장시켜주기 위한 것은 아니라는 의미이다. 이는 곧 신용장거래관습의 기본이 되고 있는 상관습으로서의 신의칙에 따라 사기행위는 용납할 수 없다는 논리로 귀착되기 때문이다.[3]

그러나 이와 같은 사기의 판단기준은 신용장거래에서 상당히 제한적으로 적용됨을 상기의 규정은 함의하고 있다. 즉 신용장거래에서 사기가 성립되기 위해서는 첫째, 요구된 서류의 위조 또는 실질적으로 중대한 사기의 발생요건, 둘째, 이 요건과 개설인 또는 개설의뢰인과의 직접적 관련성이 존재해야 한다는

---

2) 개정미통일상법전은 구법전에 비해 그간 판례와 학설에 의해 논란의 대상이 되었던 '거래에서의 사기(fraud in the transaction)'의 개념을 삭제, 이를 명료화하였고, 사기의 성립 요건에 중대한(material)이라는 용어를 삽입하여 개설의뢰인의 거증책임을 강화하였으며, 법원의 유지명령을 통한 신용장거래로의 개입요건을 명시하고 있다. 보다 자세한 내용은 James J. White & Robert S. Summers, *Uniform Commercial Code*, vol. 3, 4th ed., 1995, West Publishing Co., pp.176－211 참조.

3) John J. Krimm, Jr., "UCC － Letter of Credit and Fraud in the Transaction", *Tulane Law Review*, vol.60, 1986, p.1092.

것이다. 이를 좀 더 구체적으로 부연 설명하면 다음과 같다.

첫째, 신용장에서 요구된 서류가 위조된 상태여야 한다. 위조서류라 함은 신용장의 조건과 내용에 문면상 일치하는 서류이지만 서류의 내용 자체가 아예 사기행위로 조작된 경우[4]를 말한다. 이는 곧 수익자가 위조서류의 제출을 통해 개설은행으로 하여금 착오에 빠져 대금지급이라는 법률행위를 하도록 유인하고자 하는 사기적 의도를 의미하는 것으로 결과적으로 위조된 서류를 통해 개설은행을 겨냥한 기망행위의 형태여야 한다는 것이다.[5]

둘째, 실질적으로 중대한 사기여야 한다. 수익자가 직접 사기에 참여하든, 또는 제3자와 공모하든[6] 서류를 위조했다는 것은 궁극적으로 신용장의 저변에 존재하는 매매계약에서의 사기와 동시성을 가지는 것이 일반적이다. 다시 말해 수익자의 사기행위는 결과적으로 개설의뢰인을 겨냥한 상품에 관한 기망행위로 나타나야 한다는 것이다. 이때 거래 목적이 되는 상품에 있어서의 사기는 다음의 두 가지 개념의 구별을 통해 판단되어야 한다.

하나는 매매계약에서의 계약물품과 실제 선적한 물품과의 차이를 단순한 담보위반(breach of warranty)의 차원으로만 해석하는 경우이고, 다른 하나는 계약물품과 선적물품과의 차이를 약인의 완전실패(total failure of consideration)로 해석하는 경우이다.[7]

개정 미통일상법전 제5조가 제시하고 있는 사기의 형태는 단순한 담보위반의 차원이 아니라 약인의 완전실패로 해석될 만큼 수익자의 계약이행이 완전히

---

4) Burton V. McCullough, *Letter of Credit*, Matthew Bender, 1992, Section 5−20, 5−21, 5−22.

5) 따라서 은행은 제출된 서류의 위조의 사실을 사전에 알았거나, 또는 의심할 만한 충분한 이유가 있을 때에는 신용장 대금을 지급해서는 안 될 것이다.; 대법원 1993.12.24. 선고 93다15632, 서울지방법원 1995.11,3. 93가합 90522.

6) 신용장 관련 사기의 주체에 관련된 문제는 김선국, "신용장의 독립추상성과 서류비지정조건의 유효성", 「경영법률」, 한국경영법률학회, 2000, p.494.

7) 어떠한 성격의 계약위반이 약인의 완전실패에 해당되는지에 대해서는 명확히 제시하기 어렵겠으나 일반적으로 계약의 필수부분인 조건(condition)의 위반, 또는 계약의 목적을 달성시킬 수 없는 중대한 하자, 또는 매도인의 계약이행에 있어 그 이행의 불일치 정도가 계약의 가치를 실질적으로 침해한 경우, 또는 매도인의 계약위반의 결과가 매수인이 계약에 근거하여 기대할 수 있는 권리를 실질적으로 박탈한 경우 등을 의미한다 하겠다. 결과적으로 이러한 모든 경우 개설의뢰인에게는 계약이 이행되지 않음으로 인한 완전한 손실형태로 나타나게 된다.

무의미할 것을 전제로 하고 있음8)을 확인할 수 있다. 따라서 실질적으로 중대한 사기라 함은 계약에 있어서의 약인의 완전실패의 상황일 때에만 본 규정이 해석 적용되는 것이기 때문에 단순한 매매계약에서의 담보위반은 매매계약에 기하여 수익자와 개설의뢰인 간에 손해배상제도로 그 이행의 차이를 조절9)하도록 유도하고 있음을 함의하고 있다 하겠다.10)

셋째, 언급한 약인의 완전실패를 야기하는 행위는 비양심적인 수익자의 고의적이고 적극적인 기망행위의 결과여야 한다. 일반적으로 사기를 구성하는 어느 일방의 기망행위는 거래상 요구되는 신의성실의 원칙에 반하는 것일 때 비로소 위법한 기망행위11)라 할 수 있으며, 이러한 악의의 비양심적 기망행위는 거래 상대방으로 하여금 그릇된 관념이나 착오에 빠뜨리려 하는 적극적 형태의 사기여야 한다. 또한 사기가 성립되기 위해서는 거래 상대방을 기망하여 착오에 빠지게 하려는 고의적인 의도와 동시에 그 착오에 기하여 상대방으로 하여금 특정의 의사표시 내지는 법률행위를 하도록 유인하려는 고의성이 입증되어야 한다.

끝으로, 본 규정의 "수익자의 … 사기행위를 조장시킬 때"의 의미는 궁극적으로 이미 상술한 요건의 입증을 전제로 하는 것으로 해석해 볼 수 있다.

개설은행이나 개설의뢰인이 수익자의 사기행위를 주장하기 위해서는 수익자의 사기행위의 고의성을 입증할 필요가 있는 것이지만 실질적인 관점에서 볼 때 이와 같은 수익자의 사기의 고의성을 증명하는 것은 어떠한 기준에 의해, 어떤 상황에서 무엇을 증명해야 하는지가 곤란한 경우가 많다.12)

---

8) 이에 대한 보다 제세한 내용은 Menachem Mautner, "Letter of Credit Fraud : Total Failure of Consideration, Substantial Performance and the Negotiable Instrument Analogy", *Law & Policy of International Business,* vol.18, 1986, pp.605－609.

9) 계약의 이행에 있어서 담보위반의 유무는 실제적으로 이행된 계약의 이행상태를 비교해 봄으로써 가능해질 것이다. 담보위반은 계약이행자인 수익자의 선의가 전제되어 있는 것이며, 이 경우 개설의뢰인의 이해관계는 계약의 엄격한 이행(strict performance)과 실질적 이행(substantial performance)과의 차이에 따른 기대이익만큼의 손실로 나타나며, 그에 해당하는 만큼 개설의뢰인은 매매계약하에서 수익자에게 손해배상 청구를 할 수 있다.

10) 개정미통일상법전 제5－109조 Comment 1.

11) Edward L. Symons Jr., "Letter of Credit : Fraud, Good Faith and the Basis for Injunctive Relief", *Tulane Law Review,* vol.54, 1980, pp.338－339.

　　이는 곧 비양심적인 수익자의 기망행위와 개설은행의 착오에 의한 의사표시 내지 법률행위 간의 인과관계를 입증하는 문제로 귀착됨을 알 수 있다. 즉 개설은행의 수익자에 대한 대금지급이 수익자의 사기행위를 조장시키는지 여부에 대한 판단은 수익자가 제시한 서류와 상품에 적극적이고 고의적인 허위의 사실이 존재함과 아울러 이러한 허위의 기망행위를 수익자가 인지한 상태에서 개설은행으로 하여금 고의적으로 허위의 사실을 믿게끔 유인한 결과, 실제로 개설은행의 착오에 의한 의사표시가 손실의 발생으로 귀착된다면 개설은행의 당해 수익자에 대한 대금의 지급은 사기를 조장하는 형태가 되는 것이라 하겠다.

　　반대 의미로 수익자는 신용장 거래에서 요구되는 서류들에 대해 상태성과 정규성을 갖추어 제출함에 수익자가 직접 개입되어 있지 않아 수익자가 인지 못한 서류상의 위조가 있는 경우, 다시 말해 수익자의 고의적이고 적극적인 의미로서의 기망행위가 아닌 경우에는[13] 개설의뢰인은 개설은행에 대금지급의 유예 내지 정지를 요구할 수 없다. 이와 같은 상황에서의 수익자의 계약이행은 선의에 입각한 계약이행의 차원으로 해석되므로 개설은행은 당해 수익자에게 대금을 지급하여야 할 것이다. 만일 선적된 상품과 관련하여 문제가 발생한 경우에는 개설의뢰인은 매매계약상의 담보위반에 근거를 둔 손해배상의 문제로 해결해야 할 것이다.

2. 개정미통일상법전 제5-109(a)(1)항의 규정
　　: 정당한 소지인의 보호

　　신용장거래에는 개설의뢰인, 개설은행, 수익자 이외에 거래의 편의나 필요성에 의해 개설은행으로부터 지정·수권을 받은 지급·인수·연지급 또는 매입은행, 그리고 양도가능신용장의 경우에는 제2수익자와 같은 여러 당사자들이 개입될 경우가 많다. 이들은 공히 개설은행의 신용장상에서의 지급확약을 신뢰

---

12) 곽윤직, 「민법총칙」, 박영사, p.423 ; Menachem Mautner, *op. cit.,* p.624.

13) *United City Merchant(Investment) Ltd.,m vs Royal Bank of Canada, The American Accord,* (1983) I.A. C., 168.

하여 신용장거래에 참여하는 당사자들이기 때문에 신용장거래에 사기가 발생할 때에는 이들의 보호문제가 대두된다.

개정미통일상법전 제5-109(a)(1)항에서는 신용장거래에 수익자의 기망행위에 의한 사기가 발생하였다 하더라도 이들이 개설은행으로부터 사기나 위조의 통보를 받지 않은 채 선의로 수익자에게 대금을 지급하거나 그에 상응하는 만큼의 대가를 제공한 경우에는 개설은행은 반드시 이들에게 대금의 충당을 해 주어야 한다고 규정하고 있다. 그러나 이 규정의 해석적용을 위해서는 다음과 같은 요건들이 충족되어야 함을 간과해서는 안 될 것이다.

첫째, 사기의 발생시 보호받을 수 있는 당사자들은 수익자의 환어음 및/또는 서류의 정당한 소지인(holder in due course)이어야 한다.[14] 이들 당사자들이 수익자의 환어음 및/또는 서류를 취득한 정당한 소지인이 되기 위해서는 당해 환어음 또는 서류에 하자가 없음을 전제로 취득한 선의의 소지인이어야 하며, 동시에 이들은 당해 신용장거래에 위조나 중대한 사기가 있음을 통보받지 아니한 상태에서 반드시 수익자의 환어음 및/또는 서류에 대한 대가를 지불한 상태여야 한다. 따라서 수익자에게 대가를 지불하기 이전에 이미 개설은행으로부터 신용장거래에 사기가 있다는 하자사항을 통보받았다든지 또는 수익자에 대해 유보조건부 지급이나 보증장부 매입행위 같은 제한적 행위를 한 경우에는 이들 당사자들은 정당한 소지자로서의 권리를 행사할 수 없다.

정당한 소지인으로서의 대가지불의 요건에 대한 거증책임은 자신이 정당한 소지인이 됨을 증명하는 당사자에게 있음은 자명한 것이지만, 정당한 소지인으로서의 선의의 요건은 정당한 소지인의 권리를 주장하는 이들 당사자들이 입증할 필요는 없다. 사기발생의 통보에 관한 거증책임은 이를 주장하는 개설은행에게 있는 것이라 볼 수 있기 때문이다.[15]

둘째, 상술한 정당한 소지인들은 신용장상에서의 개설은행과 계약당사자관

---

14) 우리나라에서는 주로 선의의 취득자라는 개념을 사용하고 있으나 그 지위의 취득에 필요한 요건에 대해서는 큰 차이가 없는 것으로 보인다. 선의취득의 요건에 대해서는 정찬영, 「어음수표법 강의」, 홍문사, 1999, pp.442-541.

15) John F. Dolan, *The Law of Letter of Credit,* 18-4, 18-5; *Banco Espanol de Credito vs. State Sheet Bank & Trust Co.,* 409F, 3d. 711(1st cir 1969).

계(privity of contract)가 인정되는 소위 실질적 권리당사자(real party in interest)16) 의 지위에 있어야 한다.

개설은행의 신용장상의 지급확약과 관련되어 있는 실질적 권리당사자는 크게 신용장 자체에 이해관계를 가지는 당사자와 신용장하에서 발행되는 환어음 자체에 이해관계를 갖는 당사자로 구분해 볼 수 있다. 개설은행으로부터 지정·수권된 지급·인수·연지급 또는 매입은행, 그리고 자유매입신용장하에서의 매입은행 등은 후자에 속하는 당사자들이며, 양도가능신용장에서의 제2수익자는 전자에 해당하는 당사자라 할 수 있다. 따라서 이들은 신용장을 중심으로 상호간에 이해관계를 갖게 되므로 개설은행의 지급확약의 부당한 의무불이행에 대해 배상청구권을 갖는다.

한편 여기서 주의할 것은 개설은행과 직접적인 실질적 권리당사자관계가 인정되지 않는다고 볼 수 있는 당사자들, 예컨대 지급신용장(straight credit)하에서 임의로 매입행위를 한 은행, 수익자의 요청으로 개입하게 되는 재매입의뢰은행, 개설은행의 지정·수권을 해제(release)한 후 새로이 개입하는 수익자의 거래은행 등은 본 규정의 보호로부터 격리되어 있다는 것이다. 왜냐하면 이들 은행들은 엄밀히 개설은행의 수권범위 밖에 있는 당사자들이므로17) 개설은행의 지급확약약정의 위반을 이유로 어떠한 소인(訴因)도 가질 수 없고, 그 결과 자신이 입은 손실에 대해 개설은행에게 어떠한 권리도 행사할 수 없기 때문이다. 이들 은행은 궁극적으로 자신의 위험과 비용으로 당해 신용장거래에 참여한 것이고, 법률적으로는 수익자의 대리인의 지위에 있기 때문에 수익자의 사기나 기망행위에 대하여 자신의 것에 대해서처럼 책임을 져야 할 정도로 수익자와 밀접한 관계에 있다고 간주되기 때문이다.18) 따라서 이들 당사자들은 신용장상에서의

---

16) 실질적 권리당사자라 함은 일정한 거래에 있어 특정한 거래 목적물에 실질적으로 이해관계를 가짐으로 인해 그를 통해 이익을 누릴 권리가 있는 자를 말한다. 이들은 법주체간의 관계 그 자체를 규율하는 실체법(substantive law)상에서 거래일방의 부당한 의무불이행에 대해 배상청구권을 가질 수 있다. 이를 실질적 권리당사자 법리라고 한다.

17) 좀 더 자세한 내용은 John F. Dolan, "The Correspondent Bank in the Letter-of-Credit Transaction", *Banking Law Journal*, vol. 109. 1992 p.428.

18) 이와 관련한 내용에 대해서는 Reade H. Ryan, Jr., "Who should be Immune from the 'Fraud in the Transaction' Defense in a Letter of Credit Transaction?", *Brooklyn Law Review,* vol. 56, 1990, pp.119-127.

정당한 소지인 겸 실질적 권리당사자의 자격으로는 개설은행에 대해 권리를 주장할 수 없으며, 오히려 환어음법상의 소구권으로 자신의 수익자에게 권리를 행사할 수밖에 없을 것이다.

결국 개설은행의 수권과 지급확약 약정의 범주밖에 존재하는 이들 당사자들은 어음법상의 환어음의 소지자로서의 권리만을 가질 수 있을 뿐이지 신용장상에서의 개설은행의 약정에 의존한 어떠한 권리도 주장할 수 없다.

반면, 개설은행으로부터 수권받은[19] 은행들은 수익자가 제시한 서류가 신용장조건과 내용에 일치하여 이에 대해 대금을 지급하게 되면, 비록 당해 거래에 사기가 내재되어 있다 할지라도 당연한 권리로서 개설은행으로부터 대금충당을 받을 수 있음을 개정통일상법전 제5조는 명시적으로 확인해 주고 있다 하겠다.[20]

3. 개정미통일상법전 제5-109(b)항의 규정 : 법원의 개입

개설은행의 수익자에 대한 신용장하에서의 지급확약은 수익자가 신용장조건과 내용에 일치하는 서류를 제시하면 반드시 대금을 지급하겠다는 절대적인 의무를 의미한다. 또한 개설은행은 합리적 주의를 기울여 엄격히 서류를 검토할 의무는 있으나 그 서류의 진정성까지 분석할 의무는 없기 때문에 개설은행이 과실없이 선의로 대금을 지급한 경우라면 당해 서류가 위조되었는지 여부에 관계없이 책임을 지지 않는다. 물론 개설은행은 제출된 서류가 위조된 것이라는 확인이 가능하여 이를 입증할 수 있다면 의당 대금지급을 거절하는 것이 당연할 것이다.

개설은행은 사실상 수익자가 자신이나 개설의뢰인에 대해 비양심적인 기망행위를 범하고 있다는 심증이 있다 할지라도 제출된 서류가 신용장의 문면과

---

19) 개설은행의 수권의 궁극적 의미는 수권자인 개설은행의 권리 내에 있는 일정한 행위를 제3자에 대하여 수권을 부여한 당사자의 명의로 할 수 있도록 실질적인 자격을 부여하는 행위를 말하며, 나아가 수권의 결과로 합당한 행위를 한 당사자는 수권의 형태를 부여한 당사자의 권한 또는 권리를 부여받는다(김선석, "화환신용장의 법률관계(Ⅲ)", 대한변호사협회지 129, (대한변호사협회 1987), pp.44−45).

20) 우리나라의 경우 최근 이와 같은 취지가 설시된 판례는 대법원 1997.8.28. 96다 37879.

일치한다면 결코 대금지급을 유예시킬 수 없을 것이다. 이러한 딜레마를 해결하기 위해 반드시 필요한 것은 사기의 증명에 있다. 그러나 사기의 증명은 개설은행의 대금지급 전에 이루어져야 비로소 그 의미가 있는 것이고, 개설의뢰인의 입장에서는 사기를 증명하는 데 시간적으로나 정보면에서 상당한 애로를 겪는 것이 보통이기 때문에 명백한 증명을 위해서라도 당해 신용장거래를 상당기간 동안 정지시킬 필요가 있을 것이다.

이와 같은 개설의뢰인의 강력한 요구는 법원에 대한 구제(relief)요청으로 구체화되며, 법원은 수익자의 불법행위가 신용장과 그 저변의 매매계약 전체를 와해시켜 개설은행의 신용장하에서의 의무가 적법한 목적을 더 이상 달성할 수 없을 것이라고 판단한 경우,21) 법원 고유의 권한으로써 영구적 또는 일시적 유지명령(injunction)을 발동하게 된다.

본디 법원은 많은 판례의견에서 볼 수 있듯이 신용장거래에의 개입을 꺼려한 것은 사실이었다.22) 이는 법원의 개입이 지나치게 빈번할 경우 개설은행의 신용장상에서의 지급확약약정에 대한 신뢰성에 커다란 침해를 줄 것이라는 우려가 크게 작용하였기 때문이다. 따라서 신용장거래에 있어 개설은행은 법원의 개입과는 별도로 언급한 제반 사기의 요건이 엄격히 성립되지 않는 한 자신의 지급확약을 강행하여도 그 정당성이 인정되어 왔다 하겠다.

사실 구법전의 규정에 따르더라도 개설은행의 지급확약의 강행성은 특별한 예외적 상황에서만 해제되고 있음을 알 수 있다. 즉 "달리 반대합의가 없는 한, 서류가 문면상 신용장의 조건에 합치하고 있으나 요구된 서류가 사실상 권리증권(제7-507조) 또는 투자증권(제8-306조)의 유통 또는 이전이 있을 때 행하여진 보증에 합치하지 않거나, 위조 또는 사기가 있거나 또는 그 거래에 있어서의 사

21) Dean Pawlowic, "Strandby Letter of Credit : Review and Update", *UCCL*, vol.23, 1991, p.407 ; Robert S. Rendell, "Fraud and Injunctive Relief", *Brooklyn Law Review,* vol.56, 1990, pp.111-113 참조.

22) 좀 더 자세한 내용은 Mary D. Andrews, "Standby Letter of Credit : Recent Limitations on the Fraud in the Transaction Defense", *The Wayne Law Review*, vol.35, 1988, p.144 이하 참조 ; James E. Byrne, "Letter of Credit", *The Business Lawyer*, vol.43, 1988, p.372 이하 참조 ; Milton R. Schroeder, *op. cit.*, pp.372-376 참조 ; John J. Krimm, Jr., *op. cit.,* p.1696 ; E. P. Ellinger. "Fraud in Documentary Credit Transactions", *The Journal of Business Law,* 1981, p.265 이하 참조.

기가 있는 경우에는 ⋯ 서류의 문면상으로는 알 수 없는 사기, 위조 또는 기타의 하자에 대해 개설의뢰인으로부터 통지를 받더라도 선의로 행동하는 개설인은 당해 환어음 또는 지불청구서에 대해 인수·지급할 수 있다. 그러나 관할권을 가지는 법원은 이러한 인수·지급을 중지시킬 수 있다"[23]고 규정하고 있었다.

물론 구법전의 규정에 의하더라도 환어음 또는 서류의 정당한 소지인, 권리증권의 적법한 매입자, 투자증권의 선의의 매수인은 예외로 하여 서류가 신용장의 조건과 문면상 일치하더라도 위조되거나 거래에서의 사기(fraud in the transaction)가 있는 경우에는 개설은행은 수익자에 대하여 그 지급확약의 약정을 이행하지 않아도 법률상 보호될 수 있었다. 그러나 문제는 사기의 명확한 기준과 법원의 개입 근거에 대해서는 뚜렷한 규정을 두고 있지 못하여 이는 전적으로 사실의 문제로 귀착될 수밖에 없었다. 개정된 법전에서는 이미 살펴본 바와 같이 신용장거래에서의 사기의 판단기준을 재정립시키고 있으며 이하에서 설명하듯 사기발생의 경우 법원의 개입가능성을 명확히 하고 있음을 알 수 있다.

개정된 법전에 의한 법원의 개입요건은 다음과 같이 간략히 요약할 수 있다.

첫째, 신용장에서 요구하는 서류가 위조되거나 또는 실질적으로 중대한 사기가 있는 경우, 또는 이와 같은 서류제시에 대한 개설은행의 지급확약이행이 개설은행이나 개설의뢰인에 대한 수익자의 실질적으로 중대한 사기행위를 조장시킬 것이라고 개설의뢰인이 주장할 경우[24]

둘째, 개설은행이 부담하는 환어음의 인수에 관한 법률 또는 연지급 의무에 관한 법률 등에 위배되지 않을 때[25]

셋째, 수익자, 개설은행 또는 개설은행으로부터 지정·수권 받은 은행이 법원의 개입이 없음으로 인해 입을 수 있는 손실이 그 개입의 결과로 적절히 보호될 수 있을 때[26]

넷째, 법원의 구제가 제정법상의 모든 조건을 충족시켜 그 적합성이 인정

---

23) 구 통일상법전 제5-114(2)항 참조.
24) 개정미통일상법전 제5-109(b)항.
25) 개정미통일상법전 제5-109(b) (1).
26) 개정통일상법전 제5-109(b) (2).

되는 경우27)

끝으로, 개설의뢰인으로부터 제공된 정보에 입각할 때 위조나 실질적으로 중대한 사기의 증명의 가능성이 대단히 높고, 나아가 개설은행에게 지급의 청구를 하는 당사자가 수익자의 환어음이나 서류의 정당한 소지인 겸 개설은행과의 실질적 권리당사자관계에 있지 않을 때28)

이상과 같은 상황이 동시조건으로 충족된다고 판단될 때 법원은 일시적 또는 영구적으로 개설은행의 신용장상에서의 지급확약이행을 정지시킬 수 있다.

신용장거래관습은 오랜 세월 동안 상인들에 의해 진화·발전해오고 있는 자생적 시장질서임에는 재론의 여지가 없으나 그와 같은 시장질서를 해치는 제반 요인들에 대해서는 법원이나 법규를 통한 작위적 법질서에 의해 그 유효성이 확정 내지는 확립될 필요가 있는 것이다. 비록 신용장이 대금지급의 확실성과 신속성을 보장해 주는 효율적이고 공정한 자생적 거래질서이긴 하지만 이러한 효율적 메커니즘은 적법성과 공정성의 영역을 벗어날 수 없는 것이기 때문에 신용장거래관습을 와해시키는 사기의 발생은 선의의 당사자들을 보호하는 가운데 그 규모와 영향력, 그리고 그것의 증명가능성에 따라 법원의 정당한 개입으로서 해결됨을 재확인할 수 있다.

---

27) 개정통일상법전 제5-109(b) (3).
28) 개정통일상법전 제5-109(b) (4).

Chapter 03

개정 미통일상법전 제5조와 개설은행의 손해배상책임

1. 지급확약의 불이행과 구제방법에 대한 해석[1]

신용장은 개설은행을 중심으로 크게 개설의뢰인의 대금충당약정과 수익자 또는 자신으로부터 지정·수권받은 제3자의 지급확약약정이 함께 어우러진 형태이다. 따라서 만일 개설은행이 수익자나 서류송부자의 제출서류에 대해 신용장조건과 내용에 엄격히 일치함에도 불구하고 부당하게 대금의 지급을 거절한다든지 또는 신용장조건과 내용에 일치하지 않는 불일치서류에 대해 부적절하게 대금지급을 하게 되면 각각의 당사자들에 대해 자신의 계약관계에 입각하여 그에 상응하는 만큼의 손해배상책임을 지게 된다. 신용장통일규칙은 이와 같은 개설은행의 부적절한 행위와 그에 따른 구제방법에 대해 별도의 규정을 마련해 놓고 있지 않은데다 구 통일상법전[2]에서는 매매계약에서의 해석방안을 위주로 규정한 결과 그 해석의 모호성이 대두되어 엄밀히 신용장거래관습을 반영할 수 없었기 때문에 이에 대한 판단기준은 법원의 판례의견을 통해 해결되어왔다. 그러나 금번 개정된 통일상법전 제5조에서는 이를 새로이 제정함으로써 논란의 여지가 많았던 당해 부분에 일관성 있는 해석방안을 제시하고 있음은 크게 주목할 만하다.

(1) 개설은행의 부적절한 대금지급 거절행위와 이의 구제방법

개설은행의 부적절한 대금지급 거절행위(improper dishonor)라 함은 신용장

---

1) 개정미통일상법전에 새로이 추가된 본 규정들은 그간 논란이 있었던 수익자의 손실경감의무를 명확히 배제한다는 입장을 견지하고 있으며, 부수적 손해배상액과 변호사 비용을 포함시키는 대신 간접손해배상액과 징벌적 손해배상액을 배상의 범위에서 제외시키고 있다. 나아가 개설은행의 부적절한 대금지급이 있는 경우 개설의뢰인의 실손해가 인정되는 경우 개설은행에 대한 소권(訴權)을 명확히 인정하고 있다. 보다 자세한 내용은 James J. White & Robert S. Summers, *op. cit.,* pp.204-211 참조.

2) 구(舊) 통일상법전 제5-115(1), (2)항.

상의 지급확약에 따라 개설은행은 수익자 또는 지정·수권된 서류 취급자[3]가 신용장조건과 내용에 요구하는 서류를 제시하면 서류검토를 위한 기간인 서류접수 익일 후 5일간의 은행영업일 내에 지체 없이 이의 엄격한 일치여부를 검토하여 엄격일치기준에 부합되면 반드시 지급 또는 인수해야 함에도 불구하고 개설은행이 부당하게 이를 거절함으로써 수익자 또는 서류취급은행에게 손실을 야기 시키는 행위를 말한다.

개설은행의 부적절한 대금지급거절은 판례의견의 결과를 종합해볼 때 일반적으로 다음과 같은 네 가지 유형으로 분류된다. 첫째, 개설은행은 해당 제출서류를 불일치 서류로 판단함에 반해 수익자는 일치서류로 주장하여 추후 개설은행이 패소하는 경우, 둘째, 개설은행의 행위가 금반언행위에 해당될 경우, 셋째, 제출된 서류가 엄격일치기준에 부합됨에도 불구하고 개설은행이 악의로 극도의 완전일치기준을 주장함으로써 소위 권리남용에 해당될 때, 넷째, 개설은행이 수익자의 서류제시전에 부당하게 자신의 신용장하에서의 의무를 거부하는 서류제시전 지급거절의 경우이다.

이러한 상황에 대해 개정 미통일상법전은 다음과 같은 구제방안을 제시하고 있다.[4]

첫째, 신용장상의 지급확약약정에 의해 개설은행과 실질적 권리당사자관계에 있는 수익자, 지정·수권받은 서류취급자, 경우에 따라 제2수익자 등은 개설은행의 부당한 대금지급거절에 따른 손실을 회복할 수 있다. 이때 회복 가능한 금액은 이들 실질적 권리당사자들이 입은 현실적 손해액(actual damages)이 아닌 신용장의 액면금액이 그 기준이 된다.

둘째, 개설은행의 부적절한 대금지급거절의 결과에 대해 수익자는 신용장거래에 수반되는 물품의 손실을 경감시킬 하등의 의무가 없다.

일반적인 관점에서 볼 때 수출업자의 지위에 있는 수익자는 매매계약의 해석원칙에 따라 손실경감의무를 부담하는 것이 보통이다.[5] 따라서 신용장거래에

3) 이는 개설은행과 실질적 권리당사자 관계가 있는 자를 지칭한다. 또 경우에 따라 양도가능 신용장하에서의 제2수익자를 포함하는 개념이다.
4) 개정미통일상법전 제5-111(a)항.
5) 통일상법전 제1-103조, 제2-706(1),(2)조.

있어 서류가 대표하는 것은 상업적으로 합리적이라 할 수 있는 시기와 장소, 방법 등에 따라 일반적으로 재판매하는 것이 가능한 물품이기 때문에 이러한 의무를 해태한 수익자는 상업적인 관점에서 정당하게 인정받지 못한다.[6]

그러나 신용장거래관습에 있어서는 그렇게 해석하지 아니한다. 개설은행의 지급확약의 부당한 이행거절시 수익자에게 손실경감의 의무를 부과한다는 것은 신용장거래관습의 기본원칙인 독립·추상성의 원칙을 완전히 와해시킬 뿐만 아니라 개설은행의 절대적 지급확약이행의 의무를 무력화시키는 것이고, 나아가 개설은행의 편의나 악의에 의한 대금지급거절행위를 공공연히 조장시킬 우려가 있다는 차원에서[7] 당해 개정법전에서는 강력한 의미로 수익자의 손실경감의무의 무용성을 규정하기에 이르렀다.[8] 그럼에도 불구하고 만일 수익자가 손실을 경감시키는 차원에서 당해 물품을 재판매한 경우에는 그로 인해 회피된 이익분만큼은 신용장의 액면금액으로부터 공제되어 배상된다.[9] 이때 손실경감활동의 결과 회피된 금전적 가치에 대해서는 개설은행이 그 증명의 책임을 부담한다.

셋째, 손해배상액을 결정함에 있어 개설은행의 지급확약불이행과 수익자에게 발생한 손실간에 상당인과관계가 있는 비용, 다시 말해 상업적으로 합리적인 관점에서 지출한 비용[10]은 부수적 손해배상액(incidental damages)으로써 회복 받을 수 있다.

이러한 손해액은 본질적으로 개설은행의 채무불이행이 없었다고 가정한다면 도저히 발생하지 않았으리라고 판단되는 구체적 관계뿐만 아니라, 일반적 관

---

6) *Leeds Industrial Cooperative Society Ltd. vs. Slack*, (1992) A. C. 851; 미국의 판례에서도 이러한 견해가 표출된 바 있다. *Beckman Cotton Co. vs. First National Bank*, 32 UCC Rap. Serv. (Callaghan)966(N. D. Ga. 1982).

7) Gerald T. McLaughlin & Paul S. Turner, "A Walk Through the New UCC Article 5: Section 5−111, Remedies", *Letter of Credit Report*, vol. 11, No.3, 1996, pp.3−5.

8) 경우에 따라 수익자는 개설의뢰인과의 매매계약에 따라 개설의뢰인에 대해서는 손실경감의 무를 해태했다는 것을 이유로 항변 받을 수는 있다. 그러나 개설은행은 이를 이유로 자신의 배상책임을 상계시킬 수는 없다.; 개정미통일상법전 제5−111조 Comment 1.

9) 이는 실제로 현실적인 의미에서 회피된 피해액(actual damages)만큼만을 공제하는 것으로 해석하여야 하며, 회피할 수 있었을 것으로 추정되는 금액을 공제한다는 개념은 아니다.

10) 개설은행의 부적절한 대금지급거절에 있어 부수적 성격의 손실이라 함은 물품의 운송을 정지시킴으로써 발생하는 비용, 물품의 보관비, 재판매비, 검사비 등과 같은 비용의 지출로 인한 손실을 의미한다.; 통일상법전 제2−715(1)항; *Black's Law Dictionary*, p.891.

점에서 개설은행의 채무불이행이 있으면 의당 그와 같은 손해가 발생할 것이라는 일반적 관계가 성립[11])하는 비용을 의미한다. 신용장의 액면금액과 함께 이같은 부수적 손해액은 개설은행의 지급확약불이행과 그 손해의 발생 사이에 직접적이고 효과적인 그리고 지배적인 상당인과관계가 성립하는 근인으로서의 결과이기 때문에 당연히 통상적 손해로 그 배상이 인정된다 하겠다.

넷째, 손해배상액의 결정에 있어 간접손해액(consequential damages)은 제외된다. 신용장거래에 있어 간접손해액이라 함은 개설은행의 지급확약불이행의 결과로 발생한 것이긴 하나 그것과 직접적인 상당인과관계가 결여되어 있는 손실액을 의미한다.

본질적으로 간접손해액은 어느 거래당사자 일방의 채무불이행이 있고 그로부터 특정한 손해가 발행한 경우에 당해 특정손해와 채무불이행 사이에 연관성은 있지만 반드시 당해 채무불이행이라는 사실에 의해서만 발생했다고 볼 수 없는 특별한 다른 원인이나 사정이 함께 존재함으로써 채무불이행과 당해 특별한 원인이나 사정이 상호경합, 결과에 대한 원인을 이루는 때 발생하는 것이기 때문에[12]) 오직 개설은행의 지급확약불이행으로 인해 상당인과관계가 있는 실손해(actual damages)만 보상한다[13])는 신용장거래관습의 구제원칙에 따라 당해 간접손해액은 그 배상의 산정에 있어 배제된다.[14])

다섯째, 언급한 간접적 손해배상액의 경우처럼 배상책임에 강력한 의미로써 부과되는 소위 징벌적 손해배상액(punitive damages)도 배제된다. 법원은 사안의 성질에 따라 실손해를 훨씬 초과하는 손해배상액을 선고할 경우가 있다. 이는 귀책사유가 있는 당사자로 하여금 동종의 위법행위를 되풀이 하지 않게끔

---

11) 곽윤직, 「전게서」, p.214.

12) 통일상법전 제2-715(2), p.4402.

13) Gerald T. McLaughlin & Paul S. Turner, op. cit., pp.3-4 ; 개정미통일상법전 제5-111조 Comment 1 참조.

14) 이와 같은 간접손해액을 제외시키는 이유는 피해의 당사자인 수익자가 합리적인 차원에서 가장 최적으로 회피할 수 있었던 비용이라고 전제하고 있기 때문이며, 나아가 이 같은 비용손해까지 개설은행이 부담하게 된다면 신용장거래에서의 개설은행의 참여의욕을 저하시키고, 신용장 운용의 비용만을 상승시킨다는 우려가 크게 작용하였기 때문이다.; 개정미통일상법전 제5-111조 Comment 4.

하기 위한 일종의 징벌적 의미를 강조한 것으로 주로 고의에 의한 권리침해, 사기, 계속적 성질을 가지는 불법방해 행위 등이 이에 해당된다.

　신용장거래에 있어 개설은행이 소위 악의에 의해 부당하게 대금지급을 거절함으로써 수익자나 여타의 실질적 권리당사자의 권리를 침해한 경우, 그러한 행위가 서류의 제시 전이든지 또는 서류의 제시 후이든지 여부를 불문하고 징벌적 손해배상액이 부과되어야 한다는 강한 의미의 견해가 대두되어 온 것은 사실이다.[15)]

　신용장거래에서 이례적으로 징벌적 손해배상액을 개설은행에 부과해야 한다는 견해의 근거는 교섭력(bargaining power)의 불균형에 의한 개설은행의 불법행위에 있다. 다시 말해 개설은행은 수익자의 제출서류가 신용장조건과 내용에 엄격히 일치해야 함을 주장할 권리를 가지지만 그 일치의 기준을 소위 권리남용적 완전일치기준(oppressive perfectionism)을 적용, 이를 악의로 행사한다면, 이미 교섭력에서 열위에 놓인 수익자의 신용장에서의 권리를 침해할 소지가 크다는 것이다.[16)] 그러나 일반적인 관점에서 신용장은 여타의 계약과는 달리 수익자, 개설은행, 개설의뢰인간의 이해관계가 최적의 상태로 균형된 시장질서 속에서 운행되는 자생적 고안물이기 때문에 이 같은 징벌적 손해배상액의 부과는 타당치 않다고 개정통일상법전 제5조는 해석하고 있다.[17)]

---

15) 신용장거래에서 징벌적 손해배상액이 부과될 수 있다는 논지에 대해서는 Robin J. Arzt, "Punitive Damage for Wrongful Dishonor of Repudiation of a Letter of Credit", *UCCLJ*, vol. 24, 1991, pp.39－63.

16) 수익자는 개설은행이 악의에 의해 고의로 대금지급을 거절했다는 사실을 증명해야 한다. 그러나 수익자의 입장에서는 하자있는 서류를 제출했다는 점에서 상대적으로 교섭력의 열위에 있고, 또 개설은행의 이와 같은 행위는 소위 사실의 문제이기 때문에 수익자의 증명의 정당성은 상당한 불확실성을 내포하게 될 것이다. 수익자의 주장이 받아들여지지 않은 판례 중 대표적인 것은 *Occidental Fire & Casualty Co. vs Continental Bank N. A.*, 918F. 2d 1312, 1317C 7th Cir. 1992.

17) 통일상법전 제5조의 개정과정에서 이미 언급한 간접손해배상액의 고려 여부는 많은 논쟁이 있었으나 이와는 달리 징벌적 손해배상액의 부과 여부는 신용장의 범위를 벗어나는 것으로 이를 고려하지 않는다는 데 의견의 일치가 있었다(Farrah, Dolan, Mooney, Miller & Burman, p.1630). 따라서 개설은행의 부당한 행위가 불법행위 또는 상대방의 명예훼손 (defamation)에 해당되는지 여부는 사실의 문제이기 때문에 더 이상 신용장거래법이 다루지 아니하고, 이를 규율하고 있는 여타의 제정법적 근거에서 해결하도록 하고 있다.; 개정미통일상법전 제5-111조 Comment 5.

여섯째, 개설은행의 부적절한 대금지급거절행위로 인해 발생한 이자손실과 변호사비용을 포함한 제반 소송경비를 포함한다. 변호사비용(attorney's fee)과 제 반소송경비(litigation expense)는 특별히 계약시 이를 규정해 놓지 않는 한, 변호 사강제주의 내지 변호사소송주의를 취하지 않고 있는 많은 국가들에 있어 승소 자에게 배상되는 성격의 비용은 아니라 할 수 있다.[18] 본디 일방의 채무불이행 에 의한 손해배상을 청구하기 위해 상대방이 소송을 제기하는 경우 지급한 변 호사비용과 기타 소송경비는 소위 제공노무상당금액의 청구(quantum meruit)[19] 의 범주에 있는 비용이긴 하나 신용장거래관습에 있어 은행의 부적절한 대금지 급거절 분쟁에서는 적용이 안 되는 것이 보통이었다.[20]

일견 개설은행의 입장에서 볼 때 개설의뢰인이 대금지급의 거절을 강압적 으로 종용하여 개설은행이 이에 따라 대금지급을 거절하더라도 차후 그로 인한 손실이 없도록 보장해주겠다고 개설의뢰인이 소위 면책약정을 제공한 경우라면 개설은행은 구태여 수익자에게 대금지급을 강행할 경제적 유인은 없을 것이다. 당해 법전의 개정추진위원회에서는 이와 같은 그릇된 도덕적 위험을 선결적으 로 제거하기 위해서라도 부적절한 개설은행의 지급확약 거절행위에 대한 개설 은행의 경제적 부담은 필수적이라는 의견에 따라 이미 언급한 간접적 손실배상 액의 포함이 거론되었으나 은행위원회 측의 강력한 반대로 변호사비용 및 소송 경비를 교환조건의 일환으로 인정하였다. 이는 궁극적으로는 관련 제정법들이 정함에 따라 소송에서의 패소자는 승소자(prevailing party)에게 변호사비용을 지 급해야 한다는 소송절차에 관한 규칙[21]을 반영한 것이라 할 수 있으며,[22] 그

---

18) 우리나라의 경우도 마찬가지였으나 1990년의 민사소송법의 개정결과 제99조의 2에서 당해 비용을 배상 가능한 손해액으로 결정하였다.

19) 이는 경우에 따라 노무제공자가 현실적으로 제공한 노무에 대하여 상당한 금액의 지급을 청 구할 수 있다는 것으로 상대방의 노무 및 재료에 의해 누구도 부당이득을 받을 수 없다는 형 평법상의 원칙의 하나이다. 보다 자세한 내용은 *Black's Law Dictionary*, p.1243 참조.

20) 관련된 판례에 대해서는 John F. Dolan, *The Law of Letter of Credit*, 9.02(5), 9 – 18, 9 – 19; 그러나 영국법원에서 판정된 *Ozalid Group(Expert) Ltd., vs. African Continental Bank Ltd.*(1979)와 미국의 *Airline Reporting Corp vs. First National Bank* (1987)에서는 이례적으 로 이를 인정하였다.

21) 이를 소위 "English Rule"이라 하고, 반대로 이를 인정하지 않는 원칙을 "American Rule"이 라 한다.

결과 신용장거래에서의 개설은행의 채무불이행은 그로 인해 발생하는 변호사비용 및 제반 소송경비와 상당인과관계가 성립한다는 논리를 정립시킨 것으로 해석해볼 수 있다.

한편 본 항의 모두(冒頭)에서 언급한 바와 같이 수익자나 기타 실질적 권리당사자들은 개설은행의 부당한 지급확약불이행으로 인한 지연이자를 배상받을 수 있다. 이때 지연이자 산정의 시점은 대금이 지급되었어야 하는 날을 기준으로 하고 그 이자율은 계약상 이자율에 관한 특별규정이 없는 경우에는 법원이 그 이자율을 결정할 재량권을 가진다. 법에 의해 이자율이 정해져 있는 경우에는 그러한 법정이자율을 적용한다.23) 이자의 배상과 함께 유의할 것은 경우에 따라 수익자 또는 개설의뢰인이 패소하는 경우 개설은행은 이들에 대해 지연이자에 대한 배상을 청구할 수 없다는 것이다. 지연이자에 대한 배상청구권은 수익자 또는 개설의뢰인에게만 인정된다.

일곱째, 개설은행의 신용장하에서의 채무가 금전적 채무가 아닌 가치 있는 대가의 인도(delivery of an item of value)24)일 때가 있다. 이러한 때 수익자는 개설은행으로 하여금 특정이행(specific performance)을 통한 구제조치를 구할 수 있다. 따라서 수익자는 자신의 선택에 따라 개설은행의 특정이행의 가치에 해당하는 만큼의 금전을 회복할 수 있다.

끝으로, 언급한 모든 요건은 개설은행이 수익자가 서류를 제시하기도 전에 당초부터 신용장상의 지급확약의무를 거절한다고 표명하는 소위 서류제시전(기한전) 지급거절(anticipatory repudiation)의 상황에도 공히 적용된다.25)

한편 개설은행의 서류제시전(기한전) 지급거절의 형태에서 가장 문제가 되

---

22) 한편 변호사 비용과 함께 배상되는 소송경비는 광범위한 의미로 해석되는 것으로 이는 증인의 여행경비, 전문가 증언료, 그리고 진술녹취서(depositions)등과 관련된 경비 등을 포함한다.; 개정미통일상법전 제5-111조 Comment 6.

23) 개정미통일상법전 제5-111조 Comment 5.

24) 예컨대 주식이나 부동산에 대한 날인증서(deed)의 인도를 의미한다.

25) 이는 매매계약의 경우 매수인이 계약이행의 시기가 아직 채 도래하지도 않았음에도 자신의 계약하에서의 의무를 이행하지 않겠다고 표명하면 매도인은 관련된 전체계약의 이행의무를 유예 또는 정지시킬 권리가 있다는 논리를 신용장거래에 적용시킨 것으로 서류제시전에 개설은행으로부터 대금지급거절의 의사표시를 받은 수익자는 매매계약하에서의 매도인의 지위에 서서 당해 신용장하에서의 자신의 의무를 유예 또는 정지할 수 있다.

는 것은 수익자의 서류제시의무가 완전히 해제되는지 여부에 있다. 개정미통일
상법전 제5-111조의 공식주석에서는 수익자는 서류를 제시할 필요가 없음을
천명하고 있으나 이는 수익자가 신용장에서 요구하는 서류를 결코 획득할 수
없었을 것이라고 판단되는 상황, 즉 아예 서류를 준비조차 하지 않은 상태까지
용인하는 것은 아니라 하겠다. 개정미통일상법전 제5조에 있어 서류제시전(기한
전) 지급거절의 궁극적 해석적용은 수익자가 서류를 준비한 상태를 묵시적으로
함의하고 있기 때문에 적어도 관련서류를 제시할 의도와 채비, 그리고 그 서류
의 획득가능성을 전제로 하고 있다 하겠다.26) 물론 수익자가 제출할 채비가 갖
추어진 서류가 당해 신용장조건과 내용에 일치하지 않는다 하더라도 수익자의
손해배상청구권은 유효하다 보겠다.

(2) 개설은행의 부적절한 대금지급 행위와 이의 구제방법

개설은행과 실질적 권리당사자관계에 있는 개설의뢰인과의 관계는 개설은
행과 수익자와의 계약당사자 관계를 지배하는 신용장상의 지급확약약정에서 비
롯된 것이라기보다는 이들 간의 대금충당약정에서 창출된다. 개설의뢰인은 신
용장의 독립성원칙에 따라 개설은행의 지급확약약정의 당사자가 아니기 때문에
개설은행이 자신의 귀책사유로 인해 수익자의 불일치 서류에 대해 대금을 지급
하면 그 클레임의 근거가 신용장으로부터 나오는 것이 아니라 개설은행과 개설
의뢰인간의 대금충당약정하에서 개설은행이 개설의뢰인으로부터 대금을 충당받
을 수 있는 권리의 상실로 귀착된다.27)

개설은행의 개설의뢰인에 대한 책임은 크게 두 가지 형태로 나타난다. 하
나는, 수익자가 신용장조건에 엄격히 일치하는 서류를 제출했음에도 불구하고

---

26) 영국계 관습도 이와 마찬가지 입장이다.; Gutteridge & Megrah, *op. cit.,* p.234 참조; 그러
나 만일 신용장이 할부선적을 규정하고 있을 때에는 개설은행의 특정 회분의 이행거절은 추
후에 계속되는 선적회분까지 거절한 것으로 간주되기 때문에 수익자의 추후의 선적의무는
자동 종결되는 것으로 본다. 따라서 개설은행의 특정회분의 이행거절이 있으면 이후의 할부
선적에 관련한 서류의 구비는 불필요하다.

27) Henry Harfield, *Bank Credits & Acceptances* p.106 ; John F. Dolan, *The Law of Letter of
Credits,* Section 9.03(1) ; Burton v. McCullough, *op. cit.,* Section 3.05(7), 3–112; 이는 개
설의뢰인의 개설은행에 대한 배상청구권은 수익자의 경우와는 다른 근거에서, 그리고 다른
차원으로 해결된다는 것을 의미한다.

개설은행의 부당한 대금지급거절로 인해 수익자가 신용장거래에서 손실을 입게 되어 신용장 개설은행뿐만 아니라 매매계약에서의 개설의뢰인에게도 소인을 가짐으로써 개설의뢰인에게 손해배상을 청구할 때이며, 다른 하나는, 개설은행이 수익자의 불일치서류에 대해 대금을 지급하는 결과 개설의뢰인에게 손해가 발생하여 개설의뢰인이 그 손해의 배상을 청구할 때이다. 이를 개설은행의 부적절한 대금지급행위(improper honor)라 한다.

　개정미통일상법전 제5조는 이러한 상황에 대해 다음과 같은 개설의뢰인의 구제방법을 제시하고 있다.[28]

　첫째, 개설의뢰인이 개설은행으로부터 회복할 수 있는 금액은 개설은행의 부적절한 행위에 기인한 실손해액(actual damages)만큼이다. 여기서 유의할 점은 개설의뢰인은 신용장의 액면금액에 대해서는 그 배상청구권이 인정되지 않는다는 것이며, 개설은행의 부적절한 행위가 있었지만 그나마 회피된 손해액만큼은 공제되어 배상받는다는 것이다.

　이는 다른 각도에서 해석해 본다면 비록 개설은행이 수익자의 불일치서류에 대금을 지급했다 하더라도 그것이 개설의뢰인에게는 어떠한 손실도 야기시키지 않는 것이었다면 개설의뢰인의 배상청구권은 인정되지 않는다는 것을 의미한다. 이는 결국 이미 상술한 바와 같은 수익자의 개설은행에 대한 배상청구권과는 달리 개설은행의 개설의뢰인에 대한 배상책임은 다른 근거에서, 그리고 다른 차원에서 해결된다는 것을 시사하는 것이라 하겠다. 다시 말해 개설은행의 개설의뢰인에 대한 책임은 개설은행과 수익자와의 관계에서처럼 서류를 중심으로 한 서류의 엄격일치기준의 준수여부에서 비롯되는 것이 아니라 개설의뢰인에게 그의 매매계약하에서 어떠한 손실을 주느냐 하는 그 피해의 유무성에서 창출되는 것이고,[29] 궁극적으로 그 책임의 범위는 개설의뢰인의 매매계약하에서의 피해의 정도 만큼이라는 것이다.[30]

---

28) 개정미통일상법전 제5-111(b)항.

29) Henry Harfield, *Letter of Credit, Uniform Commercial Code*, Practice Handbook 5, American Law Institute, Philadelphia, 1980, p.57.

30) 이와 같은 해석 적용의 시효는 *Bank of Montreal vs Recknagel* 109 N. Y. 482(1888) 판례였다.

즉 개설은행이 수익자로부터 엄격하게 일치하지 않는 서류를 수리했다 하더라도 이는 자신의 개설의뢰인으로부터 대금충당을 받을 수 있는 권리와는 직접적인 관련이 없다는 것이고, 나아가 개설은행이 개설의뢰인에게 책임을 지는 경우가 있다면 이는 매매계약의 실존성에 달려 있다는 것이다.[31)]

개정미통일상법전 제5조는 서류검토 영역뿐만 아니라 손해배상의 부문에 있어서도[32)] 개설은행과 개설의뢰인간의 관계는 손실의 직결성에 의존한다는 것, 다시 말해 개설은행의 부당한 행위가 있었다 할지라도 매매계약하에서의 개설의뢰인에게 어떠한 손실도 야기시키지 않았다면 개설은행의 대금충당을 받을 권리는 침해되지 않으며, 그 책임의 정도 역시 실제적 매매계약의 이행정도 분만큼은 공제된다고 규정함으로써 논란이 끊이지 않았던 기존의 학설과 판례를 강한 의미로 재정립시키고 있다.

둘째, 개설은행의 부적절한 행위와 개설의뢰인의 실손해간에는 상당인과관계가 성립하여야 한다. 개설의뢰인의 매매계약하에서의 피해는 여러 원인이 복합적으로 경합한 결과일 때가 많다. 이러한 경우 개설은행이 수익자의 불일치서류에 대해 부적절하게 대금지급하였다 하더라도 개설은행의 그와 같은 행위가 개설의뢰인의 매매계약하에서의 근인이 되지 않는다면[33)] 개설의뢰인은 개설은행의 부적절한 대금지급행위를 이유로 어떠한 손해도 배상청구할 수 없다. 따라서 개설의뢰인은 개설은행의 부적절한 행위가 신용장거래를 통한 매매계약에서의 자신의 의무이행에 어떠한 변경도 주지 않은 채 자신의 매매계약상에서의 피해에 단지 기여만 하고 있다는 것을 이유로 해서는 어떠한 실손해도 개설은행으로부터 회복할 수 없다.[34)]

---

31) 이는 신용장의 본질적 원리인 독립성원칙과 계약법에서의 공정성 달성 원칙인 부당이득방지의 원칙의 적용에 따라 파생된 논리라 하겠다. 좀 더 자세한 내용은 이하 참조.

32) 이는 결국 신용장거래관습에 있어 개설은행을 중심으로 한 이중적 계약구조, 즉 서류의 일치성에 관한 이중적 서류검토기준(bifurcated standard)과, 손해배상에 관한 이중적 배상기준을 의미한다. 개정미통일상법전 제5조는 이와 같은 신용장거래의 이중적 구조에 대해 서류검토 부문에 있어서는 엄격일치의 준수로, 그리고 손해배상제도에 있어서는 실손해의 배상원칙으로 최적 접근을 실현하고 있는 것이다.

33) 예컨대 거래물품의 시장가격의 급작스러운 하락이 개설의뢰인의 피해의 근인이 될 수도 있는 것이다; 개정미통일상법전 제5-111조 Comment 2.

34) 이 경우 개설의뢰인은 어떠한 손해도 회복할 수 없는 것은 아니다. 개정미통일상법전은 제

셋째, 개설은행의 부적절한 행위의 결과 어떠한 손해가 얼마만큼 발생하였는가에 대한 문제는 법원의 결정에 따른다. 이는 법원이 개설의뢰인에게 발생한 실손해액을 산정하기 위해 필연적으로 매매계약을 고려하게 됨을 수반한다. 일견 당해 규정은 법원의 이 같은 행위가 신용장의 독립성원칙을 위배하는 것처럼 판단될 소지가 있다는 우려도 있지만, 이는 이미 개설은행이 수익자에게 대금을 지급한 연후에 발생하는 상황이기 때문에 엄밀히 신용장의 독립성원칙과는 관련이 없다 하겠다. 왜냐하면 신용장의 독립성원칙은 개설은행의 지급확약의무를 핵심으로 하여 그 의무가 이행될 때까지 신용장의 결제과정을 지배하는 원칙인 것이지,[35] 대금지급의 의무가 일단 이행되면 당해 독립성원칙은 그 시점으로 종결되며 그 이후의 상황까지 확대 적용되는 것은 아니기 때문이다.

이와 같이 법원의 결정에 따라 개설의뢰인에 대한 배상범위를 실손해액에만 국한 시키는 궁극적 이유는 개설은행의 비용부담만큼 개설의뢰인이 받을 수 있는 소위 부당이득(unjust enrichment)을 방지하기 위함에 있다.

넷째, 개설의뢰인은 부수적 손해배상액, 지연이자, 변호사 비용 및 제반소송비를 회복할 수는 있지만 간접적 손해배상액은 배상받을 수 없다.

끝으로, 개설의뢰인과 개설은행간의 대금충당약정에서 만일 손해배상액의 예정(liquidated damages)이 있는 경우에는 그것이 합리적으로 예견된 금액이라는 전제하에서 이를 인정한다. 본래 손해배상액의 예정은 채무불이행의 경우에 채무자가 지급하여야 할 손해배상액을 당사자 사이의 계약으로 미리 예상하여 손해배상의 법률문제를 간이화하고 채무의 이행을 확보하려는 데 그 목적이 있는 것이기 때문에 이를 벗어나 그 금액이 비합리적이리만큼 과다한 경우에는 법원

5-117에 소위 대위제도(subrogation)를 새로이 신설하여 신용장 거래당사자간의 이해관계가 균형을 이루도록 조정하고 있다. 이와 같은 상황에서는 개설의뢰인은 개설은행에게 약정된 금액을 충당하여 준 후 추후 개설은행의 지위를 대위하여 당초에 불일치서류를 제시한 수익자에게 그 손해의 배상을 청구할 수 있다(개정미통일상법전 제5-117조(b)항). 물론 개설은행이 개설의뢰인에게 실손해를 배상한 경우에도 개설은행은 당해 대위의 원칙에 따라 개설의뢰인의 법적지위를 대위하여 귀책사유가 있는 수익자에게 배상청구할 수 있다(개정미통일상법전 제5-117조(a)항).

35) 신용장의 독립성원칙은 개설은행이 대금지급하기 전까지만 적용되는 신용장거래준칙이다. 독립성원칙의 유일한 예외로 인정되는 사기발생시 법원의 유지명령도 개설은행의 대금지급 전에만 그 의미를 가질 뿐이다.

은 그 예정액을 적절히 감액할 수 있다.

물론 당해 손해배상액의 예정은 개설은행의 부적절한 행위가 발생하기 이전에 체결되어야 하며, 배상액의 예정 결과가 폭리행위가 되는 경우에는 당해 배상액의 예정은 무효가 된다고 해석해야 할 것이다.

찾아보기(영문)

찾아보기(국문)

김기선

-서강대학교 경영학과 졸업(경영학학사)
-서강대학교 대학원 무역학과 졸업(경영학석사)
-서강대학교 대학원 무역학과 졸업(경영학박사)
-행정고시(국제통상직) 출제 및 선정위원
-7급 국가고시(관세직) 출제 및 선정위원
-관세사 출제 및 선정위원
-대한상사중재원 중재인
-한국지역발전학회 회장
-한국무역상무학회 이사
-Southeast Missouri State University, Visiting Scholar
-IBC 선정 2013, 2017 World Top 100 Educator
-현 군산대학교 무역학과 교수

신용장과 무역결제

초판발행	2020년 8월 10일
중판발행	2021년 11월 16일
지은이	김기선
펴낸이	안종만·안상준
편 집	전채린
기획/마케팅	이영조
표지디자인	박현정
제 작	고철민·김원표

펴낸곳   (주) **박영사**
        서울특별시 금천구 가산디지털2로 53, 210호(가산동, 한라시그마밸리)
        등록 1959. 3. 11. 제300-1959-1호(倫)

전 화	02)733-6771
f a x	02)736-4818
e-mail	pys@pybook.co.kr
homepage	www.pybook.co.kr
ISBN	979-11-303-1054-1 93320

copyright©김기선, 2020, Printed in Korea

정 가   28,000원